Sozialpädagogische Studienreihe

Norbert Huppertz – Engelbert Schinzler

Grundfragen der Pädagogik

Eine Einführung
für sozialpädagogische Berufe

BARDTENSCHLAGER VERLAG MÜNCHEN

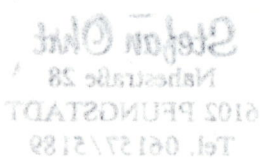

© 1985, achte überarbeitete und erweiterte Auflage (57.–67.000)
Bardtenschlager Verlag GmbH München
Umschlag und Grafik: Maria Nöhmeier
Gesamtherstellung: LVA, Landsberg a. Lech

ISBN 3—7623—0111—5

INHALT

Vorwort zur ersten Auflage

Mit der vorliegenden Einführung in die Pädagogik wenden wir uns in erster Linie an „Erzieher", die für sozialpädagogische Berufe ausgebildet werden. Deshalb sind die Inhalte in spezifischer Form ausgewählt und dargeboten: Wir verfaßten eine Pädagogik unter der Berücksichtigung, daß sie für sozialpädagogisch orientierte Erzieher relevant sein soll. Das schlägt sich vor allem in Themenwahl und Beispielen, die zur Verdeutlichung herangezogen wurden, nieder. „Einführungswerke zur Pädagogik für jedermann" liegen zur Genüge vor. Wir beabsichtigen eine Alternative dazu: eine „Pädagogik für Sozialpädagogen", bei der man grundsätzlich von jedem Kapitel aus einsteigen kann. Aus jahrelanger Erfahrung mit Einführungslehrveranstaltungen zum Thema „Pädagogik für Sozialpädagogen" wissen wir, daß man eine Ausbildung für eine Arbeit im sozialpädagogischen Bereich in erster Linie aus praxisnahen Motiven beginnt, nicht aus Gründen der Theoriefreundlichkeit. Deshalb versuchen wir, in dieser Einführung mit genügend Beispielen zu arbeiten und, wo es möglich erscheint, Hinweise auf qualifiziertes erzieherisches Verhalten für die Praxis zu geben.

Der erziehungswissenschaftlichen Begrifflichkeit muß man sich selbstverständlich auch bei einer am „Prinzip Verständlichkeit" orientierten Darstellung bedienen. Wir sind der Auffassung, daß hier die für Sozialpädagogen wichtigsten Inhalte der Allgemeinen Pädagogik möglichst klar dargestellt wurden, und meinen, daß dem begrifflichen Chaos der Erziehungswissenschaft, an dem immer mehr angehende und vor allem bereits in der Praxis stehende Erzieher Anstoß nehmen, von uns kein Vorschub geleistet wurde.

Der von uns gewählte Titel „Grundfragen der Pädagogik" gibt zugleich Auskunft über den Anspruch, den wir mit dem Buch verbinden. Eine Einführung sollte – so könnte man meinen – für Erziehungswissenschaftler, die selbst mehrere Jahre in Theorie und Praxis der Sozial- und Schulpädagogik gearbeitet haben und für eine Lehrtätigkeit in Allgemeiner Pädagogik berufen sind, eine leichte Sache sein. Man stößt jedoch rasch auf eine Reihe von Problemen und Schwierigkeiten: Zum einen gibt es nicht die Theorie der Erziehung, die man nur einfach zu vermitteln hätte. Dagegen gibt es aber eine für den einzelnen nicht mehr zu überblickende Fülle von Inhalten, unter denen man eine Auswahl zu treffen hat. Unser Auswahlprinzip war „die Bedeutung des Inhalts für den Erzieher in der sozialpädagogischen Praxis". Dabei möchten wir zugleich betonen, daß es nicht unser Anliegen war, „alles zu bringen" und auch nicht, zu allem etwas zu sagen. Auf diese Art wäre eine Telegrammstil-Einführung entstanden. Man hätte sie nicht zu schreiben brauchen, weil es sie zur Genüge gibt. Wir gehen davon aus, daß die 15 behandelten Themenkomplexe für eine Einführung des von uns gedachten Personenkreises in allgemein pädagogische Fragestellungen ausreichen. Unsere Absicht besteht darin, „Grund-Fragen" aufzuwerfen, d. h. auf Problemstellungen in wichtigen Gebieten der Erziehung und Bildung aufmerksam zu machen und zur weiteren Reflexion anzuregen. Deshalb geben wir an einigen Stellen sog. „Denkimpulse", die vor allem zur Diskussion innerhalb und außerhalb der Lehrveranstaltungen Anlaß sein mögen. Damit ergibt sich eine „Problem-Pädagogik", wobei man sich darüber im klaren sein muß, daß eine systematische Pädagogik im traditionellen Sinne nicht mehr möglich ist. Im Hinblick auf die Differenziertheit der Darstellung mag an einigen Stellen deutlich werden, daß in einer Einführung komplexe Gegenstände in vereinfachender Darstellung gebracht werden müssen. Das braucht aber keineswegs eine Schwächung der Sachlichkeit und Wissenschaftlichkeit zu bedeuten.

Was die „Quellen" anbetrifft, aus denen die hier vorgetragenen Befunde geschöpft wurden, so kommen im wesentlichen zwei in Frage: Praxis und Theorie. Beide Autoren konnten jahrelange Erfahrungen in sozialpädagogischer und schulpädagogischer Praxis gewinnen und diese wurden als Gradmesser für die Relevanz der hier vorgestellten Aussagen angelegt. Neben das „Buchwissen" als Quelle traten aber auch zahlreiche Kontakte, die wir mit Erziehern in Sozialpädagogik und Sozialarbeit während Aus- und Fortbildungsveranstaltungen hatten. An Stellen, wo dies möglich war, wurden empirische Studien herangezogen, von denen man ja annehmen darf, daß sie Praxis in exaktester Weise spiegeln. Gemessen an den Erfordernissen für angemessenes praktisches Handeln sind diese allerdings derzeitig in den wenigsten Fällen ausreichend.

Danken möchten wir allen, die in irgendeiner Form an diesem Einführungswerk, sei es mit sachlichen Ratschlägen oder technischen Hilfen, mitgearbeitet haben. Ein besonderer Dank an die oft strapazierte Toleranz der Familien.

Wir würden uns wünschen, wenn der Benutzer durch die von uns verfaßte Einführung ein Kategoriengefüge erhielte, das ihm bei der Reflexion und Bewältigung seiner Praxis hilfreich und nützlich ist.

Freiburg i. Br., im Juni 1975   Norbert Huppertz
                                                                                          Engelbert Schinzler

Vorwort zur 7., aktualisierten Auflage

Die „Grundfragen der Pädagogik" haben in den vergangenen Jahren sehr guten Anklang gefunden, und zwar u. a. auch bei solchen Lesern, an die wir gar nicht in erster Linie gedacht hatten, wie z. B. Praktiker mit langjähriger Erfahrung, angehende Lehrer, Kinderpflegerinnen, Vorbereitungskurse für die Schulfremden-Prüfungen zum Erzieher usw. Das größte Interesse fand unser Buch allerdings in der sozialpädagogischen Ausbildung bei Erziehern an Fachschulen und Fachakademien, bei angehenden Sozialarbeitern und Sozialpädagogen an Fachhochschulen, schließlich aber auch bei angehenden Diplom-Pädagogen an Universitäten und Pädagogischen Hochschulen. Die starke Nachfrage all dieser Gruppen und das Interesse ihrer Dozenten machten eine siebte, aktualisierte Auflage erforderlich. Dabei wurden die bisherigen Aussagen geprüft und dort, wo es erforderlich war, revidiert. Entsprechend den Entwicklungen und Erkenntnissen der letzten Jahre mußte einiges umgearbeitet, anderes ergänzt werden. Wir hoffen, daß dieses und die in der Neuauflage angebrachten Marginalien sowie die am Ende jedes Kapitels vermerkten Literaturangaben die Arbeit mit den „Grundfragen" noch weiter verbessern. Wir möchten uns an dieser Stelle auch für die vielerorts erfreuliche Aufnahme des Einführungswerkes bedanken, aber auch für die zahlreichen positiven Rückmeldungen, die wir von den Lesern erhielten.

Freiburg i. Br.   Norbert Huppertz
Juni 1983   Engelbert Schinzler

I. DAS PÄDAGOGISCHE VERHÄLTNIS

I. DAS PÄDAGOGISCHE VERHÄLTNIS

Eine Einführung in die Pädagogik kann man auf verschiedene Arten beginnen. Es scheint uns nicht so bedeutsam, ob mit diesem oder jenem Inhalt „eingestiegen" wird. Wichtig ist allerdings, daß der Anfang für den sich eindenkenden Adressaten verständlich und plausibel ist. Wir glauben, daß dies bei der folgenden Situation, mit der wir anfangen, gegeben ist.

Situation

Im Kindergarten ist Petra eines der Kinder, die als letzte vor dem Mittagessen noch nicht nach Hause gegangen sind.
„Petra, würdest du bitte noch deine Bauklötze wegräumen, bevor dich gleich deine Mutti zum Mittagessen abholt!", sagt die neue Gruppenerzieherin dem 5jährigen Mädchen.
„Ach nein, ich hab jetzt keine Lust mehr dazu."
„Bitte tu's doch, Frau Schulz möchte auch putzen, und sie hat sonst zuviel Arbeit mit dem Aufräumen."
„Ich mach's jetzt nicht."
„Mußtet ihr denn sonst nicht aufräumen, bevor ihr nach Hause gegangen seid?"
„Doch, aber bei dir mach ich's nicht. Bei der Brigitte mußten wir immer aufräumen. Haben wir auch gemacht. Die war toll. Bei dir mach ich's jetzt nicht. Schade, daß die Brigitte nicht mehr da ist."
Der „neuen" Erzieherin fällt es nicht leicht, nun auch noch freundlich zu Petras Mutter zu sein, die eben zur Tür hereingekommen ist. Im Gespräch mit ihr erkundigt sie sich, wie Petra es denn zu Hause mit dem Aufräumen halte.
„Ja, das ist so eine Sache. In der Erziehung kommt es mir in der Hauptsache darauf an, daß die Kinder sich frei entfalten können und selbständig werden. Wenn sie nicht aufräumen, müssen sie selbst die Konsequenzen erleben. Manchmal lasse ich ihnen das Spielzeug tagelang unaufgeräumt liegen. Von meinem Mann bekommt Petra allerdings sofort eine Strafe, wenn das Kinderzimmer unordentlich ist. Er möchte Ordnung haben, wenn er nach Hause kommt. Wir sind uns da meist uneinig in den Erziehungsansichten. Mein Mann scheut auch vor dem Klaps nicht zurück."
Der Erzieherin geht durch den Kopf, was sie in der Ausbildung alles gelernt hat über Erziehungsstile, Strafe, Erziehungsziele, antiautoritäre Erziehung . . ., und sie denkt daran, wie notwendig es für den Lernprozeß des Kindes ist, daß die Erziehungsweisen in Elternhaus und Kindergarten nicht zu sehr voneinander abweichen.

16

„Ja, wenn Sie Ihr Kind mit Strafen und dazu auch noch mit dem Klaps erziehen. Da habe ich ganz andere Vorstellungen. Man müßte sich einmal darüber unterhalten."
Nach ein paar beiläufigen Bemerkungen über Petras letzte Gruppenerzieherinnen, die nun schon beide verheiratet und nicht mehr im Kindergarten tätig seien, sagt die Mutter zu ihrer fünfjährigen Tochter:
„Petra, du solltest doch jetzt noch eben deine Spielsachen zusammenräumen."
Erst auf den Vorschlag der Erzieherin, daß man es ja auch rasch gemeinsam tun könne, läßt Petra sich ein und räumt mit auf.–

Eine Situation, wie die hier geschilderte, kann man nun unter verschiedenen Aspekten betrachten.

Denkimpuls: Überlegen Sie bitte einmal, was Ihnen an der geschilderten Situation auffällt und welche Gedankenverbindungen Sie dabei zu evtl. von Ihnen selbst gemachten Erfahrungen haben. Erst dann sollten Sie weiterlesen.

Die oben geschilderte Situation im Kindergarten könnte man – da es eine „pädagogische Situation" ist –, unter den folgenden Fragestellungen betrachten, die hier unsystematisch genannt seien:

Fragestellungen

- Über welche Themen sprechen die beteiligten Personen? Kann man ein zentrales Thema erkennen?

- Von welcher Art ist das Verhältnis der einzelnen beteiligten Personen zueinander?

- Ist die Art und Weise, wie die einzelnen Personen wohl meist miteinander umgehen, direkt erkennbar oder evtl. erschließbar?

- Sind die pädagogischen Zielvorstellungen einzelner Personen erkennbar, also wie nach ihrer Auffassung „gut erzogene" Menschen sich verhalten sollen?

- Inwieweit unterscheiden sich die Zielvorstellungen der Beteiligten voneinander?

- Kann man erkennen, welche „Mittel" die Erziehungspersonen – den Zielen entsprechend – einsetzen oder einsetzen würden?

- Wie stehen die Beteiligten zur Frage der Autorität?

17

Denkimpuls: Diskutieren Sie bitte in der Gruppe die hier genannten Fragen oder denken Sie evtl. allein darüber nach, falls Sie keinen Diskussionspartner haben. Wichtig ist aber, daß Sie die Arbeit an den Stellen abbrechen, wo Sie noch keine gründlichen Kenntnisse besitzen; (dort können Sie höchstens über Ihre Vermutungen oder Vorurteile reflektieren). Erst dann sollten Sie weiterlesen.

1. Aspekte des pädagogischen Verhältnisses

Wenn Sie bis hierher unserem Gedankengang und unserer Aufgabenstellung gefolgt sind, haben Sie schon einen vorläufigen Überblick über einige zentrale Fragen der Pädagogik. Wir greifen nun ein Thema auf, das in der eingangs geschilderten Situation besonders deutlich wurde: das pädagogische Verhältnis.

Wenn dieses Thema als erstes behandelt wird, so messen wir ihm damit wegen der sachlichen Wichtigkeit, die noch aufzuweisen ist, *Bedeutung* eine ziemliche Bedeutung bei. Daß das pädagogische Verhältnis bei einer Einführung in die Pädagogik für Sozialpädagogen am Beginn steht, ist vor allem aber auch darin begründet, daß man in zahlreichen sozialpädagogischen Berufsfeldern ohne den interpersonalen Bezug kaum Erfolg haben wird. Es ist damit jedoch weder einem unkritischen Individualismus das Wort geredet noch der gesellschaftliche Aspekt vergessen, oder wie immer sonst die Einwände gegen die Theorie des pädagogischen Verhältnisses – teils berechtigt – lauten mögen. Erziehung wird dadurch auch nicht in einem „vorgesellschaftlichen, herrschaftsfreien, unpolitischen Raum" angesiedelt (MOLLENHAUER 1970, S. 24). Weiter ist damit noch nichts über ein eventuelles Gefälle zwischen Erzieher und Kind oder über ein angemessenes partnerschaftliches Erziehungsverhalten ausgemacht. Dies müßte im Kontext unserer übrigen Darlegungen deutlich werden.

Beziehung zwischen dem Erzieher und dem Zu-Erziehenden Bei dem pädagogischen Verhältnis handelt es sich um die „Beziehung" zwischen dem Erzieher und dem Zu-Erziehenden. Dieses Verhältnis scheint zunächst etwas sehr Abstraktes zu sein, und man mag vielleicht einwenden, es handle sich dabei um „ein theo-

18

retisches" Problem. Bei näherer Betrachtung wird jedoch deutlich, daß von der Art, wie diese Beziehung sich gestaltet, für das Kind, und zwar ganz besonders in der frühkindlichen oder vorschulischen Erziehung, sehr viel abhängen kann.

Greifen wir unsere Szene im Kindergarten noch einmal auf. Wir stellen fest, daß zwischen Petra und der „neuen" Erzieherin offenbar noch keine Vertrauensbasis hergestellt ist, während Brigitte, die „alte" Erzieherin, noch in guter Erinnerung ist. („Die war toll . . . Schade, daß die Brigitte nicht mehr da ist.")

Solche und ähnliche Äußerungen können als Indikatoren dafür betrachtet werden, ob ein erzieherisches Verhältnis gelungen ist oder nicht.

Wir sehen nun einmal von dem konkreten Beispiel ab und zeigen einige Aspekte auf, die man generell beim pädagogischen Verhältnis berücksichtigen kann (vgl. KLAFKI 1970, S. 55ff.).

1. Aspekt: Alles, was innerhalb des pädagogischen Verhältnisses geschieht, sollte um des Kindes willen geschehen

In der eingangs geschilderten Kindergartensituation wurde u. a. deutlich, daß es eine ganze Reihe von Personen oder Instanzen gibt, die ein Interesse an der Erziehung des Kindes haben, z. B. der Vater, die Mutter, die Erzieherin. Manchmal ist aber auch der Trägerverantwortliche, z. B. der Pfarrer oder ein Vertreter der Stadt oder der Gemeinde bestrebt, Einfluß auf die Erziehung im Kindergarten zu nehmen. An der Erziehung generell haben aber auch politische Verbände bzw. deren Vertreter Interesse.

In dem Zusammenhang ergibt sich zwangsläufig die Frage, nach wessen Absichten der Berufspädagoge bei der Erziehung der ihm überantworteten Kinder handeln soll. Der Pfarrer des katholischen oder evangelischen Kindergartens erwartet, daß sein Anliegen vertreten wird; die Eltern haben evtl. ganz andere Ansichten.

In solchen Fällen kann der oben formulierte Grundsatz, daß alles in der Erziehung „dem Wohl des jungen Menschen" dienen und sich daran orientieren soll, durchaus hilfreich sein. Es ist allerdings nur ein Grundsatz, der auch nur als solcher betrachtet werden darf. Wenn der Pädagoge sich danach richtet und in seiner Praxis davon ausgeht, so wird er gleichsam zum „Anwalt des Kindes", das ihm anvertraut ist.

Wohl des jungen Menschen

Wenn man sich in der pädagogischen Praxis und im pädagogischen Denken an dem hier formulierten Prinzip orientiert, so ist dies natürlich nicht problemlos. Im folgenden werden aufgrund von drei Einwänden und deren Diskussion einige kritische Punkte aufgezeigt.

a) Es könnte gegen das Prinzip „um des Kindes willen" der Einwand erhoben werden, daß es sich dabei um nichts anderes *Leerformel* handle als um eine ziemlich leerformelhafte Proklamation, die jeder jeweils beliebig mit konkretem Inhalt füllen könne, so wie es ihm gerade passe. Es sei damit für die Praxis etwa genau so wenig anzufangen, wie mit Aussagen von der Art „Alle wollen das Beste für das Kind". – Dagegen ist zu sagen, daß das Prinzip nur als Richtschnur verstanden sein soll und daß es als solches relativ offen bzw. abstrakt formuliert sein muß. Seinen Sinn verliert es deshalb aber nicht. Es kann z. B. in manchen Fragen der Entscheidungsfindung dienlich sein. Nehmen wir dazu ein Beispiel: In einem Kindergarten haben die Erzieherinnen auf Drängen der Eltern hin sogenannte Trainingsmappen angeschafft. Die Eltern haben die Mappen bezahlt und legen nun Wert darauf, daß auch möglichst „alle Blätter" Verwendung finden und mit den Kindern bearbeitet werden. Die Erzieherinnen beugen sich dem Druck der Eltern, indem sie jeden zweiten Tag mit den Kindern „ein Blatt bearbeiten", obwohl die Kinder demgegenüber deutlich ihren Unmut zeigen. Einige Kinder wollen auch nur noch jeden zweiten Tag in den Kindergarten gehen, und zwar gerade an den Tagen, an denen die Arbeitsblätter nicht verwendet werden[1].
– In einem Fall, wie dem hier geschilderten, ist das oben angeführte Prinzip nützlich. Wenn man z. B. fragt, wessen Interessen hier im Vordergrund standen und maßgeblich waren, so ergibt sich deutlich, daß es sich um die Ansprüche der ehrgeizigen und leistungsbewußten Eltern handelt. Kindergartenpädagogen werden sich im Ernstfall gegenüber solchen Absichten zur Wehr setzen, vorausgesetzt sie betrachten sich – entsprechend dem hier diskutierten Prinzip – als Anwalt des Kindes.

---

[1] Zu methodischen Hinweisen für eine angemessene Verwendung der Vorschulmappe im Kindergarten vgl. M. und N. Huppertz, Rollenspiel und Vorschulmappe – Sprachförderung im Kindergarten, Stuttgart 1975.

b) Ein anderer Einwand könnte gegen das Prinzip „um des jungen Menschen willen" vorgebracht werden. Man mag einwenden, daß es an der Realität versagt, weil die Wirklichkeit ganz anders sei, z. B.:

- Erzieherinnen des Kindergartens halten sich starr an die von ihnen ausgearbeiteten Monatspläne, richten sich aber nicht nach den Interessen und Bedürfnissen der Kinder;
- in der Heimerziehung geht jemand so mit den Kindern um, wie er es in der eigenen Kindheit erlebt hat – also nicht am Kind, sondern an der „Erziehung des Erziehers" orientiert;
- Eltern sehen das eigene Wohl, nicht das des Kindes. In einer Minute konnte ein Beobachter folgendes erleben: „Eltern gehen mit ihrem Vierjährigen über eine Brücke. Seine Hand streift an dem Eisengitter entlang. ,Laß das', sagt der Vater. (Die Motorik wird an der Entfaltung gehindert). Gleich darauf geht der Junge vor seinem Vater auf eine Katze zu, die am Straßenrand sitzt. Der Vater: ,Spring mir nicht dauernd vor den Füßen herum!' Das Kind bleibt an einem Schaufenster stehen. Der Vater: ,Los, geh weiter!' Jetzt beginnt der Kleine den Randstein entlang zu hüpfen. ,Nun langts aber', sagt der Vater, und schon bekommt der Kleine eine Ohrfeige!" (DEISSLER 1974, S. 35)

Wo bleibt da die Orientierung am Wohl des Kindes? – Gegen diesen Einwand ist zu sagen, daß es sich bei diesem Prinzip nicht um eine Beschreibung der Realität handelt, sondern um eine Forderung zur Realisierung einer angemessenen Erziehungswirklichkeit. Die Aussage hat somit für den Erzieher eine präskriptive, also vorschreibende Funktion, nicht eine deskriptive, also beschreibende. Zur Verbesserung pädagogischer Praxis ist zwar von der Praxis auszugehen, man wird sie allerdings, falls dies notwendig erscheint, verändern müssen. Dazu bedarf es der Theorie.

c) Ein weiterer Einwand könnte so formuliert werden: Eine Pädagogik, die in derart betonter Weise vom Kind ausgeht und „das Glück" des Kindes in den Vordergrund stellt, wird in Wirklichkeit unrealistisch. Die Gesellschaft hat evtl. notwendigerweise ganz andere Ziele. Ist es nicht eine eudämonistische Perspektive, also eine Sichtweise nach dem höchsten privaten Glück des einzelnen, statt einer realistischen, die hier zugrunde liegt? – Die gei-

steswissenschaftliche Pädagogik vertrat den Grundsatz der Autonomie, allerdings – das hat sie besonders hervorgehoben – einer
relativen Autonomie der Pädagogik. Damit war eine gewisse Eigenständigkeit in Theorie und Praxis gemeint, und dies muß auch
bei der Diskussion dieses Einwandes gesehen werden. Wenn wir
eine Orientierung am Wohl oder Glück des Kindes betonen, so
kann damit nicht ein blindes Handeln gegenüber gesellschaftlichen Notwendigkeiten gemeint sein. In manchen Fällen wird man
Erziehung nur realisieren können über den Weg des Kompromis-
ses zwischen individuellen (am Kind orientierten) und sozialen
(an der Gesellschaft orientierten) Zielen. Damit wird allerdings
auch eine hohe Verantwortlichkeit deutlich, die vom Erzieher für
sein Handeln zu verlangen ist.

2. Aspekt: Das pädagogische Verhältnis ist ein Verhältnis der Wechselwirkung.

Was hier gemeint ist, beschreibt R. SPITZ für das pädagogische
Verhältnis in der frühen Kindheit:

Filmaufnahme

„Ich besitze die Filmaufnahme einer Mutter, die ihrem sieben Monate
alten Säugling den Sauger der Milchflasche in den Mund steckt; sie bewegt daraufhin ihre Lippen auf seinen Fingern, während er seine Finger
zu drehen beginnt. Das erwidert sie mit einem Lächeln. Die ganze Zeit
über starrt der Säugling mit wacher Aufmerksamkeit auf ihr Gesicht.
Solche kleinen Szenen kann man in unendlichen Variationen bei jedem
Mutter-Kind-Paar beobachten" (SPITZ 1964, S. 249).

Mit diesem Beleg soll nicht gesagt sein, daß die *Wechselwirkung
des pädagogischen Verhältnisses* nur in der frühesten Kindheit zu
beobachten ist. Ähnliche Phänomene der Aktion und Reaktion, wo
sich also der eine auf den anderen einstellt und an ihm orientiert,
beobachten wir nicht nur zwischen Erzieher und Säugling, sondern
auch im pädagogischen Bezug zwischen Erzieher und Vorschul-
sowie Schulkind. Die hier gemeinte interpersonale Beziehung und
die damit verbundene Wechselwirkung bezieht sich auch nicht nur
auf den emotionalen Bereich des Menschen, sondern auf alle
Dimensionen, also z. B. auch auf den kognitiven Bereich.
Der Aspekt der Wechselseitigkeit besagt nicht, daß beide Beteiligten immer in gleich hohem Grade auf die Reaktionen des an-

*alle
Dimensionen*

deren angewiesen wären. Das Kind ist, insbesondere im frühesten Lebensalter, existentiell auf die Zuwendung von seiten der Bezugsperson angewiesen, während dies beim Erwachsenen umgekehrt in viel geringerem Maße der Fall ist. Das pädagogische Verhältnis unterliegt, was den Aspekt des Gefälles zwischen den Partnern anbetrifft, einem kontinuierlichen Wandel.

3. Aspekt: Das pädagogische Verhältnis kann nicht erzwungen werden.

Wie Sympathie und Antipathie im Leben generell eine Rolle spielen, so insbesondere in der Erziehung. Sowohl in der Familienerziehung wie auch in der öffentlichen Erziehung gibt es Fälle, in denen der pädagogische Bezug – offenbar aus mehr emotionalen, unbewußten oder vorbewußten Gründen, die nicht genau in den Griff zu bekommen sind – nicht gelingt. Der Heimerzieherin mag „das hübsche Kind, das neu in ihre Gruppe kommt, auf Anhieb sympathisch sein", während sie gegenüber dem weniger attraktiven, „verwahrlosten", emotionale Sperren zu überwinden hat. Auch den umgekehrten Fall gibt es, in dem die emotionalen Barrieren sich auf der Seite des Zu-Erziehenden befinden und nicht beim Erzieher. H. NOHL hat in diesem Zusammenhang an den Erzieher appelliert: „Er darf darum nicht gekränkt sein oder es gar den Zögling entgelten lassen, wenn ihm der Bezug nicht gelingt" (in: KLAFKI 1970, S. 63). Der hier angeschnittene Aspekt enthält eine Reihe von Praxisproblemen. Im sozialpädagogischen Beruf wird man sich von Zeit zu Zeit immer wieder dieser Grundfrage stellen müssen: Inwieweit ist es mir gelungen bzw. nicht gelungen, zu den in meine Verantwortung gegebenen Kindern oder Jugendlichen einen wünschenswerten pädagogischen Bezug herzustellen. In einem Erziehungsheim müßte z. B. bei Erzieherkonferenzen in regelmäßigem Abstand die Frage behandelt werden: Welches Kind hat evtl. zu keinem Erzieher eine wünschenswerte Bindung, und woran liegt es, daß diese nicht gelungen ist? Dieses Mißlingen kann in zahlreichen Faktoren begründet sein. Das Erzieherverhalten kann z. B. zu Aversionsgefühlen beim Adressaten führen; auch evtl. beim Sozialpädagogen vorhandene Vorurteile, die Sprache und viele sonstige situative Faktoren können dazu beitragen, daß das pädagogische Verhältnis nicht gelingt. Man

wenn der Bezug nicht gelingt

wird sich u. U. nach selbst- und fremdkritischer Prüfung nicht scheuen dürfen, das Kind einem anderen Erzieher zu übergeben, also evtl. einen Gruppenwechsel vorzunehmen.

positive Begründungs- elemente

Bei der Beziehungsgestaltung ist aber nicht nur nach evtl. zu vermeidenden Negativfaktoren zu fragen, sondern auch nach positiven Begründungselementen. Selbstverständlich tragen sachliche oder zunächst mehr ins Rationale gehende Faktoren zum Aufbau eines pädagogischen Bezugs bei. Ein Heimjugendlicher wird z. B. zunächst einfach sehen, daß der Erzieher auf sportlichem oder musischem Gebiet bestimmte Fähigkeiten besitzt. Solche sachlichen Momente können für die affektive Ausprägung der Beziehung eine wichtige Basis bilden.

4. Aspekt: Das pädagogische Verhältnis ist seinem Intensitätsgrad nach altersgemäß zu gestalten.

Den hier angesprochenen Gesichtspunkt formuliert H. NOHL folgendermaßen: „Das pädagogische Verhältnis strebt . . . von beiden Seiten dahin, sich überflüssig zu machen und zu lösen" (in: KLAFKI 1970, S. 64). In exakter, präskriptiver Form müßte die Aussage natürlich so lauten: Das pädagogische Verhältnis sollte vom Erzieher so gestaltet werden, daß es überflüssig wird und der Zu-Erziehende sich lösen kann. Wir werden noch zu belegen haben, welche Schädigungen sich bei Kindern ergeben, wenn es zu keinem pädagogischen Bezug zwischen ihnen und ihrer Bezugsperson kam.

rechtzeitig auf eine Ablösung hinwirken

Es dürfte aber jeder auch Beispiele kennen, in denen zwar eine Beziehung zwischen Kind und Erzieher „aufgebaut" wurde, der Erzieher aber nicht in der Lage war, rechtzeitig auf eine Ablösung hinzuwirken. Zahlreiche Erzieher, vor allem Eltern, geraten hier in einen Zwiespalt und zeigen oft eine merkwürdig ambivalente Haltung, wenn es darauf ankommt, ein Kind „in die Freiheit zu entlassen", z. B. zu Studien- oder Ausbildungszwecken, wenn es diese Möglichkeit nur in entfernt liegenden Orten gibt. Dieser Aspekt des pädagogischen Verhältnisses steht in engster Verbindung mit der Erziehung zur Selbständigkeit. Man sollte sich einmal überlegen, was im gemeinsamen Spiel mit einem zwei- bis dreijährigen Kind unter dem hier angesprochenen Gesichtspunkt bereits alles falsch gemacht werden kann. Das Kind will selber handeln und experimentieren, nicht aber, daß ihm vom Erzieher alles erledigt wird. Der Erzieher verhält sich angemessen, wenn er – aus der Perspektive des Kindes gesehen – nach dem Motto handelt: „Hilf mir, es selbst zu tun! Tu es aber nicht für mich!"

Manche Erzieher, die in einer überbehütenden Weise (Overprotection) mit dem Kind umgehen, scheinen nicht zu wissen, welche Entwicklungs- und Förderungsnachteile ihr Kind dadurch erfährt. Ihnen ist offenbar auch unbekannt, wie sie durch solche Verhaltensformen den bereits in der Vorschulzeit beginnenden notwendigen Ablöseprozeß stören oder unterbinden können. Gerade in dem Punkt zeigt sich, ob ein Erzieher pädagogisches Geschick besitzt, wenn er – in dem Bewußtsein von der Notwendigkeit des pädagogischen Verhältnisses – dies in seinem Intensitätsgrad auch angemessen gestalten und abbauen kann. Unter den Aspekten der Fremd- und Selbstregulierung betrachtet, wird man von folgendem ausgehen können: In der frühesten Kindheit ist die Fremdregulierung am ausgeprägtesten und die Selbstbestimmung am geringsten, während aber beide Größen bereits in den ersten Lebensjahren stark ab- bzw. zunehmen müssen: Je älter ein Kind ist, in um so stärkerem Maße wird von ihm Selbstbestimmung zu erwarten sein. Dementsprechend müßte auch der Intensitätsgrad des pädagogischen Verhältnisses ausgeprägt sein.

Entwicklungs- und Förderungsnachteile

2. Empirische Belege für die Bedeutung des pädagogischen Verhältnisses

Die Pädagogik hat in den letzten drei Jahrzehnten einen starken Wandel durchgemacht. Ein Merkmal dieses Wandels ist die stärkere Orientierung an exakten Forschungsmethoden. Die empirische Sozialforschung hat der Pädagogik eine völlig neue, wesentlich realistischere Perspektive vermittelt. Im Hinblick auf das pädagogische Verhältnis leuchtet unmittelbar ein, daß es ein Unterschied ist, ob ein Erziehungswissenschaftler „das pädagogische Verhältnis" lediglich von seinem subjektiven Bewußtsein aus beschreibt und dann dessen Realisierung fordert; oder ob er darüber hinaus auch erfahrungswissenschaftlich gewonnene und evtl. durch eigene Forschungsaktivitäten erhobene Belege beibringen kann.

Bei Forschungsergebnissen, die aus der Erfahrung gewonnen wurden, spricht man von sog. empirischen Belegen (vgl. auch S. 324 ff.) Wir bringen im folgenden derartige Belege, in denen die Relevanz des pädagogischen Verhältnisses vor allem für die Erziehung in der frühen Kindheit deutlich wird. Es geht dabei im wesentlichen um die Frage: Was geschieht, wenn zwischen dem Kind und der Bezugsperson in der frühesten Kindheit kein pädagogisches Verhältnis vorhanden ist?

R. SPITZ gelangte im Jahre 1945 durch seine Forschungsaktivitäten zu dem Ergebnis: „Es gibt ein Maß, unter das man die Mutter-Kind-Beziehungen im ersten Lebensjahr des Kindes nicht herabsetzen kann, ohne einen Schaden anzurichten, der nicht wieder gutzumachen ist" (in BITTNER/CORDS 1968, S. 95). Wie kam man zu dieser Behauptung und wie ist sie zu verstehen? Um dies zu zeigen, soll eine der wichtigsten von R. SPITZ durchgeführten Studien kurz vorgestellt werden.

Es wurden 164 Kinder untersucht, und zwar insbesondere während der ersten beiden Lebensjahre. 130 von diesen Kindern waren in zwei Anstalten untergebracht: 69 in einem Säuglingsheim, das einem Frauengefängnis angeschlossen war, und 61 in einem Findelhaus. Die beiden Einrichtungen waren nun in einigen Punkten gleich geartet, in anderen dagegen sehr unterschiedlich. Sie waren relativ gleichartig im Hinblick auf die Verpflegung, Hygiene, ärztliche Versorgung und Kleidung der Kinder. Dagegen gab es allerdings in den beiden Einrichtungen auch gravierende Unterschiede:

1. Im Säuglingsheim hat jedes Kind Spielzeug, die meisten Kinder hatten sogar mehrere. Im Findelhaus ist dies nicht der Fall.

2. Der Gesichtskreis ist unterschiedlich: Im Säuglingsheim kann jedes Kind zu jeder Zeit alles beobachten, was ringsumher vor sich geht. Es kann in den Gang hinein- und zum Fenster hinausschauen. Im Findelhaus dagegen ist der Gang immer trostlos und verlassen, außer zu den Mahlzeiten. Meistens geschieht nichts, was die Aufmerksamkeit der Kinder erregen könnte. Außerdem pflegt man im Findelhaus den besonderen Brauch, daß über das Fußende und die Seitengitter Bettücher gehängt werden. So ist das Kind „wirksam von der Umwelt abgeschirmt . . . Infolge dieses Systems liegt jedes Kind solange in Einzelhaft, bis es im Bettchen stehen kann, und sein einziger Anblick ist die Zimmerdecke" (SPITZ 1968, S. 88).

3. Der gravierendste Unterschied scheint aber in der personellen Versorgungssituation zu liegen: Das Personal besteht im Findelhaus aus 6 Schwestern für 61 Kinder, die als ungewöhnlich kinderliebe und mütterliche Frauen bezeichnet werden. Im Säuglingsheim dagegen ist es so, daß eine Schwester und drei Helferinnen die Mütter in der Kinderpflege und -betreuung unterweisen. Jede Mutter versorgt aber ihr Kind selbst. Man stellte nun fest, daß die Entwicklung der Kinder im Säuglingsheim, wo die Mütter

ihre Kinder selbst versorgten, günstiger verlief, als im Findelhaus, wo die Kinder von den Schwestern versorgt wurden. Der Entwicklungsstand, den man mit Tests erhoben hat, blieb bei den Kindern aus dem Säuglingsheim relativ konstant, während er bei den Kindern aus dem Findelhaus immer mehr abfiel. Dies geht aus der folgenden Skizze deutlich hervor (vgl. SPITZ 1968, S. 94):

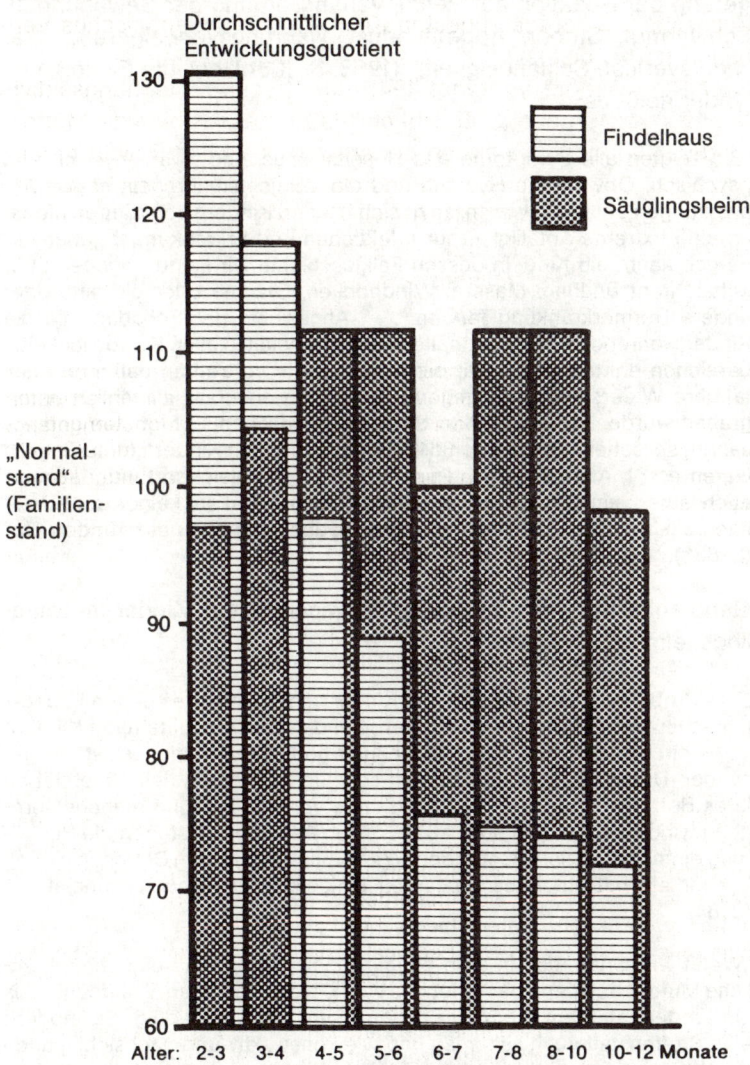

Vergleich der Entwicklung im Säuglingsheim und im Findelhaus

R. SPITZ weist darauf hin, daß die Kinder im Findelhaus alle Symptome des „Hospitalismus" zeigten. Dieses Auffälligkeitssyndrom wird in seiner extremsten Form so beschrieben: „Furchtsamkeit, Traurigkeit, Weinerlichkeit, Mangel an Kontakt, Ablehnung der Umwelt, Kontaktverweigerung, Verzögerung der Entwicklung, Verzögerung der Reaktion auf Reize, Verlangsamung der Bewegungen, Schwermut, Stupor, Appetitverlust, Nahrungsverweigerung, Gewichtsverlust, Schlaflosigkeit." (1968, S. 108) Über die Findelhauskinder heißt es:

Findelhaus-
kinder
„Sie zeigten alle Symptome des Hospitalismus, und zwar physisch und psychisch. Obwohl die Hygiene und die Vorsichtsmaßregeln gegen Ansteckungen untadelig waren, zeigt sich bei den Kindern vom dritten Monat an eine extreme Anfälligkeit für Infektionen und Erkrankungen jeder Art. Es gab kaum ein Kind, in dessen Fallgeschichte wir keine Angaben über Mittelohrentzündung, Masern, Windpocken, Ekzeme oder die eine oder andere Darmerkrankung fanden. . . . Angesichts der Schäden, die die Kinder während ihres Aufenthalts in dieser Anstalt in allen Persönlichkeitsbereichen erlitten, halten wir die Annahme für vertretbar, daß ihre Vitalität, ihre Widerstandskraft gegen Krankheiten ebenfalls allmählich untergraben wurde. Auf der Station der Kinder zwischen 18 Monaten und 2½ Jahren sprechen nur zwei von den 26 überlebenden Kindern (ursprünglich waren es 61, Anm. d. Verf.) ein paar Worte. Die gleichen Kinder können auch laufen; ein drittes Kind fängt gerade damit an. Fast keines der Kinder kann allein essen; sie sind noch nicht sauber und alle nässen noch ein" (S. 83f.).

Ganz anders dagegen wird die Entwicklung der Kinder im Säuglingsheim beschrieben:

Kinder im
Säuglingsheim
„Das Problem ist hier nicht, ob die Kinder gegen Ende des ersten Lebensjahres laufen oder sprechen können; bei diesen 10 Monate alten Kindern ist es ein Problem, wie man die Neugier und Unternehmungslust der gesunden Dreikäsehochs eindämmen soll. Sie klettern an den Gitterstäben ihres Bettchens hoch . . . Sie lallen eifrig vor sich hin, und manche sprechen wirklich schon ein oder zwei Wörter. Alle aber verstehen die Bedeutung einfacher sozialer Gebärden. Wenn man sie aus dem Bettchen nimmt, können alle mit Unterstützung laufen, einige können es auch schon allein" (S. 84).

„Wenn wir sagen, daß in dem Säuglingsheim jedes Kind eine ‚hauptamtliche Mutter' hat, dann bedeutet das vom psychologischen Standpunkt aus ein ‚understatement', d. h. wir sagen damit noch zu wenig. So modern eine Strafanstalt auch sein mag und wie konstruktiv und nachsichtig auch die Umerziehungsmethoden sein mögen, sie nimmt den straffälligen Mädchen doch sehr viel. Ihre Möglichkeiten, Ventile für ihre Interessen, ihren

28

Ehrgeiz, ihre Aktivitäten zu finden, werden sehr stark eingeschränkt. Die früheren sexuellen Befriedigungen, wie auch die Befriedigung des Wettbewerbs auf sexuellem Gebiet, hören plötzlich auf: Vorschriften verbieten auffallend bunte Kleider, leuchtenden Nagellack und extravagante Frisuren. ... Außerdem finden sie keinen Ausgleich in Beziehungen zu Familie und Freunden, wie sie ihn vorher hatten. ... Das Kind jedoch wird für die Gefangenen zum Repräsentanten ihrer Sexualität, ein Produkt, das sie hervorgebracht haben, ein Objekt, das sie besitzen und schmücken können und mit dessen Fertigkeiten, Leistungen und Aussehen sie prahlen können. Das äußert sich in dem unter ihnen beständig herrschenden Wettstreit, wer das besser angezogene, besser entwickelte, intelligentere, hübschere, schwerere, größere, aktivere – mit einem Wort, wer das bessere Kind hat." (S. 89f)

Im Säuglingsheim findet jedes Kind eine „potenzierte" Mutter, die dem Kind alles gibt, was es braucht. „Das Findelhaus gibt dem Kind nicht nur keine Mutter, auch keine Ersatzmutter, sondern nur ein Achtel einer Schwester" (S. 91).

Die von R. SPITZ begonnene Forschung ist in zahlreichen weiteren, teilweise wesentlich differenzierteren Untersuchungen fortgesetzt worden. Diese wurden dargestellt von E. SCHMALOHR in seinem eindrucksvollen Band „Frühe Mutterentbehrung bei Mensch und Tier".

Dabei fand man – vor allem durch die Untersuchung von YARROW und Mitarbeitern (in: GRAUMANN u. a. 1972, S. 102 f.) –, daß es bei der Frage, ob ein Kind sich günstig entwickelt, selbstverständlich nicht allein auf die affektive Zuwendung innerhalb des pädagogischen Bezugs ankommt, sondern daß andere Faktoren auch eine wichtige Rolle spielen. YARROW stellte fest, daß das kognitiv-motivationale Verhalten von Babys (z. B. Greifen und explorative Tätigkeiten) von der sozialen und sachlichen Stimulation durch die Umwelt abhängig ist. Die motorischen Fertigkeiten, die soziale Ansprechbarkeit und sprachliche Entwicklung scheinen jedoch allein von der sozialen Stimulation beeinflußt zu sein. *andere Faktoren*

Als Stimulation durch die Sachumwelt werden dabei angesehen: *Stimulation durch die Sachumwelt*
● die Anzahl unterschiedlicher Gegenstände in der Reichweite des Babys
● das Ausmaß, in dem die Objekte in sichtbaren, taktilen oder hörbaren Merkmalen sich als Folge der Handlung des Kindes ändern
● das Ausmaß, in dem die Objekte Informationen über verschiedene Sinnesmodalitäten geben

Stimulation durch die soziale Umwelt	Als Stimulation durch die soziale Umwelt werden bezeichnet:

- die Häufigkeit des Gesehen-Werdens, des Sprechens zum Baby, des Aufnehmens, des Spielens
- die Mannigfaltigkeit der Arten der sozialen Stimulation
- das Reagieren auf das Vokalisieren des Babys
- das Reagieren auf Weinen und Bekümmernis
- der Ausdruck positiver Gefühlsbeziehung der Mutter

Aus diesen Angaben müßte man die verschiedenen Verhaltenskonsequenzen für eine Erziehung in frühester Kindheit ableiten. Das Grundanliegen der Spitzschen Untersuchungen wird hier bestätigt, allerdings deutlich differenzierter.

Tagesmutter   Das Problem des hier behandelten pädagogischen Bezugs in der frühen Kindheit ist nun insgesamt keineswegs gelöst, sondern war gerade im Zusammenhang mit der Diskussion um die sog. „Tagesmutter"[2] akuter denn je. Dabei geht es um die Frage, inwieweit es pädagogisch legitim ist, Kinder während der ersten Lebensjahre tagsüber von einer „Fremdperson" betreuen zu lassen, damit die Mutter weiterhin ihrem Beruf nachgehen kann. B. HASSENSTEIN, einer der heftigsten Kritiker des Projektes Tagesmütter, bringt deutlich zum Ausdruck, daß hier unser erster Aspekt des pädagogischen Verhältnisses, nämlich das Prinzip „um des jungen Menschen willen", berührt ist: „Das Projekt ‚Tagesmütter' wird unter anderem – zum Teil sogar vorwiegend – unter dem Gesichtspunkt betrachtet, mehr Müttern von Säuglingen und Kleinkindern eine Berufstätigkeit zu ermöglichen. Diesem Wunsch der Mütter bzw. Eheleute steht der Anspruch der Kinder auf die Betreuung der Eltern entgegen" (1974, S. 121). Wer Erziehung ernst nimmt, muß auch die zu unserem Zusammenhang vorhandenen Forschungsergebnisse über die Bedeutung des pädagogischen Bezugs in der frühen Kindheit ernst nehmen und sich nicht an selbstbezogenen Interessen und Bedürfnissen orientieren. Materialistischer Zeitgeist und Eigeninteressen einerseits sowie Wohl und Glück des Kindes andererseits kollidieren anscheinend stärker denn je. „Das Tagesmütterprojekt entspricht einem für die heutige Zeit leider typischen Denken, das die Bedürfnisse Erwachsener ernst nimmt und die der Kinder nicht achtet" (HASSENSTEIN 1974, S. 259). Zu Verlauf und Diskussion des Modellprojekts Tagesmütter vgl. BRINKMANN 1982.

---

[2] Vgl. dazu B. HASSENSTEIN, Projekt Tagesmütter, in: Unsere Jugend 3, 1974, S. 120; ders. in: Unsere Jugend 6, S. 1974, S. 250 ff.

30

siven Kontakt zur Bezugsperson kann das Kind insbesondere in den ersten drei Lebensjahren nicht verzichten. Wie groß die Anzahl der Bezugspersonen sein kann, z. B. ob zwei, drei oder vier, wie es sich in manchen Fällen zwangsläufig ergibt, darüber weiß man offenbar noch relativ wenig. Man kann jedoch mit Gewißheit sagen, daß eine Dauerbezugsperson die notwendige Voraussetzung einer nicht gestörten Entwicklung ist. Ebenfalls über den quantitativen Wert des Intensitätsgrades im pädagogischen Verhältnis kann man relativ wenig sagen, also darüber, „wie stark" die Beziehung ausgeprägt sein muß.

Man hat es bei dem affektiven Aspekt des pädagogischen Bezugs allem Anschein nach mit einem ausgesprochen subtilen Phänomen zu tun, dessen unangemessene Handhabung für Kinder in der Regel sehr negative Konsequenzen hat. Als Faustregel für den Zusammenhang von Schädigung und der fehlenden intensiven Beziehung zur Bezugsperson kann man sagen: Je früher die Beziehung entbehrt werden muß, je länger diese Entbehrung andauert und je krasser dies vom betroffenen Kind erlebt wird, um so gravierender und irreparabler werden die Schädigungen sein. E. SCHMALOHR hat in einer Zusammenfassung der zahlreichen Befunde, die für den Forschungsstand zum pädagogischen Verhältnis und dessen Bedeutung für eine angemessene Frühentwicklung Relevanz besitzen, hervorgehoben, „daß unpersönlich erzogene Kinder gewisse Besonderheiten in ihren Entwicklungen zeigen (. . .). Dabei werden unter den körperlichen Schäden neben der verzögerten psychomotorischen Entwicklung psychosomatische Störungen des Magen-Darm-Traktes, Hautekzeme und Bewegungssterotypien genannt. In allen Schattierungen werden Intelligenzdefekte geschildert, insbesondere Sprachschäden und wahrnehmungsmotorische Defekte, verfehltes Diskriminationsverhalten, Begriffsbildungsschwierigkeiten und Sprachstörungen. Im sozialen Bereich ist neben der Gefühlsarmut die Rede von ununterschiedener Freundlichkeit und Kontaktsucht, von übermäßiger Abhängigkeit und Anhänglichkeit, von Mängeln in der Impulskontrolle und der Fähigkeit, dankbar zu sein, von Hyperaktivität, Feindseligkeit, Negativismen und vor allem von Aggressionssymptomen; die Kinder sollen Schwierigkeiten haben, Normen zu internalisieren und ihr Selbstkonzept zu entwickeln" (in GRAUMANN u. a. 1972, S. 92f.).

In der methodischen Arbeit der Sozialpädagogik und Sozialarbeit orientierte man sich lange Zeit fast ausschließlich an der Beziehung zum Einzelnen: das „pädagogische Verhältnis" und die „helfende Beziehung" waren die Ansatzpunkte aller theoretischen Reflexion. Dies wurde in den letzten Jahren kritisiert: damit würden die gesellschaftlichen Hintergründe übersehen, die in zahlreichen Fällen als Ursachen von Notsituationen zu betrachten seien. – Wir möchten die Bedeutung von beiden Gesichtspunkten betont wissen: individuelle und gesellschaftliche Aspekte spielen in der sozialen Arbeit eine Rolle und müssen gleichermaßen gesehen werden. Auch aus einem weiteren Grunde bedarf die gegenwärtige Sozialpädagogik eines Ansatzes vom pädagogischen Verhältnis her. Alle erzieherischen Institutionen sind in eine typische Leistungsgesellschaft eingespannt und mit deren Ansprüchen konfrontiert. Gerade deshalb ist die Gefahr der *emotionalen Verarmung* gegeben, weil eine solche Gesellschaft in erster Linie kognitive Leistungen fordert und an affektiven Dimensionen nur sehr geringes Interesse hat. Diesen Entwicklungen entgegenzuwirken und die Anwaltschaft des Erziehers für das Glück des Kindes neu zu betonen, dürfte eine Pädagogik vom erzieherischen Verhältnis aus – allerdings nicht unangemessen individualisierend – derzeitig am ehesten in der Lage sein.

3. Zwischenmenschliche Voraussetzungen der Erziehung

*pädagogische
Atmosphäre*

Das hier erörterte pädagogische Verhältnis hat also seine Bedeutung in aller Erziehungs- und Bildungsarbeit. Pädagogisches Handeln erfordert zwischenmenschliche Begegnung; dabei spielt es keine Rolle, ob vom „pädagogischen Verhältnis", vom „pädagogischen Bezug", von einem „Ich-Du-Verhältnis", von „Interaktion" oder ähnlichem die Rede ist. Immer sind als unabdingbare Voraussetzungen für die Erziehung die Einstellungen, Haltungen und Formen der menschlichen Zuwendung – vom Erzieher zum Kind, vom Kind zum Erzieher – im Spiel.
Für diese, vor allem auch gefühlsmäßigen zwischenmenschlichen Voraussetzungen und menschlichen Haltungen, die den Hintergrund bilden für jedes erzieherische Verhalten, verwendet O. F. BOLLNOW den Begriff der „pädagogischen Atmosphäre". Sehr treffend hat er herausgearbeitet, daß die sog. „erzieherischen

Tugenden", wie Zutrauen, Vertrauen, Geduld, Hoffnung sowie Heiterkeit und Humor die unerläßlichen Voraussetzungen dafür sind, daß Erziehung überhaupt gelingen kann. Auch seine interkulturellen Studien zeigen, daß diese allgemein menschlichen Voraussetzungen der Erziehung über alle Grenzen der Völker und Kulturen die gleichen sind. „Es geht . . . um die pädagogische Situation im ganzen und insbesondere die Kind und Erzieher gemeinsam übergreifende Gestimmtheit und Abgestimmtheit des einen auf den anderen, die für das Gelingen der Erziehung erforderlich ist." (S. 12)

O. F. BOLLNOW spricht in seinem Buch „Die pädagogische Atmosphäre" (1965) von einer „Doppelseitigkeit der erzieherischen Atmosphäre": „Das eine ist die gefühlsmäßige Einstellung des Kindes zum Erwachsenen, das andere jene entsprechende Haltung, die der Erwachsene von seiner Seite aus dem Kind entgegenbringt." (S. 15). Wir wollen im folgenden die Seite des Erziehers betrachten und auf die erzieherisch bedeutsamen „Tugenden" eingehen.

Doppelseitigkeit der erzieherischen Atmosphäre

1. *Das Zutrauen und Vertrauen.* – Das Kind entwickelt sich nicht einfach von ihm selbst her, sondern vieles ist von den Erwartungen abhängig, die ihm von seiner Umgebung entgegengebracht werden. „Es braucht zu seiner Entfaltung das Vertrauen seiner Umgebung." (S. 44) So soll ein Erzieher grundsätzlich den körperlichen und geistigen Fähigkeiten des Kindes vertrauen; er sollte davon überzeugt sein, daß es diese oder jene Leistung gut erfüllen kann.

Zutrauen und Vertrauen

„Man muß den Kindern etwas zutrauen. Das ist die Voraussetzung für jede Anforderung oder Aufgabe, die man ihnen stellt, in der Familie und in der Schule, und im Abwägen des Ausmaßes dessen, was man dem Kind zutrauen kann, zeigt sich die echte erzieherische Verantwortung. Man muß ihnen auch neue Aufgaben zutrauen, in denen sie sich bisher noch nicht bewährt haben, denn sie sind ja noch in der Entwicklung und ihre Kräfte noch im Wachsen. Man muß ihnen also im Zutrauen immer etwas voraus sein. Man muß dabei sogar ein gewisses Risiko eingehen, denn nichts ist für ein Kind entmutigender, als wenn es bei jeder Gelegenheit hören muß: das kannst du ja doch noch nicht. Natürlich hat auch diese Vorwegnahme ihre Grenzen, und man darf das Kind auch nicht in diesem Zutrauen durch übertriebene Anforderungen überfordern, denn dann wird es entmutigt, wenn es hinter diesen Erwartungen zurückbleibt, und läßt in seinen Leistungen nach, statt gesteigert zu werden." (S. 45f.)

2. *Die Erwartungen.* – Viele Kinder scheitern an den falschen Erwartungen ihrer Erzieher. „Es liegt im Wesen des pädagogischen

Erwartungen

Bezugs, daß er mit seinen Hoffnungen und Erwartungen über die Gegenwart hinaus in die Zukunft vorauseilt; denn es handelt sich in der Erziehung ja um die aufbauende Arbeit an einem in der Zukunft – und sogar in einer verhältnismäßig späten Zukunft – zu verwirklichenden Ziel."

„Da entstehen notwendig Spannungen zwischen den vorauseilenden Erwartungen des Erziehers mit der langsamer oder anders als erwartet verlaufenden Entwicklung des Kindes. Eltern und Erzieher sind enttäuscht, wenn das Kind hinter ihren Erwartungen zurückbleibt oder sich anders entwickelt, als sie es sich vorgestellt hatten.
Sehr viel gefährlicher aber wird es, wenn die Erzieher und besonders die Eltern in ihren Erwartungen über das vernünftige Maß hinausgehen, wenn sie in ihrer Eitelkeit vom Kind erwarten, daß es einmal ungewöhnliche Leistungen hervorbringt oder bestimmte von ihnen gestellte Aufgaben übernimmt, etwa einen bestimmten, von den Eltern für wünschenswert gehaltenen Beruf ergreift oder das elterliche Geschäft übernimmt und vorwärts führt." (S. 54 f.)

Geduld

3. Die Geduld. – Beim Kind darf nie bereits vorausgesetzt werden, was es noch lernen soll. Der gute Erzieher engagiert sich, aber er kann auch warten. „Die Geduld ist die Tugend des Wartenkönnens. Wir verstehen sie am besten von ihrem Gegenteil her, von der Ungeduld oder, direkter ausgedrückt, von der Hast."

„Da sind die mannigfaltigen Gefahren der Ungeduld: sei es, daß der Erzieher das Kind drängt, ihm Vorwürfe macht, weil es nicht schneller vorankommt, sei es, daß er ihm den Weg abzukürzen versucht und ihm aus seinem eigenen Wissen heraus nachhilft, ihm etwa Fingerzeige zu geben versucht für die Lösung eines mathematischen Problems. Dieselben Gefahren zeigen sich natürlich auch in der häuslichen und handwerklichen Erziehung, wenn etwa die Eltern dem Kind das Werkzeug aus der Hand nehmen und die Arbeit lieber selber tun, weil sie in ihrer Ungeduld nicht mit ansehen können, wie das noch ungeübte Kind langsam und unbeholfen vorankommt." (S. 56 f.)

Hoffnung

4. Die Hoffnung. – Wir warten aber in der Erziehung nicht einfach hin, als ob wir nicht betroffen wären. Der berufliche wie auch der elterliche Erzieher soll selbst eine Zukunftsperspektive besitzen; denn nur so vermag er sie auch anderen zu vermitteln.

„Die Hoffnung ist in diesem Sinne ein Vertrauen zur Zukunft. Diese Hoffnung als die allgemeine Voraussetzung des Lebens ist aber in besonderem Maß auch die Voraussetzung der Erziehung. Es ist die Hoffnung, daß sich das Kind in der rechten Weise entwickelt, nicht so sehr aus eigener An-

36

strengung, sondern daß die Natur sich in ihm entwickelt. In den schwersten Enttäuschungen und aussichtslos scheinenden Verwicklungen behält sie die Gewißheit, daß sich alles „irgendwie" schon lösen wird, und bewahrt darin eine innere Überlegenheit zu den Schwierigkeiten, die auch das Kind, wo es verzagen möchte, mit tragen kann. Hoffnung und Geduld sind so in ihrer notwendigen Polarität zu begreifen. Sie sind in innerster Zusammengehörigkeit und wechselseitiger Ergänzung aufeinander bezogen und bestimmen gemeinsam den zeitlichen, zukunftsbezogenen Aspekt der Erziehung." (S. 61 f.)

5. *Der Humor.* – Vieles hat im Leben des Kindes große Bedeutung, was bei objektiver Betrachtung leicht zu regeln ist. Nicht alles, was das Kind subjektiv bedrückt, darf auch den Erzieher beeinträchtigen. „Humor bedeutet in der erzieherischen Perspektive die Fähigkeit, die kleinen Kümmernisse des Kindes aus einer gewissen Überlegenheit zu sehen und sie so leicht zu nehmen. Denn würde der Erzieher jedes Leid, das dem Kind oft unendlich und nicht mehr zu ertragen scheint, ebenso schwer nehmen wie dieses, so könnte er gar nicht mehr in der rechten Weise helfen. Durch den Humor löst der Erzieher die Spannung."

Humor

„Dieser Humor muß sich besonders da bewähren, wo sich das Kind in Zorn oder Unart gegen den Erzieher selber wendet, wenn es etwa trotzig aufbegehrt oder diesem gar wehtun will. Hier darf dieser nicht gleich menschlich gereizt reagieren.

Dieser überlegene Humor würde freilich entarten, wenn er nicht von der Warmherzigkeit des Mitgefühls getragen ist oder gar in kalte Ironie oder bissigen Spott umschlägt. Wirkliche Ironie, in dem Sinn, wie das Wort heute verstanden wird, kann kein Kind ertragen. Ironie mag eine Waffe im Kampf mit einem gleichwertigen Gegner sein. Dem Kind gegenüber aber ist eine ironische Behandlung schlechterdings verboten. Es ist ihr gegenüber in seiner eigenen Schwachheit hilflos und fühlt sich durch die ironische Behandlung aus dem menschlichen Bezug gerissen und im innersten Kern verletzt." (S. 68 f.)

Die hier vorgestellten Voraussetzungen bedeuten – auch wenn sie als allgemein menschlich anzusehen sind – nicht gerade geringe Anforderungen – aber: es sind noch nicht einmal alle. Selbstverständlich gehören zur „guten Erziehung" und zum „guten Erzieher" auch kognitive, also sein Wissen betreffende Voraussetzungen sowie ein den heutigen Maßstäben entsprechendes Erzieherverhalten überhaupt. Wir werden darauf in den späteren Kapiteln eingehen.

Denkimpulse: Über die folgenden Problemstellungen müßte man im Zusammenhang mit dem pädagogischen Verhältnis reflektieren und diskutieren:
1. Ist es nicht unrealistisch, in einer Zeit der hohen Gruppenfrequenzen, z. B. in der Schule und im Kindergarten, von einer Theorie des pädagogischen Verhältnisses auszugehen?
2. Wird bei einer so starken Betonung der intensiven Beziehung nicht einer „Vereinzelungsideologie", wie man sie oft der Sozialarbeit vorwirft – sie sei immer noch fast ausschließlich am einzelnen „Fall" orientiert – das Wort geredet; wo man doch längst erkannt habe, daß man die sozialen Strukturen verändern müsse?
3. Ist es nicht ein pädagogischer Trick, eine so intensive Beziehung zum Kind aufzubauen, um das Kind anschließend erzieherisch zu manipulieren?

Literatur

Arbeitsgruppe Tagesmütter, Das Modellprojekt Tagesmutter, München 1977

Biestek, F., Wesen und Grundsätze der helfenden Beziehung in der sozialen Einzelhilfe, Freiburg i. Br. 1977 (5. Aufl.)

Bittner, G./Schmid-Cords, E. (Hrsg.), Erziehung in früher Kindheit, München 1968

Bollnow, O.F., Die pädagogische Atmosphäre, Heidelberg 1965

Braun, W., Der Vater im familiären Erziehungsprozeß, Bad Heilbrunn 1980

Brinkmann, W./Renner, K. (Hrsg.), Die Pädagogik und ihre Bereiche, Paderborn 1982 (darin bes.: Interfamiliale Erziehung im Kleinkindalter)

Buber, M., Reden über Erziehung, Heidelberg 1953

Liegle, L., Kollektiverziehung im Kibbuz, München 1971

Nohl, H., Die pädagogische Bewegung in Deutschland und ihre Theorie, Frankfurt a. M. 1961

Schmalohr, E., Frühe Mutterentbehrung bei Mensch und Kind, München/Basel 1968

Spitz, R., Vom Säugling zum Kleinkind. Naturgeschichte der Mutter-Kind-Beziehungen im ersten Lebensjahr, Stuttgart 1965

II. BEDINGUNGEN DER ERZIEHUNG

II. BEDINGUNGEN DER ERZIEHUNG

1. Anthropologische Voraussetzungen der Erziehung

In dem hier zu behandelnden Themenkreis geht es u. a. um die folgenden Fragen:

Fragestellung
der
Anthropologie

Was unterscheidet den Menschen von anderen Lebewesen?
Was kann man über Stellung, Aufgabe, Funktion und Ziel des Menschen in der Welt aussagen?
Welches ideale Menschenbild müßte Ausgangs- und Zielvorstellung sein, damit die typisch menschlichen Eigenschaften, wie einsichtiges Handeln, aufrechter Gang, Arbeit, Angst, Werkzeuggebrauch, Sprache und Lernfähigkeit, eine sinnvolle und notwendige Funktion erhalten?

Die Frage nach den anthropologischen Voraussetzungen – *die Erörterung dessen, was der Mensch ist, was er sein soll, was aus ihm werden soll* – stellt ein zentrales Thema jeder Weltanschauung, Religion und somit jedes philosophischen und politischen Systems dar. Die Antwort darauf wird verschieden ausfallen, je nachdem, ob das vertretene Menschenbild von christlichen, marxistischen oder idealistischen Vorstellungen geprägt ist. So dürfte es auch nicht verwunderlich sein, daß sich neben der Pädagogik nahezu alle Wissenschaften mit der Frage nach dem „Wesen des Menschen" befassen. Somit bildete sich z. B. eine anthropologisch orientierte Biologie, Psychologie, Philosophie etc. heraus.

Kurz möchten wir einige zentrale Fragestellungen anderer Wissenschaften „vom Menschen" nennen, die als anthropologisch zu verstehen sind: so befaßt sich z. B.

40

- die *medizinische Anthropologie* u. a. mit der Konstitutions- und Typenlehre;
- der *psychologischen Anthropologie* geht es u.a. um die psychischen Eigenschaften und emotionalen Zustände sowie um den Menschen als motivierbares Wesen;
- die *philosophische Anthropologie* stellt u. a. die Frage nach dem Wesen des Menschen und dem Sinn des Lebens;
- die *theologische Anthropologie* befaßt sich u. a. mit den Fragen nach dem Ursprung und Ziel des Menschen aus einem religiösen Menschenverständnis;
- Die *Soziologie* fragt u.a. nach dem Menschen in seinen Rollen und den damit verbundenen Erwartungen;
- die *Kulturanthropologie* möchte u. a. durch vergleichende Betrachtung der interkulturell festgestellten Unterschiede die dem Menschen grundsätzlich möglichen Verhaltensweisen feststellen;
- der *Ethnologie* geht es u. a. darum, vor allem die Verhaltensweisen der sogenannten „primitiven" Kulturen zu beschreiben, zu analysieren und zu vergleichen.

Welche Bedeutung für die Erziehung haben nun die verschiedenen anthropologischen Vorstellungen? Um dies zu verdeutlichen, greifen wir als *Beispiel* die Regelung sexueller Bedürfnisse heraus: EIBL-EIBESFELDT geht davon aus, daß die Promiskuität (Geschlechtsverkehr mit wechselnden Partnern) nicht dem „Wesen des Menschen" entspricht. Von anderer Seite wird jedoch argumentiert, daß diese Frage nicht aufgrund der „Wesenseigenschaften" geklärt werden könne, und man betont die Abhängigkeit von der sozialen, kulturellen, geschichtlichen und gesellschaftlichen Entwicklung. *Beispiel*

Es ist unschwer zu erkennen, daß je nach anthropologischer Auffassung daraus sehr verschiedene Vorstellungen resultieren, die dann ihre Auswirkungen in der Praxis der Sexualerziehung haben. Darüber hinaus werden von der jeweiligen anthropologischen Grundhaltung die Zielvorstellungen über Ehe und Familie sowie eine Fülle angrenzender Normfragen berührt.

Die *pädagogische Anthropologie* ist stark beeinflußt von Biologie, Psychologie, Theologie und Philosophie. Sie bemüht sich nun u. a., *Pädagogische Anthropologie*

41

über die Erkenntnisse der Wesensunterschiede zwischen menschlicher und tierischer Entwicklung die Sonderstellung des Menschen hervorzuheben. Dabei versucht sie, die daraus resultierenden grundlegenden pädagogischen Zielvorstellungen herauszuarbeiten. Sie greift deshalb vor allem die eingangs genannten Themenkreise auf:

Sonderstellung des Menschen

– Der Mensch ist nach GEHLEN ein „unspezialisiertes Mängelwesen": „Er ist organisch mittellos, ohne natürliche Waffen, ohne Angriff- oder Schutz- oder Fluchtorgane, mit Sinnen von nicht bedeutender Leistungsfähigkeit, denn jeder unserer Sinne wird von den Spezialisten im Tierreich weit übertroffen" (GEHLEN 1961, S. 46).

– Der Zoologe PORTMANN bezeichnet den Menschen als „physiologische" oder *„normalisierte Frühgeburt"*. Er verweist damit auf die Sonderstellung der menschlichen Schwangerschaft. Sie „entspricht nicht der vollen Tragzeit, die einem Säugetier von der Organisationshöhe des Menschen angemessen wäre". Der Mensch ist ein *„sekundärer Nesthocker"*; er erreicht erst ein Jahr nach der Geburt „den Ausbildungsgrad, den ein seiner Art entsprechendes Säugetier zur Zeit der Geburt verwirklichen müßte" (PORTMANN 1951, S. 45ff.). Mit einer Wachstumsdauer von etwa 18 Jahren hat der Mensch im Vergleich zu den hochentwickelten Säugetieren zudem das langsamste Wachstumstempo. PORTMANN stellte dies als ein typisches Merkmal des Menschen heraus.

– Einzelne Forscher heben noch weitere typische Merkmale hervor. Unter anderem wird darauf hingewiesen, daß beim Säugling nur wenige Reflexe nachweisbar sind, wie z. B. das Saugverhalten und der Klammerreflex. Diesen Sachverhalt bezeichnet man als *„Instinktreduktion"*. Ein weiterer Unterschied zwischen Mensch und Tier bestehe darin, daß Tiere im Gegensatz zum Menschen ihre Umwelt nicht auswechseln können: der Mensch lebt *„weltoffen"*, das Tier „umweltgebunden".

Pädagogische Konsequenzen und Möglichkeiten

Trotz dieser – biologisch gesehen „defizitären" – Ausstattung des Menschen zur Zeit der Geburt, wo er weder in Bewegungsart, Körperhaltung oder in der Kommunikationsweise den artgemäßen Typus erreicht, ist diese Ausgangslage für den Menschen eher als günstig zu betrachten und zwar im Hinblick auf die folgenden Gesichtspunkte:

- *Frühgeburt:* Die Möglichkeit, auf den Menschen Einfluß zu nehmen, ist somit wesentlich stärker. Und zwar deshalb, weil so auch in den ersten 12 Monaten, die PORTMANN als „extrauterines Frühjahr" bezeichnet hat, pädagogisch eingewirkt werden kann. Unter anderem leiten die Pädagogen hieraus die pädagogische Betreuung ab. *Interpretation*
- *Instinktreduktion:* Die angeborenen Triebe, z. B. Nahrungstrieb und Sexualität bedürfen der sozio-kulturellen Überformung. Menschliches Verhalten ist somit weniger festgelegt und schematisch, es wird variabler und kann beeinflußt werden. Hieraus resultieren sowohl Chancen als auch Gefahren für pädagogische Interventionen.
- *Mängelwesen:* Wenn der Mensch als „unfertig", „unausgereift" und „unspezialisiert" bezeichnet wird, so ist zu bedenken, daß dies ja gerade die Voraussetzung darstellt für seine hochgradige Spezialisierung und Differenzierung sowie für seine nahezu grenzenlose Lern-, Leistungs- und Anpassungsfähigkeit. Die tierische Entwicklung gleicht gewissermaßen einem kurzen Spezialtraining, während beim Menschen erheblich mehr Zeit für die äußerst vielfältige Ausdifferenzierung aufgewendet werden muß. Dies bringt auch H. ROTH zum Ausdruck, indem er den Begriff „Mängelwesen" kritisiert: „Die Mängel an angeborenen Fertigkeiten und Instinkten werden überspielt von der positiven, den Menschen auszeichnenden Gabe – und das ist die wichtigste Interpretation dieser biologischen Fakten –: nämlich von einer *unendlichen Lernfähigkeit*" (ROTH 1966, S. 115).
- *Weltoffenheit:* Im Gegensatz zum Tier fehlt beim Menschen die erblich festgelegte Umwelteinpassung: „Er ist das nichtgebundene, das ‚weltoffene' Wesen, das seine sozialen Ordnungen überspringen, seine Organe ausweiten, seine Vorgegebenheiten durchbrechen kann. Der Mensch hat alles das zu eigener Verfügung, was beim Tier in die festen Bahnen seiner sensuellen und umwelthaften Bindungen eingeengt ist" (BALLAUF in FLITNER 1967, S. 39).

Pädagogisch
relevante
Erkenntnisse

Welche Erkenntnisse sind nun aus dieser anthropologischen Betrachtungsweise für die Pädagogik zu gewinnen?

1. In der Pädagogik geht es dann darum, die Erziehungsbedürftigkeit des Menschen zu sehen, aber auch seine Erziehungsnotwendigkeit und seine Erziehungsfähigkeit. Ein zentrales Anliegen jeder Pädagogik muß es somit sein, die Erziehung des Menschen optimal zu gestalten.

2. Ein auffallendes Merkmal des Säuglingszustandes ist die Hilflosigkeit. In dieser Zeit weitester Ungeformtheit und höchster Formbarkeit beginnt bereits im „sozialen Mutterschoß" der Einfluß jeweils besonderer geschichtlicher und sozio-kultureller Verhältnisse auf den Säugling. Seine Hilflosigkeit wird zur Bedingung für soziale, kulturelle und geschichtliche Beeinflussung.

3. Alles, was zur Menschlichkeit gehört, muß erst gelernt bzw. anerzogen werden; Menschlichkeit bekommen wir nicht in die Wiege gelegt; dafür Sorge zu tragen, daß sie erlangt werden kann, ist die Aufgabe der Erziehung.

Zusammenfassend einige Aussagen aus den Forschungsergebnissen von PORTMANN (1958, S. 112):

„Das höhere Tier reift in allen Eigenheiten der Gestalt, des Verhaltens, in seiner ganzen Weltbeziehung weitgehend im Mutterkörper heran ... Völlig anders beim Menschen! Unsere Sozialsphäre braucht eine Sprache, aber wir werden mit dieser Sprache nicht geboren ... Die Lautgebilde selber, die Worte und ihren Sinn müssen wir im Sozialkontakt erlernen ... Unsere Körperhaltung ist aufrecht, aber wir kommen nicht aufrecht zur Welt ... Auch die Körperhaltung des Menschen ist in hohem Grade ein sozialbedingtes Phänomen.
Unser menschliches Wesen ist weltoffen; unsere Interessen können sich beliebigen Dingen zuwenden. Das heißt also, daß unsere ganze Erfahrung der Welt von anderen uns übergeben werden muß ... Auch die Entwicklung unserer Verhaltensweisen ist sozial bestimmt."

2. Wie wirken Anlage und Umwelt?

Wir haben schon auf die Lern- und Erziehungsbedürftigkeit des Menschen hingewiesen. In dem Zusammenhang ergibt sich aber auch die Frage, welche Möglichkeiten man in der Erziehung überhaupt hat; also danach, welche Bedeutung einerseits den menschlichen Erbanlagen und andererseits den Umwelteinflüssen zukommt. Dem Erzieher kann es ja nicht gleichgültig sein, welchen und wieviel Einfluß er selbst auf seine Adressaten nehmen kann.

Er fragt sich oft selbst, wie es kommt, daß ihm das eine Kind schon sehr früh als intelligent erscheint, das andere dagegen als weniger intelligent; daß das eine nach seiner Ansicht gut lernt, das andere dagegen weniger gut, obwohl sie im gleichen Alter sind.

Die Pädagogik als Wissenschaft muß sich fragen: Sind die Möglichkeiten menschlicher Verhaltensweisen durch die Erbanlagen bestimmt? Kann ein Kind durch Erziehung also lediglich das lernen, was bereits genetisch angelegt ist? Brauchen die Anlagen somit nur noch „entfaltet" zu werden? Oder spielen Umwelteinflüsse, also die von außen auf eine Person einwirkenden Faktoren, die entscheidende Rolle? *Erbanlagen*

In der pädagogisch-psychologischen Literatur wird der entscheidende Einfluß einmal mehr oder sogar ausschließlich den Anlagen, ein andermal verstärkt den Umwelteinflüssen zugebilligt.

Die Ansicht, daß der Umwelt lediglich in eingeschränkter Weise eine Wirkung zukomme und die Entwicklung als Entfaltung der Anlagen nach einem genetisch festgelegten Plan voranschreitet, wurde also vor allem von frühen Entwicklungspsychologen wie z. B. O. KROH (1887–1955), ENGELMAYER und H. REMPLEIN vertreten. KROH spricht von der „führenden Bedeutung der Anlage", ENGEL-MAYER von der „fortschreitenden Entfaltung des Anlagegefüges". E. STERN (1889–1959) geht demgegenüber eher einschränkend davon aus, daß die „Entfaltung der Anlagen unter Einwirkung äußerer Faktoren" erfolge.

Welcher Einfluß andererseits aber der Umwelt zugeschrieben wird, illustriert z. B. die folgende Aussage von WATSON (1878–1958): „Gebt mir ein Dutzend gesunder Kinder und meine eigene, besondere Welt, in der ich sie erziehe! Ich garantiere ihnen, daß ich blindlings eines davon auswähle und es zum Vertreter irgendeines Berufes erziehe, sei es Arzt, Richter, Künstler, Kaufmann oder Bettler, Dieb, ohne Rücksicht auf seine Talente, Neigungen, Fähigkeiten, Anlagen, Rasse oder Vorfahren" (WATSON 1930, S. 134). *Umwelt-einflüsse*

Manche Pädagogen sind etwas voreilig darin, vor allem die schlechten Leistungen ihrer Schüler oder ausbleibende Erziehungserfolge auf die *Anlage* zurückzuführen. Damit läge Scheitern außerhalb der Verantwortlichkeit des Erziehers und der Erziehungssituation. Als Hauptargument dient dann die vordergründig richtige Feststellung, daß ja alle Kinder der gleichen Lernumwelt ausgesetzt seien. Folglich ergäben sich die Unterschiede aus mangelnden Anlagen, aus „fehlender Intelligenz" und „Begabung". Z. B. hört man immer wieder Berichte über das Fehlen „mathematischer", „sprachlicher" oder „musischer" Begabung.

Meistens aber finden wir heute in der wissenschaftlichen Diskussion eine ausgewogene Ansicht vertreten. W. STERN (1871–1938) z. b. sagte: „Seelische Entwicklung ist nicht ein bloßes Hervortretenlassen angeborener Eigenschaften, aber auch nicht ein bloßes Empfangen äußerer Einwirkungen, sondern das Ergebnis einer Konvergenz (Zusammenspiel) innerer Angelegtheiten mit äußeren Entwicklungsbedingungen."

In jüngerer Zeit wurde durch den amerikanischen Psychologen A. JENSEN die Kontroverse um Anlage- und Umweltfaktoren erneut aktuell. JENSEN glaubte aufgrund von Forschungsergebnissen schlußfolgern zu können, daß für die Intelligenzunterschiede zwischen der weißen und der farbigen US-Bevölkerung, die durchschnittlich 15 Punkte betragen soll, die vererbten Anlagen verantwortlich seien.[3]

Wie sehr in manchen Kreisen der Bevölkerung das Hauptaugenmerk auf den Faktor *„Anlage"* gelegt wird, verdeutlichen Aussagen folgender Art, die offenbar von Generation zu Generation „vererbt" werden:

„Das helle Köpfchen hat er vom Großvater."
„Er ist mehr handwerklich begabt und soll deshalb einen Beruf erlernen."
„Aus *der* Familie kann ja nichts Rechtes hervorkommen. Die waren alle schon so."
„Die Veranlagung zum Musiker wurde ihm in die Wiege gelegt."
„Unsere Tochter ist die geborene Lehrerin."

Auf derlei alltagstheoretische Weisheiten verlassen sich vielfach auch ausgebildete Erzieher.

---

[3] Hierbei sei ausdrücklich aufmerksam gemacht auf die vielen falschen oder sehr verfälschten Berichte zur JENSEN-Kontroverse in verschiedenen Veröffentlichungen. Eine gute Darstellung findet man von G. SCHUSSER und R. FAKTE in: Zeitschrift für Pädagogik 2, 1970, S. 203–275.

> **Denkimpulse:** Diskutieren Sie, welche pädagogischen und bildungspolitischen Konsequenzen sich jeweils ergeben, wenn man die hier angeschnittene Frage zugunsten der Anlagen bzw. der Umwelt entscheidet, z. B. in bezug auf:
> - Kindergarten: Bewahranstalt oder kompensatorische Einrichtung?
> - Wer darf die verschiedenen Bildungseinrichtungen beanspruchen? Welche Bildungseinrichtungen sollen Kinder bestimmter Sozialschichten besuchen?
> - Hängt evtl. die Existenz von Schichten, „unterentwickelten" Völkern, die ungleiche Verteilung von Macht und Besitz mit unserer Fragestellung zusammen?

Es gibt nun im wesentlichen drei Konzepte, die sich um die Klärung der Frage bemühen, welche Beziehung zwischen Anlage und Umwelt besteht; wie beide zusammenwirken und wie sie den individuellen Menschen hervorbringen: Nativismus, Milieutheorie und Interaktionstheorie.

1. Die Nativismustheorie betont die Wirkung angeborener Faktoren.

2. Die Milieutheorie betont die Wirkung der Umwelteinflüsse.

3. Die Interaktionstheorie versucht zwischen den beiden extremen Positionen zu vermitteln.

1. Der Nativismus

Eine Reihe von frühen Kinder- und Jugendpsychologen, wie z. B. BUSEMANN (1887–1967), BÜHLER (1879–1963) und KROH, die klassischen Tiefenpsychologen FREUD (1856–1938) und ADLER (1870–1937), sowie einige vergleichende Verhaltensforscher versuchen, die psychische Entwicklung ganz oder schwerpunktmäßig als Ausreifung erbmäßig angelegter, d. h. im biologischen Bauplan festgelegter Faktoren zu erklären. So wird z. B. von K. LORENZ behauptet, daß aggressives Verhalten beim Menschen unabwendbar sei, da es auf einer angeborenen Verhaltensdisposition beruhe. Auch die Tiefenpsychologie spricht von angeborenen Triebkräften, zu denen der Sexual- und Aggressionstrieb ebenso zählen wie das Machtstreben. Auch jene Forscher, die die psychische Entwicklung als eine festgelegte Reihe von Phasen und Stufen betrachten, schreiben den Anlagen das Hauptgewicht am Entwicklungsgeschehen zu.

Diskussion

Wenn menschliches Verhalten tatsächlich vorrangig durch die genetische Ausstattung festgelegt wäre, so müßte man pädagogisch gesehen eher zum Pessimismus neigen: Was aus dem Kinde wird, liegt ja dann bereits fest! Erziehung bräuchte sich lediglich auf die möglichst umfassende Auslösung des Angeborenen zu konzentrieren. In eine solche Deutung scheinen aber oft auch Gesichtspunkte der eigenen, evtl. privilegierten Situation einzugehen:

„Es ist unmittelbar einsichtig, daß diejenigen, die sich zu den Macht-, Besitz- und Bildungseliten unserer Gesellschaft zählen, sich aus eigenem Interesse lieber durch jene Argumente überzeugen lassen, die für die Vorbestimmung der menschlichen Person in den Erbanlagen sprechen. Die Gewissen der Besitzenden können sich entlastet fühlen, wenn die Armen, die weniger Tüchtigen, die weniger Arbeitsamen, so sein müssen, weil die Natur sie benachteiligt hat und weil man diese Natur auch beim besten Willen nicht verändern kann. Wenn der Mensch von Natur aus so sein muß, wie er ist, dann können Eltern, Heimerzieher, Lehrer sich von Schuld freisprechen, wenn die öffentlichen Erziehungseinrichtungen und die privaten Erziehungsbemühungen einige zum Scheitern und andere zum Erfolg bringen. Wenn es die Unterschichten im eigenen Volk oder die ganzen Völker der Dritten Welt nicht sehr weit bringen, so ist das mit Bedauern hinzunehmen, weil sie eben beschränkt und lebensuntüchtig sind. Niemand kann da der Schlaf geraubt werden" (DEISSLER 1973, S. 15)

2. Die Milieutheorie

Prägewirkung der Umwelt

Die Milieutheorie vertritt die Gegenposition zum Nativismus. So wie WATSON behaupten die Milieutheoretiker, daß alles Verhalten gelernt werden könne. WATSON und seine Nachfolger leugnen zwar nie, daß ein bestimmter Teil menschlichen Verhaltens erbbestimmt ist, sie verstehen die *Umwelt* jedoch als die dominierende Einflußgröße. Verhalten wird im Laufe des Lebens erworben, und die Umwelt formt den einzelnen Menschen so, daß er sich entsprechend den Erwartungen eben dieser Umwelt zu verhalten vermag.

Anhänger dieser Theorie – zu denen z. B. FICHTE (1762–1814), ROUSSEAU (1712–1778) und MONTESSORI (1870–1952) gehören –

48

glauben an die prägende Kraft der Umwelt und hoffen, über die Gestaltung der Milieueinflüsse den Menschen formen zu können. Sie gehen davon aus, daß Grundmotivationen, Sozialverhalten, Lernfähigkeit, Sprachstil, Leistungsbereitschaft und Werthaltungen in der Hauptsache durch Umwelteinflüsse gefördert, aber auch gestört werden können. Deshalb gilt es die Umweltfaktoren zu erkennen und mit vom Erzieher beeinflußbaren Maßnahmen abzustimmen.

Auch ein übertriebener pädagogischer Optimismus, bei dem man, wie etwa WATSON, von der Allmacht der Umwelt überzeugt ist, scheint uns verfehlt. Die Grenzen der Lernfähigkeit und Erziehbarkeit müssen vom verantwortlichen Erzieher in realistischer Weise gesehen werden. Sie können jedoch durch verschiedene Faktoren bedingt sein: durch Erbausstattung, erworbene organische und geistige Schäden, aber eben auch durch mangelnde Lernanregungen sowie sachlich unzureichend ausgestattete pädagogische Einrichtungen; allerdings auch durch mangelnde Qualifikation der Erzieher und Lehrer.

3. Die Interaktionstheorie

In der Interaktionstheorie versteht man den Entwicklungsprozeß als ein wechselseitiges Ineinandergreifen der beteiligten Faktoren: kein Faktor darf vom anderen getrennt betrachtet werden. Damit verwerfen wir alle einseitigen Erklärungen ebenso wie Aussagen, daß 80% einer Fähigkeit erbbedingt und 20% umweltbeeinflußt seien. Beide Größen, Umwelt und Anlage, können nicht quantitativ aufgeteilt werden. So gibt es keine Anlagen, die sich selbständig entfalten oder nach einem biogenetischen Programm ausreifen. Fähigkeiten und Fertigkeiten des Menschen müssen durch Erziehung und Bildung in einer natürlichen und gesellschaftlichen Umgebung entwickelt werden. Anlagen sind somit notwendige, aber allein nicht ausreichende Bedingungen. Körperbau, Temperament, Lernmöglichkeit, Gewissensfähigkeit etc. können wir als „Rohmaterialien" ansehen, die dann durch den Einfluß der Umwelt die Persönlichkeitsmerkmale eines Individuums gestalten. Man muß aber auch davon ausgehen, daß die Umwelt über den Einfluß auf die Mutter bereits vor der Geburt auf den heranwachsenden Menschen einwirkt; wir haben also immer ein Wesen vor uns, bei dem innere (endogene) und äußere (exogene) Faktoren bereits zum Zeitpunkt der Geburt zusammengewirkt haben.

Wir gehen folglich davon aus, daß ein Erzieher nicht untätig auf eine „Reifung der Anlagen" warten darf. Im Gegenteil: der Pädagoge kann durch den Aufbau einer vielseitigen Anregungsumwelt das Kind mit seiner erbmäßigen Ausstattung fördern. Ebenso kann der Erzieher durch Vertrauen und vermehrte Zuwendung unerwünschte Verhaltensdispositionen und Umwelteinflüsse abbauen und damit evtl. positive Wirkungen anbahnen.

Zusammen-
fassung

Die vorliegenden Forschungsergebnisse zu unserer Fragestellung und die daraus resultierenden Konsequenzen können wir folgendermaßen zusammenfassen[4]:

- Intelligenz und Begabung z. B. werden durch Umwelt und Anlage bestimmt. Über die einzelnen Wirkanteile bei einer einzelnen Eigenschaft können derzeit noch keine genauen Angaben gemacht werden. Dazu wäre eine größere Anzahl exakter und zuverlässiger Ergebnisse notwendig.
- Fest steht jedoch, daß Begabung und Intelligenz keine schicksalsbedingten, unveränderlichen Größen sind. Es kann aber zum sozialen Schicksal werden, wenn vorhandene Anlagen nicht gefördert werden. Ohne Umweltanregungen können Anlagen nicht optimal entwickelt werden; aktualisierte Fähigkeiten sind noch nicht mit den Erbanlagen gegeben.
  Begabung und Intelligenz sind als Möglichkeit und auch als Ergebnis der Lernfähigkeit zu verstehen. Sie müssen vom Erzieher beim Kind erwartet und angeregt werden.
- Die derzeit zuverlässigsten Forschungsergebnisse liefert uns die Zwillingsforschung. Besonders interessant sind dabei die

---

[4] Vgl. dazu die Gutachten und Studien in H. ROTH (Hrsg.), Begabung und Lernen. Stuttgart 1969. Besonders aufschlußreich sind die Beiträge von G. MÜHLE, der die Probleme der Begabungsforschung aufzeigt, von H. RITTER, W. ENGEL und K. GOTTSCHALDT, die Befunde der Vererbungsforschung referieren und von H. AEBLI, der die geistige Entwicklung als Funktion von Anlage, Reifung, Umwelt- und Erziehungsbedingungen interpretiert.

Versuchsanordnungen mit eineiigen Zwillingen, da diese gleiche genetische Ausstattung haben. Wachsen die Zwillinge nun in der gleichen Umwelt auf, müßten sie sich in ihrem Verhalten sehr ähneln. Verhaltensunterschiede könnte man dagegen – wenn beide Zwillinge verschiedenen Umwelteinflüssen ausgesetzt sind – auf die spezifischen Umweltverhältnisse zurückführen.

Die vorhandenen einschlägigen Forschungsergebnisse dieser Art werden jedoch durchweg sehr vorsichtig ausgelegt. Das rührt in erster Linie daher, daß trotz der sorgfältigen Planung, Durchführung und Auswertung der Untersuchungsreihen keine übereinstimmenden Ergebnisse vorliegen. Folgende Zusammenhänge scheinen aber gesichert:

Zusammenhänge

- Die Intelligenz ist offenbar stark vom genetischen Potential abhängig.
- Eine direkte Abhängigkeit von der Anlage konnte bislang nur bei Intelligenz- und Begabungsdefekten[5] nachgewiesen werden, z. B. bei bestimmten Arten geistiger Behinderung.
- Sofern es sich um Kinder mit normalen Anlagen handelt – und das sind zunächst einmal alle gesunden – müssen wir davon ausgehen, daß ihr genetisches Potential wohl größer ist, als man bislang generell annahm. Der Erzieher muß wissen, daß es weitgehend von der familiären, schulischen und außerschulischen Umwelt abhängt, in welcher Weise sich die Persönlichkeitsentwicklung gestaltet.
- Die physischen Gegebenheiten des Menschen wie Körperbau, Organgröße, körperliche Besonderheiten, aber auch das Temperament und die Gefühlsanlagen, scheinen weitgehend vererbt; sie werden nahezu ausschließlich „von innen heraus" gesteuert und sind somit am wenigsten durch die Umwelt beeinflußbar.

In Erziehung und Bildung geht es aber nicht nur um intellektuelle Tüchtigkeit. Eine große Anzahl anderer Phänomene ist kaum oder gar nicht von der Vererbung abhängig, wie z. B. Schulleistungs-

---

[5] Bei Unregelmäßigkeiten in der Chromosomenausstattung können Intelligenzdefekte verschiedener Ausprägung auftreten.

fähigkeit, Einstellungen, Gewissen, Erwartungen, sprachliche, motorische, theoretische oder praktische Fähigkeiten und Fertigkeiten. Hier öffnet sich dem Pädagogen ein weites Feld erzieherischer Einflußmöglichkeiten. Was durch gezielte und speziell ausgerichtete Erziehungseinwirkungen selbst bei Kindern mit ungünstigen Voraussetzungen noch möglich ist, zeigen uns die Erfolge bei schwergeschädigten Kindern, z. B. in der sonderpädagogischen Arbeit von Eltern sowie Erziehern in Sonderkindergarten, Sonderschule und Heim.

Aber auch hier gibt es erstaunliche Erscheinungen, bei denen die Bedeutung der Umwelt unmittelbar einleuchtet. So wird z. B. von den neuerdings in China in zahlreichen Familien anzutreffenden Einzelkindern berichtet, daß sie im Vergleich zu den Kindern aus kinderreichen Familien nicht nur erheblich bessere Schulnoten hätten, sondern auch einige Zentimeter größer seien. Allerdings sollen sie auch erheblich verwöhnter und ungezogener sein.

Literatur

Aebli, H., Die geistige Entwicklung als Funktion von Anlage, Reifung, Umwelt- und Erziehungsbedingungen. In: Roth, H. (Hrsg.), Begabung und Lernen, Stuttgart, 2. Aufl. 1969

Aselmeier, M., Biologische Anthropologie und Pädagogik, Weinheim 1973

Beck, H. H., Anthropologie und Pädagogik, Bad Heilbrunn, 3. Aufl. 1977

Flitner, A., Wege zur pädagogischen Anthropologie, Heidelberg 1967

Gerner, B., Einführung in die pädagogische Anthropologie, Darmstadt 1974

Hassenstein, B., Verhaltensbiologie des Kindes, München 1973

Roth, H., Pädagogische Anthropologie, Band 1, Hannover 1966

Schraml, W., Einführung in die moderne Entwicklungspsychologie für Pädagogen und Sozialpädagogen, Stuttgart 1972

Skowronek, H. (Hrsg.), Umwelt und Begabung, Stuttgart 1973. Darin: Jensen, A., Wie sehr können wir Intelligenzquotienten und schulische Leistung steigern?

Zimmer, D., Der Streit um die Intelligenz, München 1975

III. ERZIEHUNGSZIELE

III. ERZIEHUNGSZIELE

Die im folgenden zu behandelnde Thematik könnte dem Erzieher, der in erster Linie an „praktischen" Fragen der Pädagogik interessiert ist, zunächst relativ theoretisch erscheinen. Bei näherer Betrachtung leuchtet aber ein, welche Bedeutung die Frage nach den Erziehungszielen auch für die Praxis der Erziehung hat und welch gravierende Probleme sich in dem Zusammenhang u. U. ergeben können.

Wir möchten ausgehen von einem Beispiel aus der Praxis des Kindergartens:

Beispiel

Die Erzieherin des Kindergartens bemüht sich, nach modernen, pädagogisch begründbaren Gesichtspunkten ihre Gruppe zu leiten, und ist dabei bestrebt, die Kinder für eine partnerschaftliche, rationale Konfliktlösung zu befähigen. Unter anderem versucht sie, die Kinder – soweit ihr dies möglich und wünschenswert erscheint – ihre Konflikte selbst austragen zu lassen und nicht bei jedem kleinen Streitfall beschwichtigend zu interagieren. Sie hat damit auch schon recht gute Erfolge erzielt. Eine Reihe ihrer Kinder sind bereits in der Lage, nicht mit Gewaltanwendung, sondern auf dem Wege der verbalen Auseinandersetzung und Interaktion konfligierende Situationen zur Zufriedenheit der beteiligten Streitparteien zu lösen. Auf pädagogisch vertretbare Weise vermittelt die Erzieherin den Kindern immer wieder, sie sollten in Konfliktfällen nicht schlagen und möglichst auch nicht zurückschlagen, sondern den Streit „mit Worten" lösen. Die Mutter eines der Kindergartenkinder vertritt aber nun genau die gegenteilige Auffassung, indem sie ihrem Kind zu Hause immer wieder sagt: „Hau doch zurück, wenn von dir einer etwas will. Laß dir ja nichts gefallen. Du wirst sonst immer den kürzeren ziehen. Zeig du nur den anderen, wie es geht und daß du dir nichts bieten läßt". Diese Mutter scheut auch selbst nicht davor zurück, ihr Kind bei einer Normverletzung zu schlagen. –

Es ist uns klar, mit welchen negativen Folgen eine solche zweigleisige Erziehungspraxis für das Kind verbunden sein kann. Darüber müßte man sich Gedanken machen. Hier soll es aber um die

54

Frage gehen, was die Gründe für die zwei sehr verschiedenen Ausrichtungen der Erziehung sein können. Auf den ersten Blick stellt man lediglich voneinander abweichende Praktiken der Konfliktlösung bzw. des erzieherischen Umgangs fest. Bei tieferer Reflexion gelangt man aber zu der Erkenntnis, daß insgesamt zwei völlig differierende Erziehungsmuster vorliegen und daß diese aus konträr zueinander stehenden Zielvorstellungen über die Erziehung resultieren.

Die *Zielfrage* hat in der sozialpädagogischen Diskussion der letzten Jahrzehnte eine relativ geringe Rolle gespielt. Da sie aber für die konkrete Erziehung in Familie, Kindergarten und allen anderen pädagogischen Bereichen grundlegende Bedeutung besitzt, muß ihr in der pädagogischen Reflexion ausreichend Raum gegeben werden. Bei einer systematischen Betrachtung ergibt sich nämlich, daß vom Ziel alles weitere der Erziehung abhängt. Erziehung definieren wir in unseren weiteren Ausführungen als dasjenige „Handeln, in dem die Älteren (Erzieher) den Jüngeren (Edukanden) im Rahmen gewisser Lebensvorstellungen (Erziehungsnormen und -ziele) und unter konkreten Umständen (Erziehungsbedingungen) sowie mit bestimmten Aufgaben (Erziehungsgehalte) und Maßnahmen (Erziehungsmethoden) in der Absicht einer Veränderung (Erziehungswirkungen bzw. realisierte Ziele) zur eigenen Lebensführung verhelfen, und zwar so, daß die Jüngeren das erzieherische Handeln der Älteren als notwendigen Beistand für ihr eigenes Dasein erfahren, kritisch zu beurteilen und selbst fortzuführen lernen" (BOKELMANN 1972, S. 185f.).

Die Zielfrage hat grundlegende Bedeutung

Definition von Erziehung

Uns kommt es im folgenden hauptsächlich darauf an, Grundfragen aufzuzeigen, die im Zusammenhang mit dem Zielaspekt wichtig sind. Diese werden jeweils thesenhaft genannt und beschrieben.

1. Das Erziehungsziel ist vielfach nicht direkt erkennbar, sondern nur zu erschließen

In den wenigsten pädagogischen Aktivitäten, die wir im Erziehungsalltag beobachten können, werden die dabei verfolgten bzw. realisierten Ziele ausdrücklich genannt. Selbst wenn der Facherzieher reflektierte Zielvorstellungen hat, wird er diese nicht immer nennen. Dies wäre u. U. dadurch zu erklären, daß er nicht sicher sein kann, inwieweit seine Zielvorstellungen von Kollegen oder Eltern geteilt werden. Deutlich zu beobachten ist vielfach nur das Handeln von Erziehern, d. h. der Einsatz von Erziehungsmitteln und das damit verbundene Erzieherverhalten; die Ziele selbst dagegen sind meist nur zu erschließen.

2. Zwischen dem Erziehungsziel und dem Erziehungsstil besteht eine fundamentale Verbindung

Wir wiesen darauf hin, daß bei den erzieherischen Vorgängen die dabei verfolgten Ziele meist nicht beobachtet, sondern nur erschlossen werden können. Diese Aussage führt zu einer weiteren Erkenntnis über den Zusammenhang zwischen dem Ziel der Erziehung und dem dazu „passenden" Stil: Je nachdem welches erzieherische Ziel jemand verfolgt, dementsprechend müßte auch sein Erzieherverhalten sein. Wer z. B. den jungen Menschen zu einem demokratischen und selbständig handelnden Bürger zu erziehen beabsichtigt, dem verbietet es sich prinzipiell von selbst, in der Erziehung einen autoritären Stil zu praktizieren. Das gesamte Erzieherverhalten wird dabei gleichsam zur vermittelnden Instanz, durch welche die Erziehungsziele verwirklicht werden sollen.

Gedanken
machen um die
Ziele

Nun geschieht es aber in zahlreichen Fällen, daß die Erzieher – sowohl Fachpädagogen wie auch Eltern – Praktiken verwirklichen, ohne daß sie sich Gedanken machen um die damit verbundenen Ziele. Es kann also durchaus vorkommen, daß jemand ein erzieherisches Verhalten realisiert, aber selbst gar nicht weiß, zu welchen Zielen er damit den Zu-Erziehenden führt. Wer z. B. sein Kind in einem anstehenden Konfliktfall anschreit und glaubt, auf diese Weise den Streit am besten zu lösen, der ist sich manchmal gar nicht darüber im klaren, daß er hier zu einer Zielrealisierung beiträgt, die er bei gründlicher Reflexion evtl. nicht akzeptieren könnte. Würde er über sein Verhalten nachdenken und die Einsicht gewinnen, welche „Qualitäten" des Kindes aus seinem Vorgehen resultieren, dann würde er möglicherweise von seinem Verhalten ablassen. Damit wird deutlich, daß eine Vernachlässigung der hier anstehenden Frage nach den Zielen der Erziehung für die Praxis gravierende Konsequenzen haben kann.

56

3. Bei den Resultaten pädagogischer Aktivitäten ist zu unterscheiden zwischen Konzept- und Realzielen

Wir deuteten unter 2. schon an, daß intendierte Ziele und realisierte Ziele keineswegs immer übereinstimmen müssen. – Bei den Ergebnissen, die aus den erzieherischen Einflüssen auf ein Kind oder einen Jugendlichen hervorgehen, können wir einmal unterscheiden zwischen solchen Resultaten, die von Erziehern ausdrücklich beabsichtigt, beeinflußt und dann auch erzielt wurden, und anderen, die sich ohne Absicht des Erziehers „einstellten". In der Pädagogik hat man *intentionale* Erziehung und *funktionale Erziehung* unterschieden.

Bei der Umschreibung der intentionalen Erziehung ist der wichtigste Aspekt, daß eine *Absicht* und eine *Einflußnahme* von seiten des Erziehers (!) vorliegt. Bei der funktionalen Erziehung ist dies nicht der Fall. Funktionalerzieherische Einflüsse können z.B. das Fernsehen, die Gleichaltrigengruppe usw. haben, insofern durch sie ohne Intention des Pädagogen bei seinem Zu-Erziehenden Verhaltensweisen entstehen. Wenn ein Kind durch das Werbefernsehen beeinflußt wird, ohne daß dieses Medium vom Erzieher absichtlich „eingesetzt" wurde, dann liegt in diesem Fall ein Ergebnis funktionaler Erziehung in dem oben definierten Sinne vor; obwohl (!) hinter dem Werbefernsehen selbstverständlich „Intentionen" stehen, die Einfluß auf den Zuschauer nehmen wollen.

intentionale Erziehung

funktionale Erziehung

Es ist also evident, daß in jedem Fall irgendwelche Resultate eintreten, mögen diese sich nun auf vom Erzieher geplante und gesteuerte Weise ergeben oder mögen sie von anderen Einflußfaktoren herrühren. In jedem Fall, so können wir sagen, werden „am Edukanden" Ziele verwirklicht, von welchen Einflußfaktoren sie auch kommen mögen. Für dieses Phänomen legen wir die begriffliche Unterscheidung zwischen *Konzept- und Realzielen* fest, wobei die Konzeptziele die im Bewußtsein des Erziehers vorhandenen und für den Zu-Erziehenden beabsichtigten Vorstellungen sind, die Realziele jedoch die Qualifikationen, die sich tatsächlich an der Persönlichkeit des Edukanden einstellen.
Für den Pädagogen in der Praxis ist die Unterscheidung zwischen Real- und Konzeptzielen von Bedeutung, weil so sein Blick für die

Konzept- und Realziele

Absichten und den Einfluß der sog. *„geheimen Miterzieher"* geschärft wird. Derartige Faktoren müssen aber nicht zwangsläufig
konträr zu den Absichten des Erziehers wirken, sondern können
auch unterstützend sein. Sind sie dies aber nicht, dann können die
Resultate unter Umständen so wirksam sein, daß die Erziehungsziele des Erziehers im Vergleich dazu relativ unwirksam werden.
Diese existieren dann u. U. lediglich noch in seinem Bewußtsein
oder in seinem Konzept, den Zögling aber betreffen sie nicht. Erziehung würde damit zu einem „blind-intuitiven" Prozeß, dessen
Folgen nicht abzusehen wären. Es könnte z. B. vorkommen, daß
Eltern für die Erziehung eines Jugendlichen in ihrem Bewußtsein
„sehr hehre" Ziele haben und auch ein entsprechendes Erziehungsverhalten realisieren, während der Jugendliche selbst aber
allabendlich negativen Einflüssen in einer Gleichaltrigengruppe
ausgesetzt ist, die in Wirklichkeit eindeutig dominieren, ohne daß
die Eltern zunächst etwas davon erfahren.

4. Definitorische Umschreibung des Begriffs „Erziehungs- ziel" und äquivalente Begriffe

Wir machten nun schon eine Reihe von Aussagen zum Problemkreis „Erziehungsziele", ohne daß wir eine Definition dazu gegeben
haben. Der pädagogisch engagierte und reflektierende Kommuni-
kationsteilnehmer hat offenbar bereits ein besonders ausgeprägtes
Vorverständnis für die ihn angehenden Fragen. Man hat „Erziehungsziele" folgendermaßen definiert: „Erziehungsziele sind Aussagen über die psychischen Dispositionen oder die Endzustände
der Persönlichkeit, die von dem Zu-Erziehenden durch Lernvorgänge erworben werden sollen" (BREZINKA 1969, S. 256). Wenn
aber, wie in dieser Definition, Erziehungsziele nur auf "psychische"
Dispositionen bezogen werden, so könnte das leicht zu einer Ver-
engung der anthropologischen Dimensionen führen. Ziele, die stärker mit der physischen Seite des Menschen in Verbindung zu sehen
sind, etwa Zielvorstellungen der Sportpädagogik, können aber aus
dem Komplex der Erziehungsziele nicht ausgeschlossen werden.
Man müßte deshalb in der oben angeführten Definition eine Erweiterung vornehmen und von "psycho-physischen" Dispositionen
sprechen. Wir möchten den Begriff „Erziehungsziel" folgender-

maßen definieren: Es handelt sich dabei um eine normative Vorstellung, von der man annimmt, sie solle in das Dispositionsgefüge des Zu-Erziehenden integriert werden. Solche Vorstellungen können sich auf das gesamte Verhaltensspektrum des Lernenden erstrecken. Es soll hier ausdrücklich betont werden, daß mit einer solchen Umschreibung des Begriffes „Erziehungsziel" nichts darüber ausgesagt ist, auf welche Weise Ziele in konkreten erzieherischen Aktivitäten gesetzt oder verwirklicht werden. Diese Frage hängt mit der Art des Erzieherverhaltens zusammen. Mit einer Definition von „Erziehungsziel" ist auch noch nichts darüber ausgemacht, in welcher Form die Zu-Erziehenden selbst im Lernprozeß Ziele einzubringen oder in Frage zu stellen haben.

psycho-physische Dispositionen

Statt des Begriffes „Erziehungsziel" werden von manchen Autoren auch andere Begriffe verwendet, die aber meist die gleiche Bedeutung haben. Einige davon führen wir an (vgl. BREZINKA 1972, S. 500ff.): Erziehungs- oder Bildungsideal, Erziehungsaufgabe oder -absicht, Lernziel, Leit- oder Menschenbild usw.

andere Begriffe

5. Erziehungsziele können sich auf verschiedene Dimensionen des Menschen beziehen

Bei der Betrachtung einzelner Zielvorstellungen wird deutlich, daß verschiedene Aspekte des Menschen darin Berücksichtigung finden. Vergleichen wir einmal die folgenden Zielformulierungen miteinander: Ein Kind soll lernen, Mengen erst nach der Farbe und dann nach der Form zu klassifizieren (a); ein Kind soll Freude empfinden, wenn es die Platte ‚Peter und der Wolf' hört (b); ein Kind soll lernen, wie man einen Konflikt ohne physische Gewaltanwendung löst (c). In den genannten Beispielen ist einmal die kognitive Dimension (a), dann die affektive (b) und schließlich die soziale Dimension (c) angesprochen. Die angeführten Dimensionen haben nur Beispielscharakter und sind evtl. zu ergänzen oder zu differenzieren. Es ist sehr strittig, welche „Bereiche" des Menschen man in dieser Weise unterscheiden kann. Jede anthropologische Differenzierung dieser Art darf übrigens nur analytisch verstanden werden, d.h. daß sie nur theoretisch vorgenommen werden kann in dem Bewußtsein, daß in der Realität die einzelnen Dimensionen zusammenhängen und ineinander übergehen. So ist z. B. der affektive

kognitive Dimension
affektive Dimension

soziale Dimension

analytisch

Aspekt vom kognitiven im konkreten Leben nicht zu trennen. Der Lehrer in der Schule darf nicht so tun, als käme nur der Intellekt des Schülers zu ihm in die Klasse; vielleicht wäre ihm das oft am liebsten. Der Schüler kommt aber mitsamt seinen Frustrationen, die evtl. aus der Schule oder Familie rühren. Dieser emotionale Aspekt hat selbstverständlich seine Rückwirkung auf den kognitiven. Ist der Schüler über seinen Lehrer verärgert, so wird es letzterem auch nicht leicht fallen, ihm kognitive Inhalte zu vermitteln.

Praxisrelevanz   Solche Unterscheidungen sind für die Praxis der Erziehung deshalb relevant, weil es Zeiten gibt, in denen man –gleichsam dem „pädagogischen Zeitgeist" folgend – einzelnen Dimensionen eine Vorrangigkeit einräumt. In solchen Zeiten müßte der Erzieher in der Praxis zum kritischen Korrektiv werden, falls ihm derartige Verzerrungen aus Programmplänen oder Curricula bekannt werden. So hatten während der letzten Jahre in der Kindergarten- und Vorschulpädagogik die kognitiven Ziele eine deutliche Priorität erhalten, wogegen man sich anscheinend inzwischen besinnt und den anderen Bereichen eine stärkere Ausprägung geben möchte. Die Aussage, daß sich Zielvorstellungen der Pädagogik auf verschiedene anthropologische Dimensionen beziehen können, ist also insofern von praktischer Relevanz, als der Erzieher hier eine Kontrolle über die Ausgewogenheit ausüben kann und dabei evtl. durch die Kompensation einzelner Dimensionen für das Kind ungünstige Einseitigkeiten vermieden werden.

6. Erziehungsziele können auf verschiedenen Abstraktionsebenen formuliert sein

Zur Verdeutlichung dessen, was hier gemeint ist, gehen wir wieder von einigen Beispielen aus.

a) Auf seine Zielvorstellungen befragt, könnte jemand sagen, er möchte junge Menschen zur „Mündigkeit" erziehen.
b) Ein anderer würde antworten, – so nehmen wir an – er wolle, daß die Kinder einmal „ehrliche Menschen" werden.
c) Ein Dritter legt Wert darauf, daß die Kinder „Pünktlichkeit lernen".

60

Betrachten wir diese Aussagen unter dem Aspekt der Eindeutigkeit bzw. des Abstraktionsgrades, dann fällt auf: Die Frage, wann jemand *„Mündigkeit"* (a) und zwar nicht nur im altersmäßig festliegenden rechtlichen Sinne besitzt und seinem Verhalten nach als „mündig" zu gelten habe, wird von verschieden denkenden Menschen wahrscheinlich jeweils ganz anders beantwortet. Bei dem Begriff „Mündigkeit" handelt es sich also keineswegs um ein eindeutig formuliertes Ziel, sondern genau das Gegenteil ist der Fall: „Mündigkeit" ist eine Aussage, die nahezu jeder für sich in Anspruch nehmen kann und gerade nach seinem Gutdünken mit Inhalten füllen wird –. Bei der Formulierung *„ehrlicher Mensch"* (b) dagegen scheint die Vieldeutigkeit schon etwas reduziert zu sein, und die Anzahl der differierenden Deutungen wäre wahrscheinlich geringer. Aber auch eine solche Aussage ist keineswegs so deutlich, daß es darüber keine Diskussion gibt. Man kann dies oft genug erleben. – Wer aber seinem Zu-Erziehenden das Ziel *„Pünktlichkeit"* (c) vermitteln möchte, der kann davon ausgehen, daß er bei verschiedenen Kommunikationspartnern dadurch doch ziemlich gleiche Assoziationen auslöst.

Hier wird also gezeigt, daß man Erziehungsziele danach klassifizieren kann, ob sie „eher vieldeutig" oder „eher eindeutig" formuliert sind.

„eher vieldeutig"

„eher eindeutig"

Nehmen wir zur weiteren Konkretisierung noch einige Beispiele aus dem Gebiet der Ausbildung, um zu zeigen, daß sich die hier vorgestellte Betrachtung nicht nur auf Erziehungsziele, die für Zu-Erziehende im unmündigen Alter formuliert werden, anwenden läßt, sondern auf die Ziele aller strukturierten Lernvorgänge. Für den in Ausbildung befindlichen, angehenden Erzieher könnte jemand z. B. die folgenden Ziele formulieren: Es soll gelernt werden,

strukturierte Lernvorgänge

a) sich in der pädagogischen Praxis auf qualifizierte Weise gegenüber Erwachsenen, z. B. Eltern, zu verhalten;
b) sowohl im Umgang mit Kindern, wie auch deren Eltern einen partnerschaftlichen Umgangsstil zu realisieren;
c) bei der Formulierung von Aufträgen, die Kindern erteilt werden, sich der Höflichkeitsformel „bitte" zu bedienen.

Mit diesen Beispielen soll natürlich nicht ausgesagt sein, daß in den Fällen, in denen die Interessenäußerungen des Pädagogen mit der Formel „bitte" dekoriert werden, schon eine „qualifizierte" Umgangsweise vorliegt. Die Beispiele verdeutlichen lediglich, daß Zielvorstellungen auf sehr verschiedenen Abstraktions- bzw. umgekehrt Konkretionsstufen formuliert sein können. Das Ziel a) kann als sehr abstrakt, b) als relativ abstrakt und c) als konkret bezeichnet werden.

Die hier angeführte Betrachtungsweise der Erziehungs- bzw. Lernziele nach dem Grad der *„Offenheit"* ist in der Pädagogik relativ neu. Für Autoren, die sich in früheren Zeiten zu pädagogischen Themen geäußert haben, scheint es ein typisches Merkmal zu sein, daß sie sich insgesamt, vor allem aber bei der Formulierung von Zielvorstellungen, ausgesprochen „vieldeutig" bzw. „leerformelhaft" artikuliert haben. Erst seitdem sich die Sozialwissenschaften stärker mit pädagogischen Fragen auseinandersetzen, ist die Aufmerksamkeit in der Pädagogik mehr auf diesen Aspekt gerichtet worden.

Man könnte zunächst glauben, es handle sich dabei nur um ein sprachliches Problem. Das trifft sicherlich nicht zu. Das Drängen zur Verdeutlichung dessen, was mit den einzelnen Zieläußerungen gemeint ist, resultiert wohl in erster Linie daraus, daß wir in einer Zeit der Normen- und Wertstrittigkeit leben. Wer früher als sein Erziehungsziel den „sittlich reifen" Menschen propagierte, der durfte damit rechnen, daß seine Kommunikationspartner darunter das gleiche verstanden, wie er selbst. Es ist also der Verlust an Normeneindeutigkeit, der die Pädagogik zwang, sich einer klareren Ausdrucksweise zu bedienen.

7. Die Operationalisierung von Erziehungs- und Lernzielen ist nicht unproblematisch

Bei manchen Vertretern der Pädagogik schien sich dann eine gegenläufige Tendenz abzuzeichnen: Manche plädierten für eine radikale Vereindeutigung. Man sprach in dem Zusammenhang von der *Operationalisierung der Ziele.*
Damit ist der Vorgang gemeint, in dem aus den *Richtzielen* die *Grobziele* und aus diesen wiederum die *Feinziele* abgeleitet werden. Mit den Feinzielen hätte man dann sog. operationalisierte

Ziele. Diese wären wegen ihrer Konkretheit der subjektiven Interpretationswillkür des einzelnen entzogen. Damit sind sie aber auch erst einer Kontrolle zugänglich. Ob ein Schüler z. B. als Erwachsener „Mündigkeit" besitzt, kann man – falls nicht näher konkretisiert – prinzipiell nicht überprüfen, und zwar deshalb nicht, weil jeder unter „Mündigkeit" etwas anderes verstehen wird. Wenn man aber dieses Ziel etwa in der Weise konkretisiert – operationalisiert –, daß man sagt, der „Mündige" macht u. a. „von seinem aktiven oder passiven Wahlrecht Gebrauch", so wäre das ein Ziel, das grundsätzlich daraufhin überprüft werden kann, ob es erreicht wurde oder nicht. Erst wenn die Ziele operationalisiert sind und damit der Überprüfbarkeit zugänglich gemacht wurden, ist es dem Erzieher auch möglich, sein „Programm" zu revidieren. Erst dann ist er in der Lage, die Angemessenheit seiner Ziele und der entsprechenden Mittel zu beurteilen. Mit der Operationalisierung von Zielen ist also eine exakte Verhaltensbeschreibung gemeint, die eine Kontrolle des Lernprozesses und des Lernresultats zuläßt.

Richtziele

Grobziele

Feinziele

Operationalisierung von Zielen

Das Operationalisierungsprinzip hat nun offenbar eine Reihe von Vorteilen. Ein Vorzug ist z. B., daß es damit eher möglich wird, nach den Zielangaben Aussagen darüber zu machen, welche Inhalte, Mittel und Methoden in schulischen und außerschulischen Lernvorgängen angemessen sind und welche nicht. Erst so wird es auch eher möglich, von „richtigem" bzw. „falschem" Erzieherverhalten zu sprechen; denn aus vagen Zielangaben können ja relativ beliebige Mittel und Methoden abgeleitet werden. – Es ist aber auch als Vorteil anzusehen, wenn verdeutlichte Zielvorstellungen es dem Pädagogen ermöglichen, seine eigene Arbeit auf Erfolg bzw. Mißerfolg hin zu überprüfen. – Schließlich ergibt sich hier noch ein Aspekt, der für den Erzieher von existenzieller Bedeutung sein kann. Wenn beispielsweise eine Institution ihre Zielvorstellungen nur sehr vage bekannt gibt, so kann sie zu einem späteren Zeitpunkt einem Mitarbeiter beliebig vorwerfen, er habe sich nicht an ihren Zielen orientiert. Dies hat bereits in manchen Fällen zu beruflichen und existenziellen Schwierigkeiten geführt.

eine Reihe von Vorteilen

Es gibt also eine Reihe von Punkten, die für die Operationalisierung von Lern- und Erziehungszielen sprechen, während die damit verbundenen Probleme aber nicht zu übersehen sind. In manchen Lernbereichen lassen sich operationalisierte Ziele relativ leicht

Probleme

herausarbeiten, z. B. im kognitiven Bereich. Wer jedoch glaubt, mit operationalisierten Formulierungen dem ganzen Menschen gerecht zu werden und alle Dimensionen erfassen zu können, wird nicht in der Lage sein, diesen Anspruch einzulösen. Im Hinblick auf ästhetische oder religiöse Dimensionen z. B. wird sehr deutlich, daß ein solches Vorgehen seine Grenzen hat. Das gleiche gilt für einen großen Teil der außerschulischen Bildung und Erziehung, wo es z. B. um soziales Verhalten geht. „Erfolge, die in der außerschulischen Erziehung erzielt werden, z. B. ein größeres Repertoire an Möglichkeiten, Konflikte zu lösen, etwas mehr Initiative, die Fähigkeiten, einen Raum selbst einrichten zu können, in einer Beziehung den anderen etwas mehr wahrzunehmen, sind nicht in derselben Weise meßbar wie die Fähigkeiten, zu schreiben, zu rechnen, in einer Fremdsprache einen Aufsatz zu schreiben. Kontrolliert und erprobt werden können die Fähigkeiten . . . nur in entsprechenden Situationen" (PARSTORFER 1972, S. 56).

Man wird bei der hier angeschnittenen Frage wahrscheinlich zu einer Kompromißlösung gelangen müssen, in der die Vorzüge weitgehend zu nutzen, die Gefahren aber zu vermeiden sind. Mag das Prinzip der Operationalisierung im schulpädagogischen Gebiet auch streckenweise seine Vorzüge haben, in der Erwachsenenbildung und vor allem im sozialpädagogischen Feld gelangt man damit an Grenzen. Wir sprechen uns deshalb für folgenden Weg aus: Lern- und Erziehungsziele sollten – soweit wie es möglich und sinnvoll erscheint! – verdeutlicht und operationalisiert werden; allerdings in dem Bewußtsein, daß sich dies in manchen Bereichen, die aber deshalb auf keinen Fall pädagogisch zu vernachlässigen sind, nicht realisieren läßt.

8. Instanzen, die Lern- und Erziehungsziele setzen

Wenn man erkannt hat, daß die Ziele eine solch fundamentale Bedeutung für das konkrete Handeln in der Erziehung haben, dann muß auch gefragt werden, wer zu den maßgeblichen zielsetzenden Instanzen gehört und wo Ziele formuliert sind.

zielsetzende *Instanzen*

Als zielsetzende Instanzen verstehen wir Personen und Gruppen, die konzeptionell oder in der pädagogischen Praxis an der Zielsetzung beteiligt sind. Mehr oder weniger maßgeblich gehören dazu:

64

- Erzieher, Eltern und Trägerverantwortliche
- „Theoretiker" bzw. deren Reformvorschläge
- Verfasser von Lehr- und Ausbildungsplänen
- Gesetzgeber
- Verbände, Kirchen und politische Parteien

Wir geben im folgenden Belege dafür, wie Ziele von einzelnen dieser „Instanzen" gesetzt werden.

a) Es würde eine Reihe von Vorteilen haben, wenn wir in mehr Erziehungsinstitutionen, als dies gegenwärtig der Fall ist, ausgereifte und schriftlich niedergelegte Konzeptionen über die dort beabsichtigte und verwirklichte Arbeit hätten. Pädagogische Institutionen mit einem deutlich dokumentierten und differenziert ausgearbeiteten Konzept sind im Augenblick noch die Ausnahme. Eine solche Grundlage müßte in jedem Fall auch Zieläußerungen enthalten (vgl. HUPPERTZ 1975, S. 20ff.). An der Erstellung eines solchen Konzeptes müßten sich die in der Institution tätigen Erzieher und die Verantwortlichen des Trägers sowie vor allem die in ihren Interessen betroffenen Eltern beteiligen. Damit sind bereits drei wichtige Gruppen von zielsetzenden Instanzen genannt: die betroffenen Erzieher, die Eltern und die Trägerverantwortlichen.

Erzieher

Eltern

*Trägerver-
antwortliche*

Zwei Beispiele seien angeführt, die demonstrieren sollen, daß der Prozeß der Zielsetzung nicht immer „von oben" her verlaufen muß; Ziele können vielmehr auch von konkretester Praxisebene her entworfen und verwirklicht und damit „gesetzt" werden. In einer Jugendwohngemeinschaft, die der Nachbetreuung von heimentlassenen Jugendlichen dienen soll, haben die Erzieher u. a. folgende Ziele formuliert: „rationale Konfliktlösung; Befähigung zur Selbstversorgung (angemessenes Einteilen der finanziellen Mittel); Kontakt- und Bindungsfähigkeit" (HUPPERTZ 1975, S. 140). Für einen Kindergarten wurden von Eltern, Erziehern und Trägerverantwortlichen in einer schriftlich niedergelegten Konzeption die folgenden Zielvorstellungen geäußert: „Aufgabe vorschulischer Erziehung ist eine umfassende Bildung möglichst vieler Fähigkeiten des einzelnen Kindes. Durch eine Vielfalt von Erfahrungen, die planmäßig gegliedert sind, werden gleichermaßen die körperlichen, sensorischen, emotionalen, motivationalen, sozialen, intellektuellen, sprachlichen u. a. Fähigkeiten entwickelt. Nicht das Erlernen bestimmter Fertigkeiten wie Lesen, Schreiben, Zählen, sind anzustreben, vielmehr die Beherrschung allgemeiner Verhaltensweisen der verschiedenen geistig-seelischen Regionen des Menschen" (HUPPERTZ 1974, S. 84).
– Man würde sich hier und da ein stärkeres Engagement für den Zielfindungsprozeß „von unten" her wünschen. Das schiene uns einer modernen

Pädagogik angemessener, als die Ziele nur von „Vorgesetzten" zu rezipieren.

b) Bei der Diskussion der zielsetzenden Instanzen muß jedoch auch die Frage aufgeworfen werden, in welcher Form Einfluß genommen wird bzw. genommen werden kann auf die Durchsetzung der Ziele, die man sich vorstellt und deren Realisierung man für wünschenswert erachtet. Wir müssen unterscheiden zwischen erstens solchen Instanzen, die sich zwar mit Zielen auseinandersetzen, aber kaum die Möglichkeiten besitzen, auf deren Durchsetzung zu dringen, und zweitens Instanzen, die zugleich machtpolitische Möglichkeiten haben, auf die Realisierung der Ziele einzuwirken. Zu der letzteren Gruppe gehört z. B. der Gesetzgeber.

Schul- und Jugendgesetze
Erziehungsziele finden wir in mannigfacher Weise in *Schul- und Jugendgesetzen* formuliert. Im *Jugendwohlfahrtsgesetz* ist z. B. die Rede von der „Erziehung zur leiblichen, seelischen und gesellschaftlichen Tüchtigkeit" (§ 1). An anderen Stellen ist des öfteren die Formel „Wohl des Kindes" verwendet. Es ist derzeitig fast ausschließlich Sache der administrativen Praxis, im einzelnen Vorgehen zu bestimmen, was mit diesen unbestimmten Rechtsbegriffen gemeint ist. Damit ergibt sich auch die Frage, wieviel Auslegungskompetenz man einem einzelnen in der konkreten Situation zubilligen sollte. Der in der Familienfürsorge tätige Sozialarbeiter z. B. hat eine ziemlich hohe Zielsetzungskompetenz, wenn er entscheidet, ob das Verhalten eines Jugendlichen als Verwahrlosungserscheinung (vgl. JWG § 64) anzusehen ist und dann einen Fürsorgeerziehungsprozeß in Gang bringt, oder ob dies nicht der Fall ist und keine Maßnahme angeregt wird.

Ziel-Äußerungen finden wir auch im Schulgesetz für Großberlin aus dem Jahr 1948, also einem Zeitpunkt, zu dem das Nazi-Regime noch stark in Erinnerung war: „Ziel muß die Heranbildung von Persönlichkeiten sein, welche fähig sind, die vollständige Umgestaltung der deutschen Lebensweise auf demokratischer und friedlicher Grundlage zustande zu bringen, und welche der nazistischen Ideologie unerbittlich entgegenstehen sowie auch von dem Gefühl ihrer Verpflichtung der Menschheit gegenüber durchdrungen sind. Diese Persönlichkeiten müssen sich der Verantwortung gegenüber der Allgemeinheit bewußt sein und ihre Wirksamkeit muß bestimmt werden von der Anerkennung einer grundsätzlichen Gleichberechtigung aller Menschen, von der Achtung vor jeder ehrlichen Überzeugung und von der Anerkennung der Notwendigkeit einer fortschrittlichen Gestaltung der gesellschaftlichen Verhältnisse sowie einer friedlichen Verständigung der Völker" (vgl. FROESE 1969, S. 106).

66

An dieser Stelle wird auch bereits die enge Verknüpfung von Erziehung und Gesellschaft bzw. Pädagogik und Politik deutlich. Einem politisch Verantwortlichen wird es nicht gleichgültig sein, wie Pädagogen denken und wie sie ihr Metier gestalten. Ähnliches gilt für Verbände und ihre Verantwortlichen.

9. Die pädagogischen Zielsetzungen unterliegen einem historischen Wandel und sind von soziokulturellen Voraussetzungen abhängig.

Vergleichen wir zwei Beispiele miteinander, die diesen Aspekt demonstrieren. Sie beziehen sich auf die „Mädchenerziehung". Etwa um 1700 wurde von FENELON das folgende Erziehungsideal für Mädchen vertreten: „Sie (die Tochter) muß einen Abscheu haben vor der Lektüre verbotener Bücher und nicht einmal die Ursache des Verbotes ergründen wollen ... Sie mache sich zur Aufgabe, unwandelbar zu gehorchen, durch vernünftige und wohlwollende Leute selbst in ihren festen Meinungen sich zurechtweisen zu lassen und zu schweigen, indem sie die anderen reden läßt ... Das wackere Weib spinnt, schließt sich in seinen Haushalt ein, schweigt, glaubt und gehorcht" (1886, S. 195f.). *zwei Beispiele um 1700 FENELON*

Dagegen liest man im Jahre 1960 in einer Veröffentlichung zu der Frage, wie die heutige Gesellschaft die Rolle der Frau und wie diese sich selbst verstehe: „... niemand bezweifelt mehr, daß die Frauen in das Arbeitsleben einzugliedern sind ... Durch ihre anthropologische Rolle besteht jedoch für die Frau eine noch nicht gemeisterte Doppelbelastung, die ... dahin wirkt, sie von den leitenden Positionen, ja sogar von bescheidenen Führungsaufgaben im Betrieb auszuschließen ... Doppelbelastung und Ausschluß von Führungsaufgaben sind heute drängende Probleme ‚der' Frau ... Das heißt aber, daß das Mädchen in klarer Sicht auf alle Konsequenzen auf ihren spezifischen Doppelberuf vorbereitet werden muß" (BANASCHEWSKI 1960, S. 6). Hier wird deutlich, wie Zielvorstellungen der Erziehung konträr zueinander stehen können; in diesem Fall wohl durch den zeitlichen Abstand von mehreren Jahrhunderten, der die beiden Vertreter voneinander trennt, zu erklären. *im Jahre 1960*

Denk- und Einstellungsrichtungen zu einunddemselben Zeitpunkt

Unterschiedliche Vorstellungen von Zielen der Erziehung resultieren aber nicht nur aus dem historischen Wandel, sondern sie ergeben sich auch aus den verschiedenen *Denk- und Einstellungsrichtungen* zu ein und demselben Zeitpunkt. Diese sind vor allem in gesellschaftlichen Systemen anzutreffen, die gegensätzliche Wertrichtungen als legitim ansehen. Je nach soziokulturellen Bedingungen werden die von einzelnen Gruppen der Gesellschaft befürworteten Ziele sich voneinander unterscheiden. Benachteiligte Dorfeltern haben z. B. andere Zielvorstellungen im Hinblick auf die Erziehung ihrer Kinder als begünstigte Stadteltern. Damit wird auch deutlich, daß es in einer demokratiefreundlichen Gesellschaft das Ziel der Erziehung nicht geben kann, sondern daß hier immer – innerhalb eines gewissen Rahmens – eine Vielfalt von Erziehungszielen möglich sein muß.

10. Zur Frage der Entstehung und wissenschaftlichen Begründbarkeit von Erziehungszielen

Genese von pädagogisch relevanten Normen und Werten

Wir haben des öfteren auf die grundlegende Bedeutung der Erziehungsziele vor allem für die praktische Pädagogik und damit für die gesamte Sozialisation von Kindern und Jugendlichen hingewiesen. Wir zeigten, daß die Pädagogik ihre Ziele nicht unabhängig von gesellschaftlichen Verknüpfungen einfach hat, sondern daß es zielsetzende Instanzen in der Gesellschaft gibt, deren Auffassung in enger Verbindung mit der gesamtgesellschaftlichen Wertestruktur zu sehen ist. Der engagierte Pädagoge wird aber weiter fragen nach der Genese solcher pädagogisch relevanten Normen und Werte: Wo und auf welche Weise entstehen die Anschauungen, die dann zu pädagogischen Zielen werden? Wie gelangen sie in das Blickfeld und in das Arbeitsgebiet der Pädagogik hinein? Auf diese Fragen, die in der erziehungswissenschaftlichen Forschung bislang kaum gestellt und untersucht wurden, kann hier lediglich aufmerksam gemacht werden. Sie lassen sich wegen ihres Komplexheitsgrades auch nur sehr schwer untersuchen. „Wieweit und nach welchen Gesetzen die Ziele der einzelnen philosophischen, religiösen, politischen u.a. Weltanschauungen und der sie repräsentierenden Institutionen, der Kirchen, Parteien usw., bei der Hereinnahme in den Raum der Pädagogik verwandelt werden, diese

Frage ist heute noch weitgehend ungeklärt" (BOHNSACK/RÜCK-RIEHM 1969, S. 23). Es ist anzunehmen, daß der Prozeß der *Zielgenese* sich in der gegenwärtigen Gesellschaft wesentlich komplexer gestaltet als z. B. in der Zeit des Mittelalters. Dies ist schon dadurch bedingt, daß wir es derzeitig mit einer Vielfalt an Wertvorstellungen zu tun haben; daß wir in einer Zeit leben, die wissenschaftliche Erkenntnis sowie deren Äußerung in relativ großzügiger Weise gestattet.

Ein anderes Problem ist, ob es möglich ist, die Zielvorstellungen der Pädagogik *erziehungswissenschaftlich zu begründen.* Die Diskussion um den Wissenschaftsbegriff der Pädagogik ist gegenwärtig in vollem Gange, und es streiten sich nicht nur die Geister dabei, sondern sie scheiden sich auch (vgl. dazu S. 308). Für unser Thema sei lediglich dieses angemerkt: Die inhaltliche Ausfüllung der Erziehungsziele ist nach unserer Auffassung nicht eine Aufgabe, die in erster Linie von „der Wissenschaft" zu leisten ist; wir sind vielmehr der Meinung, daß es dabei um eine stark weltanschaulich ausgerichtete Frage geht, der sich Erziehungswissenschaftler zwar nicht entziehen dürfen, deren Lösung aber vornehmlich in der Praxis geschieht. Die Erziehungswissenschaft hat hier vielmehr wichtige und unerläßliche Beiträge zu liefern. Die Arbeit der Zielfindung und Zielsetzung selbst muß in Kooperation zwischen „Theoretikern" und „Praktikern" und (!) – soweit dies möglich ist – unter Beteiligung der betroffenen Adressaten gelöst werden (vgl. S. 70). Die Entscheidung darüber, ob man ein Kind zur Ehrlichkeit und Pünktlichkeit erziehen soll oder nicht, ob es ein mündiger Mensch werden soll oder nicht, wird nach pädagogischer Verantwortung getroffen. Die wissenschaftliche Pädagogik kann dabei eine Reihe von Vorfragen klären, die für die praktische Entscheidung unerläßlich sind. Z. B. wäre es ihre Aufgabe, deutlich zu dokumentieren, mit welchen Mitteln und Methoden man ganz bestimmte Erziehungsziele erreichen bzw. nicht erreichen kann. Sie müßte zeigen, wann Ziele aus nichtpädagogischen Sachzusammenhängen abgeleitet sind, so evtl. aus den Eigeninteressen von Eltern und Erziehern. Es wäre zu erwarten, daß sie den Zusammenhang aufzeigt, wann Lernziele für das einzelne Kind zwar zunächst günstig erscheinen, der Gesamtgesellschaft aber eher Nachteile bringen würden. Pädagogik als Wissenschaft hätte überhaupt auf zahlreiche Frageaspekte und Problempunkte, die es

erziehungswissenschaftliche Begründungen

Kooperation zwischen Theoretikern und Praktikern

zum Themenkomplex „Ziele der Erziehung und Bildung" gibt, aufmerksam zu machen. Eine letzte Begründbarkeit ist jedoch von ihr allein nicht zu erwarten. Das würde schließlich auch zu einer Bevormundung der in der Praxis engagierten Pädagogen führen. Wir meinen also nicht, daß sich der Erziehungswissenschaftler jeder weltanschaulich geprägten Äußerung zu enthalten habe oder daß er gar keine Wertestruktur besitzen dürfe; es müßte nur deutlich sein, in welchen Fällen es sich bei seinen Aussagen um wertende Äußerungen handelt und wann nicht.

11. Zur Frage der Beteiligung des Adressaten an der Zielsetzung

Lernprozesse

Wenn man davon ausgeht, daß es in manchen Arbeitsfeldern der Pädagogik dem Erzieher möglich ist, auf die Zielsetzung effektiv einzuwirken, dann ergibt sich die Frage, inwieweit die Adressaten pädagogischer Aktivitäten in konkreten Fällen am Prozeß der Zielfindung und Zielsetzung beteiligt sein sollten. Um dabei eine Lösung zu finden, ist zunächst zu bedenken, daß es sich bei der Erziehung um *Lernprozesse* handelt. Da diese eine hochkomplexe Struktur aufweisen, sind auch vom Erzieher eine ganze Reihe von Einfluß nehmenden Faktoren zu berücksichtigen. Von besonderer Bedeutung ist hier die Motivation und damit verbunden die Gefühlsebene des Lernenden. Für die Ausrichtung der Motivation ist es nun sehr wichtig, ob der Adressat mit den Zielen, die ihm vermittelt werden sollen, einverstanden ist oder ob dies nicht der Fall ist. Es macht dabei einen großen Unterschied, ob er an der Zielfindung beteiligt wurde oder ob ihm die Ziele einfach vorgesetzt werden. In diesem Zusammenhang könnte die praktische Pädagogik, vor allem im schulischen Bereich, von der Art, wie die Angebote in der außerschulischen Jugendarbeit gemacht werden, einiges übernehmen. In vielen Feldern der Jugendarbeit wird z. B. nach dem sozialpädagogischen Prinzip „Anfangen, wo die Gruppe steht" gearbeitet. Dies hat Konsequenzen für Inhalte und Methoden des weiteren Verlaufes und wirkt sich positiv auf die Motivation der Lernenden aus. Im Gegensatz dazu wird die Motivlage des Schülers vom Lehrer in der Schule vielfach gar nicht berücksichtigt, weil dies offenbar der Lehrplan verbietet.

70

Nicht selten hört man allerdings den Einwand, man könne doch unmündige Kinder nicht über das befinden lassen, was mit ihnen geschieht. Man habe doch schließlich die Verantwortung. – Es ist unbestritten, daß der Erzieher für das, was unmündige Adressaten durch seinen Einfluß lernen, die Verantwortung trägt. Allerdings auch für das, was sie durch seinen Einfluß nicht (!) lernen. Wir sind der Meinung, daß eine Beteiligung an der Zielfindung und an der Zielsetzung im konkreten pädagogischen Handeln in mehr Bereichen möglich ist, als man bislang glaubte; und zwar ohne daß dabei die Einflußmöglichkeiten oder der Verantwortungsbereich des Erziehers zu sehr geschmälert würde. Als wünschenswerten Effekt sehen wir dabei, daß der unmündige Adressat schon früh lernt, in bestimmten Gebieten für sein Handeln selbst die Verantwortung zu übernehmen. Zum anderen muß man sehen, daß ein in diesem Sinne partizipatives Zielfindungsverfahren den Erziehungs- und Lernprozeß stark erleichtern kann. *Einwand*

In welchem Maße und ob überhaupt man Adressaten von pädagogischen Aktivitäten am Zielfindungsprozeß beteiligen kann und soll, hängt von mehreren Faktoren ab. Selbstverständlich spielen hier das Alter sowie die gesamten Vorerfahrungen, dann aber auch die Umwelt und evtl. die Eingebundenheit in eine Institution eine wesentliche Rolle. Vielfach ist wahrscheinlich nur eine negative Abgrenzung möglich: Ein dreijähriges Kind wird man nicht darüber befinden lassen, ob es die Fähigkeit, Konflikte rational zu lösen, erwerben soll oder nicht. Es ist wohl ebenso wenig sinnvoll, einem dreizehnjährigen Jungen, der wegen Stehlen und Schuleschwänzen in einem Erziehungsheim untergebracht ist, anheimzustellen, ob er dieses Verhalten beibehalten soll oder nicht. Man kann aber mindestens über die Wichtigkeit dieser Ziele mit den Betroffenen ins Gespräch kommen. Mit solchen sicher extremen Beispielen lassen sich die Vorteile und die Notwendigkeit einer *Partizipation an der Zielfindung* nicht wiederlegen. Ein Leitprinzip für das erzieherische Verhalten zu diesem Aspekt ließe sich folgendermaßen formulieren: die Beteiligung des Adressaten an der Zielfindung pädagogischer Aktivitäten ist in all den Fällen zu realisieren, wo es möglich, aber auch dem Pädagogen verantwortbar erscheint. Sie ist zu intensivieren gemäß der Steigerung der Entwicklungshöhe und des Reifegrades. Ein älteres Kind darf in der Regel selbstverständlich über mehr mitbefinden als ein jüngeres. Beim älteren ist die Fähigkeit rationaler Entscheidung jedoch nur zu erwarten, *mehrere Faktoren*

Leitprinzip

71

wenn es als Kleinkind bereits die notwendigen Lernchancen geboten bekommen hat. In einer Studie zur Erziehung im Kindergarten wird berichtet, daß nur 18 von 68 befragten Gruppenleiterinnen „gelegentlich die Entscheidungen darüber, was in der gelenkten Spielsituation gemacht werden sollte, den Kindern überließen oder mit ihnen gemeinsam diese Frage diskutierten oder überhaupt zu solchen Gruppenentscheidungen Anstoß gaben" (BARRES 1973, S. 133). Es wäre erfreulich, wenn für die Gegenwart ein solches Ergebnis nicht mehr konstatiert werden müßte.

12. Es ist erforderlich, daß der Pädagoge sich mit den Zielvorstellungen seiner Adressaten auseinandersetzt

die vorhandene Norm- und Wertbasis

Wir stellten die Bedeutung einer angemessenen Beteiligung der Lernenden an der Zielfindung im pädagogischen Prozeß heraus. In dem Zusammenhang muß aber auch erwähnt werden, wie wichtig für den Erzieher Kenntnisse sind über die beim Adressaten bereits vorhandene Norm- und Wertbasis sowie über dessen Zukunftsperspektive. Pädagogisch relevant ist, ob die Zielvorstellungen des Erziehers damit kongruieren, oder aber ob es zu Zielkollisionen kommt. Es ist offensichtlich, daß davon die evtl. vorhandenen Lernbarrieren oder aber die Aufnahmebereitschaft und das Engagement für weitere Lernprozesse berührt werden.

Der *Pädagoge* tut daher gut daran, sich Kenntnisse über die Wertestruktur seiner Sozialisanden zu verschaffen. Dies wird er im konkreten Fall über die Kommunikation mit seinen Adressaten tun. Es wäre für die praktische Pädagogik allerdings vorteilhaft, wenn wir durch die empirische Forschung ausreichend verläßliche Informationen über die Leitbilder sowie die Zukunftsvorstellungen von Kindern und Jugendlichen hätten. Der Erziehungsprozeß ließe sich dann leichter und ergiebiger strukturieren. Im konkreten Fall würde es wahrscheinlich oft zu Kompromissen über einzelne Ziele zwischen dem Erzieher und seinem Adressaten kommen. Wichtig wäre aber schon die argumentative Auseinandersetzung.

Information über die Leitbilder sowie die Zukunftsvorstellungen

Auch für den *Kindergartenpädagogen* hätte es Vorteile, wenn genügend generalisierbares Wissen über die Einstellungen und Bedürfnisse von Kindern im Vorschulalter vorlägen. Forschungen dazu sind für dieses Alter aber relativ selten, was u. a. darin begründet

ist, daß von Forschungsinteressen geleitete Befragungen bei Kleinkindern oft noch als eine Art Manipulation bzw. überhaupt ethisch
nicht für vertretbar angesehen werden. Zum anderen ist es aber
auch so, daß die gesamte Bedürfnisstruktur des Kindes im Vorschulalter stark augenblicksbezogen ist. Der Blick des Kindes ist
auf die Gegenwart gerichtet und weniger zukunftsorientiert.

Die Zukunftsperspektiven von Jugendlichen dagegen sind wesentlich leichter zu erheben, und dazu liegen uns auch mehr Ergebnisse vor. Es ist allerdings fraglich, wie diese Resultate für die
Praxis rezipiert werden.

Resultate für die Praxis rezipieren

Wie wenig Informationen z. B. Lehrer offenbar über die Zielvorstellungen von Schülern besitzen und wie falsch sie deren Lebens-
absichten einschätzen, konnte V. KRUMM zeigen. Er kommt aufgrund einer umfangreichen Studie zu dem Resultat:

„. . . Sie überschätzen stark die Zahl der Jugendlichen, die im Erwerb von
Besitz und Geld das schönste und in eigener Krankheit oder Krieg das
schlimmste Zukunftsereignis sehen . . .
Sie unterschätzen das Weiterbildungs- und Aufstiegsstreben, das Verlangen nach interessanter Arbeit und nach Selbständigkeit . . .
Sie überschätzen das Streben nach hohem Verdienst, nach guter Alters-
versorgung und besonders stark nach günstiger Arbeitszeit.
. . . Sie täuschen sich besonders über die Entschiedenheit und Bewußt-
heit, mit der ihre Schüler zu Heirats- und Familienfragen Stellung nehmen . . . sie täuschen sich über die Zufriedenheit der Jugendlichen mit
den Verhältnissen im Elternhaus . . . Sehr stark schließlich täuschen sich
die Lehrer über die Einstellung ihrer Schüler zur Berufstätigkeit ihrer Frau.
Die Schüler wünschen die Mitarbeit der Frau zur finanziellen Besserstel-
lung weitaus seltener, als es die Lehrer erwarten . . .
Das Streben der Jugendlichen nach materiellen Gütern bzw. Geld wird
von den Lehrern sehr überschätzt . . ., die Sparneigung dagegen unterschätzt . . . Trotz jahrelangen Umgangs mit ihren Schülern haben viele
Lehrer unzutreffende Vorstellungen über deren Zukunftsvorstellungen,
zwei Drittel der Prognosen sind unbefriedigend, dabei tragen die Abweichungen fast ausnahmslos einen negativen Wertakzent" (1967, S. 28ff.).

Wenn wir es richtig sehen, so liegen für den außerschulischen
Bereich insgesamt viel zu wenig Forschungsergebnisse zum hier
angeschnittenen Fragenkomplex vor. Für die in der Heimerziehung
Tätigen z. B. wären wissenschaftlich belegte Informationen über
die Wert- und Zukunftsvorstellungen ihrer Adressaten unbedingt
erforderlich und hilfreich. Die sich dabei ergebenden Probleme,
inwieweit die Ergebnisse verallgemeinert und auf die jeweiligen

*zu wenig For-
schungsergeb-
nisse*

Zu-Erziehenden übertragen werden können oder inwieweit sie evtl. veraltet sind, müssen natürlich Berücksichtigung finden.

13. Faktoren, durch welche die Zielvorstellungen des Erziehers beeinflußt werden

Hier soll die Frage gestellt werden, wie es kommt, daß Erzieher – darunter auch solche, die sich jahrelang mit theoretischer Pädagogik beschäftigt haben und lange in der Praxis tätig waren – in ihren Zielvorstellungen oft so stark voneinander abweichen. Dazu wollen wir einige Erklärmomente angeben. Wir sehen in der Hauptsache drei Faktoren, die die Zielvorstellungen des Erziehers beeinflussen: die eigene Sozialisation, die institutionelle Verknüpfung und der jeweilige „Zeitgeist".

eigene Sozialisationserfahrungen

Gehen wir einmal davon aus, daß die Vermittlung von Werten und Normen ein wesentliches Merkmal der Sozialisation und Erziehung darstellt (vgl. S. 213). Wir hatten aber Erziehungsziele gerade als Vorstellungen von Werten und Normen definiert (vgl. S. 58). Insofern leuchtet es unmittelbar ein, daß die von einem Erzieher verfolgten Zielvorstellungen von seinen *eigenen Sozialisationserfahrungen* beeinflußt werden und abhängig sind. Konkreter ausgedrückt heißt dies, daß beispielsweise die in der eigenen Kindheit erlebten Werte sich aller Wahrscheinlichkeit nach auch auf die vom Erzieher vertretenen Ziele auswirken. Es kann aber auch so sein, daß durch Sozialisationseinflüsse Änderungen der Wertbasis hervorgerufen werden, z.B. durch eine ganz bestimmte Erkenntnis. Welche Erziehungsziele ein Pädagoge vertritt, hängt ja sehr stark von seiner Einstellung ab; daß diese aber nicht unabänderlich, sondern beeinflußbar ist, belegen Forschungsergebnisse aus der Sozialpsychologie. Wer sich z.B. während einer längeren Zeit seiner Ausbildung mit „Armut und Unterprivilegierung" auseinandersetzt, wird unter Umständen auch zu einer Einstellungsveränderung gegenüber Randgruppen kommen; seine Zielvorstellungen in der Resozialisierungsarbeit können sich dann durchaus unterscheiden von denjenigen, die er vorher evtl. vertreten hat.

Die Ziele, die jemand hat und in der Erziehung realisieren möchte, sind aber nicht nur von seiner Persönlichkeit abhängig, sondern

74

auch von der institutionellen Eingebundenheit. Pädagogische *Institutionen, wie Schule, Erziehungsheim usw. (vgl. S. 164 ff.) lassen im konkreten Fall ja keineswegs die Verwirklichung aller möglichen Ziele zu. Weicht ein Erzieher mit seinen Vorstellungen zu stark von den in der Institution als vertretbar angesehenen Zielen ab, so wird er mit Sanktionen rechnen müssen, die dazu beitragen können, daß er seine Vorstellungen revidiert. Bringt der Erzieher dazu noch ein ausreichendes berufliches Mobilitätsstreben mit, so wird er unter Umständen um so eher bereit sein, seine Zielvorstellungen zu relativieren. „Der Sozialarbeiter verhält sich loyal . . . gegenüber den Zielsetzungen seiner Arbeitsstelle" heißt es im „Berufskodex für Sozialarbeiter" (vgl. OTTO/SPECKMANN 1968, S. 4).

Institutionen

Welche Erziehungsziele der einzelne Pädagoge vertritt, dürfte aber auch zu einem guten Teil von dem jeweiligen *„Zeitgeist"* abhängen, der wiederum mit von der ökonomischen Situation beeinflußt wird. Es spricht vieles für die Annahme, daß in wirtschaftlich ungünstigen Zeiten, die evtl. von hohen Arbeitslosenziffern gekennzeichnet sind, auch die Pädagogen eine größere Bereitschaft zeigen, „die Zügel wieder straffer zu ziehen" und entsprechend andere Lern- und Erziehungsziele zu vertreten, als sie es sonst tun würden. Mit diesem Moment des „Zeitgeistes" hängt auch das gesamtgesellschaftliche „Denken" zusammen; von Erziehern wird vielfach eine ideologische Flexibilität erwartet, wie von keinem anderen Berufsstand.

Zeitgeist

Wir brauchen an dieser Stelle nicht die Notwendigkeit eines kritischen Bewußtseins beim Erzieher zu betonen. Der in der Praxis tätige Pädagoge darf – bei allem erforderlichen Respekt vor der Loyalität gegenüber der Institution und Gesellschaft – nicht zum puren Ausführungsorgan institutioneller und politischer Mächte werden. Wer das Prinzip der Treue gegenüber der Arbeitgeber-Institution vertritt, darf nicht vergessen, daß es auch ein Prinzip der Verantwortung gegenüber dem Zu-Erziehenden gibt.

14. Die Gefahr des pädagogischen Leitbildes

Besonders in Krisenzeiten hört man häufig, daß diejenigen, die sich offiziell für Jugend und Gesellschaft verantwortlich fühlen, den Verlust von „Leitbildern" beklagen. Zugleich sprechen sie sich dann dafür aus, die Erzieher sollten ihren Adressaten wieder Leitbilder vermitteln, die dem Leben einen Sinn zu geben vermöchten. Eine solche „Leitbildpädagogik" enthält aber auch eine Reihe von Gefahren, auf die hier aufmerksam gemacht werden soll.

Normvorstellung als Orientierung

Ein Leitbild kann sich beziehen auf einen einzelnen oder auf eine Gruppe, die man als „Ideal" ansieht und von denen man sein Verhalten leiten läßt. Es handelt sich um eine Normvorstellung, die dem Menschen in bestimmten Situationen als Orientierung dienen soll. Der hier angesprochene normative Aspekt zeigt die Gemeinsamkeit des Leitbildes mit dem Ziel der Erziehung. Leitbilder können zu Erziehungszielen werden oder auch schon, je nachdem von wem dazu eine Äußerung getan wird, als solche gemeint sein.

Derartige Leitbilder oder Lebensideale sind bei Kindern und Jugendlichen, mehr oder weniger stark ausgeprägt, vorfindbar; aber auch der Erzieher ist oft darauf bedacht, den Zu-Erziehenden an sein eigenes Leitbild heranzubringen und dessen Leben eindeutig danach zu gestalten. Das alles ist zunächst noch nichts Problematisches oder Negatives.

einseitige Ausprägung der Erziehung

Die *Gefahren des Leitbildes* sind jedoch darin zu sehen, daß es allzu leicht zu einer starren Handhabung und zu einer einseitigen Ausprägung der Erziehung verleiten kann. Es liegt auf der Hand, daß ein von seinem Leitbild stark überzeugter Erzieher geneigt sein wird, seine Vorstellungen „an seinem Zögling" zu verwirklichen und alles daran zu setzen, ihn so zu „formen", wie es ihm seine Leitlinien gebieten. Dabei wird es u. U. zu stark autokratischen Verhaltensweisen kommen.

Überforderung

Je nachdem in welcher Intensität ein Leitbild ausgeprägt ist, muß man auch mit einer dauernden *Überforderung* des Zu-Erziehenden rechnen. Wir erinnern uns sehr gut an den Heimjugendlichen, der sich wegen gravierender Verhaltensauffälligkeiten in Fürsorgeerziehung befand. Er war von den Qualitäten seines Heimerziehers in jeder Hinsicht begeistert. Eines Tages sagte der Jugendliche in voller Spontaneität und Begeisterung: „Ich möchte werden wie Sie!" Jeder, der die persönlichen Voraussetzungen des Jugendlichen kannte, mußte zu der Einsicht kommen, daß dies nicht möglich war und daß der Aussage eine hohe Selbstüberforderung zugrunde lag. Die weitere Biographie des Jugendlichen zeigte dann auch nur einen geringen Lebenserfolg. – Das Beispiel macht deutlich, daß der Erzieher durch seine Person, ohne sein wissentliches Zutun und ohne daß er intentional eine Leitbildpädagogik vertritt, zum gefährlichen Leitbild werden kann, wenn eine allzu große Kluft zwischen seinen Fähigkeiten und den von seinen Adressaten überhaupt erreichbaren existiert. Darüber hinaus wird auch einsichtig, wie Leitbilder zu Überforderungen führen können. Die Mutter, die ihrem erfolglosen und bereits schulgeschädigten achtjährigen Jungen dauernd vorhält, welch hervorragende Leistungen doch der Vater in seinem Leben vollbracht habe und daß es nun endlich an der Zeit sei, daß er auch seine Schulleistungen verbessere, wird damit rechnen müssen, daß sich solche Aussagen negativ auf das Kind auswirken. Es besteht die Gefahr, daß es dauernd Gefühle des Versagens und der Schuldhaftigkeit entwickelt und daß Minderwertigkeitsempfindungen die Entstehung neurotischer Störungen begünstigen. Es ist aber auch möglich, daß ein solches Kind schließlich keinerlei Orientierung mehr akzeptiert und zur destruktiven Opposition neigt.

Bei einer starken Leitbildausprägung und der entsprechenden erzieherischen Handhabung ergibt sich weiterhin die Gefahr einer totalen *Ideologisierung.* Vor allem, wenn staatlicherseits Leitbilder propagiert werden, ist dieses Gefahrenmoment gegeben. Es kann dann passieren, daß auch die unscheinbare pädagogische Aktivität daraufhin überprüft wird, ob sie evtl. „leitbildschädigend" sein könnte. Man würde sich dann nicht mehr fragen, ob ein mit der Gruppe durchgeführtes Geländespiel Spaß macht und für die Beteiligten zu einem beglückenden Erlebnis wird, sondern ob es ideologisch nützlich oder schädlich ist. Eine solche Praxis, wie sie besonders für totalitäre Regime typisch scheint, würde sehr rasch zu einem Verlust der Individualität – sowohl des Erziehers wie auch seiner Adressaten – führen. Leitbildvorstellungen haben also nicht nur einzelne Personen, sondern auch Gruppen und unter Umständen ganze Gesellschaften. Damit ergibt sich die Gefahr, daß die in einer Gesellschaft dominierenden Gruppen andere unterdrücken und evtl. bekämpfen können, weil sie ihre eigenen Leitbilder realisiert sehen möchten. Solche Vorgänge können weitreichende systemverändernde und lebensbedrohende Konsequenzen nach sich ziehen.

Um die hier aufgezeigten Gefahren möglichst nicht aufkommen zu lassen, müßte man in der Pädagogik mehr dazu übergehen, Ziel-

totale
Ideologisierung

vorstellungen zu entwickeln, die einerseits nicht leerformelhaft, andererseits aber auch nicht zu stark an ein bestimmtes Leitbild gebunden sind. Ziele wie „kooperatives Verhalten", „Lernfreudigkeit", „Kritikfähigkeit" usw. dürften einer Ideologisierung über den Weg der Leitbilder am ehesten vorbeugen, aber auch einer demokratischen Persönlichkeit angemessener sein als das Propagieren irgendwelcher Idole. Die in der Theorie und Praxis der Pädagogik Engagierten müßten hier einen ideologie-kritisch geschärften Blick entwickeln.

15. Zum Erziehungsziel „Emanzipation"

Seit dem Jahre 1968, als K. MOLLENHAUERS Buch „Erziehung und Emanzipation" erschien, hat die Pädagogik einen weiteren Grundbegriff in ihre an sich schon wenig abgeklärte Terminologie übernommen. „Emanzipation" ist das neue Erziehungsziel, an dem man nicht mehr vorbeikommt – sagen die einen. „Emanzipation" ist nichts als ein weiteres Schlagwort der Pädagogen – so die anderen.

„In der gesamten pädagogischen Literatur, in der Normen und Ziele der Erziehung kritisch diskutiert werden, kreist das Denken zur Zeit um die Leitidee der Emanzipation. Wer sich nicht zu der Emanzipation als dem Ziel der Erziehung bekennt, gilt vielen schon als reaktionär und befangen in schicht- oder klassenspezifischen Ideologien. Es scheint oft, als dürfe das neue Dogma der Pädagogik höchstens noch interpretiert, aber nicht mehr bezweifelt werden" (KERSTIENS 1974, S. 7).

Wenn man nun die pädagogische Literatur des letzten Jahrzehnts betrachtet, dann könnte man zunächst meinen, die Pädagogen hätten sich auf *ein* bzw. *das* Erziehungsziel geeinigt. Auf ihre Ziele hin befragt, sprechen sie nämlich alle von „Emanzipation". Ihr Standpunkt scheint dabei keine Rolle mehr zu spielen, und man könnte tatsächlich glauben, die ideologischen Differenzen wären schlagartig verschwunden. Daß dies ein Trugschluß ist, erfährt man dann aber sehr bald. Wahrscheinlich leistete dieser *trügerischer Verbalkonsens* trügerische Verbalkonsens seinen Beitrag dazu, daß inzwischen die Zahl derer, die an der Verwendung des Begriffes „Emanzipation" Kritik üben, größer geworden ist. Es bedarf in der Tat eines kritischen Bewußtseins gegenüber all jenen, die sich des Wortes

78

„Emanzipation" bedienen. Man sollte sich bei keinem Autor mit dem Begriff allein zufrieden geben.

W. POTTHOFF und A. WOLF (1974, S. 230) sehen die Absichten der Emanzipations-Vertreter so:

„In der gegenwärtigen Diskussion lassen sich vor allem zwei entgegengesetzte Richtungen der Emanzipationsbewegung beobachten: eine mehr „bürgerlich-liberale" und eine marxistische. Erstere stellt die Emanzipation des Individuums in den Mittelpunkt ihres Interesses. Für den einzelnen verlangt sie mehr Chancengleichheit, mehr Entscheidungsmöglichkeit und Mitbestimmung. Das soll im Raum der Erziehung vor allem durch gezielte Reformen des Bildungswesens erreicht werden. Die marxistische Richtung dagegen zielt primär auf gesellschaftliche Emanzipation. Sie will ökonomische Chancengleichheit erreichen, gegebenenfalls durch revolutionäre Veränderung der Gesellschaft. Wieweit durch eine solche Veränderung und durch die Festlegung auf ein sozialistisches Gesellschaftsbild die Emanzipation des einzelnen gerade verhindert wird, bleibt vorerst eine ungelöste Frage. Dennoch dürfte auch individuelle Emanzipation nicht ohne gesellschaftliche Reformen realisierbar sein."

Zu der hier vorgenommenen Dichotomisierung bleibt allerdings anzumerken, daß es in Wirklichkeit zwischen und neben den beiden genannten Typen zahlreiche weitere Varianten emanzipatorischer Pädagogik gibt. *zahlreiche weitere Varianten*

Außer solchen Aussagen finden wir aber auch zahlreiche kritische Äußerungen, in denen bei den Linken vermutete unlautere Absichten vorgetragen werden. In seiner Schrift „Die Pädagogik der Neuen Linken" versucht W. BREZINKA ein verdecktes Kartenspiel zu entlarven. *zahlreiche kritische Äußerungen*

„Getarnt durch anscheinend demokratische Schlagworte wie ‚Emanzipation', ‚Abbau von Herrschaft', ‚Mitbestimmung' und ‚Demokratisierung' wird ein Zustand allgemeiner Orientierungslosigkeit und politischer Anarchie herbeizuführen versucht, indem es für die Anhänger eines totalitären Sozialismus leicht wird, die Macht zu ergreifen. Alles, was die Neue Linke tut, hat den Zweck, eine solche Revolution (d. h. eine sozialistische Revolution) vorzubereiten" (in KERSTIENS 1974, S. 150).

Die linken Pädagogen verwenden in der Tat eine Reihe von traditionell bekannten Erziehungszielen, gegen die wahrscheinlich kaum jemand etwas einzuwenden hätte: Kritikfähigkeit, Mündigkeit, Vernünftigkeit, Selbstbestimmung, allseitige Entfaltung der individuellen Möglichkeiten, Emanzipation. BREZINKAS Kritik greift aber tiefer:

„Die emanzipierte Persönlichkeit ist ihr Erziehungsziel. Was ist damit konkret gemeint? Es ist der Mensch, der sich innerlich von allen Bindungen an die spätkapitalistische Gesellschaft und ihre Institutionen befreit hat ... . Wir dürfen uns aber durch die Tatsache, daß die gleichen Worte verwendet werden, nicht täuschen lassen. Die Neue Linke verbindet mit vielen Worten, deren Bedeutung jedermann zu kennen meint, einen neuen Inhalt" (S. 151f.).

Für BREZINKA wird hier eine Strategie zur Überwindung der bestehenden Gesellschaftsordnung deutlich: Der Kampf gegen das Leistungsprinzip, gegen Bindungen und traditionelle Werte.

„Das emotionale Erziehungsziel der Neuen Linken ist die Gefühlsdisposition des Ekels vor dem Leben in der nichtsozialistischen Welt. Dahinter steckt die Erwartung, wenn die Menschen erst geistig leer geworden und emotional ausgedorrt sind, dann werden sie bereit sein, die Erlösung aus ihrem sinnlos gewordenen Leben im totalitären Sozialismus zu suchen" (S. 152).

eine differenzierte Betrachtung

Wir glauben, daß gegenüber der Kritik BREZINKAS wie auch gegenüber den Vorstellungen der „Neuen Linken" Vorsicht am Platz ist. Man muß im ganzen doch wohl für eine differenziertere Betrachtung eines solch komplexen Zusammenhanges plädieren. Es gilt zu unterscheiden zwischen den Kritikpunkten, in denen sich auch sehr gemäßigte Reformwillige mit der Kritik an der Gesellschaft treffen würden, und solchen Bereichen, wo sie sich unterscheiden. Mit Pauschalierungen kann man einer Pauschalkritik, wie sie von solchen vorgetragen wird, die sich an der Spitze der Fortschrittlichen fühlen, nicht begegnen – jedenfalls nicht konstruktiv.

Emanzipatorische Pädagogik ist nach unserem Verständnis der Sache nach nicht neu: Ein immer schon von manchen angestrebtes Ziel wurde lediglich betont und anders verklausuliert. Was neu dabei ist, muß in dem gesellschaftskritischen Aspekt gesehen werden. Dieser wurde vor allem für die Pädagogik durch MARCUSE und HABERMAS akzentuiert.

Wir würden uns – trotz der vielen hier nur angeschnittenen und an dieser Stelle auch nicht ausdiskutierbaren Probleme – deutlich für eine emanzipatorische Erziehung aussprechen und glauben auch, daß man damit keinen Etikettenschwindel und auch keine politisch durchtriebene Leerformelhaftigkeit betreiben muß; vorausgesetzt, die Aussagen werden so verdeutlicht, daß sie nicht beliebig viel Deutungsweisen zulassen.

80

Nach unserer Vorstellung von Emanzipation gibt es keine Möglichkeit, legitimerweise für den Zu-Erziehenden schlichtweg und definitiv Ziele festzulegen. Wir meinen vielmehr, es müsse schon sehr
früh mit einem verselbständigenden Erziehungsprozeß begonnen
werden, der es erlaubt, daß Lebensziele mit dem Heranwachsenden in kooperativer Weise gefunden werden. Bei einer für uns
akzeptablen Bestimmung des Emanzipationsbegriffes möchten wir
uns KERSTIENS anschließen:

„Emanzipation sollte nur als Bezeichnung für einen Prozeß gebraucht
werden; das Ziel dieses Prozesses, das Emanzipiert-Sein, ist allerdings
nie völlig erreichbar, wenn man damit einen Zustand bezeichnen will, der
keine weiteren Emanzipationsschritte nötig oder möglich macht.
Mit Emanzipation bezeichnet man den Prozeß, in dem der Mensch sich
von den Lebensbedingungen löst oder die Lebensvoraussetzungen über-
windet, die eine volle Entfaltung seiner Menschlichkeit behindern, ein-
schränken oder unmöglich machen. Das können Folgen des individuellen
Sozialisationsschicksals sein, fixierte Lebensformen in der Gruppe oder
Gesellschaft, Tabu-Vorschriften, Institutionen, die einem anderen gesellschaftlichen Entwicklungsstand entsprachen. Anpassungszwänge verschiedener Art, Naturgewalten oder unnötige und willkürliche Herrschaft
von Menschen über Menschen. Dieser Prozeß der Emanzipation ist gut
und notwendig, da er der möglichst vollen Entfaltung des Menschseins
dient; es kann nicht geleugnet werden, daß dieser Entfaltung immer,
auch bei fortgeschrittener Emanzipation, hindernde, einschränkende und
widersprechende Faktoren im Wege stehen; daher ist der Emanzipations-
prozeß eine bleibende Aufgabe im ganzen menschlichen Leben" (1974,
S. 155).

Wir sind der Auffassung, daß es zwar möglich ist, Aussagen zu
treffen über die Sozialisationsbedingungen, die ein solches pädagogisches Vorhaben überhaupt ermöglichen – wie wir es an zahlreichen Stellen dieses Buches auch tun (vgl. z. B. S. 88 ff. und
S. 70 ff.); weitere materiale Zielbestimmungen sind aber – das kennzeichnet eine kritisch-emanzipatorische Pädagogik – erst im konkreten Handeln mit dem Adressaten gemeinsam zu finden.

16. Ziele des sozialen Lernens

In der pädagogischen Diskussion der letzten Jahre wurde vor
allem die Sozialerziehung bzw. das soziale Lernen betont, und zwar

nicht nur für die Erziehung in sozialpädagogischen Einrichtungen, sondern auch für die schulische und familiäre Erziehung. Dies geschah im Rahmen der Behandlung des Themas „Konfliktregelung", „Friedenserziehung", „Partnerschaft", „Identitätsfindung" usw. All diese Erziehungsbemühungen sollen schließlich der Verselbständigung des Menschen dienen. Als Grundqualifikation des sozialen Rollenhandelns finden wir in der pädagogischen Literatur vielfach die folgenden Ziele genannt: Normenflexibilität, Rollendistanz, Rollenflexibilität, Frustrationstoleranz, Bedürfnisrepräsentation und Empathie (vgl. Arbeitsgruppe Vorschulerziehung, Anregungen I, 1973, S. 20f.). Was damit im einzelnen gemeint ist, soll am folgenden Beispiel verdeutlicht werden (a.a.O., S. 19).

Beispiel

„Wenn Rolf mit Barbara eine Eisenbahn baut, dann kann er das nicht ausschließlich so tun, wie er will. Er muß vielmehr ebenso auf ihre Wünsche achten, sonst gerät das Spiel schnell durch Streit zu Ende. Wir nennen das, was sich zwischen Rolf und Barbara abspielt, eine Interaktion. Als Regeln des Verhaltens (Normen), die beide Kinder von ihren Eltern gelernt haben, gehen in die Spielsituation wahrscheinlich unter anderem ein, daß Rolf der Meinung ist, er könne das Bauen besser, weil er ein Junge ist, und daß Barbara ihr Verhalten darauf abstimmt (weil sie auch gelernt hat, daß Jungen besser bauen, Mädchen lieber mit Puppen spielen)."

Erlernen wichtiger Fähigkeiten

Je nach Bedingungen und Verhalten des Erziehers können die beiden Kinder in solchen und ähnlichen Situationen für den Umgang miteinander und für die Gestaltung ihres Lebens als Erwachsene sehr wichtige Fähigkeiten lernen:

– *Normenflexibilität:* „Ob man das Bedürfnis danach hat, Regeln kritisch zu befragen, hängt davon ab, ob man über den Sinn von Regeln nachdenken durfte, als man sie lernte, ob man die Chance hatte, gegen sie zu verstoßen oder ob sie einen als unumstößliche Befehle erreichten. Wenn man fähig ist, gelernte Regeln danach zu beurteilen, ob sie in die Situation passen, wird man die Situation besser bewältigen, als wenn man Regeln starr anwendet. Man besitzt Normenflexibilität."

– *Rollendistanz:* „Wenn man ein Bündel von Verhaltensregeln lernt, dann lernt man ein Verhaltensmuster, das einer bestimmten Rolle üblicherweise zugeschrieben wird, zum Beispiel das des Jungen, des Kindes, des Schülers, des Arbeiters, der Mutter . . . Falls Rolf entdeckt, daß Barbara viel besser mit dem Schraubenzieher umgehen kann, dann wird er gut daran tun, sich von dem Verhaltensmuster „Junge, der Technik besser kann", zu entfernen und Barbara schrauben lassen. Ein solches Verhalten nennen wir Rollendistanz. Er erfüllt

82

in diesem Augenblick nicht das, was man von ihm gemeinhin erwartet, sondern er lernt, daß es sinnvoller ist, an diesen Erwartungen nicht starr festzuhalten."

- *Rollenflexibilität:* „Wenn die beiden miteinander spielen und er immer nur den Schaffner und sie immer nur die einkaufende Hausfrau spielt, dann wird das Spiel langweilig. Wenn Barbara flexibel genug ist, um sich vorzustellen, wie sie an Rolfs Stelle den Zugführer oder eine Bäuerin, den Bahnhofsvorsteher oder seinen Hund spielen kann, dann beweist sie Rollenflexibilität."

- *Frustrationstoleranz:* „Noch etwas müssen Barbara und Rolf beherrschen, wenn ihr Spiel weiterlaufen soll: Jeder hat zunächst eine Vorstellung davon, wie die Bahn aussehen soll; keiner kann seine Vorstellung jedoch vollständig durchsetzen, sonst würde der andere nicht mehr mitspielen. Also muß jeder von beiden ertragen können, daß von seinem Entwurf Abstriche gemacht werden. Wir nennen diese Fähigkeit Frustrationstoleranz. Damit aus den beiden Entwürfen ein gemeinsamer Entwurf wird, müssen sich die beiden darüber verständigen (Kommunikation)."

- *Bedürfnisrepräsentation:* „Nun kann es z. B. sein, daß Rolf zum Bau einer Brücke, die sich Barbara wünscht, keine Lust hat und stattdessen eine steile Talfahrt des Zuges erzwingt. Barbara hält nun aber vielleicht Brückenbauen für das schönste Spiel und ist enttäuscht, daß Rolf keine Brücke haben will. Für sie kommt es nun darauf an, daß sie eine Ausdrucksform findet, die Rolf versteht, um ihn von ihrem Wunsch zu überzeugen. Wir nennen diese Fähigkeit Bedürfnisrepräsentation."

- *Empathie:* „Wenn Rolf nicht riskieren will, daß das Spiel gleich zu Ende ist, dann muß er einschätzen können, ob Barbara hier einen unangemessenen Machtanspruch durchsetzen will oder ob ihr Herz tatsächlich am Bau einer Brücke hängt. Die Fähigkeit, die Bedürfnisse und Erwartungen des anderen zu spüren, zu erkennen und das eigene Handeln darauf einstellen zu können, nennen wir Empathie."

Mag auch die Begrifflichkeit bei diesen Zielen zunächst etwas fremd wirken, so ist aber hervorzuheben, welch große Bedeutung es für das menschliche Zusammenleben haben dürfte, inwieweit wir in der Lage sind, auf breiter Ebene – in Kindergarten, Schule, Jugendarbeit, Erwachsenenbildung usw. – diese Zielsetzungen zu realisieren. Es scheint uns überhaupt nicht übertrieben zu sein, wenn angenommen wird, daß von der Verwirklichung gerade solcher Zielsetzungen der soziale Friede im zwischenmenschlichen wie im gesellschaftlichen Leben abhängt, ja sie sind grundlegende Bedingung für die Erlangung des Weltfriedens. Wichtig für die Päd-

Realisierung auf breiter Ebene

agogik ist, daß bei der starken Betonung des sozialen Lernens und der damit verbundenen Ziele die anderen anthropologischen Dimensionen nicht vergessen werden. (Zur weiteren Behandlung der Erziehungsziele vgl. KERSTIENS 1978; zum Thema „Friedenserziehung" vgl. KERN/WITTIG 1982)

Literatur

Bokelmann, H., Maßstäbe pädagogischen Handelns, Würzburg 1965

Brezinka, W., Grundbegriffe der Erziehungswissenschaft, München/Basel 1974

Kerstiens, L., Erziehungsziele – neu befragt, Bad Heilbrunn 1978

ders., Modelle emanzipatorischer Erziehung, Bad Heilbrunn 1974

Mager, R. F., Lernziele und programmierter Unterricht, Weinheim/Berlin/ Basel 1965

Roth, H., Pädagogische Anthropologie, Band 1, Hannover 1966

Tröger, W., Erziehungsziele, München 1974

IV. ERZIEHUNGSSTILE

IV. ERZIEHUNGSSTILE

Wenn der Erziehung für das Leben des Menschen eine so hohe Bedeutung beizumessen ist, wie dies in der Pädagogik gemeinhin betont wird, dann ergibt sich zwangsläufig die hier zu behandelnde Frage: Wie müssen Erzieher sich verhalten, um den Erziehungsprozeß zum einen nicht zu behindern? Welches Verhalten ist erforderlich, um zum anderen eine optimale Gestaltung der Erziehung zu garantieren?

Um diese Frage hat sich die Pädagogik immer schon Gedanken gemacht. Allerdings stand dabei mehr die Reflexion der einzelnen einzusetzenden Erziehungsmittel im Vordergrund. Die Frage der Erziehungswissenschaft nach dem Gesamtverhalten des Erziehers und das Anliegen, dieses exakt zu analysieren, ist neueren Datums.

Je nach Ausprägung des Erzieherverhaltens hat man – seit den Forschungen LEWINS und im Anschluß an seine Terminologie – von verschiedenen *Stilen der Erziehung* gesprochen und folgendermaßen unterschieden:

Erziehungsstile
1. autokratischer Erziehungsstil
2. sozialintegrativer Erziehungsstil
3. laissez-faire-Erziehung

1. Die Problematik der Erziehungsstil-Typologie

Jede Typisierung des menschlichen Verhaltens ist einerseits problematisch und teilweise sogar gefährlich, andererseits kann sie jedoch der Erkenntnis und Reflexion sowie der Verhaltenssteuerung durchaus dienlich sein. Dies gilt in besonderer Weise für die Kategorisierung von erzieherischem Verhalten. Wenn wir uns in den folgenden Ausführungen an der konventionellen Typisierung

86

des Erzieherverhaltens nach bestimmten Stilen orientieren, so tun wir dies in der Annahme, daß es wegen des derzeitigen Forschungsstandes – besonders im außerschulischen Bereich der Erziehung – immer noch ein sehr *geeigneter Weg* ist. Zu dem Themenkreis *„Erzieherverhalten"* können damit Kenntnisse vermittelt werden, die sinnvoll in präskriptive Aussagen übertragbar sind. Wir möchten aber auf einige nicht zu übersehende Problempunkte aufmerksam machen. Nur bei ihrer Berücksichtigung sind die Ausführungen dieses Kapitels akzeptabel.

a) Bei Erziehungsstilen handelt es sich um Idealtypen

Idealtypen

In dem Wort „Idealtypus" bedeutet der Wortteil „ideal" nicht, daß es sich dabei um etwas „besonders Gutes" handelt; der Begriff will also *keine Bewertung* wiedergeben. Vielmehr soll damit zum Ausdruck gebracht werden, daß es sich dabei um ein gedankliches Modell, ein sog. theoretisches Konstrukt handelt, das nur mehr oder weniger eine Entsprechung in der Realität haben muß. Es ist also nicht so, daß ein Verhalten schon wegen einer einzigen oder wegen quantitativ geringer Merkmalsausprägungen generell einem bestimmten Stil zuzurechnen ist. Dieser Gedanke bedarf einer besonderen Betonung. Erst nach einer exakt durchgeführten Beobachtung nämlich, bei der über längere Zeit einzelne Merkmale quantitativ ausgewertet würden, kann ein Erzieherverhalten typologisch klassifiziert werden. Ansonsten kann man immer nur einzelne beobachtbare Interaktionen beurteilen. Aber auch das ist sehr sinnvoll, weil dadurch wichtige Informationen geliefert werden und vor allem der Blick für das eigene Verhalten geschärft wird.

b) Die Terminologie ist nicht einheitlich

Den *Erziehungsstil* kann man umschreiben als ein relativ einheitliches und konstantes System von Erziehungsmaßnahmen, die von einer Person im Rahmen erzieherischer Aktivitäten realisiert werden. In gleicher Bedeutung spricht man aber auch von „Führungsstilen", indem davon ausgegangen wird, daß „Führung" ein wesentlicher Aspekt von Erziehung sei. Manchmal wird auch der Begriff „Leitungsstil" verwendet. Um durch den Begriff „Stil" den Blick für einzelne Details der erzieherischen Realität nicht zu verstellen, spricht man auch von „Erzieherverhalten". – Auch die Attribute, nach denen sich die verschiedenen Erziehungsformen unterscheiden, werden terminologisch nicht einheitlich verwendet. Statt „auto-

andere Begriffe

kratisch" findet man auch Begriffe wie „autoritär", „repressiv" usw.; statt „sozialintegrativ" sagen manche auch „demokratisch", „partnerschaftlich" usw. Für laissez-faire (vom Französischen: Laissez-faire, laissez-aller, d. h. Laßt sie nur machen, laßt sie nur laufen) hat man auch die Übersetzung „lässig" verwendet. Diese Begriffsäquivalente meinen aber jeweils mehr oder weniger das gleiche.

c) Keine globale Typisierung nach bestimmten Stilen

Man hat nun in der Pädagogischen Psychologie versucht, andere Wege zu gehen als den der globalen Typisierung nach bestimmten Stilen. Eine sehr differenzierte Studie zur Problematik des Erzieherverhaltens und der damit verbundenen Forschungsschwierigkeiten wurde durchgeführt von STAPF u. a. 1972. Sie versuchten, einzelne konkrete Verhaltensweisen aus dem erzieherischen Gesamtverhalten von Eltern herauszulösen, wie z. B. Zuwendung, Zurückweisung, Kontrolle von seiten der Mutter bzw. des Vaters. Einzelne isolierte Größen setzte man dann zueinander in Beziehung. Schließlich gelangte man jedoch zu dem Ergebnis, daß verallgemeinernde Aussagen über den Zusammenhang einzelner Stilmerkmale nicht möglich sind.

2. Kennzeichen der Erziehungsstile

Formen erzieherischen Verhaltens

Im folgenden seien *zwei Formen von erzieherischem Verhalten* demonstriert, wie man sie im Alltag oft beobachten könnte.
Eine Mutter steigt mit ihrem Kind in einen Omnibus. Sie möchte, daß ihr Kind sich fest hinsetzt, damit es während der Fahrt nicht herunterfallen kann.

Im Fall A wird folgendes gesprochen:
Mutter: Setz dich jetzt fest hin!
Kind: Warum?
Mutter: Du sollst dich fest hinsetzen!
Kind: Warum?
Mutter: Weil ich es so will! Halt endlich den Mund und tu, was ich dir sage!
Kind: Warum?
Mutter: Weil du sonst eine fängst. Jetzt ist meine Geduld am Ende, du ungezogener Fratz.

Im Fall B kann man dies hören:
Mutter: Setz dich jetzt bitte gut hin!
Kind: Warum?
Mutter: Weil du sonst leicht herunterfällst.
Kind: Warum?
Mutter: Paß einmal auf. Wenn der Bus jetzt anfährt, wirst du merken, wie du einen kleinen Ruck nach hinten bekommst.
Kind: Na und?
Mutter: Wenn der Bus während der Fahrt plötzlich bremsen muß, gibt es einen starken Ruck nach vorn.
Kind: Da muß ich mich aber fest hinsetzen. (vgl. MÜLLER 1973, S. 33)

Obwohl die weiteren Hintergründe dieser pädagogischen Situationen nicht bekannt sind, sieht man ohne weiteres, daß hier zwei grundverschiedene erzieherische Verhaltensweisen praktiziert werden, und zwar wahrscheinlich nicht nur bei dieser Gelegenheit. Das mütterliche Verhalten im Fall A zeigt typisch autokratische Züge, während man es im Fall B mit typisch sozialintegrativen Äußerungen zu tun hat. Selbstverständlich machen verbale Interaktionen allein noch nicht das gesamte Erzieherverhalten aus. Sie sind allerdings wichtige Indikatoren. Sprache ist ja immer auch von Gefühlen begleitet. Wenn man den Erziehungsstil eines Menschen im ganzen erfassen will, dann müssen *sämtliche Persönlichkeitsdimensionen und der situative Kontext* betrachtet werden, nicht nur die kognitiven bzw. verbalisierten Interaktionen. Bei der Beurteilung von Erziehungspraktiken und -interaktionen ist immer – und das gilt für alles im folgenden Gesagte –, der Zusammenhang von Zielen und Inhalten der jeweiligen Lernstruktur zu sehen. Es kommt also immer auf die Intentionen an. FLITNER hat recht, wenn er darauf hinweist, welchen Unterschied es z. B. im Kindergarten macht, ob beim Instrumentüben und beim Arbeiten mit Montessorimaterial oder ob im Freispiel den Kindern eine bestimmte Anzahl an selbständigen Entscheidungen zugespielt wird. „Erst im didaktischen Zusammenhang kann man über den Stil des Umgangs Aussagen machen" (FLITNER 1970, S. 244).

Wir wiesen schon darauf hin, daß es nicht erlaubt ist, erzieherisches Verhalten danach zu klassifizieren, was man in einer einzelnen Situation beobachten konnte. Es wäre also nicht legitim zu sagen, Mutter A ist autokratisch und Mutter B ist sozialintegrativ. Wir könnten lediglich die einzelnen hier vorfindbaren Äußerungen kategorisieren.

Denkimpuls:

1. Vergleichen Sie bitte die Verhaltensweisen der beiden Mütter miteinander und beurteilen Sie diese.
2. Gehen Sie der Frage nach, wie es wohl zu dem spezifischen Verhalten der beiden Mütter kommt. Würden Sie annehmen, daß es allein die von beiden Müttern erfahrene Erziehung ist, die dieses Verhalten resultieren läßt? Welche Gründe könnte es sonst noch geben?
3. Überlegen Sie, wie sich das Kind im Fall A wohl schließlich verhalten haben mag und welches Verhalten es später in ähnlichen Situationen zeigen wird.

Im folgenden soll aber gefragt werden, wann wir überhaupt von einem autokratischen bzw. von einem sozial-integrativen Erziehungsstil sprechen können. Wir gewinnen dabei zugleich eine Reihe von Verhaltensgrundsätzen, die bei einem wünschenswerten Erzieherverhalten – mehr oder weniger stark ausgeprägt – zu respektieren sind. (Den Laissez-faire-Stil wollen wir vorerst außer acht lassen, da er in der Wirklichkeit nicht in der Häufigkeit vorkommt, wie manchmal angenommen wird.)

2.1. Kennzeichen des autokratischen Erziehungsstils

Merkmale des autokratischen Erziehungsstils

Der autokratische Erziehungsstil ist (nach R. und A. TAUSCH 1968, S. 77) durch die folgenden *Merkmale* zu beschreiben:

– Häufige Befehle oder Anordnungen
– Vorwürfe, Ungeduld, Kritik, Tadel, Setzen von Bedingungen
– Verwarnungen, Drohungen, Strafen
– Großes Ausmaß des Redens und Fragens
– Geringe Respektierung von Wünschen und Belangen der Kinder
– Ungleiche grundsätzliche Rechte von Führenden und Untergebenen
– Überzeugung des Leiters von der Notwendigkeit häufiger Kontrollen der Geführten

90

- Geringe Akzeptierung anderer Menschen, insbesondere der „Abhängigen"
- Geringes Verständnis für sog. Untergebene durch den Leiter
- Eindeutige Determinierung der Aktivität der Geführten durch Urteile und Entscheidungen des Leiters unter Hinweis auf seine Erfahrungen
- Geringe Möglichkeit der Nachahmung des Erzieherverhaltens durch die Kinder, ohne daß diese Sanktionen befürchten müssen.

2.2. Kennzeichen des sozialintegrativen Erziehungsstils

Den sozialintegrativen Stil kann man (nach R. u. A. TAUSCH 1968, S 141) folgendermaßen beschreiben:

Merkmale des sozialintegrativen Erziehungsstils

- Geringe Häufigkeit von Ausdrucksformen der Macht, Stärke, Verfügungsgewalt und hierarchischer Überlegenheit über andere
- Nur in einem unbedingt notwendigen Ausmaß Dirigierung und Führung anderer Personen zur Erreichung von Zielen
- Wo Führung notwendig ist, dann in einer Art, die die Gleichwertigkeit und Würde des Partners – insbesondere auch des Kindes – achtet und anerkennt
- Größere Häufigkeit kooperativer Verhaltensweisen
- Einsatz eigener Aktivitäten eher *für* die Belange, Standpunkte und Entscheidungen anderer als gegen sie
- Berücksichtigung des Denkens und Fühlens anderer in den eigenen Handlungen und Maßnahmen
- Förderung der Unabhängigkeit, Sicherheit und Entscheidungsfreiheit anderer Personen.

Diese Kennzeichnung ist notwendigerweise allgemein, jedoch nicht leerformelhaft. Es wird aber dabei deutlich, daß die einzelnen Merkmale als *Verhaltensprinzipien für den Erzieher* zu interpretieren sind. Bei der Frage, wann ein Erziehungsstil im ganzen gesehen eher als autokratisch bzw. eher als sozialintegrativ anzusehen ist, spielen natürlich wertende Momente eine Rolle. In der Pädagogischen Psychologie bedient man sich dazu des sog. Kontinuums, also einer Skala, auf der man die Verhaltenseinheiten des Erzie-

Verhaltensprinzipien für den Erzieher

hers von „Experten" aufgrund von Schätzungen einstufen läßt[6]. Die Ergebnisse werden dadurch der subjektiven Interpretationswillkür entzogen, daß man die Schätzungen mehrerer Personen zugrunde legt. Aber auch dann kann man nicht von objektiven, sondern immer nur von „objektivierten" Ergebnissen sprechen.

3. Ein Blick in die derzeitige Erziehungspraxis

Auf die Auswirkungen des jeweiligen Erziehungsstils werden wir in späteren Abschnitten eingehen. Wir wollen zunächst ein Bild von der Erziehungspraxis in vier wichtigen Sozialisationsinstanzen gewinnen: Familie, Kindergarten, Schule und Heim.

3.1. Zum Erziehungsstil in der Familie

Der größte Teil der vorliegenden Untersuchungen zum Erziehungsverhalten in der Familie wurde in Amerika durchgeführt. Dabei wird oft der Einwand erhoben, man dürfte nicht ohne weiteres die Ergebnisse auf deutsche Verhältnisse übertragen. Die wenigen vorhandenen deutschen Studien zeigen aber, daß man im wesentlichen zu übereinstimmenden Ergebnissen kommt[7].
In zahlreichen Untersuchungen gelangte man zu der Einsicht, daß Eltern der Mittelschicht eher ein sog. *„psychologisches"* Erziehungsverhalten realisieren, während bei Unterschichteltern eher ein *„machtorientiertes"* Erziehungsverhalten zu konstatieren ist. Diese Unterscheidung kongruiert aber, wie sich im folgenden zeigt, nicht ganz mit den hier beschriebenen Erziehungsstilen. BRONFENBRENNER (1965, S. 323) beschreibt die *psychologische Erziehungsform* so:

psychologische Erziehung

„Vor allem sehen Eltern, die diese Erziehungsmethoden anwenden, leichter über Verstöße hinweg, und wenn sie strafen, dann nicht, indem sie das

---

[6] Ein solches Kontinuum kann z. B. als Skala von -3 bis $+3$ angeordnet sein: Wenn jemand die Aussage eines Erziehers „Du bist der größte Dummkopf, den ich je kennengelernt habe" einschätzen sollte, so würde er dies wahrscheinlich mit -3 beurteilen, da eine solche Aussage die Grundmerkmale eines wünschenswerten Erziehungsstils verletzt.

[7] Vgl. z. B. E. C. DEVEREUX, Autorität und moralische Entwicklung bei deutschen und amerikanischen Kindern, in: Kölner Zeitschrift für Soziologie, Sonderheft 14, 1970.

Kind lächerlich machen oder körperlich züchtigen. Sie argumentieren statt dessen mit dem Sprößling, isolieren ihn, appellieren an sein Schuldgefühl, zeigen sich enttäuscht – kurz, sie teilen auf vielerlei Weise einerseits mit, was für ein Verhalten sie vom Kinde erwarten, und bringen ihm andererseits zum Bewußtsein, daß Unfolgsamkeit beiderseits geschätzte Beziehungen unterbricht.

Diese Befunde bedeuten, daß Eltern aus der mittleren Schicht zwar in gewisser Hinsicht bei der Bestrafung der Kinder nachsichtiger sind (in gewisser Weise allerdings auch brutaler: Verf.), aber dafür Methoden verwenden, die faktisch zwingender sind. Darüber hinaus wird das Moment des Zwanges in diesen Erziehungsmethoden vermutlich noch dadurch verstärkt, daß den Kindern der mittleren Schicht in ihren ersten Lebensjahren eine betont nachsichtige Behandlung zuteil wird. Um dem Kind als Strafe die elterliche Liebe entziehen zu können, muß vorher ein befriedigendes Verhältnis bestanden haben; je mehr Liebe zuerst vorhanden war, desto größer ist die Drohung, die ihr Entzug in sich schließt".

Bei der *machtorientierten Erziehungshaltung* dagegen richten die Eltern sich stärker nach den eigenen Interessen und sind darauf bedacht, diese in den Erziehungspraktiken zu wahren. Im Erziehungsalltag müssen die Kinder eher mit physischen Sanktionen rechnen; es wird von ihnen unbedingter Gehorsam erwartet; die Wünsche des Erziehers haben vielfach Befehlsform; Begründungen, die dem Kind notwendige Sachverhalte plausibel machen, fehlen oft; es findet insgesamt eine weniger kindorientierte Erziehung statt, bei der die Absichten der Kinder Berücksichtigung fänden.

machtorientierte Erziehung

Wir möchten an dieser Stelle nochmals auf die *Gefahr einer übereilten Zuordnung von einzelnen Personen aufgrund ihrer „Schichtzugehörigkeit"* aufmerksam machen. Es wäre also absurd, wenn eine Erzieherin des Kindergartens nach einem Blick in die Karteikarte des Kindes und der Feststellung, daß es aus einer Arbeiterfamilie kommt, schließen würde: Aha, dann wird es auch von seinen Eltern geschlagen! Es ist nämlich durchaus möglich, daß dieses Kind in der Familie eine wünschenswerte und qualifizierte Erziehung erfährt.

Schichtzugehörigkeit

Dabei muß man vor allem bedenken, daß es in den letzten Jahren aufgrund der unentwegten Diskussion erzieherischer Praktiken in den Massenmedien offenbar einen weitgreifenden *Wandel des Erziehungsverhaltens in der Familie* gegeben hat. Dieser Trend in der Pädagogik wird so beschrieben (BRONFENBRENNER 1961, in: FRIEDEBURG 1965, S. 322):

1. Größere Nachsicht gegenüber den spontanen Wünschen des Kindes
2. Ungezwungenere Äußerung der Zuneigung
3. Vermehrtes Vertrauen in indirekte Methoden, wie vernünftiges Zureden und Gewissensappell; statt direkter Methoden, wie etwa körperliche Züchtigung, Schelten oder Drohen
4. Eine sich verengende Kluft zwischen den sozialen Schichten und den Formen ihrer Kindererziehung infolge der Annäherung an vorwiegend mittelständische Normen und Methoden.

Erziehungsstil in „Unterschichtfamilien"

Aufschlußreich sind in diesem Zusammenhang die Ergebnisse einer Studie, die bei Münchener Arbeiterfamilien durchgeführt wurde zur Frage „Erziehungsalltag in der Unterschicht" (vgl. WAHL u. a. 1980). Auch hier findet man eine deutliche Tendenzwende im Erziehungsstil: „Die Hauptthese zum Erziehungsstil ist die, daß heute – auch in sog. Unterschichtfamilien oder gerade dort – keineswegs ein autoritärer Erziehungsstil mehr praktiziert wird und daß andererseits der antiautoritäre Erziehungsstil aus der Studentenbewegung in diesen Familien nie eine Rolle gespielt hat, man sich eher gefühlsmäßig davon absetzt. Man könnte genauer von einem partnerschaftlichen Erziehungsstil sprechen." (S. 149). Wir wünschen, daß diese interessante Untersuchung den Weg in das Bewußtsein all derjenigen findet, die der sog. Unterschicht immer noch pauschal und unreflektiert eine wesentlich „schlechtere Behandlung" ihrer Kinder unterstellen.

3.2. Zum Erziehungsstil im Kindergarten

An sich müßte man annehmen, daß es bei den zahlreichen erziehungswissenschaftlichen Aktivitäten, die im Rahmen der Kindergarten- und Vorschulerziehung beobachtet werden können, möglich wäre, einen deutlichen Überblick über die Qualität der Erziehungspraktiken des Kindergartens zu gewinnen. Die meisten Arbeiten zur Kindergartenpraxis sind aber konzeptioneller Art. Es lassen sich deshalb *nur mit allem Vorbehalt generelle Aussagen* zum Erziehungsstil in dieser Erziehungseinrichtung treffen. Dabei ist zu bedenken, daß aufgrund von prozentuierenden Angaben über irgendeinen einzelnen Kindergarten noch nichts ausgesagt werden kann. Die Kritik am Kindergarten und dem dort praktizierten Erziehungsstil wurde in den letzten Jahren von verschiedenen Seiten und in sehr verschiedener Differenziertheit vorgetragen. „Es erscheint nicht ausgeschlossen, daß autokratische Erziehungsformen in Kindergärten häufiger als allgemein vermutet realisiert werden", konnte man in der Erziehungspsychologie von TAUSCH im Jahre 1968 lesen. Eine thematisch breit angelegte Studie zur „Erziehung im Kindergarten" ist die von E. BARRES. Darin wurde u. a. das *Erzieherverhalten* untersucht, und man kam zu den folgenden Resultaten:

a) In traditionell geführten Kindergärten herrscht ein hohes Maß an auffordernden, d. h. steuernden und lenkenden Erziehungsmaßnahmen vor.

Erziehungsverhalten im Kindergarten

b) Das Verhalten der Gruppenleiterin spiegelt gesellschaftliche Erziehungsnormen wider: während Lenken und Dirigieren vorherrschen, besteht Mangel an erzieherischer Wärme und Freundlichkeit.

c) Es wird vor allem „ruhiges und braves" Verhalten belohnt; 49% der Belohnungen bezogen sich auf „Bravsein", 26% auf gute Leistungen, 25% auf schnelles und selbständiges Aufräumen.

d) Den häufigsten Anlaß für Drohungen und Strafen, etwa 27%, bilden Lärm, Toben und Unruhe, Ungehorsam folgt mit 20%, den Rest bilden: Streit, Unaufmerksamkeit u. a.

e) Normkonformes und angepaßtes Verhalten nimmt in dem Maße bei den Kindern zu, in dem sie älter werden.

Gruppenstärke (Zahl) und *Gruppendichte* (im Raum) beeinflussen das Geschehen:

a) Je größer Gruppenzahl und -dichte, desto mehr nehmen die repressiven, aber auch die lobenden Erziehungsmaßnahmen zu. Wahrscheinlich geschieht dies, um das Konfliktpotential zu reduzieren, da offenbar die Verhaltensprobleme häufiger sind.

b) Bei weniger als fünfzehn und mehr als zwanzig Kindern in einer Gruppe besteht unter den gegebenen Verhältnissen die Gefahr zu stark dirigierender Lenkung.

95

sprachliches Kommunika-tionsverhalten

Das sprachliche Kommunikationsgeschehen läßt viel zu wünschen übrig:

a) Gesprächskontakte, die über unmittelbare Verhaltenslenkung hinaus bestimmte Inhalte oder außerhalb des Kindergartens liegende Ereignisse betreffen, sind seltene Ausnahmen.

b) Obwohl die meisten Fragen Antwort finden, bleiben doch noch etwa 17% der kindlichen Sachfragen und etwa 9% der Wunschverbalisationen ohne Reaktion seitens der Gruppenleiterin.

c) Vernachlässigung der Sprache zeigte sich auch darin, daß nur selten beobachtet wurde, daß die Sprachkenntnisse und die Sprachmöglichkeiten der Kinder herausgefordert, gezielt oder systematisch gefördert wurden. (Vgl. KLASEN 1973, S. 244)

Die Ergebnisse dieser Studie müßten vor allem den angehenden Kindergartenpädagogen zu einer reflektierten Auseinandersetzung mit seinem eigenen Erziehungsverhalten anregen. Man kann die Aussagen von Barres nicht einfach abtun mit dem Hinweis, sie seien nicht repräsentativ. Selbstverständlich sind 68 befragte Erzieherinnen keine 50000. Wir messen der Studie den Wert eines deutlichen *Denkanstoßes* zu. Es ist anzunehmen, daß sich im Kindergarten das Erziehungsverhalten aufgrund der sonstigen Neuerungen während der vergangenen Jahre vielfach geändert hat. U.U. dürfte die Diskussion um die didaktischen Ansätze dazu ihren Beitrag geleistet haben; denn je nach Entscheidung für den einen oder den anderen didaktischen Ansatz wird dies auch Konsequenzen für den erzieherischen Umgang mit den Kindern haben.

3.3. Zum Erziehungsstil in der Schule

Erziehungsstil der Lehrer

Eine aufschlußreiche Studie darüber, wie der Erziehungsstil in der Schule noch vor wenigen Jahren ausgeprägt war, ist die von TAUSCH, in der es um die Frage ging, wie Lehrer an Volks- und Mittelschulen in *Konfliktsituationen des Unterrichts* reagieren. (TAUSCH 1968, S. 61 ff.) Man müßte die Ergebnisse einer solchen Untersuchung allerdings mit neueren Forschungsergebnissen kontrastieren.

96

In dieser Konfliktstudie kam man zu einer Reihe von ausgesprochen interessanten Resultaten. Während einer Unterrichtsstunde ergeben sich z. B. durchschnittlich ca. 15 „besondere Situationen", die ein intensiv lenkendes Eingreifen des Lehrers nach sich ziehen. Die Anzahl dieser Situationen ist im Unterricht mit den 6–10jährigen Kindern doppelt so hoch, wie bei den 11–14jährigen Schülern. Die Aussagen der Lehrer wurden protokolliert und dann von sog. neutralen Beobachtern nach den Kategorien „sehr autokratisch", „autokratisch", „sozial-integrativ" und „laissez-faire" beurteilt.

Die als *sehr autokratisch* eingestuften Verhaltensformen, die in ca. 17 % aller alltäglichen Konfliktsituationen von Lehrern verwirklicht wurden, sind folgendermaßen umschrieben: Scharfe Zurechtweisung, Vorwurf, Gebrauch von Schimpfworten, deutlicher Ausdruck von Macht und Stärke, insbesondere bei Befehlen und Anordnungen, betonte Forderung nach augenblicklichem Gehorsam, heftiger, teilweise unbeherrschter Ausdruck unlustvoller Gefühle, keine Berücksichtigung der seelischen Situation des kindlichen Partners, kein Eingehen auf Motive und Gefühle, die dem unangepaßten Verhalten des Kindes zugrunde liegen.
Einige wörtlich protokollierte Beispiele mögen das verbale Lehrerverhalten illustrieren:
„Red' nicht so dummes Zeug, ohne zu überlegen!" – „Mach' dir mal gleich Gedanken und plapper' nicht gleich los wie'n Wasserfall" – „Dussel" – „Dazwischenquatscher!" – „Schlot!" – „Quatschkopf!" – „Schweinigel!" – „Fritz, du fliegst gleich raus da hinten". – „. . . du sollst mal sehen, was gleich passiert!" – „Wenn du jetzt nicht aufhörst zu quietschen, quietsch ich dir eine!" – „. . ., Mensch, ich packe dich und häng' dich aus dem Fenster!" – „. . ., ich nehm' den einen und hau den anderen damit durch!"
Charakteristisch sind ferner bestimmte nichtsprachliche Verhaltensweisen, wie mit der Faust auf den Tisch schlagen, mit dem Fuß aufstampfen, gelegentliche Ohrfeigen, Schläge ins Kreuz oder mit dem Buch auf den Kopf bei Unaufmerksamkeit sowie an den Armen rütteln u. a. m.

Die als *autokratisch* interpretierten Verhaltensformen, die in 80% der alltäglichen Konfliktsituationen in der Schule von Lehrern verwirklicht wurden, sind folgendermaßen umschrieben: Kurze Befehle, die „richtiges" Verhalten der Kinder anordnen und „falsches" verbieten; eine große Anzahl belehrender Informationen.

autokratische Verhaltensformen

Einige Beispiele, die in dieser Form geäußert wurden, mögen der Illustration dienen:

„Los! Hier nach vorne gucken!" – „Finger ab! Ruhe!" – „Hörst du mich? Gar nichts mehr!" – „Mund zu!" – „Laß das Schnalzen!" Vorwurfsvolle Fragen oder Verwarnungen: „Mensch, Volker, was ist mit dir los, du bist der einzige, der es noch nicht verstanden hat ..." – „Ja, was ist denn das für ein Zustand? Ich hab's nicht (das verlorene Heft), Ilona!" – „Wem geht es da schlecht?" – Belehrungen und Ermahnungen: „Vor allen Dingen, wenn ich Schule halte, wird nicht mehr gepackt!" – „Ich will jetzt nicht mehr, daß ihr euch miteinander unterhaltet. Sprecht mit euch selber. Konzentriert euch, denkt in euch hinein!" –

Obwohl bei den Lehrern ein individuell sehr unterschiedliches Ausmaß an Autokratie zu beobachten war, gab es immerhin in dieser Untersuchung keinen einzigen Lehrer, der sich in weniger als 50% der Konfliktsituationen autokratisch verhielt.

Reversibilität

Ein entscheidendes Merkmal dafür, ob eine individuelle Verhaltensweise als sozial-integrativ zu betrachten ist oder nicht, ist die sog. *Reversibilität*. Damit ist die Frage danach gemeint, ob man ein bestimmtes Erzieherverhalten umgekehrt auch dem Zu-Erziehenden ohne Sanktionen gestatten würde. Bei einer Studie aus dem Jahr 1965 wird darauf verwiesen, daß über 90% der partnerbezogenen Äußerungen eines sozialintegrativen Lehrers als reversibel anzusehen sind; dagegen sind über 60% aller Äußerungen von konventionell unterrichtenden Lehrern irreversibel, d. h. sie könnten nach Form und Inhalt in dieser Weise vom Schüler nicht geäußert werden, ohne daß sie vom Lehrer als Verstoß gegen Takt und Höflichkeit angesehen und entsprechend sanktioniert würden[8].

Reversible und nicht-reversible Lehreräußerungen sollen zur Verdeutlichung gegenübergestellt werden.

Reversible Lehreräußerungen:	Nicht-reversible Lehreräußerungen:
„Bitte gib mir das Buch her!"	„Zeige mal dein Buch!"
„Paßt bitte auf hier!"	„Paß auf und sieh' her!"
„Kannst du es mal anzeichnen, wie du es meinst?	„Schreibe die Wörter an!"
„Bitte jetzt ruhig sein!"	„Ihr habt jetzt still zu sein!"

„Viele von uns haben es schlecht verstehen können."

„Ja willst du es anschreiben?"

„So, Renate liest uns zunächst einmal vor, bitte!"

„Redet nicht so leise! Überlaß das Leise-Sprechen mir!"

„Los, los, komm schon an die Tafel!"

„Los, los, lies mal weiter Fritz!"

„Könnt ihr dazu etwas aussagen?"

„Könnt ihr noch mehr hierzu sagen?"

„Ja, was meint ihr wohl dazu?"

„Macht mal Vorschläge!"

3.4. Zum Erziehungsstil im Erziehungsheim

Erziehungsheime sind von ihrem eigenen, aber vor allem von dem ihnen durch die Gesellschaft zugewiesenen Anspruch her die intensivste Erziehungsinstitution. Es darf daher unter diesem Aspekt nicht überraschen, daß man sich in den Heimen nicht gerade leicht tat, zu einem wünschenswerten freiheitlichen Erzieherverhalten zu gelangen. Aber auch über diesen Erziehungsraum gibt es kaum exakte, empirisch haltbare, repräsentative Aussagen. Besonders hier scheint es Einrichtungen zu geben mit einer sehr modernen Arbeitsweise und andere, die den Weg zu einem angemessenen Konzept – aus welchen Gründen auch immer – noch nicht gefunden haben.

freiheitlicher Erziehungsstil

Im Jahr 1961 veröffentlichte B. KRAAK eine Studie zur Praxis des *Strafens in Kinderheimen.* Knapp 300 Heimerzieher wurden bei dieser Untersuchung nach den von ihnen durchgeführten Strafen befragt. Die Kinder wurden deshalb bestraft, weil sie durch Unruhe störten, Verbote nicht einhielten usw. Einige quantitative Daten: Körperliche Strafen erfolgten in 22% aller geschilderten Strafen; in 6% der Fälle wurden die Kinder während des Tages ins Bett geschickt und in 5% vor der Gruppe bloßgestellt. Lediglich in 38% der Bestrafungen war ein Zusammenhang zwischen Strafart und bestraftem Verhalten ersichtlich. In 11% gab man als Strafzweck eine für den Augenblick intendierte Verhaltensbeeinflussung an.

Strafen in Kinderheimen

---

[8] Selbstverständlich ist auch hier nur der rein verbale Aspekt erkennbar. Insgesamt könnten solche Aussagen natürlich nur im Kontext der jeweiligen Erziehungswirklichkeit beurteilt werden.

Zu einem sehr ungünstigen Ergebnis bezüglich des *Erziehungsstils im Heim* gelangt D. GERICKE in seiner Untersuchung vom
Jahr 1969, die sich allerdings nur auf ein Heim bezieht. Die Fragestellung lautete, ob es einen auffälligen Zusammenhang gebe zwischen dem Erziehungsstil und der Lebensbewährung. Die Unter-
suchungsgruppe bestand aus 25 männlichen und 8 weiblichen
„Probanden". Ihr Durchschnittsalter bei der Heimeinweisung war
14½ Jahre, und sie verbrachten eine durchschnittliche Heimzeit
von 5,3 Jahren. 13 Kinder wurden nach der Entlassung in Lehr-
lingsheimen untergebracht, 20 Kinder kamen in ihre Familie, zu
Verwandten usw. Seit der Entlassung waren bis zur Untersuchung
3 bis 8 Jahre vergangen. – Bei der Beurteilung des Erziehungs-
stiles steht auch hier die Frage nach der Strafpraxis im Vordergrund. GERICKE betrachtet diese zunächst aus der *Perspektive
der Zu-Erziehenden:*

„Alle Probanden beklagten sich über die harten Strafen. Übereinstimmend
sagten alle Befragten, daß sie körperlich bestraft wurden, teilweise mit
dem Stock. Sehr häufig bestand die Strafe in Arbeitsleistungen: Holz auf-
stapeln, Heu aufladen, Treppenhaus putzen, u. ä. – Uns wurde immer
unterstellt, daß wir lügen würden. Die Tante sagte: – Heimkinder lügen
immer! – Dann bekam ich so lange Ohrfeigen, bis ich zugab, daß ich ge-
logen hätte. – Das Auflesen von Fallobst war Diebstahl. Dafür bekamen wir
Ohrfeigen und Stockschläge. – Ich habe einmal 7 Pflaumen gestohlen,
dafür bekam ich 7 Strafen. Ich mußte 7 Nachmittage lang Holz stapeln,
u. ä. – Andere Strafen bestanden aus dem Schreiben von Aufsätzen, viel-
fachem Abschreiben von Sätzen und Auswendiglernen von Liedern u. a."
(S. 179).

Die Berichte der Probanden teilte man den Erziehern und der
Heimleitung mit. Der Verfasser berichtet:

„Die Beschwerden wurden kaum dementiert. Man hat den Eindruck, daß
man noch nicht genügend tun würde . . . Die gelegentliche körperliche
Züchtigung wird zur rechten Erziehung der Kinder für eine Notwendigkeit
gehalten, – weil sie manchmal Wunder wirkt –. Die größeren Kinder werden bei gröberen Verletzungen der Disziplin zum Hausvater bzw. zur
Hausmutter geschickt. Man versucht, ihnen im Gespräch das Unrecht der
Handlung klarzumachen. Bockige und freche Kinder, die dieses Unrecht
nicht einsehen wollen, sollen es durch eine schmerzhafte Züchtigung
fühlen. Hierin wird die hauptsächliche erzieherische Aufgabe der Haus-
eltern gesehen". (S. 180)

100

GERICKE glaubt dann im Hinblick auf den Erziehungsstil in Heimen generell zu diesem Ergebnis kommen zu müssen:

„In den meisten Heimen werden die Kinder in einem autoritären Stil erzogen. Dieser Stil charakterisiert sich in der Führung der Kinder durch Erzieher und Heimleiter, die Anweisungen zum Verhalten durch Befehle und Anordnungen geben. Eine Begründung dafür wird den Kindern nicht gegeben, weil von ihnen keine Stellungnahme, sondern die Durchführung der Anordnungen erwartet wird. Erfolgt die Durchführung in der erwarteten Weise, wird das Kind gelobt; widersetzt es sich der Durchführung, wird es durch eine Reihe von Maßnahmen, die strafenden Charakter haben, dazu gezwungen. Die Kinder lernen auf diese Weise, gehorsam zu sein. Gehorsam, Folgsamkeit ist ein Hauptbestandteil der Rolle des Heimkindes. Der erzwungene Gehorsam bewirkt bei den sich widersetzenden Kindern zwangsläufig einen anhaltenden Affektstau, der starke Aggressionen hervorruft." (S. 180)

Auch H. WENZEL (1970, S. 176) kann den Erziehungsstil der *drei* von ihm unter institutionellen Gesichtspunkten *untersuchten Erziehungsheime* nicht positiv beurteilen:

„Es fällt auf, daß alle drei Heime von einem vorgegebenen starren System von Belohnung und Strafe in der Behandlung ihrer Jugendlichen ausgehen. Führen die in den Heimen üblichen Strafen einerseits zu einer Scheinangepaßtheit, so werden sie andererseits als ungerechtfertigter Druck empfunden, der zwangsläufig zu innerem und äußerem Widerstand der Jugendlichen führt.

Es ist bedauerlich, daß die Arrestzellen aus dem Inventarium der Heime bis heute nicht verschwunden und die Heime A und B sogar bei nichtigen Anlässen von der Möglichkeit der Strafisolierung Gebrauch machen. Daß vor allem Entweicher eingesperrt werden, muß als Mißstand bezeichnet und als Zwangsmaßnahme abgelehnt werden.

Die Strafen nehmen in den seltensten Fällen Bezug auf die Handlungen der Jugendlichen, die zur Bestrafung Anlaß geben."

Wir müssen jedoch bedenken, daß die Daten für diese Untersuchung in den Jahren 1966 und 1967 erhoben wurden.
Dem einzelnen Erzieher kann wohl nur in wenigen Fällen ein Vorwurf gemacht werden. Die Studie von H. MÜLLER-KOHLENBERG über „Das Berufsbild des Heimerziehers" aus dem Jahre 1972 zeigt, daß der in der Heimerziehung praktizierte Stil wesentlich von dem *Ausbildungsniveau des einzelnen Erziehers* abhängig ist.

Ausbildungs-
niveau des
Erziehers
bestimmt
Erziehungsstil

„Unausgebildete und ausgebildete Erzieher unterscheiden sich hinsicht-lich ihrer Zielvorstellungen deutlich. Die ausgebildeten Erzieher sehen als Ziel ihrer Tätigkeit häufiger die Entwicklung und Entfaltung der indivi-duellen Anlagen der Jugendlichen an, während sich die weniger ausgebil-deten Erzieher stärker an Unterordnung, Anpassung oder an Leerformeln orientieren. Es scheint überhaupt eines der wichtigsten Ergebnisse dieser Arbeit zu sein, daß die behelfsmäßig ausgebildeten Erzieher nach eigenen Angaben eine repressivere Erziehung praktizieren" (S. 49). „Die insgesamt repressivere Einstellung der weniger gründlich vorgebildeten Erzieher ließ sich mehrfach nachweisen" (S. 52).

Wenn man nur die hier vorgestellten Resultate betrachtet, dann könnte der Eindruck entstehen, als habe sich am Erziehungsstil der Heimerziehung schlechthin in den vergangenen Jahren nichts geändert. Das wäre sicherlich ein Fehlschluß. Erstens konnten hier nur einzelne Sektoren vorgestellt werden, da es im Augenblick nicht möglich ist, einen exakten Gesamtüberblick zu erreichen – niemand hat ihn; zweitens sind die Studien teilweise veraltet; drittens wurde der Strafaspekt stark herausgearbeitet, der aber allein ja nicht den Erziehungsstil bestimmt, und schließlich konnten nur jeweils knappe Zusammenfassungen vorgetragen werden. Man darf aber wohl auch nicht die Situation der Erziehungsheime, was das Erziehungsverhalten anbetrifft, zu optimistisch einschätzen. Es ist sicher richtig und erwähnenswert, daß es zahlreiche konzep-tionelle Arbeiten für eine wünschenswerte Heimerziehung gibt. Man betrachte beispielsweise die Darlegungen und Forderungen zur therapeutischen Heimerziehung von B. MUSS (1973). Es ist auch richtig, daß es zahlreiche Anstrengungen einer Optimierung des Erziehungsverhaltens über Aus- und Fortbildung gibt. Man dürfte aber nicht nachlassen, sich auf Kongressen und Verbands-tagen mit Fragen des Erziehungsstils auseinanderzusetzen. Ein Ende 1974 erschienenes Buch zum Thema „Sozialisationsfeld Heim-erziehung", in dem die Berichte der Bundestagung Heim- und Heil-pädagogik veröffentlicht sind, bringt zahlreiche interessante und für die pädagogische Resozialisierung aufschlußreiche Themen, je-doch keinen Beitrag zum Erziehungsverhalten im Heim[9]. Auf die Frage nach dem Erziehungsstil in weiteren Arbeitsfeldern der Sozialpädagogik und Sozialarbeit kann hier nicht eingegangen wer-den. Verallgemeinert ausgedrückt dürfte man aber sagen, daß der

---

[9] Vgl. P. Schmidle und H. Junge (Hrsg.), Sozialisationsfeld Heimerziehung, Freiburg 1975

102

Erziehungsstil stark abhängig ist vom Grad der von der Einrichtung geforderten Intensität in den erzieherischen Absichten. Die Gesellschaft wird z. B. von einer Jugendstrafanstalt und einem Erziehungsheim – wegen des Interesses an der Selbsterhaltung – eine stärker reglementierte pädagogische Praxis erwarten als von Aktivitäten der Jugendarbeit mit sogenannten „Normalen". Damit wird der Aspekt der gesellschaftlichen Abhängigkeit des Erziehungsstils deutlich. (vgl. S. 113)

4. Wie sich der Erziehungsstil auf die Kinder auswirkt

4.1. Die Untersuchungen Lewins

Um die Frage der Auswirkung von erzieherischem Verhalten auf Kinder ging es bereits K. LEWIN, der vor allem in den dreißiger Jahren seine berühmt gewordenen Untersuchungen über die Auswirkungen des Erzieherverhaltens in Gruppen durchführte.
Zwei Gruppen, Jungen und Mädchen im Alter von 10 und 11 Jahren, sollen Masken herstellen. Beide Gruppen sind (soweit wie möglich) gleich, mit Ausnahme der Leitung. Geleitet werden die Gruppen jeweils von einem erwachsenen Studenten. In der einen dieser beiden Gruppen wird nun nach der *autokratischen Erziehungsform* verfahren. Das bedeutet: Entscheidungen werden durch den Gruppenführer selbst getroffen. Dies gilt auch im Hinblick auf Arbeitsmethoden und -abschnitte. Die Arbeitsabschnitte sind dabei nur kurzfristig zu erkennen, die Richtung des Arbeitsverlaufes bleibt weithin unbekannt. Die inhaltliche Tätigkeit jedes Mitgliedes und mit wem es zusammenarbeiten soll, wird vom Gruppenführer selbst bestimmt. Positive und negative Verstärkungen erfolgen, ohne objektive Gründe anzugeben, ebenfalls vom Führer, der sich im übrigen von der Gruppenaktivität fernhält und sich unpersönlich gibt.

autokratische Erziehungsform

Zum Vergleich werfen wir einen Blick auf die zweite von LEWIN geschilderte Gruppe, die dort als demokratisch geführt dargestellt wird: Alles entscheidet die Gruppe; der Leiter regt an. Die Mitglieder wissen um den gesamten Vorgang der Tätigkeit, die die Gruppe bewältigt. Die Aufgaben verteilt die Gruppe selbst; man wählt sich den aus, mit dem man zusammenarbeiten möchte. Der

demokratische Erziehungsform

Führer versucht, selbst Gruppenglied zu sein; Lob und Kritik werden von ihm objektiv begründet.

Denkimpuls: Bevor Sie weiterlesen: Überlegen Sie doch bitte einmal, wie sich die beiden Führungsstile wohl auf die Kinder ausgewirkt haben mögen, z. B. im Hinblick auf ihre Freundlichkeit untereinander, ihre Kooperationsbereitschaft, ihr Verhältnis zum Leiter usw. Denken Sie sich nach Möglichkeit noch weitere Frageaspekte aus....

Zum Ergebnis des Experimentes von K. Lewin (vgl. S. 103):

An den *Reaktionen,* die von den Kindern in den beiden Gruppen (s. o.) gezeigt wurden, stellt man folgendes fest:

Das *autokratische Erzieherverhalten* hat – so LEWIN – im Hinblick auf die Kinder untereinander ein höheres Maß an psychischen Spannungen zur Folge: aggressives, gereiztes und dominantes Verhalten sind häufiger als bei anderen Führungsformen. Oft richtet sich die Spannung der Kinder untereinander gegen den Leiter. Die Arbeitsaktivität der Kinder hängt im starken Maße von der Anwesenheit des Leiters ab. („Ist die Katze abwesend, so tanzen die Mäuse über den Tisch". Dieses Sprichwort wurde im Experiment LEWINS verifiziert). Die Kinder selbst reagieren auf zwei Weisen: die einen lehnen sich völlig an den Leiter an, fordern seine Aufmerksamkeit, ertragen wenig Frustration, können kaum Gruppenhandlungen einleiten, ducken sich, demonstrieren untertänigen Gehorsam und Apathie. LEWIN sagt selbst: „Auf mich haben wenige Erlebnisse einen so starken Eindruck gemacht wie die, den Ausdruck der Kindergesichter im Laufe des ersten Tages der Autokratie sich verändern zu sehen. Die freundliche, aufgeschlossene, zur Zusammenarbeit willige Gruppe (von der demokratischen Führungsperiode her), die voller Leben war, wurde innerhalb einer kurzen halben Stunde zu einer ziemlich apathisch aussehenden Versammlung ohne Initiative". Andere Gruppenmitglieder zeigen in der Beziehung zum autokratischen Leiter Aggressionen, Frustration, Anzeichen von Rebellion und Zusammenschluß der Kinder untereinander. Bei beiden Reaktionsformen aber zeigen die Kinder ein starkes Bedürfnis nach Aufmerksamkeit des Erwachsenen.

Das *sozialintegrative Erzieherverhalten* dagegen hat zunächst einmal nicht die Konsequenzen, wie sie aus dem autokratischen resultieren. Die von LEWIN, LIPPIT und WHITE angestellten Untersuchungen zeigen, daß die Kinder der sozialintegrativ geführten Gruppe ein breiteres Spektrum an Verhaltensweisen zeigten. Sie waren schöpferischer und konstruktiver im Hinblick auf ihre Arbeitsprodukte. Es herrschte eine zufriedene Atmosphäre, und es gibt keinen größeren Grad oder Ausbruch von Spannung; mit dem Leiter ist man in geringerem Maße unzufrieden. Die Zuwendung zum Leiter ist freundlicher und persönlicher, die Gespräche mit ihm sind spontaner, und man behandelt ihn oft wie ein gleichwertiges Gruppenmitglied. Die Kinder untereinander bilden eher freie Untergruppen, die auch über einen längeren Zeitraum stabil bleiben. Überhaupt sind die zwischenmenschlichen Beziehungen der Kinder untereinander spontaner, freundlicher und sachbezogener. Die Arbeitsaktivität der Kinder ist nicht wesentlich anders, wenn der Leiter abwesend ist. Trifft er später ein, so ist die Gruppe bereits bei der Arbeit. Aufmerksamkeit oder Anerkennung erwarten und erhalten die Kinder eher von seiten der Gruppenmitglieder. – Die Chance, daß die Kinder geistig selbständig und kritikfähig werden, ist in der sozialintegrativ geführten Gruppe wesentlich größer. Vorgegebene Urteile und Meinungen werden nicht einfach übernommen.

sozialintegratives Erzieherverhalten

4.2. Die Untersuchungen der Völkerkunde

Sehr aufschlußreich für die Beurteilung von Auswirkungen des erzieherischen Verhaltens sind auch die Untersuchungen, die wir aus der vergleichenden Völkerkunde besitzen.

Wir vergleichen bei *zwei Bergstämmen* die Verhaltensweisen der Eltern und die Reaktionen der Kinder miteinander (vgl. WEBER 1973, S. 111ff.).

vergleichende Völkerkunde

Die Arapesh sind ein Stamm an der Nordwestküste Neuguineas. Ihre Kinder erziehen sie zärtlich und duldsam. In den ersten Monaten wird der Säugling so gut wie nie allein gelassen. Die Mutter stillt ihr Kind wann immer es schreit. Man setzt alles daran, um das Weinen des Kindes zu vermeiden. „So bewegt sie die Brustwarzen sanft zwischen den Lippen des Kindes hin und her, zupft es zart an den Ohren, kitzelt es an den Zehen, lacht und jauchzt, wodurch das Trinken zu einem ausgedehnten, behaglichen und begehrten Spiel wird, durch das am ganzen Körper eine Sensibilisierung gegenüber Zärtlichkeiten erreicht und eine gewisse Liebesfähigkeit für das gesamte Leben begründet wird. Wenn das Kind älter wird und die Mutter fortgeht, lernt es Ersatzfreuden wie Daumenlutschen und eine Vielzahl anderer Lippenspiele kennen, bei denen z. B. die Innenseite der Unterlippe gekitzelt wird." (S. 111f.) Die Kinder sollen von frühester Kindheit an ein hohes Vertrauen gegenüber der Umwelt haben. Die Dorfbewohner sind für sie gleichsam alle „Onkel", „Bruder" usw. Angriffe oder repressive Maßnahmen gegen Kinder kommen offenbar nie vor. Aus dem so behandelten Arapeshkind wird dann die „gutmütige, freundliche und aufgeschlossene Persönlichkeit des erwachsenen Arapesh", die „sanft und zufrieden, warmherzig, gelehrig und vertrauensvoll und weder aggressiv noch ehrgeizig oder draufgängerisch" ist (MEAD 1965, in: WEBER 1973, S. 113).

Ganz anders verhält es sich dagegen bei den *Mundugumor*. Sie wohnen nicht weit entfernt von den Arapesh und entstammen der gleichen Rasse. „Ein Mundugumor-Knabe wird in eine feindliche Welt hineingeboren und lernt, seine Geschlechtsgenossen als Feinde zu betrachten, Befähigung zur Gewalttat als Voraussetzung für den Erfolg zu halten; er muß Beleidigungen wahrnehmen und rächen können und sein eigenes Leben fast ebenso gering schätzen wie das seiner Feinde. Von Geburt an wird er systematisch zu dieser Haltung erzogen" (S. 113). Sobald z. B. ein Säugling für einen Augenblick aufhört zu trinken, wird er in seinen Korb zurückgelegt. Für das Kind gibt es zahlreiche Verbote, die es zu lernen hat. Z. B. darf es sich nicht an die Mutter klammern, weder aus Angst noch aus Zuneigung. Aus diesem Erziehungsverhalten resultiert der Erwachsene, von dem es heißt, daß er aggressiv, streitsam, unduldsam und arrogant sei (vgl. auch S. 248f.).

4.3. Die Wirkung der Laissez-faire-Form

Es gibt wenig Untersuchungen über die Wirkung von sogenannten „Laissez-faire-Erziehungsformen", und deshalb sind weithin nur Vermutungen möglich. Übereinstimmend mit TAUSCH kann man annehmen, daß Kinder, die bei Verletzung von allgemein anerkannten Ordnungen und von Rechten anderer keine Konsequenzen von seiten des Erziehers erfahren, dies wohl als Bestätigung ihres unangemessenen Verhaltens ansehen und es in Zukunft wahrscheinlich häufiger realisieren.

In der Laissez-faire-Form hat das einzelne Gruppenmitglied hinsichtlich Aktivität und Entscheidung völlige Freiheit. Aufgrund der seelischen Vorgänge bei den von LEWIN, LIPPIT und WHITE beobachteten Kindern konnte man folgende *Merkmale* feststellen: *Merkmale der* Häufig werden gemeinsame Gruppenaktionen gewünscht und vor- *Laissez-faire-* geschlagen, selten aber verwirklicht, da man kaum zu einer Über- *Form* einstimmung kommt. Über die zu geringen Fortschritte in der Arbeit ist man unzufrieden; kommt der Leiter zu spät, so sind die Kinder zwar bei der Arbeit, aber wenig konstruktiv; verläßt er den Raum so steigt die Gruppenaktivität, ein Kind übernimmt die Führung.

4.4. Erzieherverhalten und aggressive Kinder

In den bisherigen Betrachtungen wurde schon angedeutet, daß es *aggressive* offenbar einen Zusammenhang geben muß zwischen Erzieherver- *Kinder* halten und Aggressionen bei Kindern. Das ist auch empirisch relativ gut belegt. B. CAESAR (1972, S. 106) hat zwanzig Untersuchungen zu dieser Annahme miteinander verglichen und festgestellt, daß die folgenden *elterlichen Verhaltensweisen* bei Kindern zu offener *Aggressivität* im außerfamiliären Bereich führen:

1. Wenn Eltern unbedingten Gehorsam erwarten und dem Kind in gehäufter Weise Befehle geben, die nicht erklärt bzw. legitimiert werden.
2. Wenn Kinder negative (strafende) Disziplinierungsmaßnahmen, insbesondere körperliche Strafen gegenüber positiven (belohnenden) bevorzugen.
3. Wenn Eltern in den von ihnen gegebenen Anweisungen und Verboten unstet sind und wenn sie ihre Disziplinierungsmöglichkeiten willkürlich handhaben.

Diese Angaben sind auch sehr plausibel zu erklären, wenn man davon ausgeht, daß Kinder wahrscheinlich die meisten Verhaltensweisen über das sog. *„Modell-Lernen"* erwerben. Man kann sagen, daß die Kinder ihre Eltern „kopieren"; Kinder sind das „Spiegelbild" der Eltern.

„Wenn Eltern bestrafen – insbesondere, wenn sie körperliche Strafen anwenden – geben sie im gleichen Augenblick, in dem sie sich vielleicht gerade bemühen, aggressives Verhalten des Kindes zu bekämpfen, ein lebendiges Beispiel für dieses Verhalten. Das Kind, das seine Eltern auf viele Weise kopiert, wird mindestens ebensoviel aus dem Aggressionsbereich der Eltern lernen als aus dem durch die Strafe erlittenen Schmerz" (vgl. dazu auch S. 149).

4.5. Autoritäre Erziehung und Verhaltensstörungen bei Kindern

Wir hatten gesehen, daß es einen deutlichen Zusammenhang zwischen dem erzieherischen Verhalten einerseits und den Verhaltensweisen der davon betroffenen Kinder andererseits gibt, insbesondere im Hinblick auf die Aggressivität bei Kindern. Hier soll es um die Frage gehen, inwieweit unangemessenes Erziehungsverhalten zu anderen *Verhaltensstörungen* bei Kindern beitragen bzw. solche verursachen kann.

Eine der interessantesten Studien über Verhaltensauffälligkeiten und deren Bedingungen wurde von H. C. THALMANN durchgeführt. Darin stellte sich heraus, daß die *Verhaltensstörungen bei Kindern* weitaus zahlreicher sind, als man gewöhnlich annimmt. Fast 20% der sieben- bis zehnjährigen Kinder zeigten deutliche und fast 30% mäßige Verhaltensauffälligkeiten; mehr als ein Viertel aller Grundschüler leidet unter Schlafstörungen, und fast jeder zehnte näßt ein. Die Ergebnisse sind alarmierend.

Verhaltens-störungen bei Kindern und Erziehungsstil der Eltern

Für unseren Kontext ist aber nun besonders aufschlußreich, daß in dieser Studie ein *Zusammenhang* festgestellt wurde zwischen den auffälligen Symptomen der Kinder und dem Erziehungsstil der Eltern, insbesondere der Väter. Die Ergebnisse THALMANNS decken sich weitgehend mit den Forschungsresultaten anderer Untersuchungen. Als Erklärung der aufgezeigten Zusammenhänge kann darauf hingewiesen werden, daß es bei einer autoritären Erziehungsform kaum zur Ausbildung einer Vertrauensbasis bzw. zu einer intensiven Beziehung zu den Eltern kommen kann, die aber

108

für eine angemessene Entwicklung erforderlich ist. Zusätzlich zu diesem emotionalen Defizit erlebt das Kind durch die Eltern noch ein negatives „Vorbild".

In der ungünstigsten Situation sind die Kinder, die einerseits wenig Zuneigung und Sympathie ihrer Eltern erleben und zum anderen noch einen repressiven Erziehungsstil erfahren. „Wenn die Eltern wenig Interesse am Kind zeigen, es aber streng bestrafen, so muß das Kind darin Ablehnung und Feindseligkeit sehen. In einem solchen Klima können dann leicht Verhaltensstörungen und Neurosen entstehen" (THALMANN 1971, S. 229).

Es konnte zudem nachgewiesen werden, daß es Einfluß auf evtl. Verhaltenssymptome von Kindern hat, ob man in der *Familie insgesamt eher partnerschaftlich* miteinander umgeht oder nicht. „Partnerschaftlichkeit und weitgehende Gleichberechtigung der Eltern in Angelegenheiten, die die Familie betreffen, wirken sich günstiger auf die psychische Entwicklung der Kinder aus als Vater- oder Mutterdominanz" (THALMANN 1971, S. 253). In Familien mit einer partnerschaftlichen Ehe zeigen 70% der Kinder so gut wie keine Verhaltensstörungen; in Familien mit Vaterdominanz dagegen zeigen nur 45% keine Störsymptome. Verhält man sich also in einer Familie partnerschaftlich, so sind die Verhaltensstörungen insgesamt wesentlich geringer.

Familie eher partnerschaftlich

Bei Betrachtung der hier demonstrierten Forschungsergebnisse dürfte auch einleuchten, daß es nicht unplausibel ist, Verbindungen anzunehmen zwischen erzieherischem Verhalten und einem daraus resultierenden *„abweichenden Verhalten"* der Adressaten, wie es sich schließlich in der Kriminalität zeigen kann. Die Versuche, „kriminelle Karrieren" aus sozialen Faktoren – und dazu würde insbesondere das Erzieherverhalten rechnen – zu erklären, nehmen immer mehr zu. Andererseits ist auch zu sehen, daß es beim abweichenden Verhalten um ein äußerst komplexes Phänomen geht, bei dem wahrscheinlich auch komplexe Erklärungen heranzuziehen sind. In der Diskussion darum scheint man aber erst am Anfang zu stehen (vgl. SACK/KÖNIG 1968).

abweichendes Verhalten

4.6. Zusammenfassung der zu erwartenden Auswirkungen von Erziehungsstilen

Im folgenden werden wir die Effekte, wie sie bei Realisierung eines eher autokratischen Stils zu erwarten sind, mit den Effekten, die bei einem eher sozialintegrativen Stil erwartet werden müssen, vergleichen. Wir nennen jeweils zuerst den Aspekt, unter dem wir die möglichen Auswirkungen betrachten.

1. Gefühlslage der Adressaten und Stabilität der Erziehungseffekte

Gefühle

Bei einer autokratischen Erziehungsform fühlen sich die betroffenen Kinder und Jugendlichen meist unter Druck gesetzt und unfrei. Sie glauben, es werde nicht das nötige Verständnis für sie aufgebracht und vor allem an ihren Interessen vorbeigegangen. Die Adressaten des sozialintegrativen Erziehers fühlen sich insgesamt besser verstanden und in einer entspannteren Atmosphäre. Ihre Anliegen finden genügend Berücksichtigung. Kinder, die eine autoritäre Erziehungsform gewöhnt sind, können allerdings bei einem autonomen Stil zunächst etwas verunsichert werden. Beim autokratischen Erziehungsstil kann es zwar so sein, daß die Kinder

Wirkung

sich „schneller fügen". Die Stabilität der Effekte scheint jedoch beim sozialintegrativen Stil ungleich höher zu sein. Mag man auch „für den Augenblick" nicht die höchsten Resultate erzielen – beispielsweise im kognitiven Bereich oder in der Haltungsdimension –, so ist aber davon auszugehen, daß die Wirkungen dauerhafter sind und daß der so Erzogene in weitaus stärkerem Maße zu geistiger Selbständigkeit gelangt. Auf diese Weise wird man von Kindern und Jugendlichen ein höheres Maß an differenziertem Denken erwarten dürfen. Sie werden Ansichten und Urteile anderer eher einer kritischen Prüfung unterziehen können.

2. Verhältnis zum Erzieher und Beteiligung am Erziehungsprozeß

Beziehung

Der autoritär geleitete Adressat wird zum Erzieher ein starkes Distanz-Empfinden haben. Der Zu-Erziehende wird sich nicht als Beteiligter und nach seinem Urteil gefragt betrachten, sondern er

Teilnahme

wird in Gehorsam und Anpassung gerade nur das tun, was man ihm aufträgt. Eine andere Möglichkeit besteht aber auch, nämlich daß es bei ihm zu Verhaltensweisen destruktiver Opposition kommt. – Durch den partnerschaftlichen Erziehungsstil dagegen entsteht bei den Zu-Erziehenden viel eher eine Basis für Sympathie und für Vertrauen; offene, allerdings eher konstruktive Kritik ist dabei nicht

110

ausgeschlossen. Der wesentliche Vorteil ist hier, daß man in stärkerem Maße eine Mitwirkung am Erziehungsprozeß erwarten kann.

3. Verhältnis zu den Gruppenmitgliedern und Umgangsformen

Autokratisches Erzieherverhalten treibt den einzelnen auch eher in die Isolation und läßt sehr bald Wettbewerbssituationen entstehen, die zu einem unerwünschten Ehrgeizverhalten führen können. In Gruppenaktivitäten wird es zwischen den Mitgliedern häufiger zu *Spannungen* kommen. Das Ausmaß unhöflicher und aggressiver Akte wird höher sein. – Bei einem partnerschaftlich orientierten Erziehungsstil dagegen ist eher mit einer Integration der einzelnen in die Gruppe zu rechnen. Sie werden sich kooperativ verhalten und gegenseitig auf konstruktive Weise kritisieren. Eine Spannungslösung über den Weg der argumentativen Auseinandersetzung, wobei Diskussion und Kompromisse dominieren, ist hier mit größerer Wahrscheinlichkeit anzunehmen. Gewaltanwendung unter Kindern und Jugendlichen werden seltener vorkommen. Es darf damit gerechnet werden, daß Höflichkeit und Hilfsbereitschaft zunehmen.

Beziehung zur Gruppe

4. Autonomie und Emanzipation des Zu-Erziehenden

Als „bestechend" wird von vielen Außenstehenden der autoritäre Erzieher deshalb angesehen, weil man die „guten Leistungen", die er mit Kindern anscheinend erzielt, hochschätzt. Es ist nun sicher richtig, daß bei einem straff gelenkten Verfahren – für den Augenblick evtl. angenehm – höhere Mengen an abfragbarem Wissen und eine größere Anzahl eingeübter Fertigkeiten erzielt werden können; man muß aber berücksichtigen, daß dies auf Kosten der geistigen Selbständigkeit geht und daß so das schematische Denken und Urteilen stark begünstigt wird. Die Adressaten sind in wesentlich stärkerem Maße bereit, Auffassungen und Klischees von vermeintlichen Autoritäten unbefragt zu rezipieren und sich danach zu verhalten. – Diese Nachteile können durch partnerschaftliche Verhaltensweisen des Erziehers viel eher vermieden werden. Die Ziele einer emanzipatorischen Pädagogik, die für eine Erziehung zur praktizierten Demokratie angemessen sind, werden allein über das sozialintegrative Erzieherverhalten zu realisieren sein.

Erziehungsstile

gesellschaft-
liche Konse-
quenzen

Mit den hier geschilderten *Auswirkungen der verschiedenen Um-gangsformen* muß man nun in allen Bereichen der Erziehung rech-nen, und es leuchtet ein, welche *gesellschaftlichen Konsequenzen* damit zusammenhängen. Eine auf Diktatur ausgerichtete Erzie-hung muß sich eher autoritärer Erziehungspraktiken bedienen, während der an der Demokratie interessierte Pädagoge sozialinte-grativen Verhaltens- und Führungsformen den Vorzug geben müßte (vgl. dazu auch S. 116).

5. Ein verbreitetes Mißverständnis: Verwechslung von sozialintegrativem Erzieherverhalten und Laissez-faire-Stil

Verunsicherung
der Erzieher

Jeder hat in den letzten Jahren zur Genüge den Ausspruch von der *„Verunsicherung der Erzieher"* gehört. Diese Verunsicherung ist aber keineswegs altersgebunden, sondern ist bei älteren wie auch bei jüngeren Pädagogen anzutreffen. Nicht ohne Einfluß darauf war die Diskussion um die *„antiautoritäre Erziehung"* (vgl. S. 118ff.), deren Grund man wahrscheinlich in einem gesamtgesellschaft-lichen Umdenken sehen muß. Junge Erzieher brachten moderne Konzepte in die Praxis und scheiterten an den Auswirkungen ihrer jahrelang gemachten eigenen autoritären Sozialisationserfahrun-gen.

Ältere Erzieher erfuhren etwas über die Vorteile moderner Um-gangsformen mit Kindern und Jugendlichen, mußten aber eben-falls aufgrund von Fehleinschätzungen und Mißverständnissen „zurückstecken". Solche Verfahren wirkten sich nicht zuletzt – je-denfalls in manchen Bereichen – nachteilig auf die betroffenen Kinder aus. Der Grund dafür scheint uns in der Hauptsache in einem auch derzeitig noch vielerorts anzutreffenden Mißverständ-nis zu liegen: man verwechselte die wünschenswerte sozialintegra-tive Erziehungsform mit dem Laissez-faire-Stil. Wir möchten des-halb an dieser Stelle sehr deutlich anmerken, daß es sich dabei

Fehldeutung

um eine *Fehldeutung* handelt. Dies scheint uns um so wichtiger, als es nicht selten wegen einer solchen falschen Sichtweise zu Schlußfolgerungen kommt, die bei einem kritischen Bewußtsein vemieden werden könnten. Von der Erziehungswissenschaft wurde schon sehr früh darauf hingewiesen, „daß bei sozialintegrativen Interaktionsformen auch Befehle, Anordnungen oder Verhaltens-begrenzungen gegeben werden, aber in wesentlich geringerer An-

112

zahl und in anderer, höflicherer Form sowie mit häufig unmittelbar zuvor erfolgenden Äußerungen des Verständnisses des Erziehers für seelische Vorgänge im Kinde" (TAUSCH 1968, S. 139). Es muß hier deutlich hervorgehoben werden, daß in einem partnerschaftlich ausgerichteten Verfahren der *Erziehungsanspruch* keineswegs aufgegeben ist, sondern auf reflektierte Weise mit angemessenen Formen verwirklicht wird.

Erziehungsanspruch

Der Pädagoge also, der glaubt, nicht „erziehen" zu müssen, handelt genau so unangemessen wie derjenige, der meint, ständig „durchgreifen" zu müssen. Sehr ungünstig wirkt es sich meistens auch auf Kinder und Jugendliche aus, wenn ihre Pädagogen wegen der eigenen Unsicherheit ständig zwischen verschiedenen Stilen der Erziehung hin und her wechseln; oder wenn sie bei wechselnden Bezugspersonen verschiedenen Stilen „ausgesetzt" sind.

6. Wovon das Erzieherverhalten abhängig ist und wie es verbessert werden kann

Wenn die von uns dargestellten Ergebnisse aus den Studien zum Erziehungsstil in Familie, Kindergarten, Schule und Heim auch nur teilweise zutreffend sind, dann müßte man alles daran setzen, daß die vorgefundenen Defizite des Erzieherverhaltens möglichst effektiv kompensiert werden. Es wäre allerdings unfair, wollte man die Ursache der negativen Bilanz allein im persönlichen Versagen der Erzieher suchen. Zunächst muß auch bedacht werden, daß Erziehung eine ausgesprochen schwierige Sache ist. Statt einzelnen Erziehern die Schuld zuzuschieben, scheint es uns günstiger, nach Faktoren zu fragen, die als Bedingungen eines ungünstigen Erzieherverhaltens in Betracht kommen, um dann Verbesserungsmöglichkeiten zu zeigen.

Drei *Faktorengruppen* scheinen den praktizierten Erziehungsstil besonders zu bestimmen: organisatorische Bedingungen, Persönlichkeitsbedingungen und die Adressaten.

Faktorengruppen

– Unter den organisatorischen Determinanten des Erziehungsstils verstehen wir z. B. Gruppenstärke und räumliche Bedingungen. Wer vermag auf einer Fläche von 28 qm mit einer Gruppe von über 30 Kindern einen partnerschaftlichen Erziehungsstil zu praktizieren? Neben anderen Arbeitsbedingungen, z. B. der zu hohen Stundenzahl für die „konkrete Arbeit am Kind" in manchen Kindergärten, wirken sich aber auch interpersonelle Konflikte sowie Unstimmigkeiten mit Trägerverantwortlichen und Eltern ungünstig aus. Hier könnten regelmäßige Teamtreffen, evtl. unter supervisorischer Anleitung, schon einen günstigen Einfluß ausüben.

Zu den organisatorischen Determinanten gehören aber weitere Aspekte, wie z. B. die jeweilige Situation, andere Personen usw. Eltern verhalten sich bei ähnlichen Anlässen ihrer Kinder anders, wenn sie sich zu Hause „in ihren eigenen vier Wänden" aufhalten, als wenn sie „in der Öffentlichkeit", z. B. in einem Kaufhaus o. ä. sind; ein Lehrer reagiert bei sonst gleichen Bedingungen anders, wenn der Schulrat anwesend ist; Erzieher des Kindergartens anders, wenn der Fachberater oder ein Trägervertreter in der Gruppe anwesend sind.

– Der Erziehungsstil ist aber vor allem durch die Persönlichkeitsstruktur des Erziehers selbst geprägt. Es macht einen Unterschied, ob er eine eher freiheitliche oder eine eher autokratische Sozialisation erfahren hat. Nur darf hier nicht der fatalistische Schluß gezogen werden, „man komme von sich selbst nicht los" – wie man es vielfach hören kann. Das Erziehungsverhalten ist auch stark durch die Ausbildung des Pädagogen bedingt.

– Ein anderes Erklärmoment für einen evtl. unangebrachten Führungsstil ist aber auch in den Adressaten zu suchen. Insofern es der Erzieher mit unmündigen Kindern zu tun hat, die vielfach noch im frühen Kindesalter sind, befindet er sich in einer Situation, die grundverschieden ist z. B. von der des Pädagogen in der Erwachsenenbildung. Die Chance, ein feedback auf die eigenen Interaktionsformen zu erhalten, ist im zuletzt genannten Bereich ungleich größer. Oft ist der Pädagoge aber auch schon deshalb genötigt, rigidere Verhaltensweisen zu realisieren, weil die Kinder aus ihren Vorerfahrungen die entsprechenden Verhaltens- und Erwartungsmuster mitbringen. Diese können Produkte der Familie, aber auch – z. B. in Schule oder Heim – des „Vorgängers" sein. Es wäre nicht ratsam zu erwarten, eine autoritär geführte Gruppe könne bei einem plötzlichen Leitungswechsel von heute auf mor-

114

gen den Anforderungen eines partnerschaftlichen Stiles nachkommen. In einem solchen Fall wird nur ein kontinuierlicher Übergang möglich sein.

Welche Möglichkeiten hat nun der Erzieher, sein *Verhalten* zu erkennen und evtl. zu verbessern?

Möglichkeiten, das Verhalten zu verbessern

Die folgenden Optimierungsarten setzen meist schon die Einsicht voraus, daß eine Reflexion über das eigene Verhalten dringend notwendig ist. Manche Erzieher, bei denen diese Einsicht – durch welchen Anstoß auch immer – vorhanden war, schnitten einen Teil ihrer erzieherischen Aktivitäten per Tonband mit, um sie dann mit einem „distanzierten Experten" (einem Kollegen, Praktikanten, Praxisberater oder Dozenten) zu analysieren. Andere ließen sich während bestimmter Zeiteinheiten beobachten, um dann über ein Verbalprotokoll Analysen durchzuführen. Selbsterkenntnisse kann man aber auch gewinnen über eine teilnehmende Beobachtung, die man bei den Aktivitäten eines Kollegen durchführt.

Die Möglichkeiten, solche Vorschläge zu praktizieren, sind natürlich je nach Arbeitsfeld und Adressatengruppe sehr unterschiedlich. Prinzipiell ausgeschlossen sind sie aber in den wenigsten Fällen. Die meisten Menschen sind erstaunt, wenn ihnen einmal das Redequantum, das sie in Gruppengesprächen realisieren, im Gegensatz zu dem von ihnen vermuteten Anteil demonstriert wird. Dies konnten wir in Übungen zur Verbesserung der Kommunikationskompetenz bei Erziehern in zahlreichen Fällen feststellen. Wenn ein Erzieher glaubte, er habe während einer Einheit ca. zehn Verbalinteraktionen realisiert, so waren es z. B. in Wirklichkeit 30 und mehr. Gruppenbeobachtung und Verhaltenstraining müßten in stärkerem Umfang in *Aus- und Fortbildungsangebote* aufgenommen werden.

Aus- und Fortbildungsangebote

Sehr oft wird unter professionellen wie auch nicht-professionellen Erziehern die Frage diskutiert, inwieweit es überhaupt möglich sei, das eigene Erzieherverhalten effektiv zu verändern. Es ist bekannt, daß es zahlreiche Erzieher gibt, die sozialintegrative Formen realisieren möchten, aber dann eben doch keinen Erfolg haben. Es gibt aber auch genügend Berichte von Pädagogen, in denen die Veränderungsmöglichkeiten des erzieherischen Verhaltens deutlich belegt sind. Wir möchten deshalb hier eine *optimistische Perspektive* vertreten: *Wünschenswertes Erzieherverhalten ist lernbar.* Selbstverständlich ist dies über den kognitiven Weg allein nicht möglich, wenn dies auch eine wichtige Voraussetzung ist. Die Resultate bei Teilnehmern eines erziehungspsychologischen Trainingsseminars, in dem nach gruppendynamischen Prinzipien gearbeitet wurde, waren weitaus günstiger als die von Personen, die lediglich wissensvermittelnde Lehrveranstaltungen in Pädagogik und Psychologie besucht hatten (vgl. TAUSCH 1968, S. 237). Die Veränderung erzieherischer Interaktionsformen setzt nämlich die Veränderung der Einstellung und Haltung voraus.

7. Betrachtung des Erzieherverhaltens in seinen weiteren Zusammenhängen

Jeder erzieherischen Aktivität liegt das Grundschema der *Ziel-Mittel-Reaktion* zugrunde. Beim intentionalen Lernen geht es immer um die Frage, welche Mittel müssen zum Einsatz gelangen, um ganz bestimmte Ziele zu erreichen. Das Erzieherverhalten oder der von einem Pädagogen praktizierte Erziehungsstil resultiert nun aus dem Gesamtspektrum der angewandten erzieherischen Mittel, und insofern gibt es auch eine systematische Verbindung zwischen den *Zielen und Stilen der Erziehung.*

Es besteht aber ein weiterer Zusammenhang zwischen dem Erziehungsstil und anderen stark *wertgebundenen Bereichen* der Erziehung, z. B. der Sexualerziehung, der religiösen Erziehung, der politischen Erziehung. Durchgängig praktizierte erzieherische Verhaltensformen implizieren immer auch ein bestimmtes Menschenbild. Je nachdem welchen Erziehungsstil jemand praktiziert, kann man von ihm in aller Regel auch die entsprechenden Anschauungen z. B. in sexualerzieherischen, religiösen und politischen Bereichen erwarten. Man spricht dabei von einem sog. Syndrom, dem die einzelnen Dimensionen sich jeweils zuordnen lassen.

Es spricht vieles für die Annahme, daß eine *demokratische Gesellschaft* ihrem Anspruch nur dann gerecht werden kann, wenn Kinder und Jugendliche in ihrer Sozialisation sozialintegrative Interaktionsformen erfahren. Vermutlich werden in Zu-Erziehenden, die überwiegend autokratischen Sozialisationsbedingungen ausgesetzt sind, Tendenzen gefördert, die für ein funktionstüchtiges demokratisches System ungünstig sind:

- „Gewöhnung, das eigene Verhalten fortlaufend nach detaillierten Anordnungen anderer auszurichten
- Unselbständigkeit sowie Abhängigkeit von äußerer Führung
- Bedürfnis nach Belobigung durch Vorgesetzte
- Tendenz zur konformistischen Meinungsbildung
- Intoleranz gegenüber Minoritäten (Religionsgemeinschaften, Rassen), möglicherweise analog der Intoleranz, Beschimpfung und Minderachtung z. B. leistungsschwacher Schüler durch Lehrer
- geringes Gruppenleben sowie häufige Erfahrung der Unfähigkeit zu Gruppenentscheidungen und Gruppenaktionen
- größeres Ausmaß innerer Spannungen und Unausgeglichenheit" (TAUSCH 1968, S. 113).

Solche Ziele dürften eher dazu dienen, ein totalitäres Regierungs- und Gesellschaftssystem zu stützen oder zu ermöglichen. Es ist dagegen anzunehmen, daß bei sozialintegrativem Erziehungsverhalten die folgenden, für eine Demokratie notwendigen Bedingungen bei Kindern und Jugendlichen eine stärkere Förderung erfahren (TAUSCH 1968, S. 113):

- spontane Initiative
- freiwillige soziale Einordnung
- Selbstdisziplin
- freiwillige Rücksichtnahme auf andere
- Verantwortung des einzelnen gegenüber der Gemeinschaft
- Fähigkeit zu Gruppenbildung und Gruppenaktionen
- soziale Verhaltensformen
- teilweise Unabhängigkeit von äußerer Führung sowie Fähigkeit, eine Zeitlang auch ohne straffe Organisation und Anordnungen zu leben
- Ertragen von Mißerfolgen und Ungewißheiten
- Widerstand gegenüber diktatorisch-totalitären Bestrebungen

Besonders zu Krisenzeiten scheinen für das Funktionieren einer Demokratie solche Haltungen erforderlich zu sein. Andernfalls muß damit gerechnet werden, daß unter demokratischen Regierungen schwierige gesellschaftliche Probleme in zufriedenstellender Weise kaum zu lösen sind. Anarchie und Diktatur können die Folge sein.

8. Antiautoritäre Erziehung

Seit Ende der sechziger Jahre wird in der Pädagogik von „antiautoritärer Erziehung" gesprochen. Im folgenden sollen einige Grundzüge dieses Erziehungskonzeptes aufgezeigt werden.

Autorität

Autorität ist ein Phänomen, das in der Erziehung immer schon eine Rolle gespielt hat, ein Motiv, das von den Pädagogen immer wieder abgehandelt wurde. Man meinte damit den erzieherischen Gesichtspunkt, der vor allem die Orientierung des Edukanden am Erzieher betrifft. Die Gestaltung der Orientierung kann sehr verschieden sein. Sie wird in erster Linie durch die Art des Erzieherverhaltens geprägt sein. Dem Konzept „antiautoritärer Erziehung" lag nicht die Absicht zugrunde, eine Erziehung ohne Autorität zu praktizieren, sondern man wollte jedwede konventionelle „autoritäre" Erziehung vermeiden. Manche bezeichnen allein schon den Begriff „antiautoritäre Erziehung" als eine unglückliche Wortkombination und wollten lieber von nicht-autoritärer Erziehung sprechen.

Kinderläden

Antiautoritäre Erziehung bezog sich zunächst auf die Erziehung im vorschulischen Bereich, d. h. auf die sog. *Kinderläden.* Sie wurde aber sehr bald auch in anderen Erziehungsräumen praktiziert. Die sog. Kinderläden entstanden in Westberlin aus einem Notstand. Im Februar 1968 fand dort in der Technischen Universität der Internationale Vietnam-Kongreß statt. Damit auch die Frauen an den Demonstrationen teilnehmen konnten, wurde mit Hilfe des „Aktionsrates zur Befreiung der Frau" für drei Tage ein Selbsthilfekindergarten gegründet, in dem die Studentenmütter sich in der Kinderbetreuung abwechselten. Nachdem dieses Experiment gelungen war, beschloß man, daraus eine Daueinrichtung werden zu lassen. Man mietete vor allem leerstehende „Läden", und daher erhielten die Einrichtungen ihren Namen „Kinderladen".

zwei Hauptrichtungen der Erziehung

Wir können bei einer groben Kategorisierung *zwei Hauptrichtungen* der Erziehung unterscheiden, die nach der „Gründerzeit" als „antiautoritäre Erziehung" bezeichnet wurde: eine eher „frei-

118

heitlich-antiautoritäre" Erziehung und eine eher „ideologisch-antiautoritäre" Erziehung. Die beiden Richtungen unterscheiden sich in der Hauptsache dadurch, daß mit Erziehung verschiedene gesellschaftliche Perspektiven verbunden werden. Wir sind uns darüber im klaren, daß mit einer solchen Typisierung nicht alle Erziehungskonzepte, die man als antiautoritär bezeichnet hat, in ihren Nuancierungen erfaßt werden. Darum geht es aber zunächst nicht.

a) Freiheitlich-antiautoritäre Erziehung basiert vor allem auf der „Theorie und Praxis" von A. S. NEILL, der im Jahre 1921 in Summerhill (England) eine Privatschule mit einem angeschlossenen Heim gründete. Oberste Leitsätze waren für ihn „Freiheitlichkeit" und „das Glück des Kindes". Die Erziehung kindgerecht zu gestalten, nicht die Kinder erziehungsgerecht zu machen, galt als wichtigstes Prinzip. Daraus leitete sich eine Reihe von pädagogisch relevanten Grundsätzen ab, z. B.: freiwillige Teilnahme am Unterricht, weitgehende Selbstverwaltung, in der Erziehung weitestgehende Selbstregelung, keine tabuisierende Sexualerziehung.
Allerdings setzt das Neillsche Erziehungskonzept auch deutlich *Grenzen:* „Freiheit heißt, tun und lassen zu können, was man mag, solange die Freiheit der anderen nicht beeinträchtigt wird. Das Ergebnis ist Selbstdisziplin" (NEILL 1969, S. 123). Das pädagogische Gedankengut von A. S. NEILL wurde zuerst 1965 unter dem Titel „Erziehung in Summerhill" veröffentlicht, erlebte aber erst Ende der sechziger Jahre im Zuge der antiautoritären Studentenbewegung seinen vollen Durchbruch. – Bei aller Anerkennung von zahlreichen Prinzipien NEILLS, die man positiv bewerten muß, sind aber auch eine Reihe von *Kritikpunkten* anzubringen, so z. B. daran, daß man glaubt, gesellschaftsunabhängig und ohne Reflexion der politischen Gegebenheiten erziehen zu können. Jede Art von Weltanschauung, die sich in Politik oder Religion niederschlägt, scheint für NEILL Gift zu sein und gehört nicht in den Lehrplan. Konsequent durchgedacht dürfte eine Erziehung nach dem „Prinzip Summerhill" doch eher einer Idylle privatistischen Glückes gleichkommen, statt einer Pädagogik, die für die Bewältigung gesellschaftlicher Realitäten vorbereitet. Auch die etwas euphorische Übernahme FREUDSCHER Thesen, die bei NEILL festzustellen ist, muß kritisch gesehen werden. Ebenfalls die Verabsolutierung der Reifungstheorie.

Grenzen

Kritikpunkte

b) Die ideologisch-antiautoritäre Erziehung dagegen mißt den gesellschaftspolitischen Gesichtspunkten das Hauptgewicht bei. Erziehung wird hier eher als Nebenprodukt bzw. als Mittel eines politischen Aktionswillens gesehen. Die psychologischen Grundlagen, in denen man sich vor allem an der Psychoanalyse orientiert, sind großenteils identisch mit denen, wie sie von NEILL vertreten wurden, während als Zweck jedoch mit der Erziehung eine gesellschaftliche Veränderung nach sozialistischer Prägung verfolgt wird. Als ‚Autoritäten' dieser Ausrichtung der antiautoritären Erziehung sind vor allem VERA SCHMIDT, SIEGFRIED BERNFELD und MELANIE KLEIN zu nennen. Sie waren es, die der Theorie Sigmund Freuds unter gesellschaftskritischen Aspekten Nutzen abgewinnen wollten. Die Anzahl der *Kritiker* dieses Konzepts, in dem das Kind eher zum Mittel, denn zum Zentrum der Erziehung wird, war nicht gering. Folgende Aussage mag die Stimmung gegen die anti-autoritäre Erziehung dieses Typs illustrieren:

Kritiker

„Man hat dort ein politisches Programm oder das, was man dafür hält, und organisiert erst in zweiter Linie, im Rahmen dieses Programms, als ein Moment der Strategie auch Kinderläden. Die Läden sind dabei lediglich ein Mittel „revolutionärer Aktion" wie andere auch. Die Eltern projizieren hier nur allzu oft ihre eigenen Frustrationen in die Kinder, sie wollen sie – ob bewußt oder unbewußt – so erziehen, daß die Kinder einmal die „Revolution" durchführen, die sie selbst nicht leisten konnten. Die Zeche dieser Erziehung werden aller Voraussicht nach die Kinder selber bezahlen müssen, da sie in einer Gesellschaft werden leben müssen, auf die sie nicht vorbereitet wurden" (FRIEMOND).

Dieses „antiautoritäre" Konzept läuft aber auch Gefahr, selbst zu einem „autoritären" Muster zu degenerieren – lediglich mit anderen Mitteln und anderen Autoritäten. Problematisch wird es, wenn einerseits Freiheit propagiert wird, man andererseits jedoch ideologische Bindung und Abhängigkeit praktiziert. „Das Bedenken des Pädagogen richtet sich dagegen, daß solch unkritische Identifikation mit dem Bezugssystem der Gruppe zu der anderwärts mit Recht bekämpften autoritären Indoktrination der Kinder führen muß und damit Erziehung . . . durch Agitation ersetzt" (OSWALD 1971, S. 56).

Erzieherver-
halten

Das *Erzieherverhalten* in der antiautoritären Erziehung, welcher Richtung auch immer, wurde vielfach mißverstanden als *Laissez-faire-Stil*. Anlaß dazu gaben zahlreiche Berichte über Kinderläden

120

und andere „antiautoritäre" Einrichtungen, in denen man betont freiheitlich erziehen wollte und die Kinder absichtlich einer sog. „therapeutischen Phase", wie man zu sagen pflegte, überließ. Man glaubte, daß auf diese Weise die ungünstigen Auswirkungen des von den Kindern bis dahin erlebten repressiven Erzieherverhaltens kompensiert werden könnten. Manche gelangten bald zu klügeren Einsichten, wie etwa die Mitglieder einer Berliner Kommune: „Antiautoritär heißt nicht, die Kinder völlig sich selbst überlassen . . . Das chaotische Laissez-faire führt zu einer völligen Beziehungslosigkeit und Orientierungslosigkeit der Kinder, die sich dann als um so stärkerer psychischer Zwang auswirken" (OSWALD 1971, S. 53f.).

Für eine *definitive Bewertung* der antiautoritären Erziehung scheint es insgesamt zu früh zu sein, zumal so gut wie keine Forschungsergebnisse vorliegen. Man müßte dabei sicherlich auch differenzierter vorgehen, als es in diesen kurzen Darlegungen geschehen konnte. Sieht man einmal ab von den politisch-ideologisch überzogenen Ambitionen, die in manchen Konzepten deutlich werden, so sind es in der Hauptsache *vier Prinzipien,* die aufgrund der „antiautoritären Welle" den Pädagogen neu ins Gedächtnis gerufen wurden, allerdings vorher in ihrer Bedeutung längst erkannt waren: Repressionsfreiheit, Selbstregulierung, Solidarität und vor allem Kindorientiertheit. Die Reformpädagogik hat bereits zu Beginn dieses Jahrhunderts ähnliche Grundsätze betont. Im Jahre 1909 schreibt M. MONTESSORI: „Deshalb sollte die erste Form erzieherischen Eingreifens darauf gerichtet sein, das Kind auf den Weg der Unabhängigkeit zu führen. Man kann nicht frei sein, wenn man nicht unabhängig ist; deshalb müssen die aktiven Äußerungen von persönlicher Freiheit vom zartesten Kindesalter an gelenkt werden, um zu Unabhängigkeit zu führen. Sowie sie entwöhnt sind, begeben sich unsere Kleinen auf den gefahrvollen Weg der Unabhängigkeit" (in: OSWALD 1971, S. 52).

vier Prinzipien

Wer würde, wenn er die Nützlichkeit solcher Grundsätze für die Demokratie und die darin lebenden Individuen erkannt hat und unter den entsprechenden Bedingungen lebt, diese Prinzipien nicht realisieren wollen? Wer würde in einer freiheitlich praktizierten Erziehung einem Kind aber nicht auch Grenzen setzen, wenn es in wirkliche Gefahr gerät, wenn es unsoziale Verhaltensweisen zeigt oder wenn die Verhältnisse dies dringlichst gebieten (vgl. RITTER 1972, S. 134)? Beide Prinzipien – *Führen und Wachsenlassen* – sind in einer angemessenen Pädagogik zu berücksichtigen.

Führen und Wachsenlassen

Antiautoritäre Erziehung schien eine der Phasen zu sein, wie sie sich während der Geschichte der Pädagogik zwischen den Extremen „Führen oder Wachsenlassen" abspielen, in der man das Wachsenlassen und damit das Prinzip der Liberalität stärker betont hat. Eine Reihe pädagogisch wichtiger Gesichtspunkte geriet dabei neu ins Blickfeld. Es bedarf aber offenbar immer einer Anzahl von Übertreibungen, um zu realistischeren Perspektiven der Erziehung zu gelangen.

9. Was heißt Autorität?

Als pädagogischer Begriff ist „Autorität" äußerst schillernd und diskontinuierlich gebraucht; als pädagogischer Sachverhalt ist sie aber sehr wichtig. In den vergangenen Jahren wurde, besonders im Zusammenhang mit der antiautoritären Bewegung, um keinen Begriff mehr gestritten als um diesen. Allerdings gab es auch Jahrzehnte vorher leidenschaftliche Plädoyers für die Betonung wie für den Abbau von Autorität in der Erziehung. (vgl. GEISSLER 1965).

Das Wort „Autorität" kommt vom lateinischen „auctoritas", was so viel wie „Gültigkeit", „Förderung", „Ermächtigung", „Ansehen" bedeutet (vgl. GEORGES 1913). Das entsprechende Verb lautet „augere" und bedeutet „wachsen machen", „fördern", „vergrößern", „erhöhen". Aus diesen Bedeutungen wird ersichtlich, was dem Worte nach vom Autoritätsträger erwartet wird und welche Vorteile sich für den, der in der Autoritätsbeziehung zu ihm steht, ergeben sollen.

Bei Autorität – wie auch immer sie verstanden werden mag – geht es um ein Beziehungsgefüge zwischen Personen. Es geht um Abhängigkeit und Folgen bzw. Gehorchen, allerdings auch um die dabei entstehende Freiheit für den „Folgenden". *Gehorsam* liegt dann vor, wenn jemand auf einen anderen hört, ohne selbst umfassende Erkenntnisse zu besitzen. Natürlich auch Vertrauen. „Autorität besteht dort, wo der Führungsanspruch einer Person,

Institution oder Tradition und ihrer Normen innerlich so bejaht wird, daß sie ihr ohne äußeren Zwang und ohne kritische Prüfung der Legitimationen im einzelnen folgen und glauben." (SCHEUERL 1970)

Das Fehlen der Anwendung von Zwang ist nach geltender Meinung der Erziehungswissenschaftler ein wesentliches Definitionsmerkmal von „Autorität".
Autorität ist eine Art von „sozialer Macht" (GEISSLER 1969, S. 30). Ihr Gegenstück ist Zwang und Gewalt. Zwischen Autorität und Zwang gibt es aber erhebliche Unterschiede:

„Während Zwang auf den eigenen Willen des Betroffenen keine Rücksicht nimmt, sondern sich über ihn hinwegsetzt, wirkt Autorität nicht gegen, sondern vielmehr mit dem Willen des Gehorchenden. Der der Gewalt Gehorchende folgt, weil er gehorchen muß, der einer Autorität Gehorchende, weil er gehorchen will. Macht in der Form des Zwanges setzt ihren Willen durch, gleichgültig, ob die davon Betroffenen zustimmen oder nicht. Macht in der Form der Autorität findet dagegen freie Zustimmung. Autorität ist eine Bindung, die die Freiheit des Gebundenen unangetastet läßt. Deshalb kann wohl jeder eine auf Gewalt gestützte Herrschaft ausüben – sofern er nur die notwendigen Zwangsmittel besitzt –, niemand kann dagegen mit Sicherheit Autorität erlangen oder auch nur bewahren." (a. a. O.)

Autorität kann nicht erzwungen werden –, so kann man dies interpretieren – analog zum pädagogischen Verhältnis (vgl. Kap. I).

Damit ist die Person, durch welche die Autorität verkörpert wird, angesprochen. Eine übliche Unterscheidung bei der Erörterung von Autorität ist die zwischen Amts- und Personenautorität.

Persönliche Autorität oder Personenautorität besitzt jemand entweder aufgrund seiner Sachkenntnis, Erfahrung oder Fähigkeiten auf einem bestimmten Gebiet. Das kann der Grund dafür sein, daß auf ihn „gehört" wird. Dabei spielen selbstverständlich auch noch andere Persönlichkeitsbedingungen (z. B. „Ausstrahlungskraft") eine Rolle.   *persönliche Autorität*

Amtsautorität hat jemand aufgrund eines Amtes, das er innehat – möglicherweise unabhängig von Voraussetzungen, wie sie bei der persönlichen Autorität vorhanden sind. Es ist Konvention, daß diese Autorität mit Befehl und Anordnung per se verpflichtend ist für   *Amtsautorität* ihre Adressaten, und zwar im Gegensatz zur Persönlichkeitsautorität. Die Amtsautorität ist eine mit dem Amt an eine Person oder Institution übertragene Form von Autorität. Eine Person kann sich nicht einfach Autorität aneignen, und es wurde schon gesagt, daß sie nicht erzwingbar ist. In dem Sinne sagt MARTIN RANG: „Die Autoritätsperson übt nicht nur faktisch eine Macht . . . aus, sondern auch de jure: anders gesagt, es geht bei der Autorität nicht nur um Macht, sondern um Vollmacht . . . Autorität kann nicht gewollt, ein Autoritätsverhältnis kann nicht gemacht werden." (1958).

pädagogische Autorität

Wie aber ist es nun mit der „pädagogischen Autorität", wie sie Eltern, Lehrer und Erzieher besitzen sollen? Was ist das für eine Autorität, und wie läßt sie sich begründen?
Selbstverständlich haben Eltern und Berufserzieher in dem Sinne auch ein „Amt" inne. Aber ist ihre Autorität deshalb lediglich eine Amtsautorität? Nein. Jedenfalls nicht wie die eines Vorgesetzten oder sonstigen Amtsträgers.

Mit der Frage der Begründung der pädagogischen Autorität haben sich besonders die geisteswissenschaftlichen Erziehungstheoretiker befaßt. Ihnen reicht es nicht aus, die Erziehungsautorität, z. B. der Eltern, aus deren Verantwortung für das Kind abzuleiten. Die erzieherische Autorität begründen sie vom pädagogischen Verhältnis her, also vom Verhältnis zwischen dem Erzieher und dem ihm anvertrauten Kind. Sie betonen nachdrücklich und halten für evident, „daß das Verhältnis Kind-Erwachsener in seiner eigentümlichen Spannung das anthropologische Grundfaktum darstellt, von dem alle pädagogischen Betrachtungen auszugehen haben" (Rang 1958). Pädagogische Autorität wird damit zu einem gleichsam nicht mehr hinterfragbaren Element von Erziehung, und man darf schließen: wo ein Erziehungsverhältnis ordnungsgemäß entstanden ist, dort ist auch pädagogische Autorität.

Wird die Sichtweise zugrundegelegt, daß sich die Erziehungsautorität aus dem pädagogischen Verhältnis ergibt, dann muß darauf aufmerksam gemacht werden, daß das pädagogische Verhältnis darauf angelegt ist, sich selbst überflüssig zu machen. Dies muß dann selbstverständlich auch für die pädagogische Autorität gelten. Wenn das Ziel der Erziehung „Mündigkeit" bzw. „Emanzipation" ist, so muß Autorität in deren Dienst treten. Diesem Ziel müssen sich auch alle pädagogischen Aktivitäten unterordnen, die im Erziehungsprozeß zeitweise zunächst oft als „repressiv" und „autoritär" erscheinen mögen, letztlich aber verselbständigenden und befreienden Charakter haben.

„Erziehung wird immer darauf aus sein müssen, daß der Heranwachsende später von sich aus, selbständig und kritisch prüfend, will, was er der jeweiligen Intention nach soll. Wo dieses Sollen auch hergeleitet und wie immer es auch begründet sein möge, aus allgemeinen anthropologischen Überlegungen, als gesellschaftlich-politische Forderung, als moralische Verpflichtungen, aus weltanschaulichen Überlegungen – mir erscheint keine Erziehungssituation denkbar, für die diese Aufgabe der Verselbständigung des noch Unselbständigen durch Erziehung nicht zuträfe, selbst wo unbedingter Gehorsam gefordert wird, soll dieser doch letztlich eine Bewegung des eigenen Wollens und nicht einfach nur Reaktion sein. Ähnliches gilt für Gewöhnungsvorgänge. Obgleich diese meist auf eine Art Mechanisierung zielen, brauchen sie doch – wenn sie erzieherisch bedeutsam und mehr als Dressur sein wollen – eine Phase des begründeten Bewußtmachens, damit der Heranwachsende schließlich kritisch über den guten Sinn jener Vorgänge nachdenken lernt." (Geißler 1969, S. 24).

Hier wird der hohe Anspruch, wie er an jeden Erzieher gestellt ist, deutlich: den Menschen mit gebrochenem Rückgrat zu vermeiden und den aufrechten Gang zu ermöglichen. Unter dem Gesichtspunkt der erzieherischen Autorität darf der Erzieher immer nur das verlangen, was das Kind – zum Erwachsenen geworden – in Freiheit und mit Einsicht selbst tun würde.

Daß bei der Verwirklichung von Erziehungsautorität alle sozialpsychologischen und interaktiven Momente eine Rolle spielen, wie wir sie auch in anderen Beziehungsgefügen vorfinden, muß nicht eigens betont werden. Ein Lehrer kann z. B. trotz seiner, ihm als Erzieher übertragenen Autorität möglicherweise ein sehr schlechtes Ansehen bei seinen Schülern haben. Dies wird eine Rolle spielen bei der Wirkung der von ihm eingesetzten Erziehungsmittel: ein von ihm gelobter Schüler kann sich vor seinen Mitschülern als lächerlich gemacht vorkommen, und das Lob dürfte damit seine Wirkung verfehlen; ein von ihm gestrafter Schüler kann die Strafe vor seinen Klassenkameraden geradezu als honorig empfinden. Die dem Pädagogen auf Grund seiner Stellung zuerkannte Autorität bleibt also erzieherisch unwirksam, wenn nicht die für den qualifizierten Erzieher erforderlichen Persönlichkeitsmerkmale, also die erforderliche persönliche Autorität, hinzukommen. Wie wahr dies ist, zeigt die Erziehungspraxis jeden Tag.

Literatur

Barres, E., Erziehung im Kindergarten, Weinheim 1973

Fröhlich, M., Einführung in die Heimpädagogik, München 1982[7]

Geißler, E. E., Autorität und Erziehung, Bad Heilbrunn 1965

Tausch, R. u. A., Erziehungspsychologie, Göttingen 1968

Wahl, K. u. a., Familien sind anders, Reinbek 1980

Weber, E., Erziehungsstile, Donauwörth 1973

Wenzel, H., Fürsorgeheime in pädagogischer Kritik, Stuttgart 1970

Zeissner, G., Arbeitsbuch Kindergarten, München 1983[3]

V. ERZIEHUNGSMITTEL

V. Erziehungsmittel

Auf einem Kinderspielplatz konnten wir die folgende Szene beobachten:

Im Sandkasten ist ein etwa achtjähriges Mädchen mit seinen Spielautos beschäftigt. Es hat von seiner Mutter, die sich in der Nähe aufhält, den Auftrag erhalten, auf seinen vierjährigen Bruder achtzugeben. Dieser will, daß seine Schwester mit ihm zusammen spielt. Sie möchte sich jedoch beim „Autofahren" nicht stören lassen. Der Junge schlägt daraufhin das Mädchen mit einem Gegenstand ins Gesicht, woraufhin dieses zu weinen beginnt. Da eilt die Mutter hinzu; sie schlägt den Jungen, befiehlt dem Mädchen, es solle aufhören zu weinen, und, heftig gestikulierend, schreit sie: „Hab ich euch nicht schon hundertmal gesagt, daß ihr nicht streiten sollt."
Die Mutter verfolgt offenbar das Ziel, daß ihre Kinder sich vertragen sollen. Dementsprechend greift sie in einer Situation, die diesen Zielvorstellungen nicht genügt, mit ganz bestimmten Mitteln ein: Schlagen, Schreien, Gestikulieren. Die Mutter hat ihre eigenen Vorstellungen davon, wie Kinder sich auf dem Spielplatz zu verhalten haben und wie dieses Verhalten am ehesten erreicht wird.

Der Erwerb der gesamten *Werte und Normen* geschieht – wie in dem eben dargestellten Beispiel – nicht automatisch, sondern wird – unter vielfältigen Schwierigkeiten – erst durch Lernprozesse erreicht. Diese Lernprozesse werden von den Erziehern mehr oder weniger gezielt beeinflußt, überwacht und gesteuert: erwünschte Verhaltensweisen werden dabei häufig verstärkt und unerwünschte bestraft.
- Eltern loben („Prima, weiter so") und tadeln („Ich warne dich; mach das nicht noch einmal").
- Lehrer veranlassen ihre Schüler zu Wetteifer, Arbeit und Spiel.
- Erzieher ermutigen, schimpfen, ermahnen.
- Mütter versuchen, sich durchzusetzen und zwar durch Bezeugen von Anerkennung oder Mißbilligung, Andeuten von Verletztsein, Kritik, Appell an Schuldgefühle des Kindes.

128

In der Soziologie spricht man in diesem Zusammenhang von Sanktionen oder von sozialer Kontrolle. Sanktionen sind also Belohnungen oder Bestrafungen für angepaßtes bzw. abweichendes Verhalten. In der Pädagogik hat sich der Begriff „Mittel" durchgesetzt; manchmal wird aber auch von Maßnahmen, Praktiken, Methoden oder Interventionen gesprochen.

1. Was sind Erziehungsmittel?

Erziehungsmittel sind Maßnahmen, die ein Erzieher in einer konkreten pädagogischen Situation auf Heranwachsende einwirken läßt, um so ein von ihm verfolgtes Ziel zu erreichen. Versucht ein Heranwachsender, von den Geboten und Verboten, die seine Umgebung an ihn hat, abzuweichen, so muß er u. U. mit Bestrafungen rechnen. Eltern, Lehrer und Erzieher verfügen über eine abgestufte Skala von einsetzbaren Mitteln, je nachdem ob das Verhalten beibehalten oder abgeändert werden soll.

Einwirkungs-möglichkeit auf Heranwach-sende

Die Psychologie verwendet hierbei die Begriffe „positive" bzw. „negative Verstärker". Generell reichen die positiven Verstärker von freundlicher Zustimmung bis zur Verleihung von Orden und höchsten Anerkennungen in Form von Geld, Macht und Ansehen. Ebenso vielfältig sind die Mittel der negativen Verstärkung: Auslachen, Drohen, Prügelstrafe, Ächtung, materielle Benachteiligung, zeitweise oder totale Isolierung. Man sieht: Das *Spektrum* der *möglichen Mittel* scheint unausschöpfbar, und es hat den Menschen offenbar niemals an Phantasie gefehlt – nicht nur in Zeiten der Not oder besonderer Krisen –, sich für Gefangene, Hilflose, Kranke oder Andersdenkende unmenschliche Mittel unterschiedlichster Ausprägung zu erdenken.

Spektrum möglicher Mittel

Wie gräßlich und sadistisch Erziehung sich vom Einsatz bestimmter Mittel darstellen kann, zeigt die bewußt und gewollt einseitige Text- und Zitatenauswahl von K. RUTSCHKY (1977) zur europäischen Erziehungstradition. Es ist eine deprimierende Anhäufung von Ratschlägen, wie Macht gegenüber Kindern ausgeübt wurde und wie man sie lenken, bloßstellen und überwachen kann. Erziehungsmittel wurden eingesetzt zur systematischen Drangsalierung der Kinder – um des Prinzips willen:

„Breche den Willen und Widerstand des Kindes rechtzeitig, sonst siehst du dich unversehens einem monströsen Rebellen gegenüber." (RUTSCHKY, S. 224) Dem Kind wurde stete Bosheit, Gefährdung und Neigung unterstellt, vom Erwachsenen das Bild der Unfehlbarkeit aufgebaut.

2. Fragen des Erziehers zum Thema „Erziehungsmittel"

Für Erzieher, Eltern und Lehrer ist es nun wichtig, die Möglichkeiten und Wirkweisen verschiedener Mittel in unterschiedlichen pädagogischen Situationen zu kennen; denn Erzieher können die beim Umgang mit Kindern und Jugendlichen auftretenden Lern- und Erziehungskonflikte nicht einfach übergehen. Das Kind soll ja u. a. Beherrschung und Verzicht lernen. Es ist unmöglich, daß es immer und überall uneingeschränkt seinen Trieben folgt. Erziehung muß

Störsituationen erfordern Maßnahmen

also auch hemmen, verbieten, unterdrücken; der Erzieher wird behütend, unterstützend oder gegenwirkend eingreifen müssen. Erzieher wollen Störsituationen in Grenzen halten oder gar vermeiden. Da es aber niemals möglich sein wird, Konfliktanlässe in der alltäglichen Erziehungspraxis auszuschalten, müssen Erzieher eingreifen sowie Maßnahmen und Mittel anwenden. Sie benötigen jedoch Kriterien für deren möglichst sinnvolle Anwendung und Beurteilung. Ansonsten würde über die zur Verfügung stehenden Mittel mehr oder weniger blind und unreflektiert und somit auch unangemessen verfügt. Aus vielen Befragungen von Eltern und Erziehern geht mit großer Übereinstimmung hervor, daß das Problem der Disziplinschwierigkeiten zu den dringlichsten erzieherischen Fragen gehört.

Insbesondere bei den folgenden Fragen erwartet der in der Praxis tätige Pädagoge Hilfe von der Wissenschaft:
- Welche Mittel sind besonders wirksam, welche dagegen ineffektiv, um bestimmte Ziele bei Kindern und Jugendlichen zu erreichen?
- Kann oder darf ich alle vorhandenen Mittel einsetzen?
- In welcher Weise sind die Wirkungen von der Person, der Situation, der Gruppe, vom Alter etc. abhängig?
- Wie kann ich vermeiden, daß Kinder dauernd stören; unaufmerksam sind; sich nicht konzentrieren können; gegen andere Kinder aggressiv werden?

130

- Wie kann ich einmal aufgetretene Störsituationen beenden?
- Was kann ich tun, um Störsituationen gar nicht aufkommen zu lassen?

also allgemein:

Welche Mittel soll ich in einem konkreten Zusammenhang von Zielen, Inhalten, Adressaten, Situationen und Voraussetzungen anwenden bzw. vermeiden?

Die Fragen nach den Erziehungsmitteln sind heute auch wegen der *Erwartungsvielfalt* an den Erzieher zu einem großen Problem geworden. Auf dem Erzieher lasten unterschiedlichste Ansprüche, die von mehreren Seiten an ihn gestellt werden: er soll die vielfältigen Aufgaben der Erziehung und Ausbildung bewältigen und die momentane und zukünftige Zufriedenheit des Kindes möglichst optimal gewährleisten. Durch die Erkenntnisse der psychologischen Forschung und vor allem jene der Psychoanalyse wird die Verantwortung der Eltern z. B. noch einmal und fast bis in das Ungemessene gesteigert: Eine Mutter z. B. soll jetzt nicht mehr nur für die gesunde körperliche Entwicklung, die sozialen Fähigkeiten, die schulischen Leistungsmöglichkeiten des Kindes verantwortlich sein, sondern auch noch für das Unbewußte, für die Bewältigung aller möglichen Triebkonflikte. So ist es oft nicht verwunderlich, daß ein Erzieher Angst hat vor dem Mißlingen, er spürt die Last der Verantwortung und greift – oft aus Verzweiflung und wider besseren Wissens – manchmal in der konkreten Problemsituation zum „falschen" Mittel.

Erwartungsvielfalt

Je nach den gesellschaftlichen, sozialen oder kulturellen Rahmenbedingungen wird die Antwort auf diese Frage anders ausfallen. Das liegt u. a. daran, daß es *unterschiedliche Auffassungen* und Theorieansätze z. B. zur Frage der Ursache oder Entstehung störender Verhaltensweisen (z. B. verschiedene Aggressionstheorien) gibt. Oder aber auch daran, daß je nach Interpretation einer Erziehungssituation durch Eltern oder die Öffentlichkeit entweder gar nicht daran gedacht wird, ein Erziehungsmittel einzusetzen oder man wird gezielt ganz bestimmte Maßnahmen anwenden, um seine erzieherische Absicht zu verwirklichen.

unterschiedliche Auffassungen

Was als „normales" oder „auffälliges" Verhalten gilt, darüber gibt es heute eine beträchtliche Spannweite möglicher Übereinstimmungen und Abweichungen. So ist es auch nicht verwunderlich, daß

Zahlenangaben über den Anteil von Verhaltensauffälligen in wissenschaftlichen Untersuchungen von 0,02% bis 61% variieren (Deutscher Bildungsrat 1974). Ähnliche Schwankungsbreiten finden wir in den verschiedenen Untersuchungen zu einzelnen Erziehungsmitteln: Verschiedene Forscher kommen z. B. zu stark voneinander abweichenden Ergebnissen über die Einsatzhäufigkeiten oder Wirkungen von Erziehungsmitteln. Doch kommen wir nun zu den Erziehungsmitteln selbst zurück. Erzieher sind heute im allgemeinen vorsichtiger, selbstkritischer und bewußter im Einsatz von Erziehungsmitteln geworden – einige sicherlich auch unsicherer. Der Erziehungsalltag beschert uns derzeit ebensoviele – wahrscheinlich eher mehr – *typische Erziehungskonflikte* wie früheren Generationen: Wir alle kennen Situationen wie die ausgewählten:

typische Erziehungskonflikte

- das Kind wehrt sich gegen Hygiene, Pflege, Eßgewohnheiten;
- das Kind erscheint uns trotzig, aggressiv oder leichtsinnig;
- ein Kind lügt, stiehlt, nascht, räumt nicht auf;
- ein Kind hat im Kindergarten oder in der Schule mit anderen Schwierigkeiten;
- ein Jugendlicher verweigert das Essen, ist in seinem motorischen oder sozialen Verhalten gestört, gewöhnt sich an den Gebrauch von Drogen;
- Kinder sind ungehorsam, lutschen Daumen, nässen ein oder onanieren.

Hilfen bei der Konfliktlösung

Bei solchen Alltagsproblemen frägt der Erzieher nach Erziehungsmitteln, die ihm bei der Konfliktlösung helfen können, sei es um die Ordnung des Zusammenlebens zu gewährleisten, sei es aus einem bestimmten Verständnis für das Wohl des Kindes, aus Angst oder um Fehlentwicklungen des Kindes zu vermeiden. Aber der Erzieher wird heute in der Regel durch seine vielfältigen *Kenntnisse und Erfahrungen* – gewonnen aus der pädagogisch-psychologischen Literatur, gemahnt durch historische Vorgänge oder erwachsen aus der Auseinandersetzung mit der eigenen erfahrenen Erziehung – kritischer und angemessener mit Erziehungsmitteln umgehen wollen. Er weiß, daß viele „Unarten" des Kindes wie nervöse Unruhe, Hyperaktivität, Essensverweigerung oder manche Formen von Aggressivität oder Lernstörungen ihre Ursachen im psychischen Bereich haben. Diesen ist mit Mahnungen, Drohungen und Strafen gar nicht „beizukommen". Wo früher vielleicht einfach bestraft

132

oder geprügelt wurde, erscheint uns dies heute vielfach übertrieben, schlechthin falsch oder sogar grausam.

Die Reformpädagogik, die antiautoritäre Erziehung z. B. oder neuerdings die „Antipädagogik" zwingen uns zur Auseinandersetzung und konfrontieren den Pädagogen mit der Tradition, wo mit Bedrohung, Mißhandlung und Abrichtung im Namen der Kindererziehung mehr Schaden als Nutzen gestiftet wurde.

Es wird deutlich, daß wir es hier mit einer äußerst vielschichtigen und somit komplizierten Problemstellung zu tun haben. Den Fragenkomplex kann man nur dann mit der gebotenen wissenschaftlichen Sorgfalt erhellen, wenn alle die Auswahl der Mittel beeinflussenden Faktoren gebührend berücksichtigt werden. Dabei müssen wir davon ausgehen, daß zwischen den beteiligten Faktoren ein Verhältnis *wechselseitiger Abhängigkeit* besteht.

vielschichtige Problemstellung

Es wäre z. B. falsch, eine ganz eindeutige, lineare Zuordnung zwischen Erziehungsziel, Erziehungsinhalt, sozio-kulturellen Bedingungen, Edukanden und Erziehungsmitteln anzunehmen. Es ist also nicht möglich, genau und allgemeingültig festzulegen, daß einem bestimmten Erziehungsziel dieses und kein anderes Mittel adäquat sei.

keine Rezepte

Fragen des Umgangs mit Menschen lassen sich überhaupt nicht einfach nach Prinzipien lösen. Die Erziehungsdenker haben immer wieder darauf hingewiesen, daß in der praktischen Erziehung die antinomisch scheinenden Grundsätze zu vereinbaren seien. Soll man Kinder vor jedem Risiko bewahren oder sie möglichst vielen Gefahren aussetzen? Sollen wir sie führen oder sich selbst überlassen? Verfolgen wir das Ziel, daß sie sich anpassen oder Widerstand leisten können? Sollen wir sie strafen oder sollen wir die „Taten" übersehen? – Alle diese sog. *Antinomien* der Erziehung lassen sich nicht durch Prinzipien lösen: der Erzieher sollte die möglichen Vor- und Nachteile der konträren Standpunkte kritisch überdenken, um zu einer Handlungsentscheidung zu kommen. Diese Antinomien stehen sich als mögliche Grundsätze gegenüber und müssen vom Erzieher gegeneinander abgewogen werden. Nach der Erörterung der Alternativen wird der Erzieher sodann – je nach Situation – entscheiden und handeln.

Antinomien

Entscheidung je nach Situation

3. Erziehungsziel – Erziehungsmittel – Erziehungsstil

Die Frage nach den Zielen der Erziehung wurde bereits in Kapitel III erörtert; ebenfalls der Zusammenhang von Erziehungsziel und Erziehungsstil. In welcher Verbindung stehen nun aber Erziehungsziel, Erziehungsmittel und Erziehungsstil?

Systematisch leiten sich Erziehungsmittel aus dem Erziehungsziel ab, oder anders ausgedrückt: Erziehungsmittel dienen der Verwirklichung von Erziehungszielen. Der Erzieher lobt, damit das Kind ein bestimmtes Verhalten als „richtig" einsieht und verwirklicht, z. B. ehrlich sein. Seine erzieherische Absicht ist dabei, dem Kind die Norm zu vermitteln, „daß man ehrlich sein muß".

Pädagogen verwenden nun aber auch in anderen Zusammenhängen „Erziehungsmittel", wobei diese nicht in der Absicht eingesetzt werden, Normen zu vermitteln, sondern sie haben dann mehr pragmatische Bedeutung für die Regelung der augenblicklichen Situation. Dies ist z. B. dann der Fall, wenn der Lehrer eine Strafarbeit gibt, damit in der Klasse Ruhe einkehrt und weitergearbeitet werden kann. Dieser Handlung des Lehrers liegt dann oft keine weiterreichende, erzieherische Absicht zu Grunde.

Erziehungsmittel haben aber letztlich immer die Funktion der *Lenkung* und *Kontrolle.* Lenkbarkeit und Kontrollierbarkeit des Menschen dürfen jedoch keine letztgültigen Erziehungsziele sein, sondern nur zeitlich begrenzte Maßnahmen darstellen, um so dem Ziel der individuellen Selbständigkeit und Selbstverantwortlichkeit *Qualität eines* näherzukommen. Deshalb muß die *Qualität eines Mittels* immer *Mittels* und in jeder pädagogischen Situation danach bemessen werden, ob es „der Verselbständigung eines noch unselbständigen Individuums" dient (GEISSLER); ob das Mittel folglich dazu einen Beitrag leistet, daß es überflüssig wird.

Daraus ergibt sich eine wesentliche pädagogische Konsequenz:

> Die Qualität eines Erziehungsmittels darf nicht nur daran gemessen werden, ob momentan ein gewünschtes Verhalten einsetzt; vielmehr ist danach zu fragen, ob sich nach und nach ein höheres Maß an Selbständigkeit, Urteilsfähigkeit und Eigenverfügbarkeit des Individuums zeigen wird.

134

Bei der Betrachtung der pädagogischen Praxis stellt man jedoch fest, daß der Erzieher in zahlreiche Drucksituationen gerät. Er unterliegt vielfach dem *Zwang zum Handeln,* so daß ihm selbst sein Tun teils unreflektiert oder gar unbewußt bleibt; so daß ihm zeitweise Distanz und Kontrolle fehlen. Augenblicklicher Handlungszwang erfordert oft Maßnahmen und die Anwendung von Mitteln, die den erwünschten Zielen nicht nur nicht genügen, sondern gerade zu widersprechen scheinen, z. B. wenn für Ruhe gesorgt werden muß; wenn eine Gefahr rasch beseitigt werden muß o. ä.

Es gibt Situationen – allerdings weniger als man gemeinhin glaubt –, in denen die Zuhilfenahme rigoroser Erziehungsmittel (kurzzeitiger Zwang, Druck etc.) pädagogisch durchaus zu rechtfertigen ist; sie dürfen aber nicht verwechselt werden mit permanent wirkenden Maßnahmen, die auf die Ausbildung „gehorsamer Untertanen", die systematische Unterdrückung des selbständigen Denkens und Handelns abzielen.

Bei gehäufter Anwendung von eher repressiven Erziehungsmitteln sprechen wir von einem autokratischen oder autoritären Erziehungsstil des betreffenden Pädagogen. Der Zusammenhang ist folgendermaßen zu sehen: Die Erziehungsziele bestimmen die dazu passenden Erziehungsmittel, und diese ergeben einen bestimmten Typus von Erziehungsverhalten, nämlich den Erziehungsstil.

autokratischer Erziehungsstil

4. Das Problem der Systematisierung von Erziehungsmitteln

Bislang ist es in der Pädagogik kaum gelungen, die einzelnen Erziehungsmittel in überzeugender Weise systematisch zu gliedern. GEISSLER (1974) unterscheidet z. B. zwischen *direkten und indirekten Erziehungsmitteln.* Er ordnet die verschiedenen Arten von Lob, Tadel und Strafe den direkten, die zahlreichen Formen von Spiel, Arbeit und Wetteifer den indirekten Erziehungsmitteln zu. Eine besondere pädagogische Bedeutung mißt er den indirekten Mitteln bei. Mit deren Hilfe werden vom jeweiligen Erzieher absichtlich und gezielt Situationen angebahnt: das Medium „Spiel" oder „Arbeit" trägt indirekt dazu bei, bestimmte Erziehungsziele zu erreichen.

direkte und indirekte Erziehungsmittel

Andere Autoren unterscheiden zwischen psychologischen und machtorientierten Mitteln (vgl. CAESAR 1972). Die *psychologischen Mittel* sind ausgerichtet auf innere psychische Zustände des Kindes: Durch verbal-emotive Verhaltensweisen der Erzieher (Ratschläge, Bitten, Ermahnungen, Hinweise) sollen die Kinder das unerwünschte Verhalten ablegen. Daher wird zunächst versucht, durch Argumentieren und Appelle, die auf Schuldgefühle abzielen, den Edukanden zur Einsicht zu bringen. Die Erfüllung der gesetzten Erwartung wird durch besondere Zärtlichkeit, Aufmerksamkeit, verstärkte Zuwendung und besondere Wertschätzung bekräftigt. Ebenso ist es jedoch möglich, als psychologisches Mittel den sogenannten – nach unserer Auffassung höchst problematischen – „Liebesentzug" anzuwenden: Das Kind bekommt zu spüren, daß es wegen einer Handlung weniger oder nicht mehr geliebt wird. Hier werden also intentional Mittel eingesetzt, die auf die emotionale Reaktion des Kindes abzielen. Es will und muß sich die elterliche Liebe sichern und hat Angst, diese wieder zu verlieren. Folglich erfüllt es die erzieherischen Forderungen – „das Mittel zieht"!

Das Spektrum der *machtbezogenen Erziehungsmittel* reicht vom Gewähren bestimmter Vorteile, z. B. in Form von Geschenken, Geld oder Süßigkeiten, über den Entzug der einmal gegebenen Privilegien bis zum Schimpfen, Verspotten und zur körperlichen Strafe. Machtorientierte Mittel sollen nach dieser Auffassung „eher physischen als psychischen Charakter" haben (CAESAR S. 65), was allerdings nicht einmal bei der Prügelstrafe einzusehen ist. Ebenso gut könnte man den Grundsatz vertreten: Wer den Körper schlägt, der schlägt auch die Seele! Ob Körper oder Psyche jeweils stärker verletzt werden, scheint uns keine vernünftige Basis einer Systematisierung zu sein.

Es wäre u. U. auch eine Systematisierung nach personalen und nicht-personalen „Mitteln" denkbar; hört man doch oft genug:
- Die Schule ist für das Kind eine Strafe.
- In das Heim zu müssen bedeutet eine Bestrafung.
- Dieses Elternhaus ist für ihn Strafe genug.

Pädagogische Institutionen werden so – nicht von ihnen selbst beabsichtigt, sondern über den Weg gesellschaftlicher Verfügung – zu Mitteln der Belohnung oder der Bestrafung. Für ein Kind, das sich im Heim wohlfühlt und zu den Erziehern stärkere Bindungen gefunden hat als zu den Eltern, wird die Fahrt nach Hause u. U. zur Strafe. Analog kann der Kindergarten, die Realschule oder ein bestimmter Ausbildungsplatz möglicherweise Ausdruck von belohnenden oder bestrafenden Eingriffen sein.

Bei einer anderen Systematisierung der Erziehungsmittel geht man aus vom lernpsychologischen Begriff des „Verstärkers". L. SCHENK-DANZINGER unterscheidet *positive und negative Verstärker*. Die positiven Verstärker, z. B. Lob, Belohnung und Bekräftigung, werden dann weiter differenziert und es gibt:

positive und negative Verstärker

1. primäre Verstärker: alles, was der Reduktion primärer Bedürfnisspannungen dient, z. B. Nahrung

2. soziale Verstärker: Anerkennung, Beachtung, Geltung, Prestige, Lob, Belohnung, Zustimmung, Zuwendung

3. materielle Verstärker: Spielzeug, Süßigkeiten, Bildchen

4. symbolische Verstärker: Schulnoten, Geld

Analog werden die negativen Verstärker, z. B. Tadel und Strafe, unterteilt in:

1. primäre negative Verstärker: Entzug von Essen oder Freizeit, körperliche Züchtigung

2. soziale negative Verstärker: Liebesentzug, Ignorieren, Schelte, Tadel, Vorwürfe, Ablehnung, Verspotten, Ausschluß

3. materielle negative Verstärker: Entzug von Spielzeug, Anhalten zur Wiedergutmachung von Schaden

4. symbolische negative Verstärker: schlechte Noten, Entzug des Taschengeldes, Geldstrafen.

Für die pädagogische Praxis würde man sich wahrscheinlich wünschen, eine *systematische Klassifizierung* der verschiedenen Erziehungsmittel nach spezifischen Wirkweisen, Eigenschaften und Einsatzmöglichkeiten zu besitzen. Wahrscheinlich gelingt eine solche niemals; denn eine sinnvolle Entscheidung über die Verwendung eines Mittels hängt vom Lern- und Erziehungsziel, von den indivi-

Probleme der Klassifizierung

duellen Voraussetzungen des Adressaten, von der konkreten Situation und den spezifischen Rahmenbedingungen ab.

Einteilungsver-
suche

Ebenso müssen unter dem Aspekt der Eindeutigkeit bzw. Einseitigkeit jene *Einteilungsversuche* kritisch überprüft werden, in denen man bestimmte Erziehungsmittel einer bestimmten Schicht, einem Lebensalter oder einer speziellen Situation zuordnen möchte. Die meisten Einteilungskriterien treffen wohl einen Aspekt des Bedingungskomplexes, lassen aber andere, die ebenso wesentlich sind, unberücksichtigt. So scheint es uns z. B. wenig sinnvoll, soziale Schichten durch den Gebrauch bestimmter Erziehungsmittel zu typisieren, weil dadurch eine nicht existierende Gleichartigkeit innerhalb dieser sozialen Schicht vorgetäuscht würde.

Denkimpuls:
1. Diskutieren Sie evtl., was unter dem Aspekt der Differenziertheit und wissenschaftlichen Begründung für und was gegen die einzelnen Einteilungsversuche spricht.
2. Überlegen Sie auch, welchen Nutzen es für die praktische Tätigkeit des Erziehers haben kann, wenn er sich mit einer solchen Systematik auseinandersetzt.
3. Wo sind evtl. „unlogische" Stellen in den Systemen zu erkennen?

---

5. Wie wirken Erziehungsmittel?

Die definitive Wirkung einzelner Erziehungsmittel ist bis heute nicht geklärt. Pädagogen und Eltern sind oft stärker denn je verunsichert. Sie beklagen dies aber nicht immer so deutlich wie im folgenden Bericht:

„Als Eltern hatten wir natürlich Bücher zu Erziehungsfragen gelesen, kennen aber keines, das uns Hilfe für unsere Erziehungsprobleme bietet. Es half auch nichts, Bekannte zu fragen, die ähnliche Erziehungsabsichten hatten wie wir: alle wandten unterschiedliche Mittel an, hatten verschiedene Erfolge. Eine klare Linie konnten wir aus den unterschiedlichen Berichten nicht gewinnen."

138

Wie einzelne Mittel wirken und in welchem interpersonellen Zusammenhang sie zu sehen sind, wird im folgenden Beispiel deutlich:

Die Mutter verbietet dem Kind, mit den Händen in ihrem Essen herumzulangen. Das Kind reagiert wütend und schlägt die Mutter. Die Mutter schlägt zurück. Sodann wendet sie sich gekränkt vom Kind und sagt: „Wo kommen wir denn da hin, wenn Kinder ihre Eltern schlagen?" Erst als das Kind wieder „lieb ist" und beteuert, daß es so etwas nicht mehr macht, wendet sich die Mutter ihm erneut zu. – Man sieht, eine Reaktion ruft die andere hervor.

Erst in jüngster Zeit gibt es mehrere experimentelle und theoretische Ansätze, die die Wirkungsweise einzelner Erziehungsmittel erforschen wollen.[10]. Eine solche Vernachlässigung ist um so erstaunlicher, als es sich um einen, wenn nicht den (!) zentralen Aspekt der Pädagogik handelt.

Besonders interessant wäre es, die Mittel genauer zu kennen, die „erfolgreiche" Erzieher in bestimmten Situationen wirkungsvoll anwenden. Lange Zeit herrschte unter Erziehern der naive Glaube, daß eine eindeutige Beziehung zwischen einem eingesetzten Mittel und der beobachtbaren Wirkung bestünde. Diese Analyse war in gleicher Weise vorherrschend für lobende wie strafende Maßnahmen. Erst bei genauerem methodischen Vorgehen wurden die Probleme offenkundig: Viele Wirkungen sind gar nicht beobachtbar, manche sind nur schwer zugänglich. Wir sollten als Erzieher bedenken, daß außer den *direkten* die *indirekten Wirkungen* mit berücksichtigt werden müssen. Nehmen wir eine (veraltete?) Schulsituation. Man hört folgende Drohung: „Wenn ihr zwei nicht sofort an den Platz geht, dann knallts." Direkte Wirkung: Als wäre nichts geschehen, gehen die beiden Streithähne auseinander und setzen sich an ihren Tisch. – Der Effekt ist deutlich, jedenfalls der augenblicklich gewünschte. Was aber geht in den Betroffenen vor? Was denken sie über den Erzieher? Ist dadurch das Verhältnis zu ihm belastet, oder sehen sie seine Maßnahme ein? Hat die Drohung dazu beigetragen, daß die beiden sich jetzt verstehen, oder „rechnen sie später miteinander ab"? Was trägt das Mittel zur Lösung dieses oder ähnlicher Konflikte bei? Werden sie bei der nächsten Rauferei auch „auf der Stelle" folgen? Wie wirkt die Situation auf

direkte und indirekte Wirkungen

---

[10] Vgl. die Zusammenstellung von Untersuchungsergebnissen auf Seite 143 ff.

die übrigen Kinder? Wird das Verhalten des Erziehers von den Kindern nachgeahmt? Wie werden die Schüler später einmal ihre eigenen Kinder zur Konfliktbewältigung anleiten?

unerwünschte Nebenwirkungen

Je nach Situation wäre es ohne weiteres denkbar, daß nur der kleinere Teil der Wirkungen der direkten Beobachtung zugänglich ist. Alle anderen Reaktionen, die sich aus der Beantwortung der Fragen möglicherweise ergeben, waren unter Umständen überhaupt nicht beabsichtigt. Es handelt sich um die sogenannten *„unerwünschten oder ungewollten Nebenwirkungen".* Diese werden häufig in ihrer zentralen Bedeutung verkannt oder gar nicht gesehen. Ein ängstliches Kind, das vom Erzieher am ersten Tag lautstark angeschrien wird, sitzt fortan still auf seinem Stuhl. Es ist angepaßt. Was aber ist mit seiner Spontaneität, seinem Sozialverhalten, seiner Spielfähigkeit? Wie wirkt sich die u. U. entstandene Angst auf Dauer aus!

Manchmal wird durch negative Sanktionen genau das Gegenteil von dem erreicht, was der Erzieher erhoffte: Die Häufigkeit und Intensität der unerwünschten Verhaltensweise nehmen zu. Insbesondere die tiefenpsychologischen Forschungen zeigen, daß als Reaktion einer Strafe Verhaltensweisen wie Haß, übersteigerte Aggressivität, Widerstand oder starkes Mißtrauen auftreten können.

Denkimpuls: Welche Bedeutung haben die beiden folgenden allgemeinen Erkenntnisse wissenschaftlicher Untersuchungen für die praktische Tätigkeit von Erziehern und Lehrern?
1. Je länger und häufiger ein Erziehungsmittel eingesetzt wird, um so problematischer wird seine erzieherische Wirkung. (Gewöhnung? Konfliktlösung? Abhängigkeit? Wirksamkeit? Einsichtsfähigkeit?)
2. Die positive Wirksamkeit eines Erziehungsmittels hängt stark ab von Art, Häufigkeit und Intensität der vorangegangenen positiven und/oder negativen Verstärker.

Bei der *Reflexion der Wirkung eines Erziehungsmittels* ist stets zu unterscheiden zwischen:
1. Wirkungen auf das betreffende Kind
2. Wirkungen auf die Gruppe

140

3. Rückwirkungen auf das Verhältnis zum Erzieher
4. Rückwirkungen auf das Verhältnis des Kindes zur Institution ("Ich will nicht mehr in den Kindergarten")
5. Ungewollten Nebenwirkungen: diese sind der direkten Beobachtung nicht zugänglich, der Erzieher kann sie aber möglicherweise durch langfristige Verhaltensänderungen erfassen. Er stellt z. B. fest:
   – das Kind strengt sich besonders an bzw. läßt in seinen Leistungen auffallend nach
   – es geht dem Erzieher aus dem Weg
   – es erschrickt bei seinem plötzlichen Erscheinen
   – es wird gegen andere hilfsbereiter oder aggressiver
   – es ist plötzlich zurückhaltend, etc.

Analyse der Gesamtsituation

Der Erzieher muß sich also darüber im klaren sein, daß Wirkungen erzieherischer Maßnahmen das Verhältnis des Kindes zu ihm, zu den Gleichaltrigen oder zur Institution beeinflussen. Darüber hinaus können als Folgeerscheinungen der ungewollten Nebenwirkungen Effekte im gesamten psycho-physischen Bereich auftreten. Als Fazit sei hier betont: Die Wirkungen der Erziehungsmittel dürfen nicht von einer einseitigen Kausalbeziehung zwischen Erzieher und Kind interpretiert werden. Es gibt kein Mittel, das unter allen Bedingungen dieselben Konsequenzen hervorruft.
Nicht die genaue Kenntnis der Strafarten, nicht die Zusammensetzung der Gruppe, nicht die Beobachtung des Erzieherverhaltens, nicht die Erwartung des Edukanden, nicht die Besonderheit der Erziehungssituation allein, also nicht die einzelne Einflußgröße für sich genommen, verhilft uns zur Einsicht über die Wirkungen. Die Einseitigkeit der Betrachtungsweise kann nur durch eine umfassende *Analyse der Gesamtsituation* vermieden werden. So gelangt man dann zu der etwas ernüchternden Erkenntnis: *Wie ein Erziehungsmittel wirkt, kann ohne genauere Informationen über die Situation nur selten vorhergesagt werden.* Deshalb sind in jedem Fall die situativen Rahmenbedingungen zu prüfen, und dazu gehören das Kind, die Gruppe, der Erzieher wie auch die Räumlichkeiten. Alle Erziehungsmittel haben zum einen eine "nur situativ bestimmbare Wirktendenz" (GEISSLER); diese können wir unter Umständen erkennen und beobachten. Andererseits kann jedes Erziehungsmittel eine – oft nicht erkennbare oder erst viel später feststellbare – Langzeitwirkung haben, die der Erzieher möglicher-

situative Rahmenbedingungen

weise gar nicht erwartet hat, die seinem Erziehungsziel entgegensteht oder die sich im Unbewußten des Kindes „festsetzt". Dies liegt oft weniger am Mittel selbst als vielmehr an der Individualität von Kind und Erzieher, an deren seelischer und körperlichen Verfassung. Erziehungsmittel lassen sich nicht in eine „Wirkschablone" passen.

Der weltbekannte russische Pädagoge MAKARENKO (1888–1939) weist eindringlich darauf hin, daß die direkten Erziehungsmittel nur einen kleinen Teil der zusammenhängenden Wirkungen im sozialen Lernfeld ausmachen: „Glauben Sie nicht, daß Sie ihr Kind nur dann erziehen, wenn Sie mit ihm sprechen, es belehren oder ihm Befehle erteilen. Sie erziehen es in jedem Augenblick ihres Lebens, sogar dann, wenn Sie gar nicht zu Hause sind. Wie Sie sich kleiden, wie Sie mit anderen Menschen oder über andere Menschen sprechen, wie Sie sich freuen oder betrübt sind, wie Sie mit Freunden oder Feinden umgehen, wie Sie lachen oder die Zeitung lesen, all das ist von größter Bedeutung für das Kind."

notwendige Reflexion

Auf dem Hintergrund der Reaktionen des Kindes, die kurz- oder langfristig bei der Verwendung bestimmter Erziehungsmittel zu beobachten sind, muß der Erzieher schließlich sein Verhalten überprüfen. Dabei kann er zu dem Schluß kommen, daß es richtig sei, ein Erziehungsmittel beizubehalten. Andererseits müßte er aber auch in der Lage sein, die eingesetzten Mittel bzw. sein Erzieherverhalten zu revidieren. Erst wenn der Pädagoge in ausreichender Form Sensibilität für die Rückwirkungen von seiten des Kindes besitzt, wird er einzelne Erziehungsmittel angemessen verwenden können. In der vermeintlichen Erkenntnis „Es hilft doch alles nichts", zu der Erzieher oft aufgrund einer gewissen Hilflosigkeit und Resignation gelangen, halten sie dann auch nur allzu oft an ihrem Verhalten fest. Dabei sehen sie meist nicht ein, in welchen Teufelskreis sie sich verstricken: Das stete, offensichtliche Erkennen des Mißerfolgs von Erziehungsmitteln führt dazu, daß der Pädagoge besonders starr an strenger Disziplin, Leistungsanforderung, Ordnung und Sauberkeit festhält. Kritik, Zurechtweisung, Tadel und permanente Strafen werden zur Routine. Mag es den einzelnen auch Einsicht, Mut und Überwindung kosten, gerade zu einem solchen Zeitpunkt müßten die Erziehungsmittel auf ihre Angemessenheit hinterfragt werden. Dazu bedarf es aber einer kritischen Distanz. (vgl. S. 113ff.)

5.1. Forschungsergebnisse zur Wirkung von Erziehungsmitteln

Die erste Untersuchung zur Wirkung von Lob und Tadel stammt aus dem Jahre 1897. Schon damals konnte A. BINET nachweisen, daß Lob zu erhöhten Kraftanstrengungen führt. JOHANNESSON (in WEINERT 1967, S. 336f.) kommt in einer differenzierteren Untersuchung zu folgenden Ergebnissen:

1. Die Leistungsqualität nimmt bei Schülern ab, wenn sie bei schwierigen Aufgaben *weder gelobt noch getadelt* werden. Das bestätigt die allgemeinere Feststellung, daß Lob oder Tadel besser sei als Nichtbeachtung.

Untersuchungen

2. Bei mechanischen Aufgaben wird nach *gehäuftem Lob,* nicht aber nach Tadel mehr geleistet.

3. *Gehäufter Tadel* führt bei leichten und schweren Aufgaben zu einer Verringerung der Selbsteinschätzung.

Die folgende Untersuchung zeigt deutlich, daß – gemessen an den eben gesehenen Ergebnissen – sich Lehrer in der Schule offenbar grundfalsch verhalten. E. HÖHN erforschte bei 1000 Jungen und Mädchen die Frage, wie Lehrer, Eltern und Mitschüler auf schlechte Leistungen reagieren. Beurteilungsgrundlage waren Äußerungen in Aufsätzen.

Tabelle 1: Reaktionen von Lehrern auf schlechte Schüler, geschildert in 1000 Schüleraufsätzen (HÖHN 1967, S. 153).

Lehrerreaktion auf schlechte Schülerleistungen	Häufigkeit der Nennungen
Tadel	205
Benachrichtigung der Eltern	196
Schulstrafen	150
Ermahnungen	61
Schulausschluß	58
Isolierung	51
Trost, Ermutigung	38
Unterredung unter vier Augen	37
Schläge	29

Negative Reaktionen der Lehrer werden 20mal so häufig genannt wie Trost und Ermutigung. In solcher Häufigkeit werden also eher unangemessene Erziehungsmittel eingesetzt.

Schüler-
reaktionen

Man wird davon ausgehen dürfen, daß Lehrer durch die Vergabe von schlechten Zensuren in erster Linie den Schüler zu einer Verbesserung seiner Schulleistung bewegen wollen. Betrachten wir aber in der folgenden Tabelle, was die tatsächlichen Folgen sind.

Tabelle 2: Reaktionen von schlechten Schülern auf Mißerfolge, geschildert in 1000 Schüleraufsätzen (HÖHN 1967, S. 147)

Schülerreaktion	Häufigkeit der Nennungen
ist traurig, weint	424
geht in sich	361
hat Angst	293
weicht aus	170
schreibt ab	122
ist gleichgültig	107
ist trotzig	105
isoliert sich	100
ist verzweifelt	92
ist erschrocken	64
schämt sich	55
läuft fort	53
wird aggressiv	34

Daß derartige depressive Reaktionen so häufig sind, erscheint uns – trotz gebotener Vorsicht bei Schüleräußerungen – nicht übertrieben. Es ist bestürzend, daß unter den genannten Schülerreaktionen keine einzige einen konstruktiven Lösungsansatz erkennen läßt. Das Ausmaß an Ratlosigkeit und Betroffenheit zeigt die Notwendigkeit von Hilfsmaßnahmen nach Zeugnisausgaben. Es zeigt aber auch die Notwendigkeit einer Aufklärung von „Facherziehern" in der Schule. Es ist zu vermuten, daß Lehrer sich größtenteils über die Wirkungen des Erziehungsmittels „Note" im unklaren sind.

144

Kinder scheinen auch die Reaktionsweise zu kennen, die ihre Eltern auf das Schulversagen zeigen. Sie sind offenbar schon darauf eingestellt, daß Fach- wie auch Laienpädagogen sich unangemessen verhalten.

befürchtete
Reaktionen

Tabelle 3: Von Kindern *befürchtete Reaktionen* der Eltern auf das Schulversagen, geschildert in 1000 Schüleraufsätzen (HÖHN 1967, S. 167).

befürchtete Reaktion	Häufigkeit der Nennungen	
	für beide Eltern	für die Mutter allein
Schläge	132	13
Vorwürfe	113	25
sind traurig	87	37
Ermahnungen	84	36
Trost, Hilfe	78	42
Verbote	69	12

Unterstützende Maßnahmen wie Trost und Hilfe, erwarten die Schüler also nur selten. Die Ergebnisse sind beunruhigend. Der Schüler gerät aber nicht selten in einen Teufelskreis hinein, an dessen Anfang die „schlechte Note" steht. Das ist seine erste Strafe. Unter den Mitschülern und bei seinen Eltern sinkt seine Gunst deutlich, und es erfolgen weitere negative Sanktionen. Die Gründe für das „Versagen" werden in Faulheit und Unaufmerksamkeit gesucht. Das Selbstwertgefühl des Kindes wird vernichtet und (!) – jedenfalls in nicht eben seltenen Fällen – der Beginn der kriminellen Karriere ist gesichert.

In den folgenden Abschnitten wird den Fragen nach Lob und Strafe weiter nachgegangen.

5.2. Wie wirkt Lob?

Die Pädagogik bedient sich bei der Beurteilung des Lobs einiger Grundlagen aus der Lernpsychologie. Diese erklärt die Wirkweise von Lob über das sogenannte instrumentelle oder operante Konditionieren (kurz: „operantes Lernen").

Die erwünschte, neue Verhaltensweise wird mittels eines sog. *positiven Verstärkers* belohnt, „bekräftigt". Da man dieses Verhalten kontinuierlich belohnt, wird es mit größerer Wahrscheinlichkeit auch in anderen gleichen oder ähnlichen Situationen auftreten. Da das Lob auf das Kind eine angenehme Wirkung ausübt – es werden ihm nämlich dabei Erfolgserlebnisse vermittelt – wird dieses bemüht sein, das entsprechende Verhalten zu wiederholen.

Um die positiven Effekte des Lobs optimal zu erreichen, sind die folgenden drei Punkte zu beachten:

das Lob

1. Das Lob muß den *Betroffenen* ansprechen, ihn motivieren. Nicht alles, was der Erwachsene für ein Lob hält, ist es auch in den Augen des Kindes.

2. Das Lob muß *regelmäßig und unmittelbar* mit dem Auftreten des gewünschten Verhaltens gegeben werden. Wichtig ist, daß nicht nur das erwünschte Verhalten selbst, sondern bereits alle Annäherungen an dieses Verhalten gelobt werden.

3. Bevor erwünschtes Verhalten gelobt werden kann, muß es *vorhanden sein.* Man kann dabei als Erzieher dieses Verhalten entweder selbst vormachen und dann die Nachahmung belohnen; oder man lobt bereits die kleinsten Fortschritte, die in Richtung auf das erwartete Verhalten auftreten.

Erfolgserlebnis

Belohnungen bedeuten für den Lernenden ein *Erfolgserlebnis.* Deren zentrale Bedeutung für die positive Persönlichkeitsentwicklung wurde unter anderem von der Motivationsforschung bewiesen. Sie hat vor allem auf die Wichtigkeit der positiven Bekräftigungen in Form von sozialen Verstärkungen aufmerksam gemacht. Aber auch die psychoanalytisch orientierte Forschung hat deutlich gezeigt, daß – nicht nur im Kleinkindalter – wirksame Erziehungsarbeit ohne positive emotionale Beziehungen unmöglich ist. Sprachliche Äußerungen der Wertschätzung, des Verstehens, des Akzeptierens, des Offenseins für die Probleme des anderen sind lebensnotwendig. Ermahnungen, Drohungen, sogar Strafen können Kinder zeitweilig ertragen, vorausgesetzt, daß sie sich auch verständnisvoller Zuwendung und Anerkennung sicher sind.

Lob verstärkt also das Selbstvertrauen sowie das Selbstwertgefühl; es regt zu neuen Aktivitäten an. Auf den ersten Blick scheint es also nur positive Aspekte zu haben.

So unproblematisch ist dies jedoch bei genauerer Betrachtung nicht. Die Erfahrung zeigt, daß viele Eltern, Erzieher und Lehrer mit der Methode der positiven Bekräftigung scheitern. Sie sehen keinen sofortigen Erfolg bei der Anwendung dieses Mittels. Die Kinder reagieren nicht, sprechen nicht darauf an. Deshalb kommt man oft wieder auf „durchgreifendere" Maßnahmen zurück; denn diese zeigen – so argumentiert man – wenn auch nur kurzfristige, so doch unmittelbare Erfolge.

Bei der *praktischen Anwendung* des Erziehungsmittels „Lob" müßte sich der Erzieher der folgenden Gesichtspunkte bewußt sein:

notwendige Bedingungen

1. Die Wirkung des Lobes bedingt eine *reflektierte Erziehungsplanung.* – Bei unsystematischer Anwendung, also ohne sorgfältige Planung und ohne gründliche Analyse der Ursachen und Bedingungen der Störungen, sind durch Anwendung von Bekräftigungen Erfolge nicht zu erwarten. Gelegentliches Lob bleibt wirkungslos und andererseits kann man Kinder, die stören, nicht dauernd belohnen. Die Kenntnis, daß Lob besser ist als Tadel, nützt allein wenig. Besonders bei Kindern mit ausgeprägten Verhaltensstörungen sind oft „materielle Verstärker" wie Süßigkeiten, Spielzeug oder Privilegien erforderlich, um Verhaltensänderungen herbeizuführen.

2. Lob ist nicht nur ein Erziehungsmittel, sondern auch ein *Machtmittel.* – Lob kann den Zu-Erziehenden beeinflußbar und evtl. abhängig machen, z. B. von der Gabe materieller Verstärker. Je mehr man als Erzieher über die Mittel der Belohnung verfügt und das Gewähren oder Verweigern von Privilegien gezielt einsetzt, um so stärker kann die Art der Machtausübung und die Abhängigkeit des Zu-Erziehenden werden. Auch Belohnungen sind möglicherweise ein Machtmittel, um „gefügige und gehorsame Kinder" zu erhalten.

3. Erziehung durch Lob setzt *Individualisieren* voraus. – Ein Erzieher wird nicht immer in der Lage sein, allen Kindern „ihr" Lob

in der individuell angemessenen Weise zu erteilen. Kein Lob zu erhalten, ist aber für manches sensible oder ehrgeizige Kind schon eine halbe Strafe. Lob sollte nicht von der Norm der durchschnittlichen Gruppenleistung abhängen, sondern der individuellen Leistungshöhe angepaßt werden.

4. Auch das Lob setzt eine *günstige Beziehung* zwischen dem Erzieher und seinem Adressaten voraus. – Kinder haben oft ein gutes Gespür für die Haltung des Pädagogen, vor allem aber dafür, wie er zu ihnen persönlich „steht". Sie werden sehr bald merken, ob ein Lob tatsächlich ehrlich gemeint ist oder mehr aus einer temporären Laune des Erziehers hervorgeht. Dementsprechend wird aber auch für das weitere Verhalten des Kindes ein Lob sich auswirken. Kinder überlegen sehr wohl, ob sie ein Lob ernst nehmen dürfen.

5. Der Erzieher müßte selbstkritisch bedenken, ob er nicht nur oder in erster Linie *privilegierte Kinder* lobt. – Das erfolgreiche, sprachgewandte, sympathische, adrette, intelligente, gehorsame, saubere Kind wird häufiger gelobt als ein Kind, dem diese Eigenschaften nicht nachgesagt werden. Das meiste Lob erhalten Schüler, die ohnehin erfolgsmotiviert sind. Hier sollte der Erzieher immer wieder kritisch reflektieren, um gegebenenfalls solche oft unbedachten Reaktionsweisen aufzuspüren und auszuschalten. Soziale Herkunft des Kindes, dessen Alter, Geschlecht, soziales und intellektuelles Verhalten – sie sind leider in vielen Situationen ausschlaggebend dafür, ob man lobt, ein „Auge zudrückt", ermahnt oder straft. Diese unangenehme Wahrheit wird der Erzieher wahrscheinlich in den seltensten Fällen akzeptieren wollen. Dennoch ist es Realität.

6. Lob kann auch zur Verbreitung des *Konkurrenzdenkens* in einer Gruppe beitragen. – Wir stellten heraus, daß Lob als positiver Verstärker bei den Adressaten auf Interesse stößt. In diesem Zusammenhang darf man aber nicht die soziale Dimension übersehen, in der sich erzieherisches Geschehen, auch wenn es zunächst nur den einzelnen zu betreffen scheint, immer abspielt. Verbales Lob und materielle Belohnungen können auch dazu führen, daß in der Gruppe Konkurrenzden-

ken, Wetteifer, Leistungsdruck und Neid in verstärktem Maße auftreten.

Wie bei allen Erziehungsmitteln, so sind auch bei positiven Verstärkern unerwünschte, unerwartete Nebenwirkungen möglich. Die Tatsache allein, daß ein Erzieher nie straft, sondern nur lobt, ist kein Garant dafür, daß Erziehungsziele, wie z. B. Selbständigkeit, Verantwortungsbewußtsein, Urteilsfähigkeit, ohne weiteres erreicht werden.

6. Strafe als Erziehungsmittel?

Strafe ist ein heikles Thema der Pädagogik. Zu allen Zeiten wurden Heranwachsende gestraft; die Streitfrage, ob man strafen soll oder nicht, blieb allerdings bislang unbeantwortet. Zwei *extreme Positionen* werden von theoretischer und praktischer Seite vertreten.

heikles Thema

Es sagen die einen:
„Ein Mensch, der nicht geschunden wurde, ist nicht erzogen."
„Nur schlechte Eltern schonen die Rute."
„Wer sein Kind lieb hat, der züchtigt es."
„Eine kräftige Tracht Prügel hat noch niemand geschadet!"

extreme Positionen

Dagegen hört man von den anderen, z. B. A.S. NEILL (1883–1973):
„Eine Strafe kann nie gerecht verhängt werden, denn niemand ist gerecht . . . Strafen lehren ein Kind nur, wie man bestraft, Schelten lehrt es nur, wie man schilt. Indem wir ihm zeigen, daß wir es verstehen, lehren wir es, andere zu verstehen."
(Summerhill 1971, S. 137)

Trotz der zunehmenden Verbreitung pädagogisch-psychologischer Erkenntnisse ist in Heimen, Schulen und anderen Erziehungseinrichtungen immer noch eine unangemessene Strafpraxis anzutreffen. Die Zahl der vermuteten Fälle von *Kindesmißhandlung* schwankt wegen der hohen Dunkelziffer zwischen 6000 und 400 000 jährlich, wovon über 600 einen tödlichen Ausgang haben. Das scheint nach übereinstimmender Ansicht der Fachleute jedoch nur die Spitze des Eisbergs zu sein.

Kindesmißhandlung

149

Folgen gewaltsamer Behandlung

Strafende Einwirkungen auf das Kind beschränken sich aber nicht auf die Formen gewaltsamer körperlicher Beeinträchtigung. Gewaltsame psychische Beeinträchtigungen sind häufiger als körperliche Mißhandlungen. Die Folgen gewaltsamer Behandlung der Seele eines Kindes sind „Angst, Sprach- und Lernstörungen, Kontaktschwierigkeiten und Isolationstendenzen, motorische Störungen, Mutlosigkeit und Verlust des Selbstvertrauens, Aggressivität. Psychische Mißhandlungen schlagen sich aber auch in somatischen Störungen (Bauchschmerzen, Bettnässen ...) nieder. Sie werden hervorgerufen durch Nichtbeachten, Lächerlichmachen, Herabsetzen, Drohen von Liebesentzug („... dann hab ich Dich nicht mehr lieb!"), keinen Widerspruch duldende Befehle, ständige Verbote und Einschränkungen oder Überforderungen" (WOLFF, 1975, S. 17).

Kleinkind

Wie ausländische Untersuchungen belegen[11], werden Kinder im Kleinkindalter am häufigsten mißhandelt: Sie können sich am wenigsten wehren. Besonders häufig sind Mißhandlungen im sogenannten Trotzalter. Jungen und Erstkinder werden häufiger mißhandelt; ebenfalls nichteheliche und voreheliche Kinder. Schließlich zeigen zahlreiche Untersuchungen, daß aus Heimen in die Familie zurückkehrende Kinder sowie körperlich oder geistig Behinderte stärker von Mißhandlungen bedroht werden als die übrigen.

6.1. Wie wird Strafe begründet?

Straftheorie

Je nach zugrundeliegender *Straftheorie* soll die Strafe Vergeltung, Abschreckung, Sühne, Wiedergutmachung, Unschädlichmachung oder Besserung bewirken. Ein grober geschichtlicher Rückblick verdeutlicht, daß Prinzipien und philosophisch-theologische Begründungen, mit denen man in der Erziehung oder in der Rechtsprechung Strafen rechtfertigt, unterschiedlich sind:

---

[11] Empirische Untersuchungen in Deutschland gibt es kaum. Eine direkte Übertragung englisch-amerikanischer Ergebnisse auf deutsche Verhältnisse ist zwar nur begrenzt möglich; es kann aber eine hohe Übereinstimmung vermutet werden. Vgl. R. WOLFF, Gewalt gegen Kinder, in: Päd. extra 4, 1975, S. 12 ff. und GUSS, K., Lohn und Strafe. Ansätze und Ergebnisse psychologischer Forschung, Bad Heilbrunn 1979

Bei den sog. Straftheorien, wie sie in der Pädagogik und besonders im Strafrecht bekannt sind, steht die Frage nach dem Sinn und Zweck der Strafe im Vordergrund. Weshalb bzw. warum soll jemand bestraft werden? In diesem Zusammenhang wird besonders deutlich, daß Pädagogik keineswegs auf die Fragen nach dem Umgang mit Kindern eingeschränkt werden darf. Die bisher bekannt gewordenen Vorstellungen über den Sinn der Strafe hat man in zwei Gruppen unterteilt (vgl. dazu SCHMIDHÄUSER 1971): absolute und relative Straftheorien. Daneben gibt es noch sog. Mischtheorien – auch Vereinigungstheorien genannt.

a) *Absolute Straftheorien.* – Das Wort „absolut" heißt „losgelöst". **Absolute** Eine absolute Straftheorie betrachtet die Strafe demgemäß „los- **Straftheorien** gelöst" von der Wirkung, die durch sie entsteht, z. B. ob der Bestrafte sich in Zukunft bessert oder nicht; das ist nicht so entscheidend nach dieser Vorstellung (poena absoluta est ab effectu: die Strafe ist losgelöst von der Wirkung). Wir können auch von wirkungslosgelöstem Strafdenken sprechen. Klassisch gewordene Denker haben durch ihre so gearteten Ansichten das deutsche Strafrecht stark beeinflußt:

Kant (in: Metaphysik der Sitten)
„Selbst, wenn sich die bürgerliche Gesellschaft mit aller Glieder Einstimmung auflöste (z. B. das eine Insel bewohnende Volk beschlösse, auseinander zu gehen, und sich in alle Welt zu zerstreuen), müßte der letzte im Gefängnis befindliche Mörder vorher hingerichtet werden, damit jedermann das widerfahre, was seine Taten wert sind, und die Blutschuld nicht auf dem Volk hafte, das auf diese Bestrafung nicht gedrungen hat; weil es als Teilnehmer an dieser öffentlichen Verletzung der Gerechtigkeit betrachtet werden kann."

Platon (in: Gorgias, S. 472f.)
„Nach meiner Ansicht . . . ist der Übeltäter und Ungerechte in jedem Falle unglücklich, unglücklicher jedoch, wenn er dem Rechte nicht genügt und der Strafe nicht verfällt für sein Vergehen, weniger unglücklich aber, wenn er dem Rechte genügt und der Strafe verfällt vor Göttern und Menschen."
„Unrecht tun und straflos bleiben ist das allergrößte und erste der Übel."
„Wenn man aber gar selbst Unrecht tut oder ein anderer, den man von Herzen liebt, so muß man selbst freiwillig dahin gehen, wo er so rasch als möglich seine Strafe empfangen wird, nämlich zum Richter wie sonst zum Arzte, und muß eilen, daß die Krankheit der Ungerechtigkeit nicht durch die Länge der Zeit in die Seele sich einfresse und sie unheilbar mache."

151

Trillhaas (in: Zur Theologie, 1961, S. 45)
„Um der Übeltat willen wird dem Übeltäter ein Nachteil, ein Leid, ein Verlust oder ein Schmerz zugefügt; und um dieser Zufügung willen kommt das Gleichgewicht der Waage der Gerechtigkeit wieder zustande. Dieses Gleichgewicht aber ist die aus der Sühne folgende Versöhnung. Wer gesühnt hat, der hat Frieden."

Strafe hat also hier den Sinn, auf die verletzte Rechtsordnung zu reagieren.

Relative
Straftheorien

b) *Relative Straftheorien.* – Das Wort „relativ" bedeutet hier „bezogen", und zwar wird die Strafe „bezogen" auf die Wirkung betrachtet, zu der sie beim Bestraften führt oder führen kann, z. B. ob die Strafe bewirkt, daß in Zukunft das strafbare Verhalten unterbleibt; das ist das Wichtigste bei diesen Straftheorien (poena est relativa ad effectum: die Strafe ist bezogen auf die Wirkung). Wir können auch von wirkungsbezogenem Strafdenken sprechen. Die Tat soll sich beim einzelnen Täter nicht wiederholen (Spezialprävention), aber auch bei der Allgemeinheit nicht (Generalprävention). Strafe soll also abschreckend wirken.

Feuerbach (in: Lehrbuch des peinlichen Rechts, 1832, § 16)
„Der Zweck der Androhung der Strafe im Gesetz ist Abschreckung aller . . . von Rechtsverletzungen. Der Zweck der Zufügung derselben ist die Begründung der Wirksamkeit der gesetzlichen Drohung, inwiefern ohne sie diese Drohung leer (unwirksam) sein würde. Da das Gesetz alle Bürger abschrecken, die Vollstreckung aber dem Gesetz Wirkung geben soll, so ist der mittelbare Zweck (Endzweck) der Zufügung ebenfalls bloße Abschreckung der Bürger durch das Gesetz."

Grolman (in: Grundsätze der Criminalrechtswissenschaft, 1805, S. 17)
„So bleibt denn auch bei der Strafgewalt des Staates das Strafrecht Präventionsrecht und der Zweck der Strafe Abschreckung des zu Strafenden, oder Unmöglichmachen künftiger Illegalitäten desselben."

Vereinigungs-
theorien

c) *Vereinigungstheorien.* – In den bisher vorgestellten Straftheorien stand jeweils ein Zweck der Strafe im Vordergrund, die anderen spielten höchstens am Rande eine Rolle. Es gab immer schon die Auffassung, Strafe könne sowohl zur Wiederherstellung der Gerechtigkeit als auch zur Abschreckung und Besserung führen. Beide Zweckrichtungen sind dabei „vereint" und deshalb spricht man von Vereinigungstheorien. Im jüngeren Strafrecht, das stark pädagogische Elemente aufweist, findet man nicht mehr die einseitig ausgerichteten Auffassungen von Strafe. So hieß es z. B. im Entwurf eines Strafgesetzbuches aus dem Jahr 1962 in der Bundestagsvorlage: „Denn der Entwurf sieht den Sinn der Strafe nicht allein darin, daß sie die Schuld des Täters ausgleicht. Sie hat damit zugleich auch den allgemeinen Sinn, die Rechtsordnung zu bewahren. Außerdem dient sie bestimmten kriminalpolitischen Zwecken, in erster Linie dem Zweck, künftige Straftaten zu verhüten. Das kann dadurch geschehen, daß auf den Täter eingewirkt wird, um ihn der Gemeinschaft wieder zu gewinnen und ihn gegen neue Versuchungen innerlich widerstandsfähiger zu machen. Es kann schließlich auch dadurch geschehen, daß die Allgemeinheit vor dem gefährlichen Täter gesichert wird. Alle diese Zwecke werden zum Teil von selbst durch die Strafe erreicht. Sie können aber auch im einzelnen Falle durch Art und Maß der Strafe besonders angestrebt werden."

Die Erziehungspraxis, z. B. eines Jugendgefängnisses, wird somit immer auf mehrere Zwecke der Strafe abheben. Wer ein Auto gestohlen hat, bringt dies nicht dadurch wieder „in Ordnung", daß er es zurückgibt, und die evtl. verhängte Strafe soll nicht nur der Gerechtigkeit dienen, sondern sie soll auch zur Verhaltensänderung des jugendlichen Rechtsbrechers führen, aber eben nicht nur dazu, sondern auch zur Erlangung von Reue und Einsicht. (Daß dies tatsächlich keineswegs immer der Fall ist, dürfte allgemein bekannt sein.) In dem Sinne sagt das *Jugendgerichtsgesetz* (§ 91): „Durch den Vollzug der Jugendstrafe soll der Verurteilte dazu erzogen werden, künftig einen rechtschaffenen und verantwortungsbewußten Lebenswandel zu führen."

Um die historische Genese der Menschen zu würdigen, müssen wir uns bewußt sein, daß Freiheitsstrafe mit dem Zwecke der Einflußnahme und Besserung (Resozialisierung) etwas ziemlich Neues ist.

Mit der Aufklärung begann ROUSSEAU den Kampf gegen die Körperstrafe, den PESTALOZZI, FRÖBEL, MONTESSORI und SCHLEIERMACHER mit wechselnden Begründungsargumenten fortsetzten. Unterstützt von den Vorstellungen der Reformpädagogik und den Modellen antiautoritärer Erziehung steht heute das Ziel der straffreien Erziehung im Raume. Forschungsergebnisse der Entwicklungs- und Individualpsychologie sowie der Psychoanalyse lieferten genügend Erkenntnisse, die bestimmte Strafarten für die Erziehung als fragwürdig erscheinen lassen.

6.2. Probleme der Strafe

unerwünschte
Gegenwirkun-
gen

Durch die Anwendung der Strafe hofft der Erzieher, daß das unerwünschte Verhalten zunächst in seiner Häufigkeit abnimmt und schließlich dauerhaft und völlig verschwindet. Gerade bei den Strafpraktiken aber muß der Erzieher mit *unerwünschten Neben- oder Gegenwirkungen* rechnen. Deshalb erscheint bei diesem Mittel besondere Zurückhaltung geboten, und es bedarf einer äußerst selbstkritischen Einstellung, da manchem Erzieher allzuleicht und unbedacht „die Hand ausrutscht", die er nachher nicht mehr zurückziehen kann. Mit Strafen können wir unsere Kinder wohl „kleinkriegen", können unsere Macht (oder Ohnmacht?) demonstrieren, selten aber Erziehungsprobleme wirklich lösen.

Denkimpulse

Die folgenden Überlegungen stellen nur eine unvollständige Auswahl der möglichen Probleme und Fragen dar. Sie mögen im Sinne von *Denkimpulsen,* als Hilfen zur Bewußtwerdung und Sensibilisierung verstanden werden.

Im Zusammenhang mit der Strafe ergeben sich u. a. als Problempunkte:

- Wenn Strafe zur Folge hat, daß der Edukand verärgert, aggressiv, resigniert oder ängstlich reagiert, kann Strafe da nicht jeden erzieherischen *Zweck verfehlen?*
- sie zerstört u. U. das Vertrauensverhältnis;
- sie fördert eventuell kein erwünschtes Verhalten, sondern u. U. sogar unerwünschtes;
- der Edukand sieht oft ihre Berechtigung nicht ein; d. h. daß seine Einsicht nicht gefördert wird.
- Dauerndes Strafen muß dem Kind das Gefühl der *Ohnmacht* vermitteln. Die Ausbildung eines intakten Über-Ichs, das den Anforderungen der Gesellschaft gerecht wird, darf in einer solchen Atmosphäre nicht erwartet werden. Dazu wären andere Verhaltensweisen erforderlich: Zustimmung, Verständnis, Zuneigung. Aus *Angst vor Strafen* flüchten Kinder in Verhaltensweisen wie Lügen, Betrügen, „Abschreiben, Mogeln und Spikken", Flucht aus dem Heim; die Anlässe zum erneuten strafenden Eingriff häufen sich.

154

- Strafen oder Strafandrohungen wirken oft nur für den Augenblick oder solange, wie die „strafende Instanz" gegenwärtig ist. Erziehung zielt aber doch auf *Lebensbewältigung* ab, und man müßte daher längerfristig planen und handeln. Unter diesem Gesichtspunkt betrachtet, würden wahrscheinlich manche Bestrafungen überflüssig.

6.3. Grundsätze einer ausgewogenen Strafanwendung in der Erziehung

Wenn nun aber – trotz aller Einwände und Probleme, die sich zum Erziehungsmittel Strafe ergeben, – im einen oder anderen Fall Strafe dennoch unentbehrlich erscheint, so wären dabei die folgenden Prinzipien zu beachten:

1. Keine körperliche Strafe

Wir möchten an dieser Stelle eine Reihe von Argumenten vortragen, die deutlich genug gegen eine körperliche Bestrafung sprechen. Gehen wir von folgendem Beispiel aus:

Beispiel

„Als Thomas Alva Edison zwölf Jahre alt war, bezog er von einem Eisenbahnbeamten eine gewaltige Ohrfeige. Das kam so: Edison fuhr damals jeden Tag von seinem Heimatort nach Detroit und kaufte dort das Gemüse, das er zu Hause wieder verkaufte. Um die Zeit während der langen Bahnfahrt zu nutzen, richtete er sich in einem Winkel des Gepäckwagens ein „fliegendes Labor" ein, in dem er chemische und physikalische Experimente machen konnte. Als der Zug sich einmal besonders stark in die Kurve legte, fiel ein Phosphorstäbchen aus seinem Chemiekasten zu Boden, entzündete sich – und schon brannte der ganze Gepäckwagen lichterloh. So kam Edison zu seiner Ohrfeige." Die Geschichte ist deshalb bekannt geworden, weil Edison seit dieser Ohrfeige für den Rest seines Lebens schwerhörig, fast taub war: sein Trommelfell war geplatzt (vgl. LÜCKERT 1968).

Unvernünftigkeit der Prügelstrafe

Über die *Unvernünftigkeit der Prügelstrafe* scheinen sich wohl viele Menschen Gedanken zu machen, jedoch kaum zu einem besonneneren Verhalten zu kommen. Man muß den Eindruck gewinnen, daß wir zu einem großen Teil ein Volk prügelnder Eltern sind, denen das Prügeln so in Fleisch und Blut übergegangen ist, daß auch

155

die Kinder die Prügelstrafe als selbstverständlich ansehen und daß sie später ihre eigenen Kinder genau so falsch behandeln wollen." Zu diesem Ergebnis gelangt W. VOGELS aufgrund einer Studie im Jahr 1969. Er ließ fast 2000 Schüler und Schülerinnen zum Thema berichten „Wenn ich mein Vater wäre"/„Wenn ich meine Mutter wäre". Ein zwölfjähriger Junge schreibt: „Wenn ich mein Vater wäre, müßte ich erst arbeiten gehen. Wenn ich dann zurückkäme, legte ich mich etwas auf die Couch. Dann würde ich erst einmal für Ordnung in der Wohnung sorgen, denn die Kinder müssen ab und zu eine Tracht Prügel einstecken." – Wann wird man wohl endlich aus diesem Teufelskreis der Prügelpädagogik herauskommen?

Argumente gegen die Körperstrafe

Man kann nun mindestens vier *Argumente gegen die Körperstrafe,* und damit aber auch gegen die Ohrfeige anführen:

a) Es wird die Würde des Menschen verletzt.
Auf anderen Gebieten führen wir gern Gründe an, in denen das Kind, selbst das ungeborene, als Person mit allen Konsequenzen anzusehen ist. Die Vertreter der Körperstrafe scheinen sich darum nicht zu kümmern, so lange nur die eigenen Absichten durchgesetzt werden. Die körperliche Strafe – auch des Kleinkindes – erscheint uns inhuman!

b) Die möglichen Schädigungen des Körpers sprechen dagegen.
Die Konsequenzen von Edisons Ohrfeige wirkten sich sein ganzes Leben aus. Als generell mögliche Folgen einer Ohrfeige müssen angesehen werden:

- Nasenbluten (oft in Verbindung mit schwerem Blutverlust)
- Dauernde Gehör- und Gleichgewichtsstörungen (z. B. wenn das Trommelfell platzt)
- Nervenschäden: Jede Ohrfeige ist mit einer kleinen Gehirnerschütterung zu vergleichen, bei der die Nervenzellen angegriffen werden. Besonders gefährdet ist das Kleinkind bis zum dritten Lebensjahr, da bei ihm die große Fontanelle noch nicht geschlossen ist.
- Gedächtnisstörungen (im schlimmsten Fall sogar Idiotie, wenn durch den Schlag eine Gehirnblutung ausgelöst wird)
- Rückgratverletzungen (z. B. wenn das Kind durch den Schlag unglücklich fällt).

156

Allein die Tatsache, daß solche Folgen möglich sind, sollte bedenklich stimmen. Wir halten eine solche drastische Darstellung für wichtig, weil wir davon ausgehen, daß der Facherzieher diese Gedanken auch an Eltern weitergeben müßte.

c) Wer den Körper schlägt, der schlägt auch die Seele, wie psychologische und psychoanalytische Forschungen belegen.

Der Mensch ist ein psycho-physisches Wesen, und mit größter Wahrscheinlichkeit ist es so, daß die körperliche Züchtigung psychische Folgen nach sich zieht. Auch die „seltene Ohrfeige" scheint unabsehbare Folgen zu haben. „Untersuchungen haben ergeben, daß alle seelischen Schäden, die bei solchen Kindern, die von klein auf nichts als Prügel kennen, so überdeutlich zu sehen sind, in kleinerem Maßstab . . . auch bei denen auftreten, die nur ab und zu eine Ohrfeige bekommen" (LÜCKERT 1968, S. 84). Ein „geschlagenes Kind" wird wahrscheinlich zu zwei Auffälligkeiten tendieren: Die Möglichkeit, daß es ein ausreichendes Selbstwertgefühl entwickelt, dürfte sehr gering sein. Dagegen wird es, sobald die Umstände es zulassen, zu rohen und aggressiven Verhaltensweisen neigen. „Geprügelte Kinder werden auch andere Kinder prügeln." Damit gewinnen wir ein viertes Argument.

psychische Folgen

d) Körperliche Strafe ist ein Konfliktlösungsmuster, das Erzieher an sich nicht befürworten würden.

Wenn man sich verschiedene Fälle von körperlicher Strafe vor Augen hält, dann wird sehr bald deutlich, daß es sich dabei in aller Regel um einen Konflikt zwischen Erzieher und Zu-Erziehendem handelt. Und nun tut der Erzieher etwas, dessen Folgen er bei näherer Betrachtung wahrscheinlich nicht akzeptieren würde. Er „lebt" dem Kind ein von ihm selbst nicht erwünschtes Konfliktlösungsmuster vor, nämlich den Weg der physischen Gewalt, statt der verbalen Argumentation. Nur die wenigsten Pädagogen würden sich wünschen, daß die von ihnen erzogenen Kinder als Erwachsene ihre sozialen Konflikte brachial lösen. Dann dürften sie ein solches Muster ihren Kindern aber auch nicht „vormachen". Ein Sprichwort aus Thüringen bringt diesen Lernprozeß gut zum Ausdruck: „Mein Vater schlägt meine Mutter! Meine Mutter schlägt mich. Und ich schlage die Ziege!" Wenn man den hier verdeutlichten Aspekt des Erlernens eines falschen Konfliktlösungsmusters ernst nimmt, dann müßte einleuchten, daß selbst ein noch so unbedachter Klaps pädagogisch nicht vertretbar erscheint.

2. Wenn Strafe jedoch unentbehrlich erscheint, dann aber nur bei Beachtung der folgenden Grundsätze:

Strafe - so selten wie möglich

a) Strafe soll – wegen der zahlreichen damit verbundenen Probleme – *so selten wie möglich* sein.

b) Es ist zu fragen, ob das Kind *überhaupt „schuld"* ist an seinem „Fehlverhalten". Sind es nicht vielmehr die räumliche Enge, die soziale Umgebung, Zufälligkeiten der Situation, die zum Verhalten des Kindes führen mußten?

c) Vom Kind dürfen nicht Fähigkeiten erwartet werden, die es *erst lernen* soll. Wer wird das Ziel sehen wollen, bevor es erreicht sein kann? Waren also dem Kind genügend Möglichkeiten geboten, das erwünschte Verhalten zu erlernen, zu festigen und zu erproben?

d) Ist das Kind aufgrund seiner kognitiven Fähigkeiten und seiner Entwicklungshöhe überhaupt in der Lage, das gewünschte Verhalten zu zeigen? Oder wird es eher *überfordert?*

e) Ein angemessenes Erzieherverhalten gebietet, daß man vorher mit dem Kind ins Gespräch kommt, um die Motive, die zu der unerwünschten Handlung führten, kennenzulernen. Es ist dabei auf die Einsichtigkeit des Kindes im Hinblick auf sein Handeln einzuwirken. Die *Einsicht in das Fehlverhalten* ist die Grundvoraussetzung dafür, daß das Vertrauensverhältnis zum Erzieher nicht gestört wird.

Würde und Ehrgefühl des Kindes

f) Die Strafe darf die Würde und das Ehrgefühl des Kindes nicht verletzen. Es ist zu überlegen, ob über die Strafe z. B. vor der Gruppe zu sprechen ist. Andererseits mag es den Fall geben, wo die Gruppe mit darüber befinden kann, ob eine Strafe gerecht und angemessen ist. Strafen stehen oft in keinem Zusammenhang mit dem kindlichen Verhalten: „Weil sie ein schlechtes Zeugnis heimbrachte, durfte sie eine Woche nicht fernsehen."

g) Bei der Strafe spielt der Zeitpunkt des Einsatzes eine wichtige Rolle. Ihre Wirkung ist verfehlt, wenn die unerwünschte Verhaltensweise nicht direkt nach dem Auftreten negativ verstärkt wird. Dann ist nämlich für den Zu-Erziehenden der Zusammenhang zwischen Fehlverhalten und Strafe nicht mehr unmittelbar erkenntlich.

h) Problematisch ist die von manchen Pädagogen vertretene sog. „natürliche Strafe". Damit ist eine Konsequenz gemeint, die in direkter Verbindung mit dem vorhergehenden Handeln des Kindes steht und sich von selbst, also ohne Interaktion des Erziehers, daraus ergibt. Viele Situationen, die eine sog. natürliche Strafe nach sich ziehen würden, sind für das Kind Gefahrenquellen. Es ist eine Frage der begrifflichen Definition, ob man dabei noch von Strafe sprechen soll, oder ob der Strafe nicht immer auch ein ethisches Moment zugrunde liegt.

i) Eine Strafe darf niemals Rache- oder Vergeltungscharakter haben; sie muß vielmehr immer deutlich als helfende und fördernde Aktivität erkennbar sein. Das „Wohl des Kindes" ist auch nach seinem Fehlverhalten oberstes pädagogisches Gebot.

Eine reflektierte Strafe macht sie als solche allerdings noch nicht besser, sondern höchstens vernünftiger. Auch heute finden wir entschiedene Gegner von Strafe. Einer der Pädagogen, die sich zuletzt öffentlich und engagiert gegen Strafen überhaupt geäußert haben, ist H.H. DEISSLER (1981): „Es genügt nicht, für eine strafarme Erziehung einzutreten. Wir müssen radikaler, d. h. schärfer denken. Was von seinem Wesen her so fragwürdig, ja schlecht ist wie die Bestrafung von Menschen durch Menschen, wird nicht schon dadurch gut, weil es weniger häufig passiert . . . Liebe bestraft nicht. Liebende machen sich Vorwürfe, streiten und versöhnen sich, sie finden es tragisch, wenn sie sich unbeabsichtigt Leid zugefügt haben, aber sie mögen es nicht absichtlich tun." (S. 121)

Gegner von Strafe überhaupt

Statt der Strafpädagogik, – die immer auch Negativ-Aspekte enthält, insofern stark mit Verboten und negativen Sanktionen gearbeitet wird, – müßte man eine konstruktive und positive Erziehung realisieren, indem Kindern von den Erziehern selbst attraktive Lebensmuster geboten werden. Dabei würden dem Kind positive Lebensperspektiven vermittelt, nicht aber überwiegend mit negativen Sanktionen gearbeitet.
Erwachsene sollten in erster Linie die Bereitschaft zeigen, auch die Bedürfnisse der Kinder anzuerkennen. Es fehlt häufig die Einsicht,

daß Kinder *keine kleinen Erwachsenen* sind: Kinder denken, handeln, fühlen, urteilen und bewegen sich anders. Viele Dinge, die uns selbstverständlich sind, muß das Kind im Umgang mit den Sachen erst erproben und erlernen. Dabei erkennt es die Gegenstände in seiner Umgebung nicht in der Funktion, die sie für Erwachsene haben: es will mit dem Vorhang Versteck spielen, die Schallplatte durch die Wohnung rollen. Im Umgang mit Sachen will es sich diese erschließen, keineswegs aber die Eltern ärgern, schädigen oder verletzen. Doch diese reagieren oft mit Empörung, als hätte das Kind sie persönlich und absichtlich angreifen wollen.
Eltern sollten sich – trotz der täglichen Streß-Belastung – frei machen von der Vorstellung, vom Kind „belästigt" und „gestört" zu werden.

Will man die Fragwürdigkeit eines Gebots, eines Verbots ändern, muß man sich der Mühe unterziehen, sich selbst zu fragen, ob denn die Anordnung situationsgerecht ist: „Messer, Gabel, Scher' und Licht" müssen auch nicht gegenüber dem Kleinkind in allen Situationen ein „Weg da, laß das!" auslösen. Je nach Alter des Kindes und Umständen kann und muß man sehr wohl vom „prinzipiellen Nein" zum „situativen Ja" kommen. Dem Ansehen des flexiblen Erziehers schadet eine solche Pädagogik der Kompromißbereitschaft keineswegs. Das einst strikt verhängte Verbot wird dann unter einem bestimmten Umstand aufgehoben. Wenn der Vater dabei ist, darf der Vierjährige auch eine wegabkürzende gefährliche Straße überqueren, die sonst ein strenges Tabu für ihn ist.
„Die Erfahrung, daß Verbote und Verweigerungen von seiten des Erwachsenen nicht willkürlich und sinnlos gegeben werden und nicht immer nur die Bedürfnisse des Erwachsenen akzeptiert werden müssen, sondern Bedürfnissen wechselseitige Rechnung getragen wird, schafft erst das notwendige Vertrauen in die Hilfe des Erwachsenen, ohne zugleich das Gefühl des totalen Ausgeliefertseins und der völligen Rechtlosigkeit zu verankern" (SASS 1972, S. 61).

160

Literatur

Deißler, H.H., Sinn und Unsinn der Strafe, Freiburg 1981

Flitner, A., Konrad, sprach die Frau Mama. Über Erziehung und Nicht-Erziehung, Berlin 1982

Geißler, E.E., Erziehungsmittel, Bad Heilbrunn 1974

Guss, K., Lohn und Strafe. Ansätze und Ergebnisse psychologischer Forschung, Bad Heilbrunn 1979

Honig, M. (Hrsg.), Kindesmißhandlung, München 1982

Korczak, J., Wie man ein Kind lieben soll, Göttingen 1967

Lewin, K., Die psychologische Situation bei Lohn und Strafe, Darmstadt, 2. Aufl. 1964

Manertz, R., Strafen oder nicht?, Freiburg 1978

Redl, F./Winemann, D., Steuerung des aggressiven Verhaltens beim Kind, München 1967

Schmidhäuser, E., Vom Sinn der Strafe, Göttingen, 2. Aufl. 1971

Zulliger, H., Helfen statt Strafen, Frankfurt 1971

VI. ERZIEHERISCHE EINRICHTUNGEN ALS ORGANISIERTE INSTITUTIONEN – EXEMPLARISCH AUFGEZEIGT AM BEISPIEL KINDERGARTEN

VI. ERZIEHERISCHE EINRICHTUNGEN ALS ORGANISIERTE INSTITUTIONEN – EXEMPLARISCH AUFGEZEIGT AM BEISPIEL KINDERGARTEN

komplexes Gebilde

Bei der Fragestellung dieses Kapitels geht es uns darum, Kenntnisse zu vermitteln über die komplexe Struktur pädagogischer Einrichtungen. Die aufzuzeigenden Gesichtspunkte scheinen zunächst allgemein soziologischer Art zu sein und den einzelnen Erzieher weniger zu betreffen. Bei den ersten Kontakten mit einer sozialpädagogischen Einrichtung jedoch wird man bald erkennen, um welch ein *komplexes Gebilde* es sich dabei handelt und welche Verhaltensfehler man in Unkenntnis dessen machen kann.

Erzieherin im Kindergarten

Wer auch nur über kurze Zeit eine *Erzieherin im Kindergarten,* die sowohl in der Gruppenarbeit tätig ist als auch den Kindergarten zu leiten hat, bei ihrer Tätigkeit beobachtet, der wird feststellen, daß sie ein buntes Spektrum von sehr verschiedenen Funktionen zu erfüllen hat: sie berät Eltern in der Frage, ob sie ihr Kind frühzeitig einschulen sollen; sie kontrolliert, ob die Putzfrau ihre Arbeit gründlich erledigt hat; sie erteilt dem Hausmeister die Anweisung, das Schloß an der Außentür zu reparieren; sie kommt dem Drängen der Ausbildungsstätte nach, den Bericht über die Praktikantin zu fertigen; sie telefoniert mit einem Verantwortlichen des Trägers, der glaubt, sie habe ihren Kompetenzbereich zu weit ausgedehnt; die Kolleginnen werden informiert über einen Kontrollbesuch des Gesundheitsamtes; eine Mutter muß beschwichtigt werden, weil ihr Kind nicht in den Kindergarten aufgenommen wurde (sie habe doch ein Recht auf einen Kindergartenplatz, beteuert sie!) usw. usw. Man könnte diesen Funktionskatalog fortsetzen und würde sehen, daß Erziehung ohne organisatorische und administrative Tätigkeiten, mit denen der einzelne mehr oder weniger belastet ist, nicht denkbar ist. Auf diese Frage wollen wir hier unser Augenmerk richten.

164

Wichtig ist noch folgendes anzumerken: Es kommt uns nicht darauf an, hier zu beweisen, ob Organisationsstrukturen in der vorfindbaren Weise „gut" sind oder nicht; ob es angenehm ist oder nicht, wenn ein Erzieher in Heim oder Kindergarten administrative Arbeiten zu erledigen hat. Wir machen auch keine Aussagen darüber, ob es günstig ist oder nicht, wenn in einem Konfliktfall die in der Autoritätshierarchie höher stehende Instanz sich einseitig durchsetzt. Insofern wird die Betrachtung relativ „unengagiert" erscheinen. Das muß aber nicht bedeuten, daß die Autoren in allen Punkten mit der Art, wie unsere erzieherischen Einrichtungen derzeit als „organisierte Institutionen" strukturiert sind, einverstanden wären. Wir sind z. B. der Überzeugung, daß Teamarbeit und Elternmitsprache in vielen Bereichen noch kein wünschenswertes Stadium erreicht haben.

Mit den folgenden Darlegungen bieten wir einen – notwendigerweise etwas abstrakten – Rahmen, in dem unsere Fragestellung festzumachen ist.

1. Was sind organisierte Institutionen und welche gibt es in der Pädagogik?

In der Soziologie wird in gleicher Bedeutung mit dem hier verwendeten *Begriff* „Institution" häufig der Begriff „Organisation" benutzt. Darunter versteht man „zweckvoll gestaltete soziale Gebilde einschließlich deren ‚informeller' Aspekte" (MAYNTZ 1972, S. 147). Die Organisationen in einer Gesellschaft kann man nun nach verschiedenen Gesichtspunkten gruppieren. Wir richten uns hier nach der Einteilung von R. MAYNTZ (1972, S. 59f.) und unterscheiden unter dem Aspekt des Organisationszieles drei Typen:

Begriff

a) *Kontaktorganisationen:* Bei diesen erschöpft sich das Organisationsziel im Zusammensein der Mitglieder, ihrer gemeinsamen Betätigung und dem dadurch geförderten Kontakt (z. B. Clubs und Freizeitheime).

b) *Einwirkungsorganisationen:* Damit sind alle Organisationen gemeint, deren Ziel es ist, in bestimmter Weise auf eine Personengruppe einzuwirken, die zu diesem Zweck – zumindest vorübergehend – in die Organisation aufgenommen wird (z. B. Schulen, Krankenhäuser, Gefängnisse).

c) *Leistungsorganisationen:* Diese Organisationen verfolgen als ihr Ziel Leistungserstellung und Außenwirkungen (z. B. Organisationen des Wirtschaftslebens, der Verwaltung oder der Polizei).

Wenn wir nun die Bildungs- und Erziehungseinrichtungen einer dieser genannten Organisationskategorien zuordnen sollten, dann käme wohl am ehesten die Kategorie b) in Frage; denn wir haben es in den pädagogischen Arbeitsfeldern mit Institutionen zu tun, die Einwirkungsabsichten haben und zu deren Realisierung Personengruppen aufnehmen. Interessanterweise sind dann Kindergarten und Erziehungsheim mit dem Gefängnis in einer Gruppe – allerdings lediglich unter dem Aspekt, daß sie „einwirken" und organisierte Institutionen sind: Daß die Unterschiede zwischen den einzelnen Institutionen evtl. viel bedeutender sind als die Gemeinsamkeiten, mag hier einmal dahinstehen. Insofern Erziehung immer mit Einwirkungsintentionen verbunden ist, scheint es innerhalb einer organisationssoziologischen Systematik nur konsequent, die zum Zweck der Erziehung organisierten Institutionen unter die entsprechende Kategorie zu subsumieren.

terminologische Anmerkung

An dieser Stelle müssen wir noch eine *terminologische Anmerkung* machen. Wir verwenden – in Anlehnung an W. KLAFKI – den Begriff „Organisierte Institution" im wesentlichen aus zwei Gründen: Der Begriff der *„Institution"* wird im soziologischen, aber auch im sozialarbeiterischen Sprachgebrauch in einer anderen Bedeutung verwendet, z. B. spricht man auch bei der „Fürsorgeerziehung" und „freiwilligen Erziehungshilfe", aber auch bei der „Ehe" von „Institutionen". Um aber unsere Fragestellung zu kennzeichnen, nämlich die Organisiertheit von pädagogischen Einrichtungen, verwenden wir aus Gründen der Abgrenzung und Verdeutlichung den Begriff *„organisierte Institution".* Das hat weiterhin den Vorteil, daß man sich nicht an den soziologischen Terminus „Organisation" gewöhnen muß, sondern zugleich den in der Sozialpädagogik bereits geläufigen Begriff „Institution" beibehalten kann.

Derartige Institutionen gibt es nun im Erziehungsbereich mindestens einige Dutzend, allerdings ist der Ausprägungsgrad der Organisiertheit dabei sehr unterschiedlich. Ein Gemeinwesenarbeitsprojekt oder eine Aktivität in der Jugendarbeit ist in der Regel weniger deutlich organisiert und strukturiert als beispielsweise eine Jugendstrafanstalt. Die schulischen Institutionen sind relativ einheitlich organisiert, während es für die Einrichtungen der Sozialpädagogik und Sozialarbeit geradezu typisch zu sein scheint, daß sie heterogen organisiert sind. Alle bisherigen Versuche, diese Einrichtungen in eine logische Systematik zu bringen, mußten scheitern. Sie sind aus gesellschaftlichen Notwendigkeiten entstanden und sind deshalb so vielfältig wie die Praxis selbst es ist.

Denkimpuls: Versuchen Sie bitte, die im folgenden beliebig hintereinander genannten pädagogischen Institutionen danach zu ordnen, ob sie im Hinblick auf die familiäre Erziehung eher *komplementäre* (also ergänzende) oder eher *kompensatorische* (also ersetzende) Funktion haben: Kindergarten, Erziehungsberatungsstelle, Erziehungsheim, Kinderdorf, Heim für Behinderte, Erholungsheim, Schule, Stätte der Jugendarbeit (z. B. Freizeitheime, Jugenddörfer), Drogenberatungsstelle, Sonderschule, Familie mit einem aufgenommenen erziehungsschwierigen Kind, Kinderkrippe, Hort, Internat, Waisenhaus ("Kinderheim"), Tagesheimschule (d.h. Ganztagsschule für Grund- und Hauptschüler), Jugendwohnheim, Säuglingsheim, Jugendgefängnis, Erwachsenenbildungseinrichtung (z. B. Volkshochschule), Jugendwohngemeinschaft (als Einrichtung der Nachbetreuung nach Entlassung aus dem Erziehungsheim). (Zur weiteren Arbeit am Thema "Institutionen" vgl. HEDERER/KÖTH 1981[9]).

---

2. Der Kindergarten als organisierte Institution

Die allgemeine Fragestellung nach der Organisiertheit von pädagogischen Einrichtungen soll nun konkretisiert werden an der Institution Kindergarten. Wir gehen dabei in drei Schritten vor: zuerst werden sechs Grundbestimmungen aufgezeigt, die bei allen Einrichtungen Bedeutung haben, anhand eines Organisationsmodells sollen dann die Abhängigkeits- und Kompetenzverknüpfungen demonstriert werden, und schließlich sind die sechs formalen Grundbestimmungen für den Kindergarten inhaltlich zu belegen.

2.1. Sechs Grundbestimmungen von Organisationen

Bei den folgenden sechs Grundbestimmungen orientieren wir uns an der Definition von Organisationen, die R. MAYNTZ gibt. Nach einer weiteren Ausdifferenzierung dieser begrifflichen Festlegung gelangen wir zu den folgenden sechs Merkmalen, mit denen man als Frageaspekte an die Analyse jeder erzieherischen Institution herangehen könnte:

1. Organisierte Institutionen werden zur Realisierung bestimmter *Ziele* und zur Erfüllung spezifischer *Aufgaben* eingerichtet, deren Durchführung einen längeren Zeitraum beansprucht.

2. Organisierte Institutionen sind durch *gesetzliche Regelungen* in das gesellschaftliche System eingefügt. Deshalb handelt es sich dabei um politisch bedeutsame Einrichtungen.

3. Jede organisierte Institution weist eine bestimmte Struktur auf, die durch Arbeitsteilung, Machtteilung und Verantwortungsdelegation gekennzeichnet ist. Das bedeutet, daß in einer Institution jedem Mitglied bestimmte *Funktionen* übertragen sind, durch die dann auch seine Rolle gekennzeichnet ist.

4. In organisierten Institutionen wird kontrolliert, ob die Tätigkeiten der Mitglieder auf das Organisationsziel ausgerichtet sind. Es werden *Kontrollmaßnahmen* eingesetzt, die die Erfüllung der Ziele und Aufgaben gewährleisten sollen.

Kriterien für Aufnahme und Ausschluß

5. Organisierte Institutionen setzen *Kriterien* fest, nach denen ihre Mitglieder *aufgenommen bzw. ausgeschlossen* werden. Dabei ist zu unterscheiden zwischen Institutionen, in die man bei Erfüllung gewisser Voraussetzungen einzutreten gezwungen ist, und solchen, in denen man freiwillig Aufnahme findet.

6. Die verschiedenen Personen und Personengruppen haben unterschiedliche *Interessen* an der Institution. Es können sich zahlreiche voneinander abweichende Vorstellungen, z. B. über Aufbau und Ziele der Organisation ergeben. Daraus resultieren *Konfliktmöglichkeiten* sowohl innerhalb der Einrichtung als auch an Berührungspunkten nach außen.

168

2.2. Organisationsmodell des Kindergartens

Wir zeigen im folgenden ein sog. Organisationsmodell des Kindergartens. Es sei nochmals ausdrücklich betont, daß auch hier keine Bewertung zu Grunde liegt, z. B. im Hinblick auf die Über- oder Unterordnung einzelner Mitarbeiter. Die Konkretisierung im Alltag wird im wesentlichen eine Sache des Führungs- und Umgangsstiles sein.

Die Skizze zeigt, daß die Institution Kindergarten einerseits ein in sich abgeschlossenes Ganzes ist, andererseits in vielfältiger Weise durch Außenbeziehungen beeinflußt wird.

Zu erkennen ist eine von oben nach unten gegliederte Ordnung der Befugnisse und Einflußmöglichkeiten, die *Autoritätshierarchie.* Innerhalb des Kindergartens ist sie dem Konzept nach fünfgliedrig und besteht aus Leiterin, Stellvertreterin, Gruppenleiterin, Kinderpflegerin und Kindern. Die einzelnen Glieder – abgesehen von den Kindern – weisen u. U. verschiedene Berufsqualifikationen auf. Die Leiterin hat evtl. die Fachhochschule für Sozialpädagogik absolviert und nennt sich „Diplom-Sozialpädagogin"; die Gruppenleiterin ist Absolventin der Fachschule für Sozialpädagogik und nennt sich „Erzieherin"; die „Kinderpflegerin" ist Kleinkindpädagogin für das Alter von 0 bis 6 Jahre.

Die hierarchische Struktur, die im Schema zu erkennen ist, wird aber in Wirklichkeit stark modifiziert durch sog. *Teambesprechungen.* Diese lassen sich nur schwer im Hinblick auf die Autoritätshierarchie einordnen, da die Durchsetzungsmöglichkeiten ihrer Resultate nicht genau festgelegt sind. Es muß überhaupt bedacht werden, daß neben einer formellen Struktur, wie sie im Schema dargestellt ist, oft eine informelle vorhanden ist. Diese ist in der Realität natürlich meistens nicht so hierarchisch, wie in dieser Abbildung. Überhaupt ist Offenheit und Freiheit von formellen Zwängen ein Kennzeichen vieler sozialpädagogischer Einrichtungen.

Realität im Kindergarten

Eine besondere Stellung nehmen in der Autoritätsstruktur des Kindergartens die Elterngremien sowie die pädagogischen Fachberater ein; denn sie sollen zwar Einfluß ausüben, besitzen jedoch in der Regel keine Weisungsbefugnis gegenüber dem Personal des Kin-

169

Organisationsmodell des Kindergartens

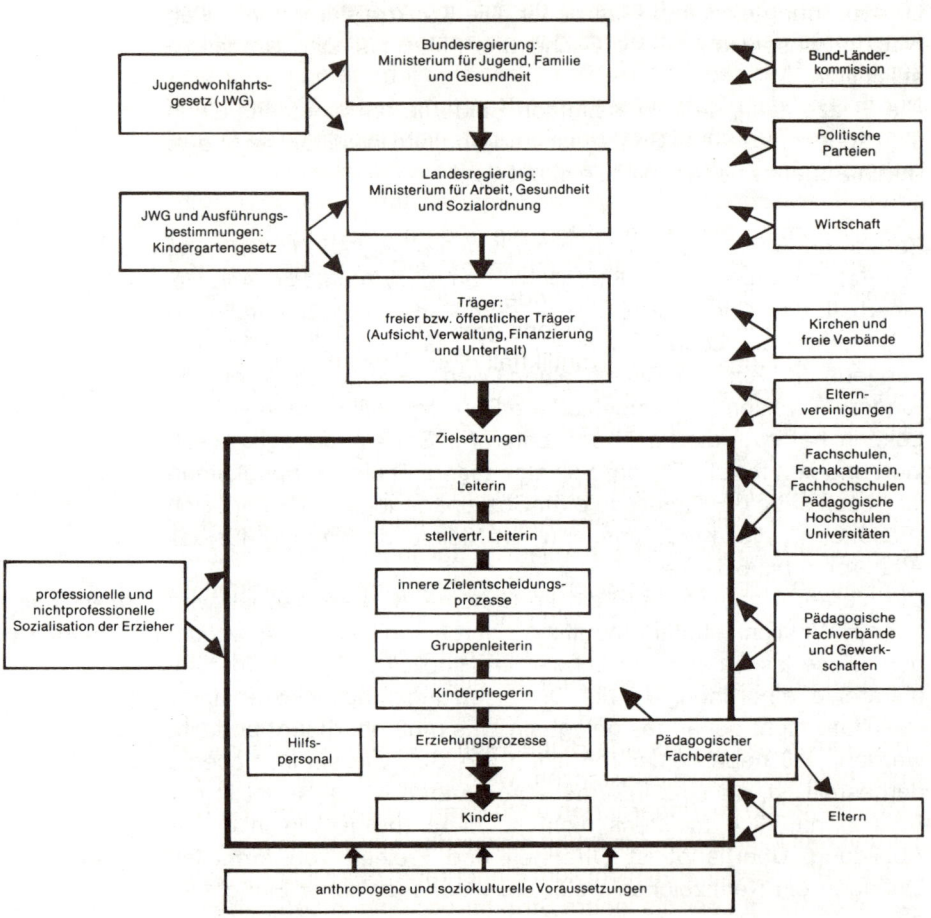

dergartens oder gegenüber dem Träger. Meistens sind die gewählten Elternvertreter nicht informiert über ihre Aufgaben und Rechte, die sich im Rahmen ihrer mitberatenden Rolle, wie sie in den Kindergartengesetzen vorgesehen ist, ergeben. (Vgl. dazu HUPPERTZ, Elternmitsprache im Kindergarten, Freiburg 1977). Auch die Fachberater des Kindergartens sind darauf angewiesen, daß auf ihre Argumente gehört wird; etwas durchzusetzen – gegen den Willen der Mitarbeiter oder des Trägers – sind sie nicht befugt. Allerdings würde dies auch dem Wesen von Beratung widersprechen, weil gerade hier Argumentation und Einsicht, nicht aber Weisung und Gehorsam die zentralen Elemente sind. Pädagogische Fachberater gibt es inzwischen für fast alle Kindergärten. Ihre Aufgabe besteht in der Beratung der Kindergärten, die in dem ihnen übertragenen Gebiet liegen, sowie in der Organisation und Durchführung von Fortbildung für Mitarbeiter aus Kindergärten. Da die Anzahl der zu betreuenden Kindergärten meistens groß ist, nimmt in ihrer Tätigkeit die Beratungsarbeit im Konfliktfall einen breiten Raum ein. Es handelt sich um eine Tätigkeit, die dem Arbeitsverfahren der Supervision (vgl. S. 114) sehr nahekommt.

Von Bedeutung für die Einrichtung Kindergarten ist aber auch das *„Hilfspersonal"*, wie Hausmeister und Putzfrau; denn durch ihre Arbeit wird ein reibungsloser Ablauf in der Institution oft erst ermöglicht. In vielen pädagogischen Einrichtungen, z. B. in Schulen und Heimen, wird übersehen, wie stark der tatsächliche erzieherische Einfluß des Hilfspersonals ist und wie wenig er in Einklang ist mit dem pädagogischen Konzept der eigentlichen Erzieher. *Hilfspersonal*

Über dem Quadrat, das den Binnenraum des Kindergartens darstellt, befinden sich die *Instanzen,* welche die institutionell geregelte Hierarchie im Kindergarten nach oben hin erweitern: der Träger und das Ministerium für Arbeit, Gesundheit und Sozialordnung. Diese Instanzen gehören nicht zum Binnenraum des Kindergartens, von ihnen hängt aber die innere Struktur der Einrichtung mit ab.

Im wesentlichen gibt es *drei Trägergruppen,* die Kindergärten unterhalten. Da sind zunächst die Träger der freien Jugendhilfe; dazu gehören die freien Vereinigungen der Jugendwohlfahrt wie der Deutsche Caritasverband, das Diakonische Werk, die Arbeiterwohlfahrt, der Deutsche Paritätische Wohlfahrtsverband, das Deutsche *Trägergruppen*

Rote Kreuz und die Zentralwohlfahrtsstelle der Juden in Deutschland. Auch die Kirchen und sonstigen Religionsgemeinschaften des öffentlichen Rechts sind Träger der freien Jugendhilfe. Eine weitere Trägergruppe ist die der öffentlichen Jugendhilfe, also in erster Linie Gemeinden und Gemeindeverbände mit Jugendämtern. Aber auch eine Gemeinde ohne Jugendamt kann Träger von Kindergärten sein. Schließlich werden von privaten Trägern Kindergärten unterhalten, wie z. B. gewerblichen Unternehmen (Betriebskindergarten) oder von Privatpersonen, z. B. Elterngruppen (Kinderläden). Der einzelne Träger ist für die Aufsicht, Finanzierung, Unterhaltung und den größten Teil der Verwaltung eines Kindergartens zuständig (Einiges an Verwaltung obliegt in der Regel auch der Kindergartenleiterin, wie beispielsweise Anmelde- und Abmeldeverfahren, Führen einer Handkasse usw.). Die Träger der freien Jugendhilfe erhalten vom Land gesetzlich festgelegte Zuschüsse zu den Bau-, Personal- und Unterhaltskosten.

rechtliche   Das *Jugendwohlfahrtsgesetz* – ein Bundesgesetz – und die *Kinder-*
Grundlagen   *gartengesetze* – Landesgesetze – geben die *rechtlichen Grundlagen für den Kindergarten.* Das Ministerium für Jugend, Familie und Gesundheit ist also auf Bundesebene für das JWG und in unserem Fall das Ministerium für Arbeit, Gesundheit und Sozialordnung auf Landesebene für die näheren Ausführungsbestimmungen des JWG, nämlich u. a. für das Kindergartengesetz verantwortlich. In manchen Ländern ist aber auch das Innen- bzw. Kultusministerium zuständig, oder bei den Stadtstaaten der Jugendsenator.

Am rechten Rand der Skizze sind die wichtigsten *Interessen- bzw. Bezugsgruppen* eingezeichnet, die von außen auf die Institution Kindergarten einwirken. Die Plazierung der Außengruppen richtet sich in etwa danach, auf welche Instanzen sie am ehesten Einfluß nehmen. Bildungsrat, politische Parteien, Kirchen und Elternvereinigungen beispielsweise nehmen mehr Einfluß auf die übergeordneten Instanzen als auf den Kindergarten selbst. Die Ausbildungsstätten wirken dagegen mehr auf die Prozesse ein, die sich im Binnenraum abspielen.

Der Einfluß, den soziokulturelle Herkunft sowie die Aus- und Fortbildung auf das individuelle Verhalten der Erzieherinnen und somit weiterwirkend auf die gesamte Binnenstruktur der Einrichtung ausüben, dürfte nicht unerheblich sein.

172

2.3. Konkretisierung der sechs Grundbestimmungen am Beispiel Kindergarten

Kommen wir zurück auf unsere sechs formalen Leitaspekte, mit deren Hilfe wir pädagogische Institutionen einer Organisationsanalyse unterziehen können. Diese sollen hier angewandt werden am Beispiel des Kindergartens.

2.3.1. Erste Grundbestimmung: Ziele und Aufgaben des Kindergartens

Das erste, wohl bedeutendste Merkmal einer Organisation ist ihre Zielgerichtetheit.

Seit die Relevanz vorschulischer Erziehung wieder stark in das öffentliche Interesse getreten ist und die Bundesländer Kindergartengesetze erlassen haben, gibt es offiziell festgelegte, jedoch nur *richtungweisende Ziele.* Das Kindergartengesetz des Landes Baden-Württemberg nennt im Paragraphen 2 die Aufgaben des Kindergartens:

„Die Erziehung im Kindergarten ergänzt und unterstützt die Erziehung des Kindes in der Familie. Sie soll die gesamte Entwicklung des Kindes fördern."

Dem Kindergartengesetz von Rheinland-Pfalz wurde ein Begründungsteil angefügt, in dem die Zielangabe im Paragraphen 2 näher erläutert wird.

Neben der sozialen Aufgabe „als Betreuungsstätte für stundenweise unversorgte Kinder hinaus hat er einen eigenständigen, den Bedürfnissen dieses Lebensalters angepaßten Bildungsauftrag zu erfüllen."

In der Einzelbegründung heißt es dann:

„Der Kindergarten soll die körperliche und geistig-seelische Gesamtentwicklung der Kinder fördern, nicht aber Teilfunktionen (z. B. intellektuelle Fähigkeiten) losgelöst entwickeln. Er soll die Familienerziehung ergänzen und die durch das häusliche Milieu bedingten unterschiedlichen Entwicklungschancen der Kinder ausgleichen. Dazu sollen in der sozialpädagogisch geleiteten Gruppe durch geleitetes Spiel und methodische Übungen neben der allgemeinen Erziehung und Bildung motorische und gestalterische Fähigkeiten, Sinne, Intellekt, Gemütskräfte, soziales Verhalten, Sprech- und Sprachentwicklung sowie Lernhaltung gefördert werden.".

Diese, vom Gesetzgeber vorgelegten, abstrakten Zielangaben müssen von den einzelnen Einrichtungen näher konkretisiert und können auch in weltanschaulich geprägte Konzeptionen eingebracht werden.

Dabei kann es durchaus zu Differenzen kommen. Die offiziell festgelegten Ziele und die in den einzelnen Einrichtungen realisierten müssen keineswegs immer übereinstimmen. Es kann oft nur sehr schwer überprüft werden, ob sie übereinstimmen oder nicht, und zwar deshalb, weil erstere auf einem relativ abstrakten Niveau formuliert und nicht operationalisiert sind.

Die Erzieher finden nun in der Regel diese mehr oder weniger konkret formulierten Ziele vor. Vermutlich haben sie manchmal andere Einstellungen dazu. So können Zielkonflikte entstehen, besonders dann, wenn die Erzieherin meint, die „wirklichen" Interessen und Bedürfnisse der Kinder besser zu verstehen als z. B. der Träger. Häufig treten solche Konflikte auf, wenn es sich um Erziehungsbereiche handelt, die stark in die weltanschauliche Position des Trägers hineinspielen, z. B. die religiöse Erziehung und die Sexualerziehung.

2.3.2. Zweite Grundbestimmung: Die gesetzlichen Grundlagen

Ein weiterer Aspekt, mit dem man an die Institution Kindergarten herantreten kann, ist der gesetzliche Rahmen, durch den die außerschulischen pädagogischen Einrichtungen in das gesellschaftliche System eingefügt sind.

Kindergarten-gesetz

Rheinland-Pfalz hat als erstes Bundesland 1971 ein *Kindergartengesetz* erlassen. Bis dahin lag nur das *Gesetz für Jugendwohlfahrt* (JWG) vor, das 1922 erlassen und 1961 neu gefaßt und seit 1967 durch verschiedene Novellen verändert wurde. Es ist ein sogenanntes Rahmengesetz, d. h. die einzelnen Bundesländer müssen eigene Ausführungsvorschriften erlassen. Grundlegend für die Einrichtung von Kindergärten sind die Paragraphen 5 und 6 des JWG. Es heißt:

> „Aufgabe des Jugendamtes ist ferner, die für die Wohlfahrt der Jugend erforderlichen Einrichtungen und Veranstaltungen anzuregen, zu fördern und gegebenenfalls zu schaffen, insbesondere für Pflege und Erziehung von Säuglingen, Kleinkindern und von Kindern im schulpflichtigen Alter außerhalb der Schule". (§ 5,1)

174

„Zu den Aufgaben nach § 5 Abs. 1 gehört es, im Rahmen der Einrichtungen und Veranstaltungen die notwendigen Hilfen zur Erziehung für einzelne Minderjährige dem jeweiligen erzieherischen Bedarf entsprechend rechtzeitig und ausreichend zu gewähren." (§ 6,1)

Entsprechend diesem Auftrag spricht z. B. das Kindergartengesetz von Baden-Württemberg von dem Ziel, „daß für alle Kinder vom vollendeten dritten Lebensjahr bis zum Beginn der Schulpflicht ein Kindergartenplatz zur Verfügung steht". Über das Problem der Freiwilligkeit des Kindergartenbesuches sagt das Gesetz jedoch nichts. Es wäre aber zu berücksichtigen, daß es durchaus Eltern gibt, die ihr Kind nicht in einen Kindergarten schicken wollen. Soll nun für jedes Kind ein Kindergartenplatz zur Verfügung gestellt werden, könnte es sich ergeben, daß Plätze frei blieben. Es gibt im Augenblick bereits Kindergärten, die ihre Gruppen „nicht voll kriegen". In manchen Kindergärten wurden nun als Schlußfolgerung Gruppen geschlossen, statt die Frequenzen zu erniedrigen. Man sieht hier deutlich, daß der gesetzgeberische Aspekt im Jugendhilfebereich andere Probleme aufwirft als z. B. bei der Errichtung von Schulen.

Einen weiteren gravierenden Unterschied zwischen Kindergarten und Schule finden wir im Hinblick auf die Trägerschaft. Im Paragraphen 5 Abs. 3 des JWG heißt es: *Trägerschaft*

> „Das Jugendamt hat unter Berücksichtigung der verschiedenen Grundrichtungen der Erziehung darauf hinzuwirken, daß die für die Wohlfahrt der Jugend erforderlichen Einrichtungen und Veranstaltungen ausreichend zur Verfügung stehen. Soweit geeignete Einrichtungen und Veranstaltungen der Träger der freien Jugendhilfe vorhanden sind, erweitert oder geschaffen werden, ist von eigenen Einrichtungen und Veranstaltungen des Jugendamts abzusehen. Wenn Personensorgeberechtigte unter Berufung auf ihre Rechte nach § 3 die vorhandenen Träger der freien Jugendhilfe nicht in Anspruch nehmen wollen, hat das Jugendamt dafür zu sorgen, daß die insoweit erforderlichen Einrichtungen geschaffen werden."

Diese Bestimmung des JWG regelt die Rangfolge zwischen freien und öffentlichen Trägern der Jugendwohlfahrt. Sie drückt den *Grundsatz der „Subsidiarität"* aus, der besagt: „Soweit eine kleinere, freie Gemeinschaft die ihr in erster Linie zukommende Aufgabe, wenn auch mit öffentlicher Hilfe, erfüllen kann, soll die größere Gemeinschaft der öffentlichen Hand nicht berufen und nicht befugt *Grundsatz der Subsidiarität*

175

sein, die Erfüllung der Aufgabe an sich zu ziehen" (HARRER 1971, S. 37). Eingeschränkt wird der Grundsatz der Subsidiarität durch das Wahlrecht der Personensorgeberechtigten (§ 3 Abs. 1 und 2 JWG). Lehnen es z. B. Eltern aus religiösen oder sonstigen Gründen ab, einen bestehenden Kindergarten, der von einer kirchlichen Einrichtung getragen wird, für ihre Kinder in Anspruch zu nehmen, muß das Jugendamt zunächst prüfen, ob ein anderer Träger der freien Jugendhilfe den Wünschen der Eltern entsprechend einen Kindergarten einrichtet. Erst wenn diese Möglichkeit nicht gegeben ist, kann das Jugendamt einen Kindergarten in eigener Trägerschaft übernehmen.

In der Diskussion um die Frage nach dem Träger der Erziehungseinrichtungen im Elementarbereich wird einerseits die Bedeutsamkeit der freien Träger hervorgehoben, indem man betont, diese könnten den Staat bei der Erfüllung seiner sozialen Aufgaben mit „Sachqualifikationen" und materiellen Hilfen unterstützen. Andererseits versuchen auch politische Kräfte, den Spielraum der freien Träger stark einzuengen.

Außer über die Frage nach den Zielen und Aufgaben des Kindergartens machen die Kindergartengesetze Aussagen über die Trägerschaft, Elternmitsprache, Elternbeiträge, Anforderungen an das pädagogische Personal, Zuschüsse zu Personalkosten und Aufbringung der Betriebskosten. Über die Arbeit der Elterngremien gibt es besondere Verordnungen.

2.3.3. Dritte Grundbestimmung: Funktionen und Rollen im Kindergarten

Eingangs dieses Kapitels wurde schon das bunte Funktionenspektrum der Kindergartenleiterin gezeigt.

Definition
„Rolle"

Unter einer *Rolle* verstehen wir einen „Komplex sozialer Normen oder Erwartungen, die sich auf den Inhaber einer bestimmten Position in der Organisation richten" (MAYNTZ 1972, S. 81). Auch an die Erzieherin im Kindergarten werden eine Reihe von Verhaltenserwartungen herangetragen. Ihre Rolle wird nicht nur durch die Bezugspersonen im Binnenraum des Kindergartens bestimmt, sondern in hohem Maße auch durch die Bezugsgruppen und -personen außerhalb des Kindergartens.

176

Wenn von Rolle gesprochen wird, so steht meist eine objektive Betrachtung eines Verhaltens im Vordergrund, d. h. es geht nicht in erster Linie darum, was ein einzelner subjektiv von sich annimmt oder erwartet, sondern darum, was andere an Ansprüchen und Erwartungen an ihn haben. Deshalb wird auch manchmal der Begriff *„soziale Rolle"* verwendet, wobei das Attribut „sozial" die Bezogenheit auf die anderen und die gesellschaftliche Verbindlichkeit zum Ausdruck bringen soll. So definiert R. DAHRENDORF: „Soziale Rollen sind Bündel von Erwartungen, die sich in einer gegebenen Gesellschaft an das Verhalten der Träger von Positionen knüpfen" (1965, S. 26). Wie mannigfach und diffus diese Erwartungen bisweilen sind, wurde schon deutlich.

soziale Rolle

Wir brauchen hier den allgemeinen Aspekten, die sich im Zusammenhang mit dem Rollenbegriff ergeben, z. B. Rollendistanz, Rollenkonflikt etc. nicht ausführlich nachzugehen. Das ist Aufgabe der Soziologie. Uns geht es hier darum, die Rollenverbindungen aufzuzeigen, die sich zwangsläufig für den in einer Institution tätigen Erzieher ergeben. Dazu bedienen wir uns des im folgenden dargestellten *Rollenkonzeptes* (vgl. KLOSE 1971, S. 81).

Bei Betrachtung der Skizze wird deutlich, daß die Rolle des Erziehers im Kindergarten durch mehrere, sehr verschieden gelagerte Abhängigkeiten bestimmt ist, die unmittelbar oder mittelbar ihre Handlungsfreiheit bzw. Handlungsbegrenzung ausmachen. Erwartungen, die von außen auf die Kindergärtnerin zukommen, haben: Gemeinde, politische Parteien, Wirtschaft; Eltern; Verbände und berufliche Vereinigungen, Ausbildungsstätten der Erzieherinnen wie Fachschulen und Fachhochschulen für Sozialpädagogik; erziehungswissenschaftliche Institute an Pädagogischen Hochschulen und Universitäten; der Träger des Kindergartens, das übergeordnete Ministerium. Innerhalb des Kindergartens werden der Erzieherin Erwartungen entgegengebracht von: der Leiterin und ihrer Stellvertreterin, der einzelnen Kollegin, den verschiedenen Praktikantinnen, dem Hausmeister und der Putzfrau.

Erwartungsinstanzen

Im allgemeinen sind die Erwartungen aller Bezugsgruppen und Bezugspersonen gegenüber dem professionellen Erzieher recht hoch. (Vgl. auch Kap. XIII) So stellte W. BREZINKA auf der Internationalen

Hohe Erwartungen an den Erzieher

Werktagung 1954, die sich mit dem Thema „Erziehung als Beruf"
auseinandersetzte, fest:

„Der Erzieher soll eine starke Liebe zur Jugend haben, die sich durch
Enttäuschungen nicht erbittern läßt. Er soll inmitten der modernen Unsicherheit über die letzten Verpflichtungen und Aufgaben des Menschen
ein festes Lebensziel besitzen und zugleich den Mut, sich zu ihm zu beken-
nen. Er soll opferwillig sein und nichts für sich selbst verlangen. Er soll
auch in den schwierigsten Situationen Vorbild und in jedem Augenblick
Herr der Lage sein. Er soll auch dem frechsten Kind gegenüber geduldig
bleiben. Er soll auf die groben Mittel des Anschreiens und Schlagens
verzichten und mit feineren Methoden das Böse durch das Gute überwinden. Er soll . . . als Erzieher alle Glieder seiner Gruppe ansprechen, und
doch wieder Rücksicht auf die Eigenart jedes einzelnen nehmen. Er soll
bei aller täglichen Mühsal auch nach Jahrzehnten nie den freudigen
Schwung verlieren, durch den allein die Jugend geistig geweckt werden
kann. . . . Es handelt sich dabei um Eigenschaften, die der durchschnittliche Erwachsene, der Vater und die Mutter von heute, nur unzulänglich
besitzen, ja die ihnen häufig ganz zu fehlen scheinen. Vom Erzieher aber
werden sie als selbstverständlich gefordert . . ." (1955„ S. 32 f.).

BREZINKA gibt aber nicht nur die Erwartungen wieder, die sich aus
der gesellschaftlichen Perspektive gegenüber dem Erzieher zeigen.
Ähnlich anspruchsvoll sind auch die Hoffnungen, die von Ausbildungsstätten gegenüber dem auszubildenden Erzieher geäußert
werden. Wir zitieren im folgenden eine Aussage über die „persönlichen Voraussetzungen", wie sie in Kurzinformationen (hrsg. v.
Deutschen Caritasverband) von der „Erzieherin" erwartet werden:

„Liebe zum Kind allein genügt nicht, ebenso wichtig sind die Bereitschaft
zur pädagogischen Verantwortung und die Freude an der Beschäftigung
mit den Lebensinteressen des Kindes. Ausdauer und Geduld, Intelligenz
und Kreativität, Bereitschaft zur partnerschaftlichen Zusammenarbeit (mit
Eltern, Lehrern und dem Träger der Einrichtung), der Wille, jedes Kind als
einmaliges mit einem eigenen Willen ausgestattetes Wesen zu akzeptieren, das sind die Fähigkeiten, die jeder pädagogische Mitarbeiter besitzen
muß."

Über die „persönlichen Voraussetzungen" der Heimerzieherin (des
Heimerziehers) heißt es in der entsprechenden Information:

„Eine wichtige Voraussetzung für den Beruf des Heimerziehers ist die
Freude am Umgang mit Kindern und jungen Menschen. Um der vielseiti-
gen Tätigkeit und der damit verbundenen Anspannung gewachsen zu sein,
bedarf es körperlicher und seelischer Gesundheit.
Kontaktfähigkeit und Einfühlungsvermögen, Toleranz und Taktgefühl, gute
Beobachtungsgabe und Urteilsfähigkeit sowie die Bereitschaft zur Team-

Rollenkonzept des Erziehers im Kindergarten

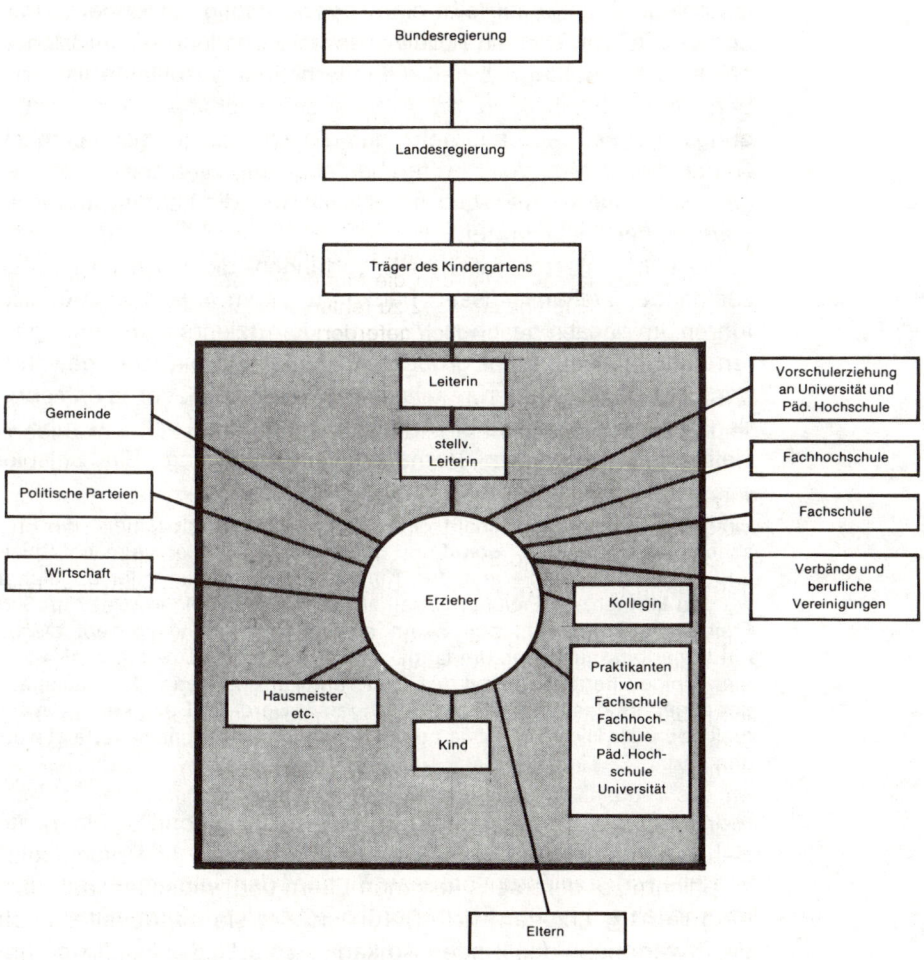

arbeit sind Kennzeichen des guten Erziehers. Erwünscht sind ferner eine gute Allgemeinbildung und vielseitige Interessen, manuelle Geschicklichkeit und musische Begabung."

Dienstordnung

Zu diesen allgemeinen Erwartungen auf dem Gebiet der erzieherischen Aufgabe treten noch die, die durch den Träger ausdrücklich festgelegt sind. So schreibt eine *Dienstordnung* für Kindergärtnerinnen u. a. vor, daß eine „gewissenhafte Erfüllung der Aufsichtspflicht" zu beachten ist, daß die Mitarbeiterin verpflichtet ist, „zur beruflichen Fortbildung an Arbeitsgemeinschaften und Fortbildungstagungen teilzunehmen", daß die Arbeitszeit einzuhalten ist. Neben diesen Muß-Vorschriften bestehen auch von seiten des Trägers Soll- und Kann-Erwartungen wie etwa „die Lektüre und Auswertung der Fachliteratur."

Intra-Rollen-Konflikt

Diese sehr unterschiedlichen Erwartungen, die teilweise konträr zueinander stehen, müssen häufig zu einem *Intra-Rollen-Konflikt* führen. Im ganzen gesehen wird zwar der Erzieherin im Kindergarten scheinbar ein recht großer Entscheidungsspielraum gewährt, doch bringt dies wiederum mit sich, daß sie sich dauernd entscheiden muß, welchen Vorstellungen sie entsprechen will. Das führt in vielen Situationen zur Verhaltensverunsicherung. Ein Beispiel aus der Kindergartenpraxis mag dies belegen:

Eine Kindergärtnerin überläßt den Kindern ihrer Gruppe meist die Entscheidungen über den Verlauf und den Inhalt des Tages. Sie macht Spiel- und Lernangebote, die von den Kindern angenommen oder abgelehnt werden können. Ihr Erziehungsziel läßt den Kindern einen relativ großen Freiheitsraum. Obwohl den Eltern aus dem Erziehungskonzept dieses Kindergartens auch der Umgangs- und Erziehungsstil bekannt ist, kommen einige Eltern häufig mit der Forderung zur Erzieherin: „Es muß strenger zugehen, das Kind muß härter angefaßt werden." Dazu kommt eventuell noch der Hinweis, daß ja auch die Aufsichtspflicht nicht verletzt werden darf.

Hier steht die Kindergärtnerin in einem Rollenkonflikt. Einerseits sieht sie sich den Anforderungen „der Pädagogik und Psychologie" verpflichtet, andererseits kommen Eltern und wünschen, daß „ihr" Kind r i c h t i g erzogen wird. Berücksichtigt sie dann weiter noch die Erwartungen des Kindes, so kann sich u. U. das Konfliktpotential noch vergrößern.

Das Beispiel zeigt eine weitere Konfliktform, die man als *„Rollenüberlastung"* bezeichnet. Viele Erwartungen an die Erzieherin sind

180

zwar untereinander und auch mit ihren eigenen Normvorstellungen vereinbar, aber man erwartet zu vieles gleichzeitig. Beispielsweise soll die Erzieherin ihre Gruppe nach den Vorschriften einer bestimmten pädagogischen Konzeption leiten. Weiterhin aber werden von ihr erwartet: Vor- und Nachbereitung der konkreten Gruppenarbeit; eine intensive Elternarbeit mit „offenem Kindergarten", Elterngesprächen und -beratungen und Elternabenden; eine permanente Fortbildung. Somit ist sie gezwungen, entweder sich nur für die eine oder andere Anforderung zu entscheiden, oder, was wahrscheinlicher ist, Prioritäten zu setzen. Dabei kommt sie nicht umhin, einzelne Erwartungen zu vernachlässigen und diejenigen zu enttäuschen, die ihre Erwartungen nicht erfüllt sehen. Wer kann es schon allen recht machen? Sicherlich nicht der Erzieher in einem derartig vieldimensionalen Erziehungssystem, wie es der Kindergarten darstellt.

2.3.4. Vierte Grundbestimmung: Die Kommunikations- und Autoritätsstruktur

Bei der Betrachtung der Institution Kindergarten ist die Frage nach der Kommunikations- und Autoritätsstruktur deshalb von Bedeutung, weil von deren Ausprägung der einzelne Mitarbeiter meist direkt betroffen ist. „Diese beiden Aspekte der Organisationsstruktur überschneiden sich insofern, als zur Kommunikation auch die Übermittlung von Befehlen und Anordnungen gehört, während umgekehrt Informationen dazu nötig sind, um überhaupt zweckorientiert entscheiden und anordnen zu können" (MAYNTZ 1973, S. 90).

Es gibt nun zwischen den Erzieherinnen und den ihnen über-, unter- oder nebengeordneten Personen und Personengruppen *verschiedene Arten von Kommunikation,* die sich auf das Geschehen im Kindergarten auswirken. R. MAYNTZ unterscheidet zwischen horizontal und vertikal verlaufenden Kommunikationsprozessen, wobei horizontale Kommunikation zwischen Gleichgestellten und vertikale zwischen den verschiedenen Gliedern der Autoritätshierarchie stattfindet. Der Kindergarten unterscheidet sich aber insofern von einer Organisation, wie z. B. einem Unternehmen oder einer Partei, als hier die unterste Mitgliedergruppe (die Kinder)

verschiedene Arten von Kommunikation

zugleich die Gruppe ist, an der die „übergeordneten Mitglieder-gruppen" (Erzieherinnen, Träger usw.) die Organisationsziele errei-chen wollen. Erziehung als Hauptaufgabe des Kindergartens ge-schieht in mündlicher und direkter Kommunikation zwischen Er-zieherinnen und Kindern. Dieser Prozeß verläuft in der Praxis viel-fach vertikal und zwar hauptsächlich von oben nach unten. Zwi-schen der Leiterin des Kindergartens und den Erzieherinnen finden ebenfalls vertikale Kommunikationsprozesse statt und zwar von oben nach unten, wenn Anordnungen, Aufforderungen oder Mit-teilungen, die die Einrichtung und Zieltätigkeiten betreffen, weiter-gegeben werden; sie verlaufen von unten nach oben, wenn eine Erzieherin z. B. für Belange des Trägers einen Fragebogen aus-füllen muß.

horizontale Kommunikation

Neben der vertikalen Kommunikation hat die horizontale einen starken Einfluß auf die „Atmosphäre" in einer Institution. Aus der *horizontalen Kommunikation* können sich u. U. für die horizontal Kommunizierenden erstrebenswerte Ziele ergeben, die nicht in Einklang stehen mit den Organisationszielen. Auch im Kindergar-ten finden horizontale Kommunikationsprozesse sowohl zwischen den Kindern als auch zwischen den Erzieherinnen statt. Bei den Kindergartenkindern muß aber in der Regel nicht befürchtet wer-den, daß diese Art des Kommunizierens den Zielen der Einrichtung bzw. denen des Erziehungspersonals zuwiderläuft, wie dies z. B. in der Schule der Fall sein kann. Den Kindergärtnerinnen dient die horizontale Kommunikation zum Austausch über Gruppenproble-me, Schwierigkeiten mit einzelnen Kindern, Probleme, die sich in der Zusammenarbeit mit Eltern, Vorgesetzten oder anderen Kon-taktpersonen und -gruppen außerhalb des Kindergartens ergeben und der gegenseitigen Mitteilung von Dingen aus dem privaten Bereich.

Zielent-scheidungen

Neben den vertikalen und horizontalen Kommunikationsprozessen finden in einer Institution Prozesse statt, in denen über die Orga-nisationsziele entschieden wird bzw. in denen offene Zielangaben konkretisiert werden. Aus ihnen wird die Autoritätsstruktur, „die in Regeln und Rollen festgelegte Verteilung von Entscheidungs- und Anordnungsbefugnissen einerseits, Ausführungs- und Gehor-samspflichten andererseits" (MAYNTZ 1973, S. 97), ersichtlich. Ent-wickelt z. B. das Kultusministerium die Lernziele für den Elemen-tarbereich und wird von dieser Instanz ein verbindliches Curriculum eingeführt, so ist dies eine *Zielentscheidung* auf der obersten Ebene. Auch der Träger, der eine gezielte religiöse Erziehung in seiner Einrichtung verlangt, trifft eine Zielentscheidung. Die Erzieherin sieht sich täglich vor die Aufgabe gestellt, über die Art der Konkretisierung angestrebter Ziele des Kindergartens zu entscheiden. Die Kinder, unterste Mitgliedergruppe der Institution Kindergarten, können allerdings gezielt auf diese Entscheidungen nicht einwirken, sie werden sie mehr oder weniger freiwillig annehmen.

Eine besonders interessante Frage, die sich im Rahmen einer organisationssoziologischen Analyse des Kindergartens stellt, ist, wie in der Regel Zielentscheidungen zustandekommen. In einem demokratisch orientierten und elternintegriert geführten Kindergarten müßte es natürlich so sein, daß in den Gremienbesprechungen Entscheidungen über den Verlauf der Arbeit, die Verteilung der vorhandenen Mittel sowie die Gestaltung der Erziehungsarbeit von Erzieherinnen, Leitung und Eltern gemeinsam getroffen werden. Ggf. ist natürlich der Träger zu beteiligen bzw. zu informieren. Die derzeitigen Kindergartengesetze liefern zu einer solchen, für pädagogische Einrichtungen dringend erforderlichen Kooperation relativ gute Ansätze.

Zielfindung

Eine dritte Gruppe von Prozessen, die unter dem Begriff *„Hilfsprozesse"* zusammengefaßt sind, soll eine qualifizierte Erziehungsarbeit und die Verwirklichung von Zielentscheidungen im Kindergarten ermöglichen. Dazu gehören zunächst die verwaltungstechnischen Aufgaben, wie z. B. An- und Abmeldeformulare ausfüllen, Verwaltung der „Handkasse", Verteilung des Bastelmaterials, Arbeitseinteilungen der Erzieherinnen usw. Eine größere Bedeutung kommt der in Zukunft sicher noch stark auszubauenden institutionalisierten Fortbildung der Erzieherinnen zu, die der laufenden Information und Reflexion über die Arbeit im Kindergarten dienen soll.

2.3.5. Fünfte Grundbestimmung: Eintritts- und Austrittsbedingungen

Der Kindergarten gehört zu den pädagogischen Institutionen, an welche die Eltern von sich aus herantreten, um für ihr Kind eine

Aufnahme zu bewirken, d. h. es ist den Eltern überlassen, ob sie ihr Kind in einen Kindergarten schicken oder nicht. An dieser Stelle wird deutlich, daß der Zugang zu einer vorschulischen Einrichtung einer der Berührungspunkte zwischen Kindergarten und der Außengruppe Eltern ist, die von familiären und sozialen Momenten beeinflußt sind. Damit hängt eng zusammen die Frage, ob der Besuch einer vorschulischen Einrichtung freiwillig oder obligatorisch sein soll. In der Diskussion um die frühkindliche Erziehung ist man fast einhellig der Meinung, daß im allgemeinen nur die sowieso schon für die Förderung ihrer Kinder aufgeschlossenen Eltern Interesse an Kindergartenplätzen hätten, also hauptsächlich die Eltern der Ober- und Mittelschicht. Für die Kinder, deren Eltern der sozialen Unterschicht angehören, ergibt sich dabei das Problem der sogenannten Chancengleichheit. Für diese Eltern ist ein Kindergartenplatz aus verschiedenen Gründen nicht so erstrebenswert: Ihre Möglichkeiten, sich über die Bedeutung der Erziehung in der frühen Kindheit und damit der Vorschulerziehung zu informieren, sind gegenüber den Eltern der Mittel- und Oberschicht stark reduziert. Man kann hier ähnlich wie im Schulbereich von einer „affektiven Distanz" der Eltern gegenüber der Institution Kindergarten sprechen. Es ist aber auch bekannt, daß Unterschichteltern ganz andere Einstellungen im Hinblick auf Werte haben (vgl. 191ff.). Kurzfristig zu erlangende materielle Werte sind für sie erstrebenswerter als immaterielle Werte, für deren Realisierung über einen längeren Zeitraum eventuelle Konsumverzichte geleistet werden müssen. Für Eltern der sozialen Unterschicht ist es auch aus dem Grunde nicht selbstverständlich, für einen Kindergartenplatz einen für sie relativ hohen Beitrag zu zahlen.

Obwohl manche Eltern ein geringes Interesse daran haben, ihrem Kind einen Kindergartenplatz zu ermöglichen und obwohl manche Kindergärten bereits „leere" Plätze haben, herrscht insgesamt immer noch Mangel an Kindergartenplätzen. Aus diesem Grunde haben die meisten Kindergärten *Aufnahmekriterien,* nach denen sie eine Auswahl der Kinder treffen, die angemeldet wurden. Einige dieser Kriterien sind gesetzlich festgelegt, andere werden in den verschiedenen Einrichtungen je nach örtlicher Situation aufgestellt. Allgemein werden die Kinder frühestens im Alter von drei Jahren aufgenommen. Weiter wird vor der Aufnahme eine ärztliche Bescheinigung verlangt, die angibt, daß das Kind zur Zeit keine ansteckenden Krankheiten hat. Außerdem sollte das Kind tagsüber sauber sein. Sind mehr Anmeldungen als Kindergartenplätze vorhanden, so werden *weitere Aufnahmeregeln* festgelegt. In manchen Kindergärten spielen dabei die folgenden Merkmale eine Rolle:

Aufnahme-regeln

1. *das Alter:* fünfjährige Kinder haben vor drei- und vierjährigen den Vortritt; es wird aber auch auf die altersmäßige Zusammensetzung geachtet.
2. *die Familienverhältnisse:* Kinder, die aus unvollständigen Familien kommen und deren Mutter aus dem Grund etwa berufstätig sein muß, werden bevorzugt.
3. *Einzelkinder.*

Aus dem Kindergarten entlassen werden die Kinder im Normalfall im Alter von sechs Jahren, also mit dem Beginn der Schulpflicht.

2.3.6. Sechste Grundbestimmung: Interessenkollisionen als Konfliktfaktoren

Das Organisationsmodell zeigt verschiedene Personen und Personengruppen, die in der Institution Kindergarten tätig sind oder in irgendeiner Beziehung zum Kindergarten stehen. Diese haben entsprechend ihrem Standort unterschiedliche Interessen, durch welche die Erhaltung oder Veränderung etwa der Ziele, des Stils oder der Inhalte der Kindergartenerziehung berührt werden. Solche differierenden Vorstellungen bieten Konfliktmöglichkeiten sowohl innerhalb der Institution als auch im Verhältnis des Kindergartens zu den außerhalb stehenden Bezugsgruppen.

Am spürbarsten können sich die Interessenkollisionen für die Erzieherin in ihrem Verhältnis zu Trägerverantwortlichen und Eltern dokumentieren. Auf mögliche Konflikte mit den Eltern gehen wir noch in Kapitel VII ein. An dieser Stelle soll auf eine Interessendifferenz zwischen Träger und Erzieherin aufmerksam gemacht werden. Gehen wir von folgendem *Beispiel* aus:

Ein konfessioneller Träger richtet einen Kindergarten mit zwei Gruppen ein und stellt per Arbeitsvertrag zwei ausgebildete Erzieherinnen ein. Einer davon wird die Kindergartenleitung übertragen, und es findet eine mündliche Absprache statt, „daß die beiden Kolleginnen sich mit der Leitung abwechseln sollten". Im Laufe der Zeit ergibt sich nun die Situation,

Beispiel

185

daß die Eltern der Gruppe A, die von der Kindergartenleiterin betreut wird, mit dem Erziehungsstil und der Arbeitsweise der Erzieherin nicht mehr einverstanden sind; es fänden zu wenig Elternabende statt; die Eltern würden nicht genügend informiert und beteiligt; Kinder von Eltern, die sich kritisch äußerten, bekämen dies in der Gruppe von der Erzieherin zu spüren usw. – so lauteten die Vorwürfe. Der Träger des Kindergartens wollte nun diesem Mißstand Abhilfe schaffen und übertrug die Leitung des Kindergartens der Erzieherin aus Gruppe B, brachte aber auch gegenüber der Mitarbeiterin aus Gruppe A deutlich sein Mißfallen über die geleistete Arbeit zum Ausdruck. Nach einiger Zeit stellte sich aber heraus, daß – jedenfalls in dem Bewußtsein der Eltern – die Erziehungsarbeit in Gruppe A noch keineswegs besser geworden sei. Man hatte inzwischen gehofft, daß die Erzieherin aus Gruppe A ihre Arbeitsstelle wechseln werde, nachdem sie der Leitung enthoben worden sei. Dies geschah aber nicht. Der Konflikt wurde schließlich so gelöst, daß der Träger das Arbeitsverhältnis mit der Erzieherin aus Gruppe A aufkündigte, weil er mit ihrem Arbeits- und Erziehungsstil nicht einverstanden war.

Dieses Beispiel enthält eine Reihe von in unserem Rahmen interessanten Fakten. Es wird deutlich, wie zahlreiche Interessen und Ansprüche an eine Person herangetragen werden, die diese offenbar – vor allem im Gewirr der Vermutungen und Behauptungen – nicht erfüllen kann. Schließlich kommt es zu einem – für pädagogische Institutionen sicherlich nicht wünschenswerten – einseitigen *Konfliktlösungsmuster:* zwar nach vielen Gesprächen und Bemühungen, aber zum Schluß doch auf eine autokratische Art, wird der Konflikt zu Ungunsten der Erzieherin entschieden – sie wird entlassen, und zwar formell vom Träger, im Grunde jedoch von den Eltern. Wir können hier nicht über die Angemessenheit oder Unangemessenheit eines solchen Vorgehens befinden. Es wären dazu sicherlich auch wesentlich mehr Detailinformationen erforderlich. Hier sollte lediglich aufmerksam gemacht werden auf den hoch komplexen Charakter, den Erziehungseinrichtungen als organisierte Institution in der Regel haben. Selbst die Organisationsstruktur eines augenscheinlich so „einfachen" sozialen Gebildes, wie des Kindergartens, weist in der Realität oft zahlreiche, unüberblickbare Verknüpfungen auf.

Denkimpuls: Versuchen Sie die hier aufgezeigten Aspekte der organisierten Institution auf andere pädagogische Einrichtungen, mit denen Sie bereits vertraut sind oder mit denen Sie sich noch auseinandersetzen möchten, zu übertragen, z. B. das Erziehungsheim oder eine Erziehungsberatungsstelle. Fertigen Sie dazu auch ein sog. Organisationsmodell.

Nachbemerkung:
Wir möchten hier nochmals erwähnen, daß es in diesem Kapitel um eine relativ unengagierte Explikation institutioneller Bedingungen erzieherischer Einrichtungen ging. Wir wollten „aufmerksam" machen auf komplexe Zusammenhänge, die man zwar zu kennen glaubt, in ihrer Verknüpfung aber erst nach der konkreten Analyse erfaßt. Es sollte hier nichts darüber gesagt werden, was wünschenswert ist und was nicht, jedenfalls nicht vordringlich. Es solten auch nicht Fragestellungen behandelt werden, inwieweit dadurch, daß Sozialarbeit sich in organisierten Institutionen abspielt, das Individuum vernachlässigt oder gar geschädigt wird. Wenn ein Kind außerhalb der eigenen Familie in einem Heim untergebracht werden muß, so ist damit keineswegs gesichert, daß man durch eine solche – wenn auch noch so modern gestaltete, so aber dennoch „institutionalisierte" – Maßnahme gerade diesem einzelnen Menschen gerecht wird; es ist sogar gewiß, daß in manchen Fällen dem Resozialisanden gerade deshalb ein Makel anhaftet und er wegen dieser Etikettierung weitere Nachteile hinnehmen muß. Diese und ähnliche an sich wichtige Gesichtspunkte standen aber nicht im Vordergrund[12].

---

[12] Vgl. zu diesem Aspekt z. B. B. C. BONSTEDT, Organisierte Verfestigung abweichenden Verhaltens, München 1972.

Literatur

Brem, K., Pädagogische Psychologie der Bildungsinstitutionen, München 1968

Dollase, R. (Hrsg.), Handbuch der Früh- und Vorschulpädagogik, Düsseldorf 1978

Etzioni, A., Soziologie der Organisationen, München 1971

Hederer, J./Köth, M., Praxis- und Methodenlehre, Teil 1: Institutionskunde, München 1981[9]

Mayntz, R., Soziologie der Organisation, Reinbek 1972

VII. ELTERNARBEIT

VII. ELTERNARBEIT

Kommt ein Kind in den Kindergarten oder in die Schule oder in ein Heim, dann entsteht ein sogenanntes *bizentrales Erziehungssystem*, d. h. daß zwei Gruppen von Interessenvertretern mit ihren Zielen auf das Kind und dessen Erziehung Einfluß nehmen möchten. Beim Erziehungsheim ist dies am offensichtlichsten. Wenn ein Kind von der Familie getrennt und einem Heim überantwortet wird, dann ja gerade deshalb, weil man mit den Zielen und Praktiken der elterlichen Erziehung nicht einverstanden war und diese durch bessere Alternativen ersetzen möchte. Bei anderen Einrichtungen, die sich stärker als komplementär verstehen, ist die Situation zwar etwas anders, jedoch gibt es auch dort zahlreiche Gründe und Argumente für eine intensive Kooperation der beteiligten Erziehungspartner.

Wir behandeln exemplarisch die Elternarbeit im Bereich des Kindergartens. Dies u. a. aus dem Grund, weil hier inzwischen ausreichend Konzepte und Vorschläge zu einzelnen Arbeitsformen vorliegen, die an der Erfahrung erprobt sind: vgl. N. HUPPERTZ, Elternarbeit vom Kindergarten aus. 16. Auflage 1983, Freiburg i. Br.; im folgenden angegeben als: HUPPERTZ 1983.

1. Beispiele aus der Praxis des Kindergartens

Beispiele von divergierender Erziehung

Beispiel I: Im Kindergarten versucht man, in die Nikolausfeier einen etwas realistischeren Zug hereinzubringen, u. a. um den Kindern, die in vielen Fällen ausgesprochen belastend wirkenden Ängste, unter denen sie oft wochenlang leiden, zu ersparen: Die Erzieherin hat mit der Person, die den Nikolaus spielen soll, abgesprochen, daß sie sich erst vor den Augen der Kinder in der Gruppe verkleiden solle. Alles geht auch gut vonstatten. In der Familie eines der betreffenden Kinder lassen die Eltern nun aber noch einmal den Nikolaus kommen, und zwar auf die herkömmliche Art mit Knecht Rupprecht, viel Moral und vor allem (!) kindlichen Ängsten vor- und nachher. Das Kind gerät dabei in eine sehr ungewisse und es verunsichernde Situation, und schließlich wird ihm auf die Frage, was es denn nun wirklich

190

mit der Nikolausgestalt auf sich habe, gesagt: „Du weißt ja, daß im Kindergarten nicht der richtige Nikolaus gewesen ist. Das ist der richtige Nikolaus, der zu uns gekommen ist."

Beispiel II: In einem Kindergarten, der von einem konfessionellen Träger verantwortet wird, bemüht man sich um ein aufgeschlossenes und modernes Konzept im Hinblick auf die religiöse Erziehung. Eines der Kindergartenkinder, von dem die Frage nach dem absoluten Wesen auch in der Familie noch einmal aufgegriffen wird, erhält von seinem Vater eine sehr kurze Antwort: „Gott ist Quatsch!" – Den Zwiespalt, in den dieses Kind mit seinem noch keineswegs definitiv bestimmten Wertbewußtsein geraten muß, kann man sich leicht vorstellen. Vor allem aber auch den Vertrauensschwund zwischen dem Kind und mindestens einer der beiden „Erziehungsparteien".

Die vorgestellten Beispiele zeigen deutlich, in welch prekäre Situation ein Kind beim Eintritt in den Kindergarten geraten kann. Etwas verallgemeinert ausgedrückt, vollzieht sich ja bei diesem Vorgang das Folgende: Wenn wir einmal unterscheiden zwischen der primären Sozialisationsinstanz „Familie" und den sekundären, die Familie ergänzenden Sozialisationsinstanzen, wie Kindergarten, Schule etc., so ergibt sich hier für das drei- bis sechsjährige Kind die erste Kontaktaufnahme mit einer Erziehungsinstitution, die über den Raum der Familie hinausgeht. Und das bringt nun eventuell eine Reihe von Schwierigkeiten mit sich. In der Regel handelt es sich bei der Familie um eine, normativ gesehen, eher homogene Gruppe. In dem emotional geschlossenen Raum ist man sich bezüglich der Normen vielfach einig, oder es wird sich einer der Erziehungspartner mit seinen normativen Vorstellungen durchsetzen, so daß das Kind dann in etwa weiß, „wie es dran ist". Die Fälle aber, in denen das Kind bereits bis zum Eintritt in den Kindergarten einer Normen- und Wertstruktur ausgesetzt war, die von großer Heterogenität und deshalb für es erzieherisch ungünstig ist, dürfen bei dieser allgemeinen Betrachtungsweise einmal außer acht gelassen werden.
Im Vergleich zu früheren Zeiten haben wir es gegenwärtig schon in der frühkindlichen Erziehung mit einer deutlichen *Normenheterogenität* zu tun. Über die Wertwelt ist man in Streit geraten, und die Normenbasis ist ungewiß geworden. Aus solchen Bedingungen resultieren nun für das von der vorschulischen Erziehung betroffene Kind und für die daran beteiligten Erziehungspartner zahlreiche Konfliktquellen.

191

Die Anzahl der genannten Beispiele könnte relativ beliebig erweitert werden. Es zeigt sich dabei, daß derartigen Konfliktfällen in der Regel eine *Normendifferenz* zugrunde liegt, die im näheren oder weiteren Sinne aus einer Differenz über das jeweils vertretene Erziehungsideal erklärt werden kann. Für die Lösung der Konflikte in den genannten Beispielen drängt sich als Bedingung eine intensive Elternarbeit auf, in der man zu einer Einigung gelangt, um dem Kind eine günstige Sozialisation zu ermöglichen. – Es könnte aber der *Einwand* gemacht werden, daß wir nun einmal in einer normpluralen Welt lebten und daß es doch nur günstig sei, das Kind möglichst bald mit gegensätzlichen Wertvorstellungen zu konfrontieren; Erziehung müsse doch realitätsbezogen sein. – Eine solche Auffassung scheint zunächst einiges für sich zu haben. Man muß aber bedenken, daß das Wert- und Normbewußtsein des Kindes in der vorschulischen Zeit noch eine relativ unstabile Basis hat und daß das rationale Vermögen, Normen kritisch zu reflektieren, so gut wie nicht entwickelt ist. Das Kind lebt in dieser Zeit stark aus dem Vertrauen zu seinen Bezugspersonen. Die von der am meisten geschätzten Person vertretene Norm wird am ehesten akzeptiert. In Fällen, wie den oben geschilderten, wird das Vertrauen zwischen Kind und Bezugsperson geschmälert und damit zugleich die Basis des zukünftigen Erziehungsprozesses erschüttert. Dem Kind sollte deshalb zuerst einmal eine relativ homogene Normbasis angeboten werden, die bei einem entsprechend freiheitlichen Erziehungsstil von sich aus schon soviel offene Situationen bietet, daß es zu einer einseitig verfestigten Haltung beim Kind nicht kommen kann[13].

2. Argumente für die Elternarbeit des Kindergartens

Es gibt nun aber eine Reihe von Argumenten, durch welche der Auftrag des Kindergartens zur Elternarbeit einleuchtend begründet werden kann (vgl. HUPPERTZ 1983, S. 22ff.). Die Hauptmomente seien hier skizziert.

---

[13] Zur Frage der Schwierigkeiten, die sich für Kind und Eltern aufgrund der Verwendung sog. kompensatorischer Programme ergeben können, vgl. R. FATKE, Psychohygienische Probleme der Förderung sozial benachteiligter Kinder, in: Zeitschrift für Pädagogik 1970, S. 65–82, bes. S. 76ff.

Aus dem bisher Gesagten ergibt sich ein wesentliches Argument, das man folgendermaßen formulieren kann:

a) *Der Kindergarten wird Elternarbeit deshalb durchführen, weil nur über den Weg der Kooperation der Erzieher und Eltern eine für das Kind erträgliche und nützliche normative Basis hergestellt werden kann, ohne die es für seine Sozialisation schädlichen Konfliktquellen ausgesetzt sein wird.*

Für die hier vorgetragene Argumentation liegen auch genügend empirische Belege vor, und zwar können wir dazu die Untersuchungen über divergierende Erziehungspraktiken in der Familie heranziehen. Es ist anzunehmen, daß ein Kind ähnlichen Schwierigkeiten ausgesetzt ist, wenn die Erziehungspartner „Kindergartenerzieher – Eltern" in ihren Auffassungen zu Erziehungsfragen divergieren, wie in den Fällen, wo die beiden Erziehungspartner „Vater – Mutter" in Erziehungsfragen nicht übereinstimmen. H. C. THALMANN stellte in seiner Studie über „Verhaltensstörungen bei Kindern im Grundschulalter" fest, daß es einen deutlichen Zusammenhang zwischen dem Auftreten von Verhaltensstörungen bei Kindern und der Uneinigkeit über Erziehungsziele und Erziehungsmethoden bei den Eltern gibt. „82% der Jungen, deren Eltern in ihrem Erziehungsstil nicht übereinstimmten, waren stark oder mäßig symptombelastet" (1971, S. 230). Ähnliche Ergebnisse ausländischer Untersuchungen wurden damit bestätigt. Wenn wir also den Leitgedanken aller Pädagogik – das Wohl oder das Glück des Kindes – zugrunde legen, so ergibt sich allein schon daraus eine ausreichende Begründbarkeit für die Elternarbeit: Institutionen ohne intensive Elternarbeit tragen vermutlich bei manchen Kindern mit zur Produktion von Verhaltensauffälligkeiten bei.

b) *Elternarbeit ist die Voraussetzung für ein gefühlsmäßiges „Verstehen" der beteiligten Erziehungspartner.*

Wenn man davon ausgeht, daß Kindergartenpädagogen und Eltern an einer wichtigen Aufgabe arbeiten, die zufriedenstellend nur über eine – auch emotional – günstige Kooperation ausgeführt werden kann, so leuchtet die Notwendigkeit der Elternkontakte ein. Das Sprichwort „Aus den Augen, aus dem Sinn" deutet ein gut belegtes sozialpsychologisches Gesetz an: Um eine auf Dauer günstige Sympathie-Beziehung zwischen Personen herzustellen, darf das Quantum an Kontakten unter ein bestimmtes Ausmaß nicht herabsinken. Die Kindergärtnerin dürfte es mit einer wün-

193

schenswerten Erziehung eines Kindes, dessen Eltern ihr durch irgendwelche Verärgerungen ausgesprochen unsympathisch sind, in der Regel nicht sehr leicht haben. Sie wird in Gefahr geraten, Kind und Eltern zu identifizieren und den aus dem ungünstigen Kontakt resultierenden Ärger auf das Kind „abzuladen".

c) *Elternarbeit ist der Weg, über den die Erzieherin das notwendige Verständnis für ihr unangenehme Verhaltensweisen des Kindes gewinnen kann.*

mehr Verständnis

Die sogenannten schwierigen Kinder, die wir in immer größer werdender Anzahl in den Gruppen des Kindergartens antreffen, sind vielfach auch gerade die Kinder, deren Eltern wir für schwierig halten. Es handelt sich um die Eltern, deren Kinder in der Familie nach unserer Auffassung eine ungünstige Sozialisation erfahren. Aber erst wenn man über die Erziehungsbedingungen, denen das Kind in der Familie evtl. Tag für Tag ausgesetzt ist, Kenntnisse besitzt, wird man auch eher ein Verständnis für die oft als „störend" empfundenen Reaktionen des betreffenden Kindes in der Gruppe aufbringen können.

Transparenz der Arbeit

d) *Elternarbeit ist erforderlich, um den am Erziehungssystem „Kindergarten-Familie" beteiligten Eltern und der Gesellschaft die Arbeit des Kindergartens transparent zu machen.*

Zahlreiche Kindergärten leisten inzwischen qualifizierte Arbeit, so daß es allein schon von daher gesehen lohnend erscheint, den Eltern und der gesellschaftlichen Öffentlichkeit die erbrachten Leistungen nicht zu verbergen. Das Ansehen des Kindergartens und das professionelle Image der Erzieherin könnten über diesen Weg durchaus eine Verbesserung erfahren und sich in der Gesellschaft den ihnen gebührenden Platz erobern, den sie bislang noch nicht gewinnen konnten.

Chance der Beratung

e) *Für „erziehungsberaterische" Aktivitäten könnte der Kindergarten und die dort tätigen Pädagogen einen effektiven Beitrag leisten.*

Wir plädieren hier nicht dafür, daß der Kindergarten die intentional angebotenen Aktivitäten der Erziehungsberatungsstellen ersetzen sollte, und gehen auch nicht davon aus, daß er dies könnte. Wir möchten jedoch auf folgenden Zusammenhang aufmerksam machen: Der Kindergarten ist diejenige Erziehungsinstanz, die sich

194

auf die wichtigste Sozialisationszeit im Leben des Kindes, nämlich auf die frühe Kindheit bezieht. Die dort tätigen Erzieher rekrutieren sich aus Personen, die während einer mehrjährigen Ausbildung in intensiver Form mit erzieherischen Fragen vertraut wurden. Weiter muß man in Betracht ziehen, wie hoch die Anzahl der verhaltensauffälligen Kinder ist – etwa zehn von hundert Grundschülern nässen ein! Bei Berücksichtigung dieser Tatsachen kann man an den Chancen, die dem Kindergarten und den dort tätigen Erziehern für eine sozialpädagogische Arbeit zufallen, nicht vorbeisehen. Beratungs- und Bildungsarbeit im Sinne eines kompensatorischen Engagements für die Eltern und damit zugunsten der Kinder bieten sich geradezu an.

3. Perspektiven zur Elternarbeit – Standpunkte bei Trägern und Eltern

Es gibt inzwischen eine Reihe von gesetzgeberischen Äußerungen zur Elternarbeit im Bereich des Kindergartens. Die *Kindergartengesetze* sind aber in vielen Punkten zurückhaltend, wenn es darum geht, klar zu formulieren, was von den einzelnen Beteiligten, z. B. Eltern, Erziehern, Trägern, verlangt wird. Gesetze von der Art, wie es die Kindergartengesetze sind, die sich auf ausgesprochen pädagogische Gebiete beziehen, werden immer nur richtungweisend sein und mit offenen Angaben arbeiten können, die dann im praktischen Feld zu konkretisieren sind. Dann hängt es von der Sichtweise der Beteiligten ab, was man in der Realität „daraus macht".

Kindergartengesetze

Über die Standpunkte, die von den *Trägerverantwortlichen* sowohl konfessioneller als auch öffentlicher Kindergärten im Hinblick auf die Elternarbeit heute vertreten werden, fehlt uns exaktes empirisches Material. Das wäre an sich notwendig gewesen, um die nötigen Schritte für die Realisierung der Elternarbeit im Kindergarten vorzubereiten. Man ging den umgekehrten Weg: trotz fehlender verläßlicher Kenntnisse über die Vorstellungen der Trägerverantwortlichen wurde Elternarbeit, obwohl ein ausgeprägtes pädagogisches Vorhaben, gleichsam per Gesetz verordnet. Manchen Trägern schien das nicht angenehm. „Wir werden uns die Eltern vom Halse halten, solange dies eben möglich ist", wird als Aussage eines Trägerverantwortlichen berichtet. „Es ist kein Geheimnis,

Trägerverantwortliche

daß da und dort so mancher Kindergartenbeirat als unbequem empfunden wird. Umgekehrt sollen auch die Träger den Beiräten nicht immer angenehm sein", heißt es im Merkblatt eines Kindergartenverbandes. Die konfessionellen Träger sind mancherorts inzwischen auch von ihrem Bischof her ausdrücklich angehalten, für die Verwirklichung der Elternarbeit im Kindergarten Sorge zu tragen. In der „Handreichung für die Kindergartenarbeit im Bistum Aachen" liest man z. B.: „Die Träger arbeiten ständig und aufgeschlossen mit den Eltern und den sozialpädagogischen Fachkräften zusammen, . . ." (S. 8) oder weiter: „Unter Wahrung der fachlichen Zuständigkeit und Verantwortung der im Kindergarten tätigen Fachkräfte soll vor allem im Kindergartenrat die Elternmitverantwortung gestärkt werden".

Eltern-
engagement

Bei der Frage danach, wie die *Eltern* selbst ihr Engagement für den Kindergarten betrachten, müßte man sicherlich wesentlich differenzierter vorgehen, als dies im folgenden geschehen kann. Es scheint jedenfalls eine sehr schwierige Aufgabe zu sein, auch die sog. „richtigen" Eltern, also diejenigen, die am ehesten durch das sozialpädagogische Engagement des Kindergartens profitieren könnten, zu erreichen und zu aktivieren[14]. Die Ergebnisse von eigenen Befragungen bei Erzieherinnen lassen sich dahingehend interpretieren, daß man mit etwa der Hälfte der Eltern, was ihr Engagement für den Kindergarten betrifft, durchaus zufrieden ist. In einigen Fällen wird sogar berichtet, daß die Elterngremien „sehr eifrig" arbeiten und für die Arbeit im Kindergarten „sehr vorteilhaft" von der Erzieherin empfunden werden.

Es darf angenommen werden und weiter oben wurde es auch schon erwähnt, daß ein sehr großer Teil der im Kindergarten tätigen *Erzieherinnen* zur Elternarbeit eine positive Einstellung hat und von deren Notwendigkeit überzeugt ist.
Schon Mitte der siebziger Jahre konnte in eigenen Untersuchungen bei ca. 650 Erzieherinnen des Kindergartens festgestellt werden, daß sie überwiegend ein positives Bild vom Elternbeirat des Kindergartens haben (vgl. dazu HUPPERTZ, Elternmitsprache im Kindergarten, 1977, S. 67ff.). Lediglich 3% der Erzie-

---

[14] Vgl. N. HUPPERTZ, Elternarbeit für alle Eltern, in: Kindergarten heute 1, 1975, S. 20ff.

herinnen sagen danach, daß die gewählten Elternvertreter für ihre Arbeit eher nachteilig seien; alle anderen werten sie als eher positiv.

4. Formen und Methoden der Elternarbeit

Elternarbeit definieren wir als Kommunikation und Kooperation zwischen Facherziehern und den Eltern der Kinder, welche die Einrichtung (Kindergarten, Heim etc.) besuchen. – Entsprechend den vorgetragenen Argumenten hat sie die folgenden Funktionen zu erfüllen:

a) Elterninformation: Erzieher sollen Eltern, Eltern sollen Erzieher über erzieherisch bedeutsame Dinge informieren.

b) Beratung: Gemeint ist die Beratung von und durch Eltern in Erziehungsfragen.

c) Elternmitsprache: Eltern sollen aus pädagogischen, demokratischen und rechtlichen Gründen (Kindergartengesetze) über wichtige Dinge im Kindergarten mitbefinden.

d) Elternmitarbeit: Eltern unterstützen den Kindergarten in der konkreten Arbeit.

e) Elternintegration: Das bedeutet, daß sich Eltern als Teil des Kindergartens verstehen und von „ihrem" Kindergarten sprechen.

An diesen Funktionen wird deutlich, daß Eltern sich nicht als „Adressaten" des Kindergartens verstehen dürfen und als solche auch nicht verstanden werden sollen, sondern als Partner. Elternarbeit heißt nicht Arbeit „an" Eltern, sondern Arbeit „mit" Eltern. Nur bei dieser Einstellung kann sich ein offener und angenehmer Umgang zwischen Erziehern und Eltern ergeben. Die sozialpädagogischen Berufskräfte sind während der Ausbildung oft noch nicht sehr motiviert für Fragen der Zusammenarbeit mit Eltern, weil ihr Interesse verständlicherweise zunächst stärker auf die Erziehung der Kinder orientiert ist. Berufserzieher müssen aber darüber nachdenken und sich rechtzeitig darauf einstellen, daß eine berufliche Tätigkeit in der Pädagogik keineswegs allein bedeutet, mit Kindern umzugehen, sondern daß eine wichtige Komponente weiterreichender Art heute als unverzichtbar angesehen werden muß: nämlich die Arbeit mit Eltern und Gemeinde sowie die Arbeit mit der Öffentlichkeit überhaupt. Diese weiterreichenden Qualifikationen werden heute weitgehend in der Fortbildung vermittelt. Sie müßten aber während der Ausbildung, wenigstens der Orientierung nach, grundgelegt sein. Dabei gehen wir davon aus, daß jemand, der gute Arbeit mit Kindern zu leisten vermag, grundsätzlich auch für die Arbeit mit Erwachsenen zu qualifizieren ist.

Während der letzten Jahre haben wir eine Praxistheorie für die Elternarbeit in verschiedenen pädagogischen Einrichtungen entwickelt. Insbesondere für den Kindergarten wurde diese angenommen und in zahlreichen Fällen realisiert (vgl. dazu HUPPERTZ, Elternarbeit vom Kindergarten aus, Freiburg i. Br. 1983, 16. Auflage, und ders. Elternmitsprache im Kindergarten, Freiburg i. Br. 1977).

In der Praxistheorie für die Elternarbeit geht es u. a. um Formen und Methoden der Arbeit zwischen Kindergarten und Elternhaus. „Form" meint dabei den übergreifenden Rahmen, „Methode" das jeweilige konkrete Vorgehen innerhalb der Form. U. a. kennen wir folgende Formen, aus denen bei den konkreten Voraussetzungen von Eltern und Erziehern in der Verwirklichung der Elternarbeit ausgewählt werden kann: Elterntreffen bzw. Elternabend, offener Kindergarten (Teilnahme der Eltern am Gruppengeschehen), Elternbriefe, Sprechstunde, Hausbesuche, Aufnahmegespräch, Tür-Angel-Gespräch, „Kontaktecke im Kindergarten", Feste und Feiern mit Eltern und Kindern, Ausstellungen, Planaushang, Exkursionen mit der Gruppe, Spielnachmittage, Gesprächskreise, Gemeinschaftsarbeiten der Eltern für den Kindergarten, Unterschriftenaktion für einen besonderen Zweck usw. (vgl. HUPPERTZ, Elternmitsprache im Kindergarten, Freiburg i. Br. 1977, S. 21ff.).

An Methoden haben wir z. B. für den Elternabend: Impulsreferat, Gruppenarbeit, Partnerarbeit, Rollenspiel, Brainstorming, Interview-Methode usw. Was die Frage der Realisierung der Zusammenarbeit zwischen Erziehern und Eltern anbetrifft, so muß man unterscheiden. Nach den Ergebnissen unserer eigenen jahrelangen Forschung auf diesem Gebiet können wir sagen, daß in den Kinder-

198

gärten hier mancherorts geradezu vorbildliche Arbeit geleistet worden ist. Für den größten Teil der deutschen Kindergärten ist es inzwischen eine Selbstverständlichkeit, daß Elternabende – und zwar auf Gruppenebene –, Elterngespräche, Feste mit Eltern etc. stattfinden. Im Kindergarten zeichnet sich eine erfreuliche Entwicklung ab von einer Erziehungseinrichtung im engeren Sinne zu einem gemeindebezogenen pädagogischen Zentrum im weiteren Sinne, an dem Eltern und Öffentlichkeit teilhaben.

Denkimpuls: Wenn hier das Thema „Elternarbeit" in erster Linie im Hinblick auf den Kindergarten gesehen wurde, so muß nochmals erwähnt werden, daß eine elternintegrative Arbeit in anderen Einrichtungen nicht mindere Bedeutung hat; dies gilt vor allem für die Heimerziehung. Im folgenden nennen wir Aufgaben einer Elternarbeit im Bereich der Heimerziehung[15]. Versuchen Sie bitte die Aussagen, die in diesem Kapitel zur Elternarbeit vom Kindergarten aus gemacht wurden, auf die Elternarbeit in der Heimerziehung – oder einer anderen Einrichtung – zu übertragen. Reflektieren Sie bitte vor allem die Frage, welche Formen und Methoden dabei am ehesten geeignet sind.

Aufgaben einer Elternarbeit im Bereich der Heimerziehung sind:

- „die Herstellung, Erneuerung bzw. Vertiefung des Kontaktes zwischen Kind und Eltern,
- die Aktivierung und Stützung eines Prozesses der Selbstbesinnung der Eltern, um sie zu neuen Einsichten in bezug auf Eigenart, Eigenwert und die Erziehung des Kindes zu führen und
- gemeinsames Erarbeiten neuer Erziehungswege und Erziehungspraktiken".

„Dabei sollen eine optimale Zusammenarbeit der Bezugspersonen des Kindes bewirkt und Kommunikationsformen zwischen Heim, Kind und Eltern geschaffen werden". (BREM-GRÄSER 1975, S. 73)

---

[15] Zur Vertiefung des Themas „Elternarbeit in der Heimerziehung" vgl. SCHMID, U., Heim und Eltern als Partner, in: Unsere Jugend 5, 1971

Literatur

Angstmann, A., Elternarbeit im Vorschulbereich und ihre Erneuerung als gemeinwesenorientierte Erwachsenenbildung, Frankfurt a. M., Bern, Las Vegas 1978

Huppertz, N., Elternarbeit vom Kindergarten aus, Freiburg i. Br., 16. Aufl. 1983

Huppertz, N., Elternmitsprache im Kindergarten, Freiburg i. Br. 1977

Huppertz, N., Wie Lehrer und Eltern zusammenarbeiten, Freiburg i. Br. 1979

Huppertz, N./Rumpf, J., Kooperation zwischen Kindergarten und Schule. Beiträge zur Theoriebildung, München 1983

Kreuzer, K. J., Theorie und Praxis der Elternarbeit im Kindergarten, in: R. Dollase (Hrsg.), Handbuch der Früh- und Vorschulpädagogik, Düsseldorf 1978, S. 371 ff., Bd. 1

VIII. ERZIEHUNG UND GESELLSCHAFT

VIII. ERZIEHUNG UND GESELLSCHAFT

Den Erziehungsprozeß kann man zunächst einmal unter dem Aspekt des pädagogischen Verhältnisses zwischen Erzieher und Edukand analysieren. Dabei ist festzustellen, daß u. a. die folgenden Faktoren den Erziehungsprozeß beeinflussen:

- Art und Ausprägung des Verhältnisses zwischen Kind und Erzieher
- die Zielvorstellungen des Erziehers
- der Erziehungsstil
- die Erziehungsmittel

Einbindung in das gesellschaftliche System

Welche Erziehungsziele verfolgt, welche Mittel angewendet und welche Inhalte ausgewählt werden, unter welchen konkreten Bedingungen Erziehungsprozesse ablaufen, das wird aber nur zu einem geringen Teil vom jeweiligen Erzieher selbst bestimmbar und beeinflußbar sein. Denn dieser befindet sich über die Familie, seinen Arbeitsplatz, über die Zugehörigkeit zu Vereinen und Verbänden mit der Umwelt in engster Verbindung. Ebenso wie der Erzieher ist auch das Kind in das soziale System der Gesellschaft eingebunden, und von diesem sind die Erziehungsprozesse mit abhängig.

Der konkrete pädagogische Bezug zwischen einem Erzieher und dem Heranwachsenden geht trotz dieser Wechselwirkung zwischen Kind und Erzieher einerseits und dem gesellschaftlichen Umfeld andererseits im Erziehungsprozeß niemals verloren. Die Analyse dieses wechselseitigen Erziehungsprozesses muß jedoch über die Analyse des pädagogischen Bezugs hinaus gehen. Denn das Verhalten des Erziehers, seine Ziel-, Wert- und Normvorstellungen werden ja sehr stark von seinem Umfeld beeinflußt. Jeder

Mensch wird in ein jeweils bestimmtes, jeweils andersartiges soziales Gebilde hineingeboren; über die Erziehung werden ihm im Laufe seines individuellen Lebens eine Vielzahl von Werten, Normen, Symbolsystemen (wie z. B. die Sprache) vermittelt. Die Entwicklung des einzelnen läßt sich somit bestimmen als das Hineinwachsen in eine bestimmte Gesellschaft. Ebensowenig wie das Kind kann der Erzieher seine Wertvorstellungen völlig frei und beliebig wählen, vielmehr orientiert der einzelne sein Handeln und Denken an den bestimmten, in seinem Umfeld geltenden Werten und Normen. Er übernimmt z. B. durch die Familie bewußt oder (meistens) unbewußt u. a. die Sprache und die Umgangsformen zunächst seiner Eltern und seiner nächsten Umgebung, später orientiert sich das Kind, der junge Mensch vielfach an sozialen und emotionalen Verhaltensweisen, an normgebenden Gesetzen, an Sitte und Brauchtum. Erzieher und Edukand beziehen die Inhalte des zu Lernenden auch auf das, was in der Gesellschaft als notwendig, bedeutsam oder erwünscht angesehen wird, um in der Familie, im Freundeskreis oder am Arbeitsplatz z. B. mit anderen zusammen leben und interagieren zu können.

1. Konkretisierung des Begriffs „Gesellschaft"

Der Begriff „Gesellschaft" faßt eine äußerst vielschichtige Ansammlung verschiedenartiger *Bestimmungsmerkmale* zusammen und ließe sich durch eine kurze Definition nur unzulänglich konkretisieren: „Eine Gesellschaft ist die Gesamtheit aller Gruppen, die in ihr existieren." Die Gruppe besteht aus Personen und die Gesellschaft besteht aus Gruppen – indirekt also auch wieder aus Personen.

*Bestimmungs-
merkmale*

Die Merkmale der Gesellschaft sind:
1. „Eine Gesellschaft ist hinsichtlich ihres Gebietes und ihrer Bevölkerung als eine Einheit erkennbar. In der Regel fallen Grenzen zwischen Gesellschaften daher mit Staatsgrenzen zusammen; es gäbe also eine bundesrepublikanische, eine Schweizer usw. Gesellschaft.
2. In der Gesellschaft finden wir sechs funktionsbedingte Hauptgruppenarten (Familien-, Erziehungs-, wirtschaftliche, politische, religiöse und Freizeitgruppen).

3. Die Gruppen und Personen einer Gesellschaft besitzen eine gemeinsame Kultur: Kultur und Gesellschaft sind einander zugeordnet.
4. Die Gesellschaft muß als funktionierende Gesamtheit erkennbar sein; ihre Teilgruppen arbeiten zusammen" (SEIFFERT 1969, S. 93).

Wie umfassend und vieldeutig der Begriff verwendet wird, zeigt sich auch daran, daß unsere gegenwärtige Gesellschaft gekennzeichnet wird als: Industriegesellschaft, pluralistische Gesellschaft oder spätkapitalistische Klassengesellschaft. Eine große Anzahl häufig verwendeter Bezeichnungen bezieht sich auf charakteristische Teilaspekte wie z. B. Leistungs-, Lern-, Freizeit-, Konsum- und Bildungsgesellschaft. Mit solchen sehr allgemein und relativ inhaltsleeren Kennzeichnungen kann jedoch höchstens auf bestimmte gesellschaftliche Erscheinungen, z. B. soziale Probleme oder bestimmte Verhältnisse aufmerksam gemacht werden. Nach einer differenzierten Analyse dessen, was in der Regel mit dem Begriff Gesellschaft gemeint ist, gelangt man zu folgender Erkenntnis: *Alle Gesellschaften lassen sich nach jeweils spezifischen sozialen, ökonomischen, ökologischen und kulturellen Merkmalen erfassen.*

spezifische Struktur- elemente

Zwar sind diese Strukturelemente, die wir im folgenden weiter differenzieren, in allen Gesellschaften vorhanden; sie sind jedoch jeweils verschieden stark ausgeprägt, differenziert; sie unterliegen dem historischen Wandel und unterscheiden sich im interkulturellen Vergleich. Besonders in ihrem Bezug auf Erziehung sind sie einer Reihe modifizierender Größen unterworfen. Sie sind jedoch allesamt notwendige Regelfaktoren, die das Zusammenleben einer größeren Anzahl von Menschen in einem gemeinsamen Gebiet gewährleisten sollen.

soziale Bedingungen

Die *sozialen Bedingungen* bestimmen in Form von Normen und Werten die Art und Weise unseres Zusammenlebens mit den anderen Menschen. Das Handeln und Denken eines Individuums ist in den wenigsten Fällen auf die eigene Person zentriert, sondern meist auf andere bezogen und an anderen orientiert. Das soziale, d. h. auf den Mitmenschen ausgerichtete Verhalten wird durch Regeln, Gebote und Anordnungen bestimmt. Das Einhalten dieser

204

normativen Orientierungen ist sowohl für den einzelnen als auch für alle Mitglieder einer Gesellschaft von großer Bedeutung; denn dadurch sollen fundamentale Grundsätze gewahrt und notwendige Ordnungsprinzipien eingehalten werden. Somit wird die Handlungs- und Lebensfähigkeit einer Gesellschaft und jedes ihrer Mitglieder erst gesichert. Die Normen beinhalten Erwartungen im Sinne von Kann-, Soll- und Mußvorschriften. Sie beziehen sich auf,

- das Verhalten des Individuums zu anderen Menschen und Gruppen
- die Ein- bzw. Unterordnung des einzelnen in verschiedenen Gruppen
- die Befolgung der allgemein anerkannten religiösen, politischen, geschichtlichen und pädagogischen Werte; wie z. B. „demokratische Machtausübung", „sozial-integrativer Erziehungsstil" oder „Nächstenliebe", „Sitte und Brauchtum".

Die Gruppe der *ökonomischen Bedingungen* bezieht sich auf die Qualität der Produktion, auf die Produktionsverhältnisse sowie die Besitzverteilung und deren direkte Folgen, wie z. B. Trennung von Arbeits- und Wohnplatz, Arbeitsteilung, Arbeitsplatzsituation, Einkommensverhältnisse, Verteilung der Güter, aber auch die Dauer, Güte und das Niveau der schulischen Ausbildung.

ökonomische Bedingungen

Die *ökologischen oder sozial-räumlichen Bedingungen* beziehen sich auf die Wohngegend (Stadt-Land; dicht- bzw. dünnbesiedelte, gepflegte bzw. slumartige Wohngegend); sie haben aber auch Auswirkungen auf den zeitlichen und finanziellen Aufwand, der erforderlich ist, um Schul-, Kultur-, Freizeit-, Versorgungseinrichtungen zu erreichen. Es „spielen vor allem Distanzphänomene eine große Rolle, d. h. die Tatsache, daß die räumliche Nähe mit der Häufigkeit der Sozialbeziehungen korreliert und dadurch auch deren Charakter beeinflußt, z. B. ihre Intensität oder Oberflächlichkeit, ihre Sachlichkeit oder Emotionalität. Wichtiger aber ist, daß die räumliche Distanz auch eine Informationsdistanz bewirkt" (RÜCK-RIEM 1969, S. 17).

ökologische Bedingungen

Zu den *kulturellen Bedingungen* zählen Kunst, Wissenschaft und Technik, Sitte, Brauchtum, Weltanschauung, vor allem aber auch die Sprache.

wechselseitige Abhängigkeit

Die einzelnen Bedingungsgruppen – wie soziale, ökonomische, ökologische und kulturelle Faktoren – können zum Zweck ihrer Beschreibung getrennt werden. Als gesellschaftliche Bedingungen und Wirkungen treten sie meist kombiniert auf. Dann spricht man z. B. von sozio-kulturellen oder sozio-ökologischen Einflüssen und möchte dabei auf die zentrale Bedeutung dieser beiden Faktoren hinweisen – wohl im Bewußtsein, daß fast immer eine wechselseitige Abhängigkeit aller Strukturen untereinander vorhanden ist. Dies soll an folgendem Beispiel verdeutlicht werden:

Beispiel

Eine Familie lebt in einer stark agrarisch strukturierten Gegend. Arbeitsplätze sind rar, und die nächste größere Stadt liegt etwa zwanzig Kilometer entfernt. Das Einkommen des Vaters ist gering. Eigentlich sollte die Mutter ebenfalls berufstätig sein, sie kann aber keine geeignete Halbtagsbeschäftigung finden. Das Dorf ist zu klein, um einen Kindergarten unterhalten zu können. Die Hauptschule muß im fünf Kilometer entfernten Nachbarsort besucht werden. Weiterführende Schulen befinden sich nur in der weit entfernten Stadt.

Analyse

Der primäre Faktor scheint in diesem Beispiel der *Wohnort* zu sein. Durch ihn werden die *ökonomischen Bedingungen* entscheidend beeinflußt, wie wir in der folgenden *Analyse* verdeutlichen:

Das Einkommen bedingt Größe, Lage und Ausstattung der Wohnung und somit möglicherweise die Kinderzahl, die „man sich sinnvoll leisten kann". Von der Wohnungsgröße wird wiederum entscheidend abhängen, ob ein Kind zusammen mit anderen im Kinderzimmer spielen kann oder nicht. Die Einkommensverhältnisse bestimmen über Höhe des Taschengeldes, über Art und Menge des verfügbaren Spielzeugs; aber auch darüber, ob eine weiterführende Schule besucht werden kann oder nicht. Das Fehlen des Kindergartens schränkt möglicherweise die Spiel-, Lern- und Erfahrungsmöglichkeiten erheblich ein. Ferner ist es denkbar, daß Art und Häufigkeit der Sozialbeziehungen eingeschränkt sind. Die räumliche Distanz beeinflußt u. U. die Sprachentwicklung, die normativen Orientierungen, das Erfahren anderer Meinungen, Einstellungen, Verhaltensmöglichkeiten und das Zusammentreffen mit verschiedenen Kultur-, Freizeit- und Bildungsangeboten. – Es wäre utopisch, wollte man heute noch Erziehungsphänomene unabhängig von ökonomischen und anderen gesellschaftlichen Gesichtspunkten betrachten. Bildungspolitische Engpässe wie der Numerus clausus sind ausreichende Beispiele dafür, wie sich fast zwangsläufig existenzielle Nöte des einzelnen ergeben müssen.

„Nach heutiger Auffassung kann die Wissenschaft von der Erziehung den Vorgang der Erziehung nur klären, wie auch die Erziehungsziele diskutieren und setzen, wenn sie die Gesellschaft in ihrer gegenwärtigen Struktur und in ihren Entwicklungstendenzen . . . unter dem Gesichtspunkt der Relevanz für die Erziehung untersucht . . ." (GOLDSCHMIDT 1969, S. 10).

gesellschaftliche Betrachtung

Der Erziehungsprozeß kann und darf also nicht losgelöst von den gesellschaftlichen Bedingungen und Voraussetzungen betrachtet werden. Die gesellschaftlichen Faktoren bewirken, daß über das vielschichtige, ineinanderverwobene Geflecht der geltenden Normen, Inhalte, Ziele und Methoden die gesamten Lernbebedingungen des Heranwachsenden beeinflußt und bestimmt werden. Obwohl die Erziehungsprozesse sich stets über den personalen Bezug entfalten, werden die jeweiligen gesellschaftlichen Orientierungen über die von der Gesellschaft geschaffenen Instanzen wie Familie, Kindergarten, Schulen oder Heime vermittelt. Die Institution Schule z. B. bestimmt über die Lehr- und Bildungspläne die geltenden Werthaltungen, „Manieren", Sprachstile, Leistungserwartungen und -anforderungen. Bei dieser Betrachtung des Erziehungsprozesses könnte man den Erzieher als „vermittelnde Instanz" der gesellschaftlichen Ansprüche gegenüber seinem Adressaten verstehen.

2. Das Verhältnis zwischen Erziehung und Gesellschaft

Der Mensch unterliegt immer den spezifischen Bedingungen des gesellschaftlichen Lebens. Ebenso wie in der Urgesellschaft besteht auch in der „modernen", „mobilen Leistungsgesellschaft" der Bezug des Menschen zu den übergeordneten sozialen und kulturellen Strukturen. Nur die jeweiligen Bindungen, Ordnungen, die Art und Differenzierung der Instanzen und Institutionen sowie die Wert-Norm-Vorstellungen sind verschieden. Sie differieren z. B. in ihrer Komplexität oder Offenheit und somit in ihrem Einfluß auf das Individuum. Die Betrachtung und *Beurteilung der Gesellschaft* von der Pädagogik her ist nicht nur sinnvoll, sondern im Interesse der heranwachsenden Menschen unbedingt notwendig. Die Erziehungswissenschaft muß fragen, ob das gesellschaftlich Gegebene pädagogisch vertretbar ist: Sind also die Staatsform, die Organisation des Schulsystems, die Vorstellungen und Forderungen in bezug auf

Beurteilung der Gesellschaft

Werte, Normen und Einstellungen etc. so strukturiert, daß der Erzieher z. B. die daraus resultierenden Erziehungsziele wie „Erziehung zur Demokratie", akzeptieren und ihre Erfüllung auch vom Kind verlangen kann.

Mit der Festlegung der normativen, ökonomischen oder politischen Strukturen sind Entscheidungen über die Verteilung von Macht und Einfluß, Besitz und Status verbunden. Die daraus resultierenden Chancen oder Abhängigkeiten bestimmen direkt die Möglichkeiten der Entfaltung des Individuums und werden somit zu einem zentralen Problem der Erziehung.

Abhängigkeit der Erziehung

Gesellschaftskritiker

Die Auseinandersetzung mit dem Verhältnis von Erziehung und Gesellschaft beginnt aber nicht erst in jüngster Zeit. Jahrhundertelang galt nur die Vorstellung, daß die Erziehung der Gesellschaft und ihre philosophischen, politischen und sozialethischen Maximen konform verlaufen müssen. An der grundsätzlichen kritiklosen *Abhängigkeit der Erziehung* vom herrschenden System änderten auch die in kritischer Distanz zur Gesellschaft entworfenen Erziehungsutopien (z. B. von Plato) nichts. Ein prinzipieller Wandel setzte erstmals ein, als ROUSSEAU das Kind aus der erziehungsfeindlichen, verdorbenen Gesellschaft herauslösen wollte. Nach ihm hat sich die Erziehung des Kindes nicht am vorgegebenen politischen, religiösen oder philosophischen System zu orientieren, sondern die Erziehung hat nur nach der „natürlichen" Entwicklung des Kindes zu fragen. An den pädagogischen Zielsetzungen *„Mündigkeit", „Humanität"* und *„Bildung"* solle sich der Umgang mit dem Kind orientieren. So stellt ROUSSEAU die Frage: „Was muß pädagogisch geschehen, damit die gegebene Gesellschaft nicht so bleibt, wie sie ist, oder daß doch wenigstens die Veränderung der Gesellschaft durch die stattfindende Erziehung nicht erschwert oder verhindert wird?" SCHLEIERMACHER (1826) formuliert es ähnlich: „Wie ist der Erziehungsprozeß einzurichten, damit die junge Generation tüchtig werde, einzutreten in das, was sie vorfindet; oder aber tüchtig werde, in die sich darbietenden Verbesserungen mit Kraft einzugehen?"

Es sollte also auch durch die Erzieher jede Chance genutzt werden, die Qualität des gesellschaftlichen Systems kontinuierlich zu verbessern, um die Ursachen sozialer Konflikte abzubauen und um die als hinderlich erkannten Strukturen zu verändern.

Seit ROUSSEAU sind die pädagogisch engagierten Gesellschaftskritiker, von PESTALOZZI, FRÖBEL, SCHLEIERMACHER, MARX bis
zu REICHE, HABERMAS und MARCUSE nicht mehr verstummt.
Alle erwarten dabei von der Erziehung den entscheidenden Anstoß
und Einfluß zur Aufrechterhaltung bzw. der mehr oder weniger
radikalen oder evolutionären Gesellschaftsänderung. Viele Pädagogen, die mehr oder minder im Gefolge ROUSSEAUS stehen,
versuchten in Theorie und Praxis ihrer eigenen Vorstellung von
einer besseren oder kindgerechteren Gesellschaft Gestalt zu geben. (vgl. z. B. die anti-autoritäre und emanzipatorische Erziehungs-
bewegung; Schulreformer wie z. B. MONTESSORI, STEINER, HEN-
TIG; „Antipädagogen" wie z. B. BRAUNMÜHL, MILLER)

kindergerechte Gesellschaft

Seit der späten Aufklärung hat die pädagogische Theorie sich
nach MOLLENHAUER in einem der Gesellschaft gegenüber kri-
tischen Selbstverständnis etabliert.
Danach lautet für die Erziehungswissenschaft die Grundfrage:
Erziehung für oder gegen die bestehende Gesellschaft?
Daraus ergeben sich die zwei grundsätzlichen Fragen:
– Beeinflußt die Gesellschaft die Erziehung?
– Beeinflußt die Erziehung die Gesellschaft?

Das Verhältnis von Erziehung und Gesellschaft kann von den drei
folgenden Standpunkten aus gesehen werden:
a) die Erziehung ist von der Gesellschaft abhängig
b) die Gesellschaft ist von der Erziehung abhängig
c) Erziehung und Gesellschaft stehen in einem wechselseitigen
   Abhängigkeitsverhältnis

2.1. Erziehung ist eine Funktion der Gesellschaft

Für den Soziologen DURKHEIM (1922) ist es das Ziel der Erziehung „beim Kind eine Reihe physischer, geistiger und sittlicher
Kräfte zu wecken und zu fördern, die eine politische Gesellschaft
in ihrer Gesamtheit und das jeweilige Milieu, für das es in besonderer Weise ist, von ihm fordern". Nach dieser Auffassung hat der
Erziehungsprozeß die vorrangige Aufgabe, den Heranwachsenden
gesellschaftskonform zu bilden, das Kind dem jeweiligen System
und Milieu anzupassen. Damit kommt im wesentlichen der Gedanke
der Anpassung, des gesellschaftskonformen Verhaltens zum Ausdruck. Wie wichtig für viele Eltern das Gelingen dieses Prozesses

Anpassung

ist, zeigt sich daran, daß sie alles daran setzen, daß ihr Kind sich in den gesellschaftlich erwünschten Rahmen einfügt. Manchmal werden die Kinder sogar entgegen der eigenen Überzeugung erzogen, nur um den Erwartungen der Gesellschaft zu entsprechen. Das Kind soll sich zurechtfinden, glücklich sein, Erfolg haben, – das sind die dahinterstehenden Ziele der Eltern, wenn sie Konformität fordern und ihre Erziehung danach ausrichten.

Reproduktion des Bestehenden

Die Ziele des Erziehens sind in diesem Falle die Ziele der Gesellschaft. Erziehung wird hier zurecht als „soziokulturelle Überlieferungs-, Angleichungs-, Eingliederungs- und Anpassungshilfe" (WEBER 1972, S. 67) bestimmt, die keine eigenen Ansprüche und Forderungen stellt. Erziehung dient – wenn man diese Position vertritt – der Stabilisierung und der Reproduktion des Bestehenden. Veränderungen gehen dabei nicht von der Erziehung aus, sondern sie sind eine Funktion der Gesellschaft: „Erziehung folgt der Erneuerung der Gesellschaft, aber sie bringt sie nicht hervor". Dieses Wort BREZINKAS wird weitgehend durch historische Erfahrungen erhärtet. Das will auch der Begriff vom sogenannten „cultural lag" besagen. Damit ist gemeint, daß Technik und Wissenschaften rasch fortschreiten, das Bildungs- und Erziehungswesen beispielsweise aber im Vergleich dazu eine bedenkliche Rückständigkeit aufweist. Pädagogische Reformen haben oft erst mit einer zeitlichen Verzögerung von 50 und mehr Jahren Aussicht auf Realisierung[16]. Eine Sichtweise von Erziehung, vorrangig verstanden unter dem Aspekt der Anpassung an das gegebene soziale System, führt dann dazu, daß der Mensch als ein „ausschließlich gesellschaftlich geprägter, sich lediglich anpassender Rollenspieler" gesehen werden muß (WEBER 1972, S. 69).

---

[16] In seiner Analyse der Schule kommt COLEMANN zu dem Ergebnis, daß sich diese Institution heute noch so versteht, wie sie vor etwa 150 Jahren für die damaligen gesellschaftlichen Bedingungen entworfen wurde, obwohl die Voraussetzungen sich inzwischen zum Teil umgekehrt haben (vgl. hierzu vor allem die umfangreiche Literatur zur Reform der Schule, angefangen von der Reformpädagogik der 20er Jahre bis zur sog. „Entschulungs"- und Gegenschuldiskussion der 70er Jahre). Ähnliches wurde bis vor kurzem auch für viele unserer Kindergärten behauptet, bei denen mehr Stagnation als Angleichung an veränderte Strukturen festgestellt werden konnte.

2.2. Die Gesellschaft ist eine Funktion der Erziehung

Gegenüber der eben dargestellten Sichtweise von Erziehung und Gesellschaft gibt es eine andere extreme Position: Der Pädagogik wird dabei die Funktion der *Erneuerung,* der Umgestaltung der Gesellschaft zugeschrieben. Vertreter einer solchen Position war z. B. FICHTE (1807, S. 14ff.), der glaubte, über Erziehung und Belehrung eine ganze Nation retten zu können: „Für eine so verfallene Nation ist von nun an Furcht und Hoffnung völlig aufgehoben . . . und es bleibt ihr nichts übrig, als ein ganz anderes und neues, über Furcht und Hoffnung erhabenes Bindungsmittel zu finden . . . So ergibt sich denn also, daß das Rettungsmittel . . . bestehe in der Bildung zu einem durchaus neuen und bisher vielleicht als Ausnahme bei einzelnen, niemals aber als allgemeines und nationales Selbst dagewesenen Selbst, und in der Erziehung der Nation, . . . mit einem Worte, eine gänzliche Veränderung des bisherigen Erziehungswesens ist es, was ich, als das einzige Mittel, die deutsche Nation im Dasein zu erhalten, in Vorschlag bringe." Der unserer Meinung nach utopische Charakter einer solchen Grundeinstellung geht von dem Postulat der *„pädagogischen Omnipotenz"* aus. Bei allen Reformvorstellungen wird man aber mit pädagogischen Intentionen allein – ohne ausreichende Berücksichtigung von gesellschaftlichen und politischen Faktoren – sehr bald an Grenzen stoßen.

Erneuerung

pädagogische Omnipotenz

2.3. Die Wechselwirkung zwischen Gesellschaft und Erziehung

Häufig wird der Prozeß der Erziehung so dargestellt, als sei darunter nur die passive bzw. erzwungene Anpassung der Person an das geltende gesellschaftliche Wert-Norm-System zu verstehen. Aus verschiedenen Gründen sind nun allerdings Anpassung und Konformität für das Individuum und die Gesellschaft gleichermaßen notwendig und vorteilhaft:

Anpassung als legitimer und notwendiger Aspekt

– Da in der Familie wie in jeder anderen Institution mehrere Menschen zusammenleben, müssen die Handlungen der Personen aufeinander abgestimmt werden. Das geschieht durch die Normen. „Sie sind Ordnungsprinzipien, die die Spezifizierung angemessenen und unangemessenen Verhaltens aller Gebiete menschlichen Denkens und Handelns ermöglichen" (BRANDT/KÖHLER 1972, S. 1715). Je dauerhafter und unveränderlicher sie sind, um so eher scheinen sie diese Funktion zu erfüllen.

Ordnungsprinzipien

Entlastung

    – Wo es um die Befriedigung allgemein-menschlicher Bedürfnisse (Nahrung, Sexualität, Art des Zusammenlebens) geht, haben der einzelne wie auch alle übrigen Mitglieder größtes Interesse daran, daß die Befriedigung dieser Grundbedürfnisse geregelt vor sich geht. Der einzelne wird vom permanenten Entscheidungszwang befreit und kann sich anderen Dingen zuwenden. Die Normierung dessen, wie man sich in bestimmten zwischenmenschlichen Bereichen zu verhalten habe, entlastet den einzelnen; sie verleiht ihm das Gefühl der Zugehörigkeit und der sozialen Geborgenheit.

Vorhersehbarkeit

    – „Der wichtigste Vorteil liegt darin, daß die Handlungen des anderen vorausgesehen werden können. Das entlastet beide Personen von entsprechenden Spannungen, setzt Zeit und Energie frei für andere Tätigkeiten, entlastet also ihre ganze seelische Ökonomie. Ihr Zusammenleben wird auf dem Hintergrund der erfahrenden Routinegewißheit einfacher, und sie bedürfen eines geringen Grades an Wachsamkeit. Die Handlungen des einzelnen sind für den anderen nicht mehr Quelle der Verwunderung oder drohender Gefahr. Es breitet sich stattdessen die „Trivialität des Alltagslebens" aus. Denn gemeinsame wie auch getrennt wechselseitige Handlungen haben nun ein Verstehensfundament, das stabilisierend wirkt und Kräfte freisetzt für Neuerungen . . ." (Soz. Wandel 5, S. 29). Für die Gesamtheit der Mitglieder, die Gesellschaft also, wird dieser Mechanismus zur unabdingbaren Voraussetzung dafür, daß grundlegende Sicherheits- und Ordnungsstrukturen und somit die Funktionstüchtigkeit eines Systems überhaupt gewährleistet werden können.

Erziehung zur Anpassung ist soweit ein legitimer und lebensnotwendiger Aspekt des Sozialisationsprozesses. Fortschritt und Umbruch ließen sich aber nicht erklären, wenn *Sozialisation ohne Personalisation* gesehen würde. Dabei meint Personalisation, daß der erzogene Mensch die Möglichkeit hat, die Umweltverhältnisse, die Normen und Werte absichtlich, zielstrebig und in von ihm zu verantwortender Weise umzugestalten. Sozialisation und Personalisation bzw. Gesellschaft und der unmündige Mensch stehen in einem dialektischen Verhältnis zueinander. Die Art und das Ausmaß der wechselseitigen Austauschprozesse zwischen Gesellschaft und Erziehung hängen jedoch weitgehend von der Gesellschaft ab. Die Chancen zur personalen Selbstbestimmung stoßen sich nicht nur an den Freiheitsansprüchen des Mitmenschen, sondern sind in direkter, oft gar nicht erkannter Einschränkung durch die Strukturmerkmale der Gesellschaft begrenzt. Vielfach ist es der Zwangscharakter von Produktion und Konsum; oft sind es Massenmedien oder Institutionen, die das individuelle Interesse der Personalität verschieden stark unterdrücken, vielfach ohne ins Bewußtsein des einzelnen zu gelangen (repressive Toleranz). Deshalb wird in der Pädagogik zurecht neben der gesellschaftlichen Anpassungserziehung die *Realisierung emanzipatorischer Ziele* (vgl. S. 78ff.) gefordert.

Personalisation

Bereits 1826 betonte SCHLEIERMACHER, daß Erziehung und Gesellschaft in einem *dialektischen Verhältnis* zu sehen seien:

dialektisches Verhältnis

„Sagen wir, die Erziehung soll die heranwachsende Jugend so ausbilden, daß sie tüchtig ist und geeignet für den Staat, wie er eben ist, so würde dadurch nichts anderes geleistet werden als dieses: die Unvollkommenheit würde verewigt und durchaus keine Verbesserung herbeigeführt werden." „Wenn man es darauf anlegt, die Jugend zu lauter Reformatoren zu erziehen: so steht das wieder in dem grellsten Widerspruche damit, daß sie selbständig in das Bestehende mit hineingezogen werden und vielleicht auf die gefährlichste Weise eingreifen (würde). Wir müssen also beides miteinander vereinigen; nur auf diese Weise können wir die richtige Auflösung finden . . . Die Erziehung soll so eingerichtet werden, daß beides in möglichster Zusammenstimmung sei; daß die Jugend tüchtig werde einzutreten in das, was sie vorfindet, aber auch tüchtig, in die sich darbietenden Verbesserungen mit Kraft einzugehen. Je vollkommener beides geschieht, desto mehr verschwindet der Widerspruch" (SCHLEIERMACHER in WENIGER 1957, S. 30f.).

Erziehung muß den Menschen fähig machen, kritisch beurteilen zu lernen, wo Anpassung notwendig bzw. verantwortliche Gegensteuerung geboten ist. „Erziehung muß in sich selbst eine dialektische Funktion erfüllen: sie muß in die Gesellschaft einüben und gegen sie immunisieren, wo diese zwingen will, Stereotypen des Denkens und Handelns zu folgen statt kritischer Einsicht" (MITSCHERLICH 1963, S. 33).

3. Sozialisation

Zunächst soll an einem Beispiel verdeutlicht werden, was konkret mit ‚Sozialisation' gemeint ist:

„Ein Kind von fünf Jahren zeigt eine Reihe von Verhaltensweisen; es schreit, es bittet um etwas, spielt mit dem Bruder . . ., schlägt die jüngere Schwester, gebraucht ein Kraftwort usw. Es sei angenommen, daß die Mutter dieses Verhalten direkt beobachtet. Sie hat bestimmte Vorstellungen, wie sich ein ‚braves' Kind dieses Alters verhalten soll . . . Aufgrund dieser Vorstellungen wird sie eine Reihe von Verhaltensweisen

Beispiel

des Kindes belohnen, eine Reihe nicht beachten . . ., eine Reihe anderer jedoch mißbilligen und mehr oder weniger bestrafen . . .; sie ergreift Maßnahmen, um dem Kind zu zeigen, daß es sich auf verbotene Weise verhalten hat, und um dem Kind erwünschtes Verhalten beizubringen" (FEND 1969, S. 40).

Erlernen der Werte, Normen und Rollen

Das Kind wird in eine bestimmte Gesellschaft hineingeboren und eignet sich durch Nachahmung oder Lernprozesse im Laufe der Zeit – zunächst von seinen Eltern, später in Kindergarten, Schule und Beruf – all jene Verhaltensweisen an, die zum Leben in dieser Gesellschaft notwendig sind. Es lernt z. B. die Sprache, um kommunizieren zu können, und gleichzeitig die Regeln, wie man mit anderen Menschen in verschiedenen Situationen spricht: z. B. die Formen der Begrüßung, der Diskussion; ebenso lernt es, wann man schweigen muß. Allgemein kann man sagen, daß nach Auffassung der Mehrheit der Gesellschaft der Heranwachsende all jene Verhaltensweisen lernen soll, die von ihr erwartet und befolgt werden. Es sind vor allem die typischen Verhaltensmuster, die im Umgang mit Menschen oder Dingen häufig wiederkehren und eine gewisse Allgemeingültigkeit haben.

Begriff „Sozialisation"

Der Begriff „Sozialisation" wurde erstmals um das Jahr 1910 von dem französischen Soziologen EMILE DURKHEIM in die Literatur eingebracht. In anderen Wissenschaften wie der Psychologie, Soziologie und der Kulturanthropologie übernahm man den Begriff schon bald; in der Pädagogik fand er lange Zeit keine Beachtung und wurde erst in den 50er Jahren in die pädagogische Diskussion eingeführt (vgl. DURKHEIM 1972).

Im wissenschaftlichen Sprachgebrauch der Sozialwissenschaften bezeichnet man nun den Vorgang der bewußten oder unbewußten Übernahme der gesellschaftlich bestimmten Werte, Normen und Rollen als *Sozialisation* (gelegentlich auch Sozialisierung).

Zusammenhänge und Bestimmungsmerkmale

Durch unterschiedliche Formen der Beeinflussung, also durch Nachahmungs-, Kommunikations- und Lernprozesse wird der Mensch mit den gesellschaftlichen Gegebenheiten seiner Umwelt konfrontiert. Das Bedingungsgefüge der Umwelt ist von so komplexer Vielfalt, daß es sich nur in groben Umrissen überblicken und ausdifferenzieren läßt. Sicher wird man einige un-

214

mittelbare Zusammenhänge aufdecken können, wie z. B. die Abhängigkeit der Sozialisation von der Sprache, der sozialen Schicht oder dem Erzieherverhalten. Dabei ist es aber unendlich schwierig bzw. vielfach sogar unmöglich, genauer zu bestimmen, in welcher Art und mit welcher Stärke ein bestimmter Faktor einwirkt und das gezeigte Verhalten prägt. Da sind einmal die Eltern und die im Elternhaus gegebenen situativen Umstände, wie z. B. Ausstattung und Anzahl der Räume oder die Zugänglichkeit der Kulturgüter (Bücher, Spielsachen, Gegenstände). Sodann wird ein kaum übersehbarer und kontrollierbarer Einfluß der Massenmedien auf Werte, Überzeugungen und Ansichten ausgeübt. Die Persönlichkeitseigenschaften werden aber auch geprägt von der jeweiligen Sozialschicht, der Konfession und der Geschlechtszugehörigkeit (geschlechtsspezifische Rollenerwartungen). Weiterhin spielt es für den Sozialisationsprozeß eine Rolle, welche Institutionen die betreffende Person gerade durchläuft, ob das Kind zum Beispiel einen Kindergarten besucht oder nicht.

3.1. Sozialisationstheorien

Über den Verlauf der Sozialisation gibt es nun verschiedene Auffassungen unter den Sozial- und Erziehungswissenschaftlern (vgl. dazu HURRELMANN/ULICH, 1980 und HELBIG 1978). Wir können hier nur die sich aufgrund der unterschiedlichen Ausgangspunkte und Annahmen ergebenden „Ansätze" nennen und kurz markieren (vgl. dazu HELBIG 1978):

Sozialisationstheorien

1. der *behavioristische Ansatz:* „Es soll nur das wissenschaftlich gesichert gelten, was empirisch überprüfbar, also unmittelbarer Beobachtung zugänglich ist. Die Basisannahme des Behaviorismus ist, daß sich menschliches Verhalten nach dem Reiz-Reaktions-Schema (S-R-Modell, nach dem englischen stimulus/response) erklären läßt. Es wird davon ausgegangen, daß der menschliche Organismus in einer bestimmten Weise auf Reize der Umwelt reagiert und daß sich durch wiederholte Reize diese Reaktion automatisch einstellt. Eine große Rolle spielten zumindest in der Anfangszeit des

behavioristischer Ansatz

Behaviorismus Experimente mit Tieren. Dabei galten Lernvorgänge, denen z. B. Ratten im Labyrinth ausgesetzt wurden, als prinzipiell übertragbar auf Lernvorgänge, denen der Mensch in der ihn umgebenden Kultur ausgesetzt ist". (HELBIG, S. 10)

psycho-
analytischer
Ansatz

2. der *psychoanalytische Ansatz:* Die Psychoanalyse – wörtlich übersetzt: ,Zergliederung der Seele' – beruht auf zwei grundlegenden Annahmen:

a) Im psychischen Leben gibt es keine Zufälligkeiten, sondern alle psychischen Vorgänge lassen sich prinzipiell nach Ursache und Wirkung aufschlüsseln (Prinzip der psychischen Determiniertheit oder Kausalität).

b) Die Mehrzahl der psychischen Prozesse verläuft unbewußt. Nach der Modellvorstellung von S. FREUD umfaßt die menschliche Psyche drei Schichten, die er mit Es, Ich und Über-Ich bezeichnet. Diese drei Schichten werden nacheinander aufgebaut; wenn das Über-Ich herausgebildet ist, ist der Vorgang der Persönlichkeitsentwicklung im Prinzip abgeschlossen. Das Verhältnis zwischen Es, Ich und Über-Ich wird sich – je nach den Sozialisationsbedingungen – verschieden einpendeln.

soziologischer
Ansatz

3. der *soziologische Ansatz* (PARSONS): Es geht um die Frage, „wie menschliches Verhalten zu sozialem Verhalten wird, d. h. so geformt wird, daß es bei allen Individuen in einer gegebenen Kultur oder Gesellschaft mehr oder weniger gleichförmig ausgestaltet ist." (HELBIG, S. 36)

symbolisch-
interaktionisti-
scher Ansatz

4. der *symbolisch-interaktionistische Ansatz:* ging es PARSONS um die sozialisierende Seite des Sozialisationsprozesses, so fragt der symbolische Interaktionismus nach den Möglichkeiten der Individuierung im Sozialisationsprozeß.
„Er geht aus vom Regelfall der täglichen Interaktion in Rollen und stellt dabei fest, daß dieser Regelfall dadurch gekennzeichnet ist, daß die Rollenspieler gerade nicht auf gleichförmige, sondern auf unklare und inkonsistente Erwartungen stoßen und daß sich diese Erwartungen auch meist nicht mit ihren Bedürfnisdispositionen decken. Es kommt dabei auch in der alltäglichen Interaktion keineswegs darauf an, voll mit dem Rollenpartner übereinzustimmen, sondern es genügt meist ein vorläufiger Konsens." (HELBIG, S. 53)

5. der *kognitivistische Ansatz:* „Der Kognitivismus – eine entwicklungspsychologische Forschungsrichtung – fragt danach, wie
geistige Strukturen, also Intelligenz, entstehen und sich entwickeln. Im Rahmen der Erforschung von Sozialisationsbedingungen und -abläufen spielen neben den motivationalen die
kognitiven Strukturen eine entscheidende Rolle. Zu Entstehung und Entwicklung geistiger Strukturen hat der Schweizer
Jean Piaget eine Theorie entwickelt." (HELBIG, S. 70)

6. der *schichtspezifische* Sozialisations-*Ansatz:* Es lassen sich
„in einer gemeinsamen Gesellschaft bzw. Kultur Untergruppen
bzw. Subkulturen unterscheiden, die ihre spezifischen Wertorientierungen aufweisen und entsprechend unterschiedliche
Sozialisationsziele und – aufgrund unterschiedlicher Sozialisa-
tionspraktiken – auch unterschiedliche Sozialisationsergeb-
nisse aufweisen. Zwei zentrale gesellschaftliche Untergruppen
und die ihnen entsprechenden Subkulturen, die aufgrund unterschiedlicher Lebensbedingungen ihre Kinder in unterschiedlicher Weise auf das Leben vorbereiten, stellen in Industrie-
gesellschaften die beiden sozialen Hauptschichten der Unterschicht und der Mittelschicht dar". (HELBIG, S. 77)

Diese Theorieansätze sind von ihren Vertretern unterschiedlich
ausführlich und stringent dargestellt worden. Zahlreiche Annahmen bedürfen der erfahrungsbezogenen Überprüfung.
Wenn wir im folgenden den Sozialisationsprozeß nach den wichtigsten Bestimmungsmerkmalen aufgliedern, so hat dies wiederum nur die Funktion der Beschreibung zur Analyse. In der Wirklichkeit muß aber eine Interdependenz der insgesamt wirkenden
Faktoren angenommen werden.

3.2. Sozialisation als Internalisieren von Normen und Werten

Normen sind Vorschriften oder Richtlinien des Verhaltens. Diese
haben sich in der Gesellschaft oder einer ihrer Gruppen herausgebildet und regeln das zwischenmenschliche Leben. Sie umschreiben mehr oder weniger genau, wie wir handeln sollen, was in einer
konkreten Situation und unter bestimmten Voraussetzungen zu
tun oder zu lassen ist. Ihnen liegen steuernde Wertungen wie „gut"
und „böse", „schön" und „häßlich" etc. zugrunde. „Die Internali-

sation solcher Normen bedeutet immer Umwandlung und Umschmelzung von Fremderwartungen in sogenannte Eigen- oder Selbsterwartungen, die die Personen nachher, d. h. nach der gelungenen Internalisation, an sich selber richten."
(STRELEWICZ 1970, S. 491)

Verhaltens-anforderungen

Die Normeninternalisation hängt mit der Gewissensbildung zusammen und ist gleichermaßen der bedeutendste wie auch kritischste Vorgang des Sozialisationsprozesses.

Beim Säugling und Kleinkind wird das gewünschte Verhalten durch Nachahmung und Gewöhnung erreicht und weitgehend durch Lust- bzw. Unlustgefühle erzeugt, also im emotional-affektiven Bereich angesiedelt. Mit zunehmendem Alter können die emotional-affektiven Wertunterscheidungen auch begründet und verstanden werden, da die kognitive Entwicklung fortgeschritten ist. Wenn die *Verhaltensanforderungen* als nicht mehr von außen auferlegt, sondern im subjektiven Bewußtsein des Kindes als Anforderung des eigenen Ichs erlebt werden, kann man von *Gewissen* sprechen. Die ehemals von außen vorgelebten, geforderten und gezielt durch Belohnung oder Bestrafung gesteuerten Verhaltensweisen werden also internalisiert: sie werden als individuelle, verinnerlichte und überpersönliche Forderungen erlebt. Die Psychoanalyse spricht davon, daß dann das „Ich" unter der Kontrolle des „Über-Ich" stehe. Das „Über-Ich" überwacht und kontrolliert das Verhalten, indem es dieses in Übereinstimmung mit den moralischen Standards und Anforderungen reguliert.

Auf welchem Weg die Internalisation zustande kommt und wie ihre relativ überdauernde Stabilität garantiert und gesichert wird, zu dieser Frage liegen zwar von der Psychologie, Soziologie und der Psychoanalyse verschiedene Erklärungsmodelle vor. Abschließende Aussagen sind aber bisher kaum möglich.

Die normativen Verhaltenserwartungen werden zunächst von anderen Personen in einer konkreten Situation vorgemacht, eingeschliffen oder verbal, also von außen, gesteuert (Du sollst!). Das Verinnerlichen bedeutet dann, daß die zunächst von der Umgebung erwarteten Verhaltensweisen in irgendeiner Form zu Äußerungen der eigenen „inneren Stimme", des Überichs oder des Gewissens werden.

Lern- und verhaltenspsychologische *Erklärungsversuche* gehen davon aus, daß z. B. der Erzieher, beeinflußt durch Gesellschaft und Kultur, die Normen für erwünschtes Verhalten festlegt. Der Aufbau bzw. die Veränderung des Verhaltens wird durch positive bzw. negative Bekräftigung bewirkt. Für die Psychoanalyse sind es vor allem die ersten und frühen Kindheitserlebnisse, die zentrale Bedeutung für den Aufbau der Persönlichkeitsstrukturen besitzen. Zuerst sind es die Eltern, die ein bestimmtes Verhalten, wie z. B. das Spielen mit den Genitalien, belohnen, ermahnen oder bestrafen und das Kind somit zur Übernahme der geforderten Normen drängen. Vermutlich sind die Nachahmungsvorgänge und die darauf aufbauende Identifikation für die Entwicklung der Internalisation ebenfalls von größter Bedeutung.

Erklärungs-
versuche

Durch diese verschiedenen Lernprozesse übernimmt dann das Kind allmählich die Verhaltensanforderungen und macht sie zu seinen eigenen Verhaltenserwartungen: das Kind ermahnt sich selbst.

3.3. Sozialisation ist ein lebenslanger Prozeß

Die Begriffe Erziehung und Sozialisation werden in der Pädagogik sehr unterschiedlich benutzt. Gelegentlich werden sie auch identisch gebraucht. Wir verstehen Sozialisation als den umfassenderen Begriff. Erziehung ist nach unserem Verständnis nicht zu trennen von Sozialisation, sondern vielmehr als ihr zentraler Bestandteil zu verstehen. Alle Hinweise darauf, daß Sozialisation jeweils nur das Tradieren der Werte und Normen oder das Erlernen von Rollen betreffe, scheinen dem Problem nicht gerecht zu werden. Vor allem deshalb nicht, weil man das Lernen von Rollen und die Internalisierung des Wert-Norm-Systems nicht sinnvoll voneinander trennen kann; beide Prozesse bedingen vielmehr einander wechselseitig. Lediglich der Faktor Zeit scheint uns ein akzeptables Differenzierungskriterium zu sein. Erziehung macht sich zu dem Zeitpunkt überflüssig und endet dann, wenn der Heranwachsende die Ziele „Mündigkeit", „Kritikfähigkeit", Selbständigkeit im kritischen Urteilen, Denken und Handeln erreicht hat. Dies sollte in der Regel zum Zeitpunkt der rechtlichen Mündigkeit sein. Sozialisation kann nun insofern als lebenslanger Prozeß definiert werden, als die Übernahme von neuen Rollen, das Erlernen der

Erziehung und
Sozialisation

Ende der
Erziehung

neue Rollen

damit verbundenen Normen und die Erfüllung der entsprechenden gesellschaftlichen Vorstellungen und Erwartungen sich lebenslang abspielen können. Solche neuen Rollen wären z. B. geknüpft an den jeweiligen Beruf oder auch daran, daß aus Eheleuten Eltern, später Großeltern oder Rentner werden.

Somit drückt Sozialisation – über Erziehung hinausweisend – all jene Lernprozesse aus, die lebenslang durch den Erwerb neuer Rollen und Positionen notwendig werden. Darüber hinaus sollte immer die grundsätzliche Möglichkeit mitbedacht werden, daß Wert-Norm-Systeme sich relativ schnell ändern können. Dem Sozialisationsprozeß fällt dann die Funktion zu, das individuelle Gleichgewicht aufgrund neuer Norminternalisation wieder herzustellen.

3.4. Der Sozialisationsprozeß verläuft schichtspezifisch

Zuordnungs-kriterien

Für die zuverlässige Erforschung schichtspezifischer Einflüsse müßten soziale Ungleichheiten gemessen werden können. Da dies bislang methodisch nicht möglich ist, verwendet man ein deskriptives Modell zur Bestimmung von „sozialer Schicht": Schichten werden dadurch gebildet, daß man Individuen mehr oder weniger willkürlich nach verschiedenen Kriterien einstuft. Diese Dimensionen werden manchmal einzeln verwendet oder miteinander kombiniert und sollen den sozio-ökonomischen Status oder einen Rangplatz anzeigen. Von den zahlreichen Bestimmungsgrößen werden am häufigsten verwendet: das Einkommen, die nach dem Sozialprestige hierarchisch geordneten Berufspositionen, das Ausbildungsniveau, Wohngegend, Wohngröße, Besitz verschiedener Konsumgüter. Daß der Schichtbegriff kaum als empirisch brauchbare Bestimmung sozialer Ungleichheiten angesehen werden kann und darf, zeigt sich insbesondere daran, daß qualitativ sehr verschiedenartige, objektiv feststellbare (Einkommen, Ausbildung), aber auch so willkürliche und nicht objektiv erhebbare Daten wie Sozialprestige und Lebensstil gleichwertig und austauschbar verwendet werden.
So ist es nicht verwunderlich, daß die prozentuale Größe der einzelnen Sozialschichten schwankt, da die *Zuordnungskriterien* wie Einkommen, Beruf etc. nicht einheitlich verwendet werden.

220

Ein Faktum, das insbesondere für die Erziehung relevant ist, scheint in den wenigsten Untersuchungen berücksichtigt zu werden: in wissenschaftlichen Untersuchungen konnte man nachweisen, daß die subjektiv vom Betrachter für ihn selbst vorgenommene Zuordnung zu einer Schicht von entscheidender Bedeutung ist. Es geht also um die Frage, welcher Sozialschicht man sich selbst zugehörig fühlt. Deshalb erscheint es uns angebracht, alle schichtorientierten Aussagen und Untersuchungen äußerst kritisch zu beurteilen. Insbesondere muß auf den sogenannten *Pygmalion-Effekt*[17] aufmerksam gemacht werden. Damit ist das Phänomen gemeint, daß Erzieher aufgrund ihrer Erwartungen bei Kindern bestimmte Wirkungen erzielen können. Man spricht dabei von sogenannten „sich selbst erfüllenden Prophezeiungen" (self-fulfilling-prophecy). Glaubt ein Erzieher z. B. zu wissen, daß ein Kind einer bestimmten Schicht angehört, so erwartet er deshalb u. U. bestimmte kindliche Verhaltensweisen, andere jedoch kommen für ihn gar nicht mehr in Frage. Diese Erwartungshaltung evoziert dann spezifische Einstellungen und Verhaltensweisen des Erziehers gegenüber dem Kind, die dazu führen können, daß das erwartete Phänomen sich tatsächlich einstellt: die „Prophezeiung" hat sich selbst erfüllt.

Pygmalion-Effekt

Auf dem Hintergrund dieser *kritischen Anmerkungen* muß nun die folgende Auflistung schichtspezifisch differenzierender Sozialisationsmerkmale verstanden werden. Nach solchen Untersuchungen zeichnet sich ein Angehöriger einer Schicht

kritische Anmerkungen

„durch spezifische Verhaltensformen und Lebensgewohnheiten aus, ihren Mitgliedern sind Deutungssysteme und Interpretationsschemata gemeinsam, sie sprechen eine spezifische Sprache, teilen Geschmacksvorstellungen, Vorstellungen von Gut und Böse, Richtig und Falsch . . ." (OEVERMANN, 1966, S. 169).

Die Auswirkungen *schichtspezifischer Sozialbeziehungen* auf den Sozialisationsprozeß beschreibt SCHULTE-KEMNA (1971, S. 68ff.):

schichtspezifische Sozialbeziehungen

„Während die sozialen Beziehungen der Mittelschichtangehörigen in der Regel durch Kontaktfreudigkeit nach außen, durch einen relativ großen außerfamiliären Bekannten- und Freundeskreis gekennzeichnet sind, be-

---

[17] ROSENTHAL/JACOBSON, Pygmalion im Klassenzimmer. Weinheim 1971.

schränkt der typische Vertreter der Unterschicht seine Kontaktnahme weitgehend auf die eigene Familie, Verwandtschaft und wenige Freunde, die meist Arbeitskollegen sind . . . Diese beschränkten Sozialkontakte bedeuten für das Unterschichtkind eine Verstärkung seiner sowieso schon vorhandenen Benachteiligungen; ihm fehlt dadurch „die Korrekturmöglichkeit durch Anknüpfung von Beziehungen zu einem anderen Milieu . . ."

Schicht und Sprache

Eine der bekanntesten pädagogischen Kontroversen bezüglich der Interpretation schichtspezifischer Unterschiede ergab sich im Zusammenhang von *Schicht und Sprache*. Es wurden vor allem frühe Untersuchungen von B. BERNSTEIN herangezogen und in immer gleicher Weise gleich falsch verstanden: Unterschichtkinder weisen einen irgendwie gearteten Sprachmangel, eine Sprachverarmung („restringierter Code") auf. Vielmals werden jedoch die neueren Forschungsergebnisse BERNSTEINS nicht mit berücksichtigt und deshalb seine Aussagen zu undifferenziert und irreführend veröffentlicht. Er selbst merkt dazu kritisch stellungnehmend folgendes an:

„Der Begriff ‚restringierter Code' der die Sprache der Arbeiterklasse beschreiben sollte, wurde mit ‚linguistischer Deprivation' oder sogar mit dem ‚nichtverbalen' Kind gleichgesetzt." (Jede bewertende bzw. diskriminierende Auslegung fehlt also bei BERNSTEIN!) „Es trifft nicht zu, daß die Arbeiterkinder das Vokabular der Mittelschichtkinder nicht in ihrem passiven Wortschatz haben. Noch trifft es zu, daß sich die Kinder in ihrem unausgesprochenen Verständnis des linguistischen Regelsystems unterscheiden. Vielmehr haben wir es hier mit Unterschieden im Sprachgebrauch zu tun, die in einem spezifischen Zusammenhang entstehen" (BERNSTEIN 1971, S. 28ff.).

Wertorientierungen

Auf den Zusammenhang zwischen unterschichtspezifischen Sozialisationsvoraussetzungen („Unterschichtenbewußtsein")[18] und den daraus resultierenden mittel- bzw. unterschichtsspezifischen *Wertorientierungen* und Zielvorstellungen in der Erziehung weist G. GRAUER (1971, S. 42) hin:

„Mütter der Mittelschicht bewerten Selbstbeherrschung, überlegtes, selbständiges Handeln, Zufriedenheit und Wißbegierde als zentrale Erziehungsziele.
Unterschichtsmütter achten in der Erziehung vor allem auf Gehorsam, Sauberkeit und adrette Erscheinung. Ein Kind, das man vorzeigen kann, wird höher geschätzt als das phantasievolle und wißbegierige Kind. In ihren entscheidenden Erziehungsleitbildern unterscheiden sich in beiden Schichten die Mütter nur unwesentlich von den Vätern.

222

Während in der Mittelschicht die Ansprüche an Jungen und Mädchen sehr ähnlich sind, unterscheiden Unterschichtsmütter deutlich zwischen den Geschlechtern: sind sie bei ihren Jungen geneigt, Zuverlässigkeit und Ehrgeiz höher zu bewerten, so rücken für die Mädchen Reinlichkeit, adrettes Aussehen, gutes Benehmen und Zufriedenheit in den Vordergrund."

Aber auch hier kann eine generelle Einheitlichkeit und Übereinstimmung der verschiedenen Untersuchungsergebnisse nicht vorausgesetzt werden. In anderen Erhebungen werden die eben genannten Fakten entweder erheblich modifiziert oder aber entgegengesetzte Befunde erzielt (vgl. Päd. Psych. 4, S. 74ff.). Wir möchten hervorheben, daß bei der Beziehung zwischen sozialer Schicht und erziehungsrelevanten Größen lediglich auf Wahrscheinlichkeiten aufmerksam gemacht werden kann. Dabei muß vor allem der typisierende Charakter der Darstellung von Unterschieden zwischen den Schichten betont werden. Die *große Gefahr einer Typisierung* besteht jedoch darin, daß diese zur Einstufung und Einordnung von Personen und damit zur Vorurteilsbildung verleitet. Deshalb sollte man allgemein zu der Erkenntnis gelangen, daß man mit dem Schichtbegriff lediglich Phänomene beschreiben, aber keine Zusammenhänge erklären kann.

Gefahr einer Typisierung

---

[18] „Das Unterschichtbewußtsein ist weitgehend durch die Berufsposition der Arbeiter geprägt: durchschnittlich geringer Einkommensstand, niedriges Ausbildungsniveau und damit geringe Mobilitätschancen, Bindung an die am niedrigsten bewerteten und unsichersten Berufspositionen und an körperlich harte Arbeitsbedingungen. Diese spezifischen Kriterien der Arbeiterschaft wirken als Distanzierungsmerkmale gegenüber allen anderen Gruppen – ihr gesellschaftliches Ansehen ist am niedrigsten (Tendenz zu statusbedingter Unzufriedenheit, Unterschichtenfrustration). . ."
„Korrespondierende Verhaltensweisen sind stärkere Aggressionsäußerungen wie eine relativ rüde Sprache mit starker Affektladung und der Einsatz überwiegend körperlicher Züchtigungsmittel sowie schließlich eine verhältnismäßig häufige Neigung zu Formen autoritären Verhaltens" (GRAUER 1971, S. 40f.).

223

3.5. Der Sozialisationsprozeß vollzieht sich in „Sozialisationsagenturen"

Es wird bereits aufgefallen sein, daß bei der Behandlung des hier vorliegenden Themas eine stark erziehungssoziologisch orientierte Terminologie verwendet wird. Im folgenden wird dies besonders deutlich.

Familie

Unter dem Begriff ‚*Sozialisationsagentur*' werden die Institutionen und darin agierenden Personen zusammengefaßt, die den Verlauf der Sozialisation beeinflussen. Die erste und zugleich wichtigste Sozialisationsagentur ist die Familie. Die Mutter ist als Teil dieser Agentur der entscheidende Sozialisationsagent. „Institutionen sind Regelsysteme, die dafür sorgen, daß z. B. in der Ehe, im Bereich der Bildung oder des politischen Lebens das Verhalten der Menschen geregelt wird, daß jeder vom anderen ein grundsätzlich voraussehbares Verhalten erwarten kann" (Sozialer Wandel 5, S. 23). Neben der Familie werden natürlich die Institutionen Kindergarten, Schule, Betrieb und Verbände zu gesellschaftlichen Einrichtungen, die den Sozialisationsprozeß entscheidend tragen und gestalten. Jeder der genannten Einrichtungen fallen gesellschaftlich genauer definierte, mehr oder weniger klar umrissene Aufgaben im Gesamtkomplex der Erziehung zu. So wird allgemein von der Familie erwartet, daß sie fähig ist, grundlegende sprachliche und soziale Verhaltensweisen zu erzeugen. Sie ist z. B. für die Reinlichkeitserziehung verantwortlich und sorgt dafür, daß bestimmte Anstandsregeln, Eßsitten usw. eingeübt werden. Dem Kindergarten wiederum kommt unter anderem die Funktion zu, daß Kinder lernen, sich mit anderen zu vertragen, mit ihnen zu spielen und mit verschiedenen Personen und Gruppen Kontakt aufzunehmen. Die zentrale Funktion der Schule könnte mit dem Begriff „Bildung" umrissen werden. Ist die Familie z. B. noch relativ klar strukturiert und überschaubar, so ist die Schule z. B. eine viel komplexere und somit in ihren verschiedenen Zielsetzungen weniger überschaubare Institution.

Kindergarten

Schule

Erkennt man, daß der Familie die Ausbildung aller grundlegenden Persönlichkeitsstrukturen im psycho-physischen Bereich obliegt, so sind die Folgeinstitutionen vorrangig unter dem Aspekt zu sehen, daß dort jeweils die fortsetzenden, erweiternden und verändernden Sozialisationsaufgaben übernommen werden sollen. So gesehen können die Sozialisationsagenturen unter dem Gesichtspunkt der zunehmenden Aufgabenspezialisierung betrachtet werden.

Ein anderer Aspekt soll noch gezeigt werden:

„Die sozialen Instanzen, die während des *Sozialisationsprozesses* die Normen vermitteln und die Sanktionen handhaben, werden mit der fortschreitenden Vergesellschaftung immer zahlreicher. Sie reichen von der Familie, der Schule, informellen Freundschaftsgruppen und formalen Jugendorganisationen, der Kirche, den Sportvereinen, dem Betrieb, den politischen und ökonomischen Verbänden bis zu den Massenmedien, wie Zeitung, Film, Rundfunk und Fernsehen" (ROLFF 1967, S. 22).

Vergesell-schaftung

Das hängt damit zusammen, daß mit der Entwicklung zur pluralistischen Gesellschaft die Komplexität möglicher Orientierungen zunimmt. Die traditionellen Institutionen entsprechen aus verschiedenen Gründen den zunehmend differenzierten und spezialisierten Erwartungen der Gesellschaft nicht mehr. Sie werden entweder ersetzt, ergänzt, den steigenden Ansprüchen des sozialen Systems angepaßt oder es werden sogar neue Einrichtungen geschaffen. Dies bezieht sich nicht allein auf die ursprünglichen Funktionen der Familie. Es sollte z. B. in den vergangenen Jahren nach Meinung bestimmter Gruppen der Kindergarten den anspruchsvollen gesellschaftlichen Erwartungen nicht mehr genügen können; eine neue Institution – Vorschule – sollte in's Leben gerufen werden.

Für alle Institutionen ergibt sich die Notwendigkeit, in der Sicht ihrer Aufgaben und Ziele flexibel zu sein und sich den je neuen Erfordernissen anzupassen. Familie, Schule und kirchliche Einrichtungen z. B. sind gleichermaßen aufgefordert, veränderte Sozialisationsaufgaben zu übernehmen.

3.5.1. Die Familie als Sozialisationsinstanz

Das erste und deshalb für die frühkindliche Sozialisation wichtigste Erziehungsfeld ist die Familie. In ihr werden die Grundlagen für die gesamte Persönlichkeitsentwicklung des Heranwachsenden gelegt. Um dies klar herauszustellen, bezeichnet man die Familie auch als primäre Sozialisationsinstanz, alle nachfolgenden werden als sekundäre benannt. Die zentrale gesellschaftliche Stellung der

Familie als wichtigstes Erziehungsfeld

Familie wird zum einen durch ihre in allen Kulturkreisen vorfind-
bare politische und rechtliche Sonderstellung betont: Ehe und
Familie stehen unter dem besonderen Schutz des Staates (Art. 6
des Grundgesetzes). Zum anderen haben gerade die neueren pädagogisch-psychologischen Forschungsergebnisse mit Nachdruck
auf die *Bedeutung der frühkindlichen Entwicklung* hingewiesen. Da
sich bis zum Eintritt des Kindes in den Kindergarten – vor allem
aber im ersten Lebensjahr – Erziehungseinwirkungen vorwiegend
im innerfamiliären Bereich abspielen, werden durch die familiale
Erziehung entscheidende positive oder negative Prägungen bewirkt.

Bedeutung der frühkindlichen Entwicklung

EISENSTADT (1966, S. 18) faßt die durch die Familienforschung zur
Sozialisationsfrage erbrachten Daten folgendermaßen zusammen:

„1. Sozialisation wird erreicht durch die kindliche Bindung an Erwachsene,
zuerst an die Mutter oder an deren Ersatz, an den Vater, dann allmählich
an andere Menschen; d. h. sie gründet sich darauf, daß das Kind diese
Erwachsenen als Objekt seiner Handlungen wünscht.

2. Die Art dieser Bindung ist diffus und generalisiert; d. h. sie ist auf die
Gesamtpersönlichkeit dieser Erwachsenen gerichtet, auf ihre allgemeinen
Dispositionen dem Kind gegenüber (z. B. ihre Liebe zum Kind), und nicht
– wenigstens zunächst nicht – auf spezifische Handlungen.

3. Die Sicherheit einer solchen Bindung ist die grundlegende Voraussetzung für die Entwicklung des Kindes zu einem sozialen Wesen, also für die
Entfaltung seiner Befähigung zu Rollenerwartungen und für Rollenaus-
übungen . . .“

primäre soziale Fixierung

Enkulturation

CLAESSENS (1962, S. 92) unterteilt den Sozialisationsprozeß in
drei inhaltlich unterscheidbare, zeitlich aber ineinander übergehen-
de Teilprozesse. Neben der *Enkulturation*[19] und der sekundären
sozialen Fixierung[20] hebt er besonders auf die „primäre soziale
Fixierung", die sogenannte *„Soziabilisierung"* ab.

---

[19] Enkulturation: Erwerb kulturspezifischer Verhaltensregulierungen wie
Sprache, Moral, Weltanschauungen

[20] Sekundäre soziale Fixierung: Übernahme der gesellschaftlich bestimmten Rollen und die daran geknüpften Erwartungen, Einstellungen und
konkreten Verhaltensweisen

226

Darunter versteht CLAESSENS jene nahezu ausschließlich von der Familie gesteuerte primäre Sozialisationsphase; diese ist im wesentlichen durch die Phänomene der *„Sozialmachung"* des Kindes gekennzeichnet. Damit soll ausgedrückt werden, daß durch die besondere Eigenart des Mutter-Kind-Bezugs, z. B. im Prozeß der emotionalen Fundierung, sich die allgemeinen Kategorien des Weltvertrauens und Weltverständnisses entwickeln. Über die primären Bezugspersonen Eltern und Geschwister vollzieht sich die grundlegende Ausbildung der sozialen Verhaltensweisen durch Lern-, Gewöhnungs- und Identifikationsprozesse. Die Psychoanalyse und die Ergebnisse der Hospitalismusuntersuchungen zeigen eindrucksvoll, wie entscheidend z. B. die folgenden familialen Umwelteinwirkungen für die Persönlichkeitsentwicklung des Kindes sind:

sekundäre soziale Fixierung

- soziale Interaktion zwischen Pflegeperson und Kind: Ausmaß und Intensität der sozialen Stimulation (Sprechen zum Kind, Reagieren auf Weinen, Ausdruck positiver Gefühlsbeziehung).

Untersuchungsergebnisse

- Anregung durch die Sachumwelt: Gegenstände in der Reichweite des Babys; Möglichkeit, Dinge zu sehen, zu greifen und zu hören.

- wohnungsbezogene Faktoren: Sowohl in der Entwicklungs-Wahrnehmungs- und Sozialpsychologie ist unbestritten, daß die Entwicklung von geistig-sozialen Grundfunktionen beim Kind in starkem Maße von den räumlichen Faktoren und von der Entfaltung seiner Motorik abhängen. Durch überbelegte und zu enge Wohnungen, besonders auch durch Wohnen im Hochhaus (vgl. HERLYN, 1976) entstanden nachgewiesenermaßen Reifeverzögerungen, psychische Störungen und Minderung schulischer Leistungen. Oft ist auch einschränkendes Erziehungsverhalten der Eltern die Konsequenz. Insbesondere können die folgenden Faktoren negative familiäre Sozialisationseinflüsse hervorrufen: große Belegdichte der Wohnung, zu kleine Raumanzahl, schlechte bautechnische oder sanitäre Qualität; schließlich spielt auch die Lage, Ausstattung und Art der Nutzungsmöglichkeiten der Wohnung eine Rolle.

Eine Untersuchung von YARROW (in Päd. Psych. 4, S. 103) erbrachte deutliche Beziehungen zwischen Art und Ausmaß der sozialen und sachlichen Stimulation und dem kognitiv-motivationalen Verhalten des Kindes: „Die Mannigfaltigkeit der sachlichen und sozialen Stimulation, das prompte Reagieren der Mütter auf die Nöte der Kinder und die Reagibilität der Sachumwelt standen in positiver Korrelation[21] zu der motorischen Entwicklung . . . Soziale Ansprechbarkeit des Kindes und seine sprachliche Entwicklung schienen aber nur durch soziale Stimuli beeinflußt zu sein . . . War die sachliche und die soziale Teilkomponente niedriger, so ergab sich ein besonderer entwicklungsverzögernder Effekt . . ." (vgl. S. 29f.).

Urvertrauen

Sind die im wesentlichen nur von der familialen Situation abhängigen primären Sozialisationsbedingungen insgesamt positiv, kann sich beim Kind das entwickeln, was *„Urvertrauen"* oder „sozialer Optimismus" genannt wird. Geschieht die Sozialisierung in unzureichendem Maß, so können als Folge beim Kind schwere Entwicklungsstörungen auftreten wie übermäßige Angst (Trennungsängste), Aggressivität, Pessimismus, Unfähigkeit zur vertieften Sozialbeziehung und intensives Abhängigkeits- oder Dominanzstreben.

Entwicklungsstörungen

Wenn man der Soziabilisierung als Teilprozeß der Sozialisation diese entscheidende Bedeutung vor allem für die frühkindliche Erziehung und Entwicklung zubilligt, so gewinnt die *Mutter als Hauptagent* eine zentrale Funktion. Dabei sollen natürlich die anderen mitwirkenden Personen – Vater und Geschwister – und deren Erziehungsfunktionen nicht abgewertet werden. Die Mutter ist nun allerdings über die Familie eingebunden in den gesellschaftlichen Strukturzusammenhang. Es soll jetzt gefragt werden, welche gesellschaftlich bedingten Faktoren die Funktion der Mutter begünstigen bzw. gefährden. Dabei können wir einige für den Erzieher interessante Fragen additiv auflisten:

Berufstätigkeit der Mutter

– Wird ein Kind geschädigt, wenn die Mutter berufstätig ist? –

Nach den statistischen Angaben des Bundesministeriums für Bildung und Wissenschaft sind 1981 rund 40% der Mütter (davon rund

---

[21] Korrelation – ein Ausdruck aus der Testpsychologie – bedeutet die Beziehung zwischen zwei oder mehreren Merkmalen (Variablen). Der Grad der Beziehung wird mathematisch errechnet und durch eine statistische Maßzahl, den sog. *Korrelationskoeffizienten* festgestellt. Eine *positive Korrelation* liegt vor, wenn sich die Variablen in gleicher Weise und in gleicher Richtung verändern.

60% alleinstehende) mit Kindern unter 15 Jahren, rund 34% (davon 52% alleinstehende) mit Kindern unter 6 Jahren und rund 32% (davon 48% alleinstehende) mit Kindern unter 3 Jahren[22] erwerbstätig.

Der Anteil erwerbstätiger Frauen mit niedrigem Einkommen des Mannes und der Anteil alleinstehender Mütter mit niedrigem Haushaltseinkommen (60% erhalten bis zu 1200,-- DM, 20% unter 800,-- DM) ist dabei überdurchschnittlich hoch.

Deshalb muß man finanzielle Aspekte als Hauptmotiv mütterlicher Erwerbstätigkeit ansehen; daneben spielen sicherlich eine Reihe anderer, vor allem psychologische Motive, eine begründete Rolle wie z. B. „Freude am Beruf", „finanzielle Unabhängigkeit".

Es kann aber nicht generell festgestellt werden, daß aus der Berufstätigkeit der Mutter negative Auswirkungen auf die Sozialisation des Kindes resultieren. In den meisten differenzierteren Untersuchungen ergab sich folgendes:

Die geringsten Entwicklungsstörungen oder Verhaltensprobleme „zeigten die Kinder zufriedener Nur-Hausfrauen . . . danach folgen . . . die Kinder zufriedener berufstätiger Mütter. Die größte Häufigkeit von Problemen zeigte sich allerdings bei den Kindern nicht-berufstätiger, unzufriedener Nur-Hausfrauen."

Die Zufriedenheit der Mütter mit ihrer Berufstätigkeit hängt aber wiederum von anderen Faktoren ab. Hierzu gehören das „Bildungsniveau der Mütter" und die „Qualifikation ihres Berufes". Je höher beides ist, desto wahrscheinlicher ist es, daß eine Mutter gern berufstätig ist. Einen weiteren entscheidenden Faktor bildet die „Einstellung des Mannes" zur Berufstätigkeit der Frau. Auch hier findet man in höheren sozialen Schichten, wo sich der Mann nicht so leicht durch die Berufstätigkeit seiner Frau von seiner alleinigen Ernährerrolle „entthront" fühlt, häufiger positive Einstellungen. Eine „partnerschaftliche Ehe", in der sich auch der Vater in Haushalts- und Erziehungsproblemen engagiert, läßt alle Beteiligten die Berufstätigkeit der Mutter eher positiv erleben. Muß aber eine Mutter ihre Berufstätigkeit gegen den Willen ihres Mannes durchsetzen und handelt

---

[22] Für die mehr als eine halbe Million Kleinstkinder, deren Eltern tagsüber berufstätig sind, gibt es einen relativ hohen Bedarf an geeigneten Einrichtungen für die Unterbringung und pädagogische Versorgung. Das vorhandene Angebot an Tagespflegestellen dagegen scheint uns absolut unzureichend zu sein.

es sich um eine traditionell-patriarchalische Familie, so finden sich auch häufiger negative Auswirkungen der Berufstätigkeit. Nicht unwesentliche Faktoren sind weiterhin die „Art der Ersatzbetreuung" und das „Geschlecht der Kinder". Eine gute Ersatzbetreuung ist – wenn nicht gerade eine Großmutter in der Nähe wohnt – auch eine finanzielle Frage. Bei Krippenkindern konnten, sofern die Einstellung der Mutter zu Beruf und Kind beachtet wurde, allenfalls etwas vermehrte Einschlafstörungen bei Kindern berufstätiger Mütter beobachtet werden.

Ersatzbetreuung

Auf die Schulleistungen der Kinder hatte die Berufstätigkeit der Mutter – wiederum vorausgesetzt, daß sie diese gern ausführte – im allgemeinen keinen negativen Einfluß . . . Auf die Sohn-Vater-Beziehung scheint sich die Berufstätigkeit der Mutter nur dann negativ auszuwirken, wenn sie ausschließlich mit unumgänglichem Dazuverdienen-Müssen begründet wird: möglicherweise kann das dazu führen, daß der Junge dann an der Leistungsfähigkeit seines Vaters zu zweifeln beginnt" (Päd. Psych. 4, S. 104).

Unvollständigkeit der Familie

– Wird ein Kind durch die sogenannte „Unvollständigkeit der Familie" geschädigt? – Als unvollständige Familien werden verwitwete, geschiedene oder ledige Mütter (bzw. Väter) mit Kindern unter 15 Jahren angesehen; das sind etwa 9% aller Familien (Statist. Bundesamt). In der Bundesrepublik wächst derzeit eines von 12 Kindern mit nur einem Elternteil auf, wobei vor allem auch die Zahl alleinerziehender Väter ansteigt. „Es kann davon ausgegangen werden, daß die Persönlichkeitsentwicklung von Kindern alleinstehender Mütter erschwert ist. ‚Vaterlosigkeit' und ‚Familienlosigkeit' machen sich nachteilig bemerkbar und können zu strukturellen psychischen Schäden des Kindes führen" (Bundesministerium für Jugend 1970, S. 72).

Vor allem Kinder alleinstehender Mütter sind sehr benachteiligt. Weil die Mutter fast immer berufstätig sein muß, kann sie sich nicht in dem Maß um die Kinder kümmern, wie dies in vollständigen Familien möglich ist.

Ähnlich differenziert wie bei der Beurteilung der mütterlichen Berufstätigkeit muß an die Probleme der Sozialisation in unvollständigen Familien, in Ersatz- oder Pflegefamilien sowie in Wohngemeinschaften herangegangen werden. Eine Grundschullehrerin berichtet (STETTER, G., 1977, S. 83f): „Ich mache das so, wenn ich eine Klasse neu bekomme: daß ich zunächst nichts über die Familienverhältnisse lese, ganz bewußt, vielleicht erst nach zwei Wochen, und lasse die Kinder so auf mich wirken. Und da hab' ich festgestellt, ich merke sehr schnell, wer zu Verhaltensstörungen neigt und wer nicht, und schaue dann nach. Das geht aber nicht konform mit vollständigen und unvollständigen Familien, sondern eigentlich immer danach, wie sehr sich ein Elternteil oder die beiden Elternteile um das Kind kümmern. Also, es kann ein Kind aus einer vollständigen Familie genauso unbegabt, so labil, so verhaltensgestört sein wie ein Kind aus einer unvollständigen Familie."

Die unvollständige Familie als solche ist also noch keineswegs schädigend, so muß es auch aus wissenschaftlicher Sicht gesehen werden.

Wir möchten auf folgendes aufmerksam machen:

Eine erhebliche Rolle spielen neben den speziellen psycho-sozialen Problemen und jenen der materiellen Benachteiligung und zeitlichen Überforderung die *Vorurteile* über unvollständige Familien.

Vielen Alleinerziehenden wird durch ihre Umwelt das Gefühl vermittelt, als seien sie Versager, Gescheiterte oder Außenseiter. So verwundert es nicht, daß 45% sich isoliert, etikettiert und stigmatisiert fühlen[23]. Angesichts dieser Situation versuchen besonders bildungsmäßig gehobenere Schichten oder politisch motivierte Gruppen, in *Wohngemeinschaften* diesen Problemen entgegenzuwirken. Über die Sozialisationsbedingungen und -auswirkungen dieser Form des Zusammenlebens liegen bislang ebensowenig gesicherte Forschungsergebnisse vor.

„Eines ist also nicht von der Hand zu weisen: der Alleinerzieher hat es in mancherlei Hinsicht schwerer und muß oft noch Stabilität aufbringen . . . Fest steht aber auch, daß alleinerziehende Väter, gerade aber auch die Tausende von Müttern, in zahlreichen Fällen ihren Mann stehen und Erfolg haben, oft mehr als in der – manchmal auch nur der Zahl nach – vollständigen Familie." (HUPPERTZ/HUPPERTZ, 1981, S. 128)

Fürsorgeerziehung und Freiwillige Erziehungshilfe zeigen einen erhöhten Anteil der Kinder aus unvollständigen Familien. Allerdings haben wir auch relativ zuverlässige Forschungsergebnisse, die

abweichendes Verhalten

---

[23] Etikettierung und – als schwere Form – Stigmatisierung entstehen im gesellschaftlichen Umgang, indem aus der Fülle tatsächlich möglicher Eigenschaften eine Auswahl getroffen, diese negativ bewertet und einer Person oder Klasse von Personen zugeschrieben wird. Als Folge davon erlebt sich der Etikettierte selbst als „minderwertig", entwickelt passive Reaktionsformen oder „flieht" in eine psycho-somatische Krankheit.

dafür sprechen, daß bei einem Kind aus einer unvollständigen Familie viel eher ein abweichendes Verhalten festgestellt (!) wird als bei anderen Kindern. SHORT und NYE kommen in ihrer Studie zu dem Schluß, „daß sowohl Kinder aus zerrütteten Familienverhältnissen als auch aus Gruppen mit niedrigen sozio-ökonomischem Status für das gleiche Vergehen häufiger in eine Erziehungsanstalt geschickt werden." (1968, S. 65) Tatsächlich kommen – nach diesen Ergebnissen – nur 24% der „höchst delinquenten" Jungen aus zerrütteten Familien. Von den in „Erziehungsanstalten" untergebrachten dagegen kamen 48% aus zerrütteten Familien. Es spricht einiges dafür, daß Instanzen der sozialen Kontrolle einen „offeneren Blick" für an sich schon Benachteiligte haben.

3.5.2. Die Sozialisationsagentur Schule

Mit dem Beginn der Industrialisierung und Technisierung wurde die Schule als allgemeinverbindliche Sozialisationsagentur notwendig. Die Kulturmuster der Gesellschaft hatten einen bestimmten Differenzierungsgrad erreicht und der familiäre Sozialisationsvorgang konnte den Bedürfnissen der aufsteigenden Gesellschaft nicht mehr gerecht werden. Sozialisieren bedeutet nun für die Schule das Vermitteln der als notwendig erachteten Normen, Kenntnisse, Fähigkeiten und Fertigkeiten. Die Schule versucht, die Jugendlichen nach bestimmten, klar definierten Zielen zu erziehen, indem sie das Lernen all jener Kompetenzen verbindlich macht, die die Gesellschaft aufgrund ihrer sozio-ökonomischen Bedingungen als wertvoll und nützlich erachtet. Alle gesellschaftlich relevanten Gruppen – z. B. Parteien, Kirchen, wirtschaftliche Interessenverbände und die Eltern – versuchen nun, ihre jeweiligen Erwartungen und Normvorstellungen in bezug auf kulturelle, sittliche und wirtschaftliche Werte in der Formulierung von Bildungs- und Erziehungszielen durchzusetzen. Diese schlagen sich dann in Bildungs-, Lehrplänen und Prüfungsanforderungen nieder. Inwieweit alle gesellschaftlichen Gruppen ihre Interessen gleich effektiv realisieren können, scheint weitgehend eine Frage der Durchsetzbarkeit innerhalb der herrschenden gesellschaftspolitischen und ökonomischen Machtstruktur. Somit wird klar, daß die Maximen des Handelns in der Institution weniger von den Zielvorstellungen des einzelnen Erziehers abhängen, sondern nahezu völlig eingebunden sind in die gesellschaftlich fixierten Richtlinien und Anforderungen. Welche Bedeutung die Erziehungsinstanz Schule für das individuelle Schicksal gewinnen kann, verdeutlicht das folgende Zitat von SCHELSKY (1957, S. 17). Nach ihm wird die Schule zur „entscheidenden zentralen sozialen Dirigierungsstelle für die künftige, soziale Sicherheit, für den künftigen Rang und für das Ausmaß künftiger Konsummöglichkeiten."

Die Sozialisationsprozesse der Schule werden durch die außerschulischen Bedingungen stark tangiert: die Kinder haben beim Eintritt in die Schule bereits einen prägenden Sozialisationsprozeß durchlaufen mit z. T. sehr unterschiedlichen Normen, Werten und Verhaltensweisen. Die Schule selbst orientiert sich weitgehend an den Standards der sogenannten „Mittelschicht": die Lehrer gehören meist dieser Schicht an und die Richtlinien zu Unterricht und Erziehung sind stark von Mittelschichtorientierungen bestimmt. Probleme und Benachteiligungen ergeben sich hierbei insbesondere für Kinder, die eine andere außerschulische Sozialisation erlebten: Viele Kinder müßten an der Schultür ihre Identität abgeben, sagt der englische Soziologe B. BERNSTEIN!

Durch die zahlreichen wissenschaftlichen Untersuchungen und Veröffentlichungen zum Thema „Humane Schule" sind wir auf eine Fülle von *Widersprüchen und Problemen* aufmerksam geworden, die die Schule z. T. selbst produziert oder die durch die Einbindung der Schule in das gesamtgesellschaftliche System entstehen. *Widersprüche und Probleme*

Wir können an dieser Stelle lediglich einige Hauptprobleme thesenartig benennen:

– Kritisiert wird, daß das Lehrangebot und die Unterrichtsgestaltung nicht gleichermaßen auf die Ausbildung emotionaler, kognitiver, künstlerischer, handwerklicher und technischer Fähigkeiten zielt.
   In der Praxis stehen kognitive Lernziele meist im Vordergrund und besonderen Wert legt man auf Faktenwissen. Vor allem im Grundschulbereich sollten kindgerechtere Formen des Lernens (spielendes Lernen) zum Erwerb emotionaler und sozialer Fähigkeiten den Vorrang erhalten.
– Kritik wird geübt an der Verkoppelung von Bewertung und Einstufung, Berechtigung und Auslese.

Die Bewertung der Schulleistung durch Noten, Prüfungen und Zeugnisse basiert vorrangig auf den kognitiven Leistungen; der „ganze Mensch" wird hierbei zu wenig gesehen, der sozial-emotionale Bereich wird oft stark vernachlässigt. Die Praxis der Notengebung sowie deren prognostischer Wert wird z. B. auch von Verbänden der Industrie und Wirtschaft angezweifelt.

– Die Schule entläßt nicht nur erfolgreiche, sondern auch weniger erfolgreiche und erfolglose Schüler: eine erschreckend große Zahl verläßt die Schule ohne berufsqualifizierenden Abschluß.

– Weiterhin wird Kritik geübt an der Zeiteinteilung (45-Minuten-Stunden), dem Sitzenbleiben, dem Frontalunterricht, den bürokratisch-rechtlichen Ausprägungen, der Trennung von Leben und Lernen sowie von Schule und Umwelt, der Klassengröße, der Praxis der Hausaufgaben, um nur die wichtigsten Punkte zu nennen.

Durch schulische Beratungsdienste oder durch vereinzelte Ansätze von Schul-Sozialarbeit sollen die Ursachen und Widersprüche dieser möglicherweise negativen Sozialisationseinflüsse gemildert werden.

Es haben aber schon die Reformpädagogen[24] sowie die heute vielfältigen „alternativen und freien Schulen"[25] versucht, die Defizite normaler schulischer Sozialisation durch eine andersartige Schulpraxis gar nicht entstehen zu lassen. Gleichzeitig

---

[24] Reformschulen aus der Tradition der Reformpädagogik (ab 1900 in Deutschland und in einigen anderen Ländern) versuchen eine weitgehende Eigenständigkeit in curricularen, schul- und unterrichtsorganisatorischen Fragen zu bewahren. Zu ihnen gehören z. B. die „Odenwaldschule", „Jena-Plan-Schulen", Montessori-Schulen und vor allem die Freien Waldorfschulen.

[25] Die „alternativen" und „freien" Schulen zeichnen sich durch verschiedene Entstehungsmotive und pädagogisch-politische Ansätze aus. Eine Systematisierung ist deshalb nicht möglich. Die Ideen für solche Schulen stammen sowohl von der anglo-amerikanischen „free-school"-Bewegung und der zum Teil weltweiten „Entschulungsdiskussion". Neben den zahlreichen freien Schulen gibt es in Deutschland vor allem die beiden staatlichen und bereits länger laufenden Schulversuche „Glockseeschule Hannover" und die „Bielefelder Laborschule". Auch in anderen Bundesländern sowie im Ausland wurden während der letzten Jahre zahlreiche Schulversuche durchgeführt.

wollen viele dieser schulpädagogischen Alternativen den Prozeß der pädagogischen und reformpolitischen Willensbildung fördern.

Doch was wollen die *alternativen Schulen?* Ist es lohnend, sich mit ihnen zu befassen? Wir meinen ja, und zwar gilt dies für Regeleinrichtungen aller Art. Der Pluralismus in Form der freien und alternativen Sozialisations-Institutionen macht gerade einen erheblichen Vorteil unserer Gesellschaft aus. Selbstverständlich ist Konkurrenz auch in der Pädagogik belebend.
Wir möchten im folgenden einige Intentionen alternativer Schulen und die Kritik daran aufzeigen.

alternative Schulen

Alternativschulen haben nach A. CONZE (1982, S. 332f.) die folgenden gemeinsamen Intentionen:
1. „Sie verstehen sich als Kritik an der Regelschule als Lernschule.
2. Sie zeigen eine Hinwendung zu einer Anthropologie des Kindes. Die Kindorientiertheit beansprucht, Kinder im Prozeß der Selbstregulierung und Selbstorganisation bestimmend sein zu lassen. Den spezifisch kindlichen Interessen und Bedürfnissen soll vor den gegebenen gesellschaftlichen Interessen Rechnung getragen werden. Den Kindern soll die Möglichkeit gegeben werden, Grundbedürfnisse zu entwickeln, zu äußern und zu befriedigen.
3. Daneben wird die Ausbildung kollektiver, gesellschaftlicher Fähigkeiten und die Erziehung zu solidarischem Verhalten nicht vernachlässigt.
4. Autonomes und selbstreguliertes Erfahrungslernen ist vorrangig; dabei soll zu selbständiger Verarbeitung von familialen und gesellschaftlichen Konflikten angeleitet werden.
5. Vorrang vor kognitivem Lernen hat das emotionale und soziale Lernen (besonders im Grundschulbereich).
6. Der Leistungsbegriff soll vom Kind her neu definiert werden.
7. Fachunterricht, starre Stundenpläne und Jahrgangsklassen sollen durch fächerübergreifende (zum Teil auch altersübergreifende) Projekte ersetzt werden.
8. Die Integration der Eltern in die Schulpolitik, in Unterrichtsvorbereitung und Unterrichtsdurchführung soll ermöglicht und angestrebt werden."

Folgende Kritikpunkte werden gegen die Alternativschulbewegung angeführt (CONZE, 1982, S. 334 f.):

1. „Kritik an der unhistorischen Verfahrensweise. Die Alternativschulbewegung befasse sich nicht ernsthaft mit der historischen Entwicklung der öffentlichen Schule und ihrer Funktion.
2. Kritik am Sonderstatus der Alternativschulen. Sie weichen in Alternativen aus, statt sich in der öffentlichen Schule selbst kritisch und innovierend zu betätigen.
3. Kritik am mangelnden Bezug der subjekt- und bedürfnisorientierten Ziele der Alternativschulen auf die objektiven gesellschaftlichen Anforderungen.
4. Kritik an der Allgemeinheit der Ziele alternativer Schulversuche: Die Alternativschulen bleiben, soweit das Selbstverständnis ihrer Befürworter überhaupt deutlich wird, gleichsam Gegenbild der öffentlichen Schule mit vage erhofften Anregungspotentialen.
5. Es bleibe in der westdeutschen Alternativschulbewegung weitgehend undeutlich, von wem und für wen Alternativschulen überhaupt für wichtig gehalten und organisiert werden.
6. Kritik am nahezu uneingeschränkten Optimismus und am fast unbegrenzten Vertrauen hinsichtlich der Selbstentwicklungsfähigkeit des Kindes. Kritik am unerschütterlichen Glauben an die angeborene Fähigkeit des Kindes zu Spontanautonomie, Selbstbestimmung und Selbstregulation.
7. Kritik an der Opposition gegen jede, auch gesellschaftlich notwendige Form der Begrenzung individueller Bedürfnisse und gegen jede Einschränkung der Selbstregulation (durch Disziplin, Autorität, Kontrolle, Planung usw.).“

Wir meinen, daß viele dieser Punkte diskussionswürdig sind, und möchten gegenüber den Verfechtern der Alternativschulbewegung, aber auch an die Adresse der Pädagogen in der Regel- oder Staatsschule sagen:

– Wer die Schulwirklichkeit kennt, wird nicht sehen können, daß von den Forderungen der Alternativschulbewegung nichts verwirklicht sei; auch in der heutigen Staatsschule finden wir durchaus Ansätze solcherart – je nach Engagement und Einsatz des einzelnen Lehrers.
– Auch in der Regelschule ist heute tatsächlich vieles von den Forderungen realisierbar, und zwar ohne in Organisation und

Struktur alternativ sein zu müssen; auf den Lehrer und die Eltern kommt es jeweils an.

– Zu wenig Lehrer nutzen die Chance einer reformierten pädagogischen Arbeit in der heutigen Schule, und zwar aus einem nicht akzeptierbaren Berufsverständnis, das sich während der letzten Jahre entwickelt hat; der gute Lehrer ist nicht der Lernberater, sondern es ist und bleibt der partnerschaftliche, aber in hohem Maße engagierte Erzieher.

– Vergessen darf man auch nicht, daß zahlreiche Ideen der Alternativschulen bereits Gedankengut der früheren Pädagogik waren und in deren Praxis, nämlich in Modellschulen, verwirklicht wurden.

3.6. Probleme der Sozialisationsforschung

Eines der Hauptprobleme der Sozialisationsforschung besteht darin, daß (zumindest zur Zeit noch) die geeigneten Forschungsmethoden fehlen, um den Einfluß einer bestimmten Sozialisationsinstanz in dem komplexen Gesamtprozeß festzustellen. Es ist z. B. immer noch sehr schwierig, eine definitive Aussage darüber zu treffen, welchen Anteil die Schule, der Kindergarten oder andere Sozialisationsinstanzen an dem Resultat der Erziehung haben. Das hat u. a. folgende Gründe:

– Es gelingt bislang kaum oder nur sehr unvollständig, exakt die *Ausgangsbedingungen* zu erfassen, die vor der Einwirkung von bestimmten Sozialisationsbedingungen liegen.
Wenn Kinder z. B. in die Schule kommen, müßte für jedes Kind genau erfaßt werden, welchen psycho-physischen Entwicklungsstand es mitbringt. Die angemessene Überprüfung seiner sprachlichen, motorischen oder sozialen Fähigkeiten scheint aber ein aussichtsloses Unterfangen zu sein.

Ausgangsbedingungen

– Schwierigkeiten ergeben sich für die Forschung immer, wenn man – wie beim Sozialisationsprozeß – mit *langfristigen Effekten* rechnen muß. Die Wirkungen des Kindergartens können ja in den seltensten Fällen innerhalb einer kurzen Beobachtungseinheit erfaßt werden. Theoretisch müßte man nun alle denkbaren Einflußgrößen, die während eines bestimmten Zeitraums einwirken, mit berücksichtigen. Aber selbst wenn man alle Faktoren erfassen könnte, würden einer praktischen Durchführung einer solchen Untersuchung enorme Schwierigkeiten entgegenstehen. Denn:

Sozialisationseffekte

wechselseitige Abhängigkeit

– Die vielen Einflußgrößen innerhalb einer Sozialisationsinstanz stehen in *wechselseitiger Abhängigkeit.* Das Vorlesen einer kurzen Geschichte im Kindergarten kann z. B. direkte Folgen auf den Kenntnisstand, die Lernbereitschaft, das Sozialverhalten, die Ängstlichkeit eines Kindes haben. Diese jeweiligen Veränderungen haben aber ihrerseits selbst wieder Einfluß auf andere Größen, wie z. B. Kontakt zum Erzieher, Anreiz zum Anschauen von Büchern etc. (Rückkoppelungseffekte). Der Versuch, eine Größe zu isolieren und Rückwirkungen auf ihren Einfluß zu bestimmen, würde der Realität unangemessen sein. Generell läßt sich aufgrund der bisherigen Sozialisationsforschung sagen, „daß nie einzelne Sozialisationsfaktoren isoliert gesehen werden dürfen und von ihnen aus dann bestimmte Verhaltensweisen direkt abzuleiten sind. Es stellte sich vielmehr heraus, daß ein und derselbe Sozialisationsfaktor – sei es eine bestimmte Ernährungssituation oder auch ein autoritäres Erziehungsverhalten – zu gerade gegensätzlichen Prägungen der Persönlichkeit führen kann, je nachdem, in welche biographische Gesamtsituation er eingebettet erscheint" (LEHR 1968, S. 595).

Vorhersagewert

– die Frage, welche *Sozialisationseffekte* im sozialen oder kognitiven Bereich (z. B. auf die Institution Kindergarten) zurückzuführen sind, läßt sich vielleicht in einzelnen Fällen, jedoch nicht generell beantworten. Zuviele intervenierende Einflußgrößen – hier z. B. alle Faktoren des familiären Hindergrundes – müßten in ihrer wechselseitigen Abhängigkeit erfaßt werden.
Trotzdem wird es weiterhin das vorrangige Ziel der Sozialisationsforschung sein, den wahrscheinlichen Zusammenhang zwischen genau definierten sozio-kulturellen Voraussetzungen und den damit zusammenhängenden Verhaltensweisen zu analysieren und aufzuklären. Erst dann erhöht sich der Vorhersagewert, wie bestimmte soziale, ökonomische und kulturelle Bedingungen auf die Ausprägung von Persönlichkeitsmerkmalen wirken. Erst dann ergibt sich für den Erzieher die wissenschaftlich begründete Möglichkeit, bestimmte Sozialisationsbedingungen zu fordern und gesellschaftlich durchzusetzen, um die gewünschten Sozialisationsziele optimal zu erreichen. Daß der Erzieher sich aber in den meisten Fällen dem Zwang des Handelns ausgesetzt sieht und reagieren muß – ob Forschungsergebnisse für seine spezifischen Aktionen vorliegen oder nicht –, ist jedem deutlich.

Begriffsverwirrung

– Abschließend sei auf das Problem der *Begriffsverwirrung* hingewiesen. Die Begriffe Erziehung, Sozialisation und Enkulturation werden von verschiedenen Forschern nicht einheitlich verwendet. Was wir unter dem Begriff Sozialisation zusammenfaßten, wird z. B. bei FEND (1969) Enkulturation genannt. Neben einem einheitlichen Sprachgebrauch fehlt auch ein übergreifendes theoretisches Bezugsfeld, so daß u. a. Forschungsergebnisse einzelner Forscher nur schwer vergleichbar werden. Das liegt auch daran, daß von verschiedenen Wis-

238

senschaften – neben der Erziehungswissenschaft z. B. von der Soziologie, Psychologie und Psychoanalyse – versucht wird, zur Klärung der Sozialisationsproblematik relevante Beiträge zu liefern. Das ist wohl notwendig und durchaus begrüßenswert – dennoch sollte mehr Wert auf eine Integration der verschiedenen methodologischen Vorgehensweisen gelegt werden. Nicht zuletzt auch deshalb, um den Vorwurf der Praxisfeindlichkeit abzubauen.

Literatur

Bilstein, J., Entwicklung – Erziehung – Sozialisation, Stuttgart 1982

Fend, H., Sozialisierung und Erziehung, Weinheim 1969

Helbig, L., Sozialisation, Frankfurt/Berlin/München 1979

Hurrelmann, K., Erziehungssystem und Gesellschaft, Reinbek 1975

Hurrelmann, K./Ulich, D., Handbuch der Sozialisationsforschung, Weinheim/Basel 1980

Lehr, M., Die Bedeutung der Familie im Sozialisationsprozeß, Bonn 1973

Lehr, M., Die Rolle der Mutter in der Sozialisation des Kindes, Darmstadt 1974

Wahl, K. u. a., Familien sind anders, Reinbek 1980

Walter, H. (Hrsg.), Sozialisationsforschung, Stuttgart 1973

Zeissner G., Das soziale Handeln des Menschen, München 1983

IX. SEXUALERZIEHUNG IN FAMILIE UND KINDERGARTEN

IX. SEXUALERZIEHUNG IN FAMILIE UND KINDERGARTEN

In einem Einführungswerk kann kein Thema erschöpfend behandelt werden, erst recht nicht das Thema Sexualerziehung, da dieses nahezu in alle menschlichen Dimensionen hineinreicht und zum anderen mit fast allen anderen Themen im näheren oder weiteren Sinne in Verbindung steht. Es kann hier lediglich um die Darlegung von Grundaspekten gehen; zur Vertiefung geben wir Literaturhinweise.

Bedeutung des Themas

Mit dem Thema Sexualerziehung muß sich der Pädagoge auseinandersetzen, weil für die Entwicklung des Kindes von der Ausgestaltung dieses erzieherischen Aspektes sehr viel abhängen kann. Vor allem in diesem Bereich halten wir eine Kooperation zwischen den einzelnen erzieherischen Einrichtungen für erforderlich. Wir richten hier unser Augenmerk exemplarisch auf den Zusammenhang „Familie – Kindergarten". Übertragungen auf andere Arbeitsfelder müßte man erarbeiten. Dabei sind wir der Auffassung, daß der Familie in der frühkindlichen Sexualerziehung eine hohe Priorität zukommt. Der Kindergarten muß sich dabei in besonderer Weise als ergänzende Institution verstehen und die Eltern respektieren. „In Wirklichkeit kann die schulische bzw. vorschulische sexuelle Erziehung nur die Spuren vertiefen, die in den ersten Lebensjahren in der Familie gebahnt worden sind" (LEIST 1970, S. 135). Über die Art und Weise, nach welcher z. B. der Kindergarten zu einer solchen „Vertiefung der Spuren" vorgehen soll, ist man sich nun aber anscheinend noch keineswegs im klaren. In einer Untersuchung des Pädagogischen Instituts der Universität Zürich vom Jahr 1970 wird gefordert: „Der Kindergarten muß einen differenzierten pädagogischen Auftrag erhalten, in den auch die Geschlechtserziehung integriert ist. Diesen Auftrag sehen wir in

242

einer Notwendigkeit der Ergänzung der häuslichen Erziehung im weitesten Sinne" (SCHUH-GADEMANN 1972, S. 273). Wir werden hier zunächst einige grundsätzliche Gesichtspunkte der Sexualerziehung aufzeigen und uns dann zu Fragen des methodischen Vorgehens äußern.

1. Sexualerziehung als Aspekt der Gesamterziehung

In der Pädagogik ist man sich im großen und ganzen einig darüber, daß Sexualerziehung nicht losgelöst von dem übrigen Leben des Kindes zu betrachten ist, sondern daß es sich dabei um einen Teilbereich der gesamten Erziehung handelt. Die Sexualerziehung wird damit zu einer erzieherischen Frage wie die übrigen Erziehungsvorgänge, die sich mehr oder weniger im alltäglichen Umgang mit dem Kind ereignen, wie z. B. die Sozialerziehung. „Sexualerziehung kann nur im Zusammenhang einer allgemeinen Persönlichkeitserziehung gesehen und an den allgemeinen Erziehungszielen gemessen werden" (THIERSCH 1972, S. 163). Besonders behandeln kann man sie nur in einer „theoretischen" und immer relativ künstlichen aspekthaften Betrachtung.

Sexualerziehung im alltäglichen Umgang

Aber auch dann muß man sich stets des Zusammenhangs bewußt bleiben zwischen Sexualerziehung und Sozialerziehung bzw. sozialem Lernen; wenn auf dem Gebiet der Sexualerziehung eine schadhafte Sozialisation erfolgt, so hat dies Konsequenzen für das gesamte soziale Verhalten eines Menschen.

Daraus folgt für die Praxis der Sexualerziehung, daß es unangemessen ist, eine „besondere" Aufklärung zu einer „besonderen" Zeit in einer „besonderen" Atmosphäre zu veranstalten. Sexualerziehung beginnt als kontinuierlicher Lebensprozeß bereits im Säuglingsalter. Wir haben aus der Vergangenheit zahlreiche negative Beispiele vorliegen, von denen wir hier eines aufzeigen (vgl. Koch 1971, S. 26):

Lebensintegrierte Sexualerziehung

„Mein Junge, ich muß einmal ernsthaft mit dir über etwas reden, was für deine Zukunft von großer Wichtigkeit ist. Du wirst jetzt älter und beginnst dich vom Jungen zum Mann zu entwickeln. Dein ganzer Körper wird kräftiger und deine Stimme tiefer und männlicher. Ich möchte dir jetzt einmal erklären, was die ganzen Erscheinungen miteinander zu tun haben . . ."

Eine solche „Aufklärungsaktion" wird gar nicht notwendig sein, wenn der Erzieher zu jeder Zeit offen ist für Fragen und Probleme des Zu-Erziehenden. Sexualerziehung geschieht dann – dies gilt insbesondere für die frühe Kindheit – im wesentlichen während des partnerschaftlich gestalteten Lebens mit dem Kind.

Wortwahl

Damit ist allerdings nicht gemeint, daß der Erzieher sich deshalb über Sexualerziehung keine Gedanken machen müßte. Gegenwärtig besteht auf diesem Gebiet eine generelle Unsicherheit im Hinblick auf Normen und Inhalte und ebenso bezüglich der Medien und Methoden. Ein Problem stellt z. B. die Wortwahl dar. Manche Eltern und Erzieher sind sich z. B. nicht darüber im klaren, ob sie im Umgang mit ihrem Kind nur die „feinen" Ausdrücke anwenden und als „richtig" gelten lassen sollen, oder evtl. auch nicht so gern gehörte; oder ob man diese mindestens dulden sollte. Wir sind der Auffassung, daß Kinder selbstverständlich sowohl die „offizielle" wie auch die „nicht-offizielle" populäre Terminologie kennen sollten. Weil Sexualerziehung sich zunächst lebensintegriert, d. h. nicht in unterrichtsähnlichen Aktivitäten ereignet, wird der Pädagoge hier die gleiche Freiheitlichkeit zeigen, wie er sie in seinem gesamten Erziehungsverhalten aufweist. Das erfordert allerdings sowohl bei Eltern als auch Facherziehern einen Prozeß des generellen Umdenkens und Umlernens.

2. Zur Sexualerziehung gehört auch eine angemessene Wissensvermittlung

Wann soll ein Kind *was* wissen? Welche Information über sexuelle Vorgänge soll man einem Kind in einem bestimmten Alter vermitteln? Diese Frage wird oft von Eltern dem Facherzieher gestellt.

zum Fragen anregen

Vielfach wird die Auffassung vertreten, man brauche Kindern immer nur dann, wenn sie fragen, eine „ehrliche" und „offene" Antwort zu geben. Dann wisse man genau, welche Interessen und Informationsbedürfnisse sie hätten. Das scheint uns aber für die Sexualerziehung in Familie und Kindergarten nicht ausreichend zu sein. Selbstverständlich ist es wichtig, daß man Fragen des Kindes nicht ausweicht und daß man diese in kindgemäßer Weise beantwortet. Wenn wir uns im vorigen Abschnitt für eine lebensintegrierte

244

Sexualerziehung im Kindergarten ausgesprochen haben, so bedeutet das jedoch nicht, daß man auf notwendige Informationen verzichtet. Es ist zutreffend, daß Kinder nicht entgegen ihren Bedürfnissen und Möglichkeiten mit Informationen befrachtet werden sollen. Bei allen anderen Lebensbereichen sind Eltern und Erzieher jedoch daran interessiert, das Kind zum Fragen und Neugierverhalten anzuregen. Das Gleiche muß auch für sexuelles Wissen gelten. Man könnte sich nach dem Leitsatz „Lieber zu früh als zu spät" richten, indem man davon ausgeht, daß Kinder vermutlich Dinge, die sie noch nicht ganz verstehen, wieder vergessen und davon in der Regel nicht belastet werden. Andererseits leuchtet aber ein, daß ein Kind dadurch, daß ihm erforderliche Informationen vorenthalten wurden, Schaden erleiden kann. Man braucht dabei nur an das Problem der Sittlichkeitsvergehen zu denken. Die Aussage „Wissende Kinder sind geschützte Kinder" hat bereits für das Vorschulkind Bedeutung.

Bei der Frage, welche Sexualinformationen Kinder bis zum Schuleintritt haben sollten, könnte man sich einmal in gemeinsamer Überlegung mit den Eltern von den folgenden Fragen leiten lassen: *Sexualinformationen bis zum Schuleintritt*

- Woher kommen die kleinen Kinder?
- Wie kommen sie aus dem Bauch der Mutter heraus?
- Wie kommen sie da hinein?

Es ist aus mehreren Gründen vorteilhaft, wenn das Wissen der Kinder beim Schuleintritt in etwa homogen ist. Der Grundschullehrer wüßte dann, auf welcher Basis er – natürlich wiederum gemeinsam und in Absprache mit den Eltern – aufbauen kann. Ein anderer Vorteil wäre aber, daß manche Kinder dann nicht von den Klassenkameraden „aufgeklärt" werden müssen. *Vorteile*

Man wird die oben genannten drei Fragen wahrscheinlich in jedem Fall nur als *grobe Leitlinien* ansehen dürfen, keineswegs aber als Lernziele, die unbedingt verfolgt und kontrolliert werden müßten. Es geht vielmehr darum, daß Kinder in einer lebensintegrierten und sachlichen Form auf diese Fragen eine Antwort erhalten.

3. Kleinkindsexualität

„Das Kind ist kein geschlechtlich neutrales Wesen, dem der Trieb fehlt, sondern das Kind kann als Säugling bereits Ansätze sexuel- *Entdeckung FREUDS* ler Regungen zeigen." Diese Entdeckung FREUDS war für die Pädagogik keineswegs etwas Selbstverständliches. FREUD war es auch, der die phasenspezifische Entwicklung der kindlichen Sexualität herausstellte. „Daß FREUD der Auffassung, die das kleine Kind als einen unschuldigen Engel darstellte, entgegentrat, erschütterte die Menschen seiner Zeit. Man merkte nicht, daß FREUD, als er dies tat, längst darüber hinaus war, in der Sexualität etwas Sündhaftes zu sehen. Er zeigte, daß die Sexualentwicklung des Menschen nicht erst, wie man bisher annahm, in der Pubertät beginnt, sondern daß sich die ersten Spuren des späteren Geschlechtslebens bis in die früheste Kindheit zurückverfolgen lassen. . . . Er wies darauf hin, welche Fehlentwicklungen, wie z. B. die Neurosen, und welche sexuellen Fehlhaltungen durch eine falsche Sexualerziehung hervorgerufen werden können" (ZIEBEL-LUTTMER 1971, S. 7).

Säuglings- bzw. **Für viele Eltern ist Säuglings- bzw. Kleinkindonanie z. B. immer**
Kleinkindonanie **noch etwas Überraschendes und Unerwünschtes. Man sollte aber** wissen, daß es ganz normal ist, wenn Kinder bereits im ersten Lebensjahr und später mit ihrem Genitale spielen. Das Kind darf dafür auf keinen Fall negative Konsequenzen erfahren. RENÉ SPITZ, der sich vor allem um die Erforschung der frühen Kindheit Verdienste erworben hat, stellte bei von ihm untersuchten Kindern einen Zusammenhang zwischen dem Spiel mit dem Geschlechtsteil und der Mutter-Kind-Beziehung fest. Er sagt selbst:

> „1. Dort, wo die Beziehung zwischen Mutter und Kind optimal war, übertraf die Entwicklung im ersten Lebensjahr den Durchschnitt in jeder Hinsicht. Alle diese Kinder spielten mit ihrem Genitale.
>
> 2. Bestanden problematische Beziehungen zwischen Mutter und Kind, spielten die Kinder viel seltener mit ihrem Genitale. . . . Die Entwicklung verlief durchschnittlich befriedigend, war aber ziemlich unberechenbar.
>
> 3. Dort, wo eine Mutter-Kind-Beziehung fehlte, sank die Entwicklung unter den Durchschnitt. Keines der Kinder spielte mit seinem Genitale." (1964, S. 243)

Liebe erfahren Diese Untersuchung von R. SPITZ, die einen möglichen Zusammenhang des Spielens mit dem Geschlechtsteil und der Mutter-Kind-Beziehung demonstrieren will, belegt auch, daß es keine Phrase ist, wenn man sagt, die Liebe, die das Kind sehr früh erfahren habe, werde es im späteren Leben weitergeben. Kinder, denen sich die Mutter nicht in genügender Form zuwendet, werden verhal-

246

tensauffällig und wahrscheinlich kaum in der Lage sein, in ihrem späteren Leben Bindungen einzugehen (vgl. auch die Hinweise auf S. 25ff.).

Dazu haben wir einen Beleg durch ein Experiment aus dem Tierreich. Man müßte sich allerdings fragen, inwieweit die Ergebnisse auch auf den Menschen zutreffen könnten. SPITZ (1964, S. 245) berichtet über einen Versuch mit 100 jungen Affen. Diese wurden seit ihrer Geburt an zwei sog. Mutterattrappen aufgezogen.

Experiment aus dem Tierreich

„Eine der Attrappen bestand aus einem nackten Drahtgestell, der Gestalt eines Affen ähnlich. Aus diesem Gestell ragten die Sauger einer Flasche hervor, die die Nahrung enthielt. Die andere Attrappe war gleich gestaltet, hatte aber keine Flasche, sondern war ganz mit Frotteetuch überzogen. Durch diese einfache, aber sinnreiche Anordnung gelang es, . . . das Nahrungsbedürfnis der kleinen Rhesusaffen von ihrem Bedürfnis, sich anzuklammern, zu trennen." Man stellte nun fest, daß die Affenkinder ihre Nahrung zwar bei der Drahtattrappe holten, daß sie sich aber bei der Frotteeattrappe aufhielten und sich dort anklammerten. Siebzehn Stunden des Tages verbrachten sie auf der Frotteeattrappe, die keine Nahrung bot, und nur etwa ein bis zwei Stunden auf dem Drahtmodell, das die Nahrung spendete. Wenn die Äffchen Angst hatten, flüchteten sie ebenfalls zu der Frotteeattrappe. SPITZ weist auf die folgende Beobachtung hin, und diese ist auch für unseren Zusammenhang besonders interessant: „Obwohl Rhesusaffen mit drei Jahren sexuell reif sind, hatte sich im Laufe von sechs Jahren nicht einer der an Attrappen aufgezogenen Affen mit einem anderen gepaart. Es kam zu keiner Begattung."

Die an den Attrappen aufgezogenen Weibchen waren über Annäherungsversuche der Männchen eher bestürzt als erfreut. Sie waren völlig verunsichert in ihren Reaktionen, wurden aggressiv und bissen die Männchen. Von den Männchen aber – und das gilt für diejenigen, die an Attrappen allein, wie auch für diejenigen, die zusammen mit Weibchen an Attrappen aufgezogen wurden –, vollzog keines die Begattung, wenn man sie mit brünstigen Weibchen zusammenbrachte. RENÉ SPITZ sagt, „daß die Sexualfunktion bleibend und unwiderruflich geschädigt" gewesen sei, daß die Beziehung zum „anderen" zerstört gewesen sei.
Von diesen jungen Affen könnte man also sagen, daß sie die Beziehungsaufnahme nicht gelernt haben. Sie konnten sie deshalb nicht lernen, weil der Kontakt zur Mutter fehlte, die sich auf das Junge eingestellt hätte. Nun ist es selbstverständlich nicht erlaubt,

Sexualität wird gelernt

vom Verhalten in Tierversuchen einfachhin auf das menschliche Verhalten Schlüsse zu ziehen. Wenn man aber dennoch einmal unterstellen darf, daß es zwischen dem Menschen und den höheren Tieren Parallelen gibt, dann könnten die Ergebnisse dieses Experimentes doch einen Hinweis darauf geben, daß Sexualität im wesentlichen gelernt wird. Die erste Bedingung eines wünschenswerten Sexualverhaltens beim Menschen ist die liebevolle Zuwendung in der frühen Kindheit. Auf die Differenzen zwischen menschlicher und tierischer Sexualität wird im folgenden Abschnitt eingegangen.

4. Aspekte menschlicher Sexualität

In einem Bilderbuch zur Sexualerziehung im Vorschulalter finden wir folgendes ausgesagt:

„Menschen entstehen genauso wie Küken und junge Hunde . . . Genauso wie der Hundevater und die Hundemutter für ihre Babys sorgen, so kümmern sich Menschenväter und Menschenmütter um ihre Kinder . . ." (ANDRY/SCHEPP 1968, S. 64f.).

Solche Aussagen sind nicht selten. Je nach weltanschaulichem Standpunkt werden von Autoren die Gemeinsamkeiten zwischen tierischer und menschlicher Sexualität stärker betont oder die Unterschiede. Es handelt sich dabei um sexual-anthropologische Fragestellungen, zu deren Reflexion wir hier anregen möchten. Wir werden drei Dimensionen herausstellen, in denen sich Mensch und Tier im Hinblick auf ihre Sexualität voneinander unterscheiden (dazu vgl. SCARBATH 1969, S. 22ff.).

4.1. Menschliche Sexualität ist nicht nur triebgesteuert, sondern der Mensch vermag sich von seinem Triebdruck zu distanzieren

kulturelle Regelung

Für die Befriedigung der menschlichen Triebwünsche gibt es nach A. MITSCHERLICH kein angeborenes Verhaltensmuster. Der Mensch ist – und das gilt auch für seinen Sexualbereich – in der Lage, Verhalten zu modifizieren. „Die menschliche Sexualität hat sich vom jahreszeitlichen Rhythmus der Brunstzeiten gelöst und kann sich dem Fortpflanzungszweck gegenüber verselbständigen" (SCARBATH 1969, S. 23). SCHELSKY weist darauf hin, „daß das

248

menschliche Triebleben auf kulturelle Führung und Regelung angewiesen ist" (in SCARBATH 1969, S. 23).

Bei der Betrachtung dieser Dimension des Menschen geht es aber
auch um die Frage der Anpassung bzw. Distanzierung. Der Mensch
ist nicht gezwungen, sich blind den Gegebenheiten anzupassen,
sondern er ist in der Lage, diese zu modifizieren. A. MITSCHER-
LICH hat in dem Zusammenhang von „aktiver Anpassung" gespro- *aktive*
chen. Dieser Gedanke ist von der Anthropologie und Pädagogik *Anpassung*
immer wieder betont worden. Auf die Sexualität angewandt hat
H. PLESSNER gesagt, daß der Mensch zwar Körper „sei", andererseits jedoch auch den Körper „habe". Er ist frei – jedenfalls in rela-
tiver Weise –, sich von gesellschaftlichen Normen zu distanzieren
und den „Druck der eigenen Geschlechtlichkeit" (SCARBATH, S. 27)
zu modifizieren. „Distanz zu sich und dem eigenen Triebzwang"
(S. 27) zeigt sich damit als spezifisch menschliche Möglichkeit.

4.2. Menschliche Sexualität ist soziokulturell ausgeprägt

Mit dieser Aussage wird darauf hingewiesen, daß das menschliche
Sexualleben nicht festgelegt verläuft, sondern, wie Belege aus der
Völkerkunde eindrucksvoll zeigen, durch gesellschaftliche und
historische Faktoren beeinflußt, sehr verschiedene und einmalige
Ausgestaltungen annehmen kann.

In dem Kapitel über Erzieherverhalten erwähnten wir bereits die
unterschiedlichen zwischenmenschlichen Umgangsformen bei den
Arapesh und den Mundugumor (vgl. S. 104). Die Sanftmut der Arapesh und die Aggressivität der Mundugumor finden auch ihren
Niederschlag im Sexualleben. Von den *Arapesh* heißt es, daß Mann *Arapesh*
und Frau sich in gegenseitiger Fürsorge begegnen; Feindseligkei-
ten zwischen den Geschlechtern sind selten. Sie sind Anhänger
der Monogamie. Ihre Sexualbeziehungen sind weniger durch Lei-
denschaftlichkeit gekennzeichnet als durch gegenseitige Verantwortung.

Die *Mundugumor* dagegen werden so charakterisiert: „Der Mundu- *Mundugumor*
gumor-Knabe wird in eine feindliche Welt hineingeboren und lernt,
seine Geschlechtsgenossen als Feinde zu betrachten . . ." (SCAR-
BATH 1969, S. 25). Das Verhältnis der Geschlechter ist aggres-
sionsbestimmt. Dem Mann wird „rücksichtsloser Egoismus" und
„sexuelles Räubertum" nachgesagt (S. 25). Die ideale Ehe besteht
für ihn darin, möglichst viele Frauen zu besitzen. Die Frau fühlt

sich bei diesen Sexualpraktiken offenbar nicht unterdrückt, sondern sie paßt sich an, indem sie sich eher leidenschaftlich und aggressiv als zärtlich verhält.

Erklärung

M. MEAD gibt für die hier dargestellten Phänomene folgende Erklärung:

„Die Formung so gegensätzlicher Typen ist nur durch die Wirkung einer Fleisch und Blut gewordenen Kultur zu erklären . . . Wir sind gezwungen anzunehmen, daß die menschliche Natur äußerst plastisch ist und auf verschiedene Kulturbedingungen entsprechend reagiert" (in: SCARBATH 1969, S. 25).

Die hier vertretene These von der *soziokulturellen Ausprägung menschlicher Sexualität* wird auch belegt von H. T. CHRISTENSEN, der in seiner Studie „Sexualverhalten und Moral" über einen *interkulturellen Vergleich* zwischen den USA und Dänemark berichtet.

interkultureller Vergleich

Er kommt zu folgendem Ergebnis: „Die sexuellen Normen der drei untersuchten Kulturbereiche reichen in ihren Grundzügen von ‚stark restriktiv' (in der vorherrschend mormonischen Population im Westen der USA) über ‚gemäßigt restriktiv' (im Mittelwesten der USA) bis zu ‚freizügig' (in Dänemark) (1971, S. 7) . . . Die amerikanischen Sexualnormen sind in der Regel konservativ . . . Im Gegensatz dazu sind die dänischen Sexualnormen „utilitaristisch und liberal" (1971, S. 139). CHRISTENSEN untersuchte auch den sexuellen Wandel, der sich im Laufe von 10 Jahren (1958–1968) in den einzelnen Kulturen gezeigt hatte. Er stellt einen Trend zu größerer Freizügigkeit fest. Daneben kommt er aber auch zu dem Ergebnis, daß es eine größere Übereinstimmung zwischen Einstellungen zur Sexualität und tatsächlichen sexuellen Verhaltensmustern gibt. Weiterhin hatten sich in den 10 Jahren die kulturspezifischen Unterschiede der drei untersuchten Populationen verringert (vgl. 1971, S. 124 ff.).

sexueller Wandel

4.3. Menschliche Sexualität spielt sich im „dialogischen Bezug" ab

zwei Grund-haltungen

M. BUBER hat zwei Grundhaltungen unterschieden, die im zwischenmenschlichen Umgang eingenommen werden können: in der einen wird der Partner zum Objekt, zum „Es" – in der anderen zum interpersonal agierenden Subjekt, zum „Du". Diese Unterscheidung

250

ist besonders für die Betrachtung menschlicher Sexualität relevant. Im Sexualleben kann der Partner zum relativ beliebigen Sexualobjekt werden, das nur zur Befriedigung der eigenen Bedürfnisse dient. Es besteht aber auch die Möglichkeit – und Aufgabe –, daß einer dem anderen zum einmaligen und nicht austauschbaren Partner wird. M. BUBER hat in diesem Zusammenhang vom dialogischen Bezug gesprochen. Dasselbe drückt W. FLITNER so aus, indem er den Aspekt der Transzendenz mit berücksichtigt: „Das Entscheidende am Personenbegriff ist, daß das Ich . . . auch den anderen Menschen als . . . Person ansieht; daß es sich dem anderen verantwortlich weiß und daß es diese Verantwortung einem transzendenten göttlichen Anspruch gegenüber trägt" (in: SCARBATH 1969, S. 28).

Es ist noch anzumerken, daß die hier aufgezeigten drei Aspekte einer *sexualanthropologischen Differenz* ineinander verwoben sind und sich gegenseitig durchdringen. Sie sind nur analytisch voneinander abhebbar. Menschliche Sexualität läßt sich also unter normkritischen, soziokulturellen und interpersonalen Aspekten von tierischer Sexualität in deutlicher Form unterscheiden. Die Gemeinsamkeiten, z. B. im Hinblick auf Geschlechtsorgane, Zweigeschlechtlichkeit, Begattung etc. werden dabei nicht übersehen. In einer sehr interessanten Studie zum Sexualverhalten von Mensch und Tier gelangt man zu dem Ergebnis: „Viele der einzelnen Bestandteile des Verhaltens, die bei den verschiedenen Menschengruppen vorkommen, finden sich genauso bei den Menschenaffen, den Affen und sogar bei den niederen Säugetieren . . . Dagegen gibt es auch einige Formen der Sexualität, die nur der Mensch ausübt" (FORD/BEACH, 1971, S. 268).

sexualanthropologische Differenz

5. Sexualerziehung gelingt nur in Kooperation

Man könnte im Grunde genommen die These vertreten, daß Sexualerziehung als solche im Kindergarten gar nicht erforderlich sei – wenn nur eine angemessene Gesamterziehung mit einem wünschenswerten Erzieherverhalten verwirklicht wird. Sexualerziehung ist dann integraler Bestandteil der Erziehung überhaupt (vgl. S. 86). Dies findet unsere Unterstützung, man muß jedoch folgendes bedenken: selbst wenn der Kindergarten die Sexualerziehung in dieser Form versteht, wird es zahlreiche Schwierigkeiten mit den Eltern geben können.

Ansichten der Eltern

Die Ansichten der Eltern gehen in diesem Punkt je nach Herkunft stark auseinander. Es wird Eltern geben, die die Meinung vertreten, alles was mit Sexualerziehung zu tun hat, ginge nur sie selbst an, nicht aber eine außerfamiliäre Einrichtung. Andere sagen, es wäre gut, wenn ihr Kind Sexualinformationen vom Fachpädagogen im Kindergarten erhielte; dies vor allem auch deshalb, weil sie selbst mit dem Kind „darüber nicht sprechen könnten". Wieder andere Eltern sind der Auffassung, der Kindergarten habe es mit Kindern zu tun, die keine geschlechtsneutralen Wesen seien, und komme deshalb gar nicht umhin, auch die Sexualerziehung in sein „Programm" einzuplanen.

Wir konnten schon zur Genüge darauf aufmerksam machen, welche Probleme und Nachteile sich für das Kind ergeben, wenn zwischen Familie und Kindergarten nicht genügend Kommunikation stattfindet (vgl. S. 190ff.). Gerade beim Thema Sexualerziehung wird

Kooperation der beiden Erziehungs- partner

deutlich, welche Auswirkungen sich zeigen würden, wenn die Kooperation der beiden Erziehungspartner fehlen würde. Wie bedacht auch sexualerzieherische Gesichtspunkte in das Konzept des Kindergartens integriert sein mögen, manche Eltern wären verärgert und nicht damit einverstanden, wenn dies mit ihnen nicht vorher abgesprochen wurde. Allein schon aus solchen pragmatischen Erwägungen heraus muß der Kindergarten Interesse an der Kooperation mit der Familie zeigen. Es handelt sich dabei um ein grundlegendes Postulat, das hier seine besondere Bedeutung erhält.

Argumente für die Elternarbeit

Selbstverständlich wären in dem hier zur Diskussion stehenden Kontext alle Argumente anzuführen, die wir für die Elternarbeit im Bereich des Kindergartens genannt haben (vgl. S. 192ff.). Wir hatten als Hauptargument, das sich bei einer systematischen Betrachtung ergibt, ins Feld geführt, daß dem Kind Konflikte aufgrund divergierender Auffassungen und Praktiken möglichst zu ersparen seien. Dafür hier ein Beispiel aus der Sexualerziehung im Kindergarten:

Beispiel

Die Gruppenerzieherin ist schwanger und erwartet in einigen Monaten ihr Kind. An sich ein günstiger Anlaß, um einen Einstieg in sexualerzieherische Aktivitätsangebote für die Gruppe zu finden. Die Erzieherin nutzt diese Gelegenheit und erklärt den Kindern auf natürliche und angemessene Weise ihren Umstand und vieles, was die Kinder in diesem Zusammenhang erfahren möchten. In der Familie eines ihrer Gruppenkinder wird in der „Sexualaufklärung" allerdings ganz anders vorgegangen: Das Kind erfährt (im Jahre 1974) das Märchen vom Storch, und es wird ihm beteuert, die Erzieherin des Kindergartens habe Unrecht. Dieselben Eltern treten an die Erzieherin heran mit der Anschuldigung: „Wie können Sie unserem Kind nur so etwas erzählen?" – Der Konflikt, in den das Kind zwangsläufig aufgrund dieses differierenden Vorgehens gerät, ist offensichtlich.

Aus dem bisher Gesagten müßte man die Erkenntnisse gewinnen, daß dem Kindergarten die Aufgabe zufällt, sich mit den Eltern, – wie in anderen Bereichen, so insbesondere in der Sexualerziehung wie auch in der religiösen Erziehung – in genügender Weise auszutauschen. Diese Forderung gehört auch zu den Anliegen, die H. H. DEISSLER in seinem lesenswerten Buch „Der neue Kindergarten – Die erzieherische Gestaltung" zur Sexualerziehung im Kindergarten vertritt:

„Es gibt immer noch genug Eltern . . ., die erschreckt abwehren, wenn Kinder den Wunsch äußern, im Kindergarten nackend herumzuspringen, wenn sie Doktor spielen oder wenn sie, zärtlich einander im Arm haltend, auf einem Kissen miteinander schlafen wollen . . . Das sei alles ohne Vorwurf gesagt . . . Von dieser Sachlage muß die Erzieherin ausgehen, die sich entschließt, Sexualerziehung mit den Kindern durchzuführen. Die unumgänglichen Kompromisse können nur in geduldigen und ausführlichen Gesprächen zwischen Erzieherin und Eltern gefunden werden. . . . Zu den notwendigen Klärungen gehört auch das dauernde Gespräch zwischen den Erzieherinnen und dem Träger. Auch hier sollte sich jeder mit seinen Auffassungen zur Diskussion stellen" (1974, S. 78).

6. Elternfragen zur Sexualerziehung

Im folgenden werden einige Fragen genannt und kurz erörtert, die nach unserer Erfahrung von den Eltern am Elternabend[26] zum Thema Sexualerziehung gestellt werden und über die man nachgedacht haben sollte.
Wir möchten dabei auch das von uns vertretene Konzept einer Sexualerziehung weiter verdeutlichen. Gegenwärtig praktizierte

---

[26] Für einen Elternabend zum Thema „Sexualerziehung in Familie und Kindergarten" findet sich ein Vorschlag in: H. HUPPERTZ, Elternarbeit vom Kindergarten aus, Freiburg i. Br. 1975, S. 110 ff.

Sexualerziehung könnte man vereinfacht in drei Kategorien unterteilen. Es gibt

drei Kategorien

a) tabuisierende
b) akzeptierende und
c) animierende Sexualerziehung.

Eine *tabuisierende Sexualerziehung* paßt von ihrer ganzen Struktur her eher in ein autokratisches Erziehungsverhalten (vgl. S. 90f.). Repressive Praktiken und zahlreiche negative Sanktionen gehören dazu (Berührung des eigenen Körpers ist verboten, doktorähnliche Handlungen der Kinder streng untersagt usw.).

Eine *akzeptierende Sexualerziehung* ist in diesen Punkten großzügiger, sie ist jedoch nicht ohne Grenzen. Einschränkungen werden erläutert und vernünftig begründet. Sie orientiert sich am Konzept des sozialintegrativen Erzieherverhalten. Sexuelle Aktivitäten von Kindern werden akzeptiert, ohne jedoch dazu anzuhalten. – Dies geschieht dagegen in einer sogenannten *animierenden Sexualerziehung,* in der die Kinder zu sexuellen Handlungen untereinander und mit erwachsenen Personen angeleitet werden (vgl. KENTLER, S. 135ff.).

Akzeptierende Sexualerziehung

Innerhalb dieser drei – hier nur kurz angedeuteten Konzepte – entscheiden wir uns für das akzeptierende, und zwar mit folgender Begründung: Tabuisierende Sexualerziehung wird für das Kind insgesamt ähnlich ungünstige Folgen haben – allerdings im Sexualbereich aller Wahrscheinlichkeit nach deutlicher ausgeprägt – wie repressives Erziehungsverhalten überhaupt. Über die animierende Sexualerziehung, die wohl auch in der Praxis sehr selten anzutreffen ist, liegen keine Forschungsergebnisse vor. Es ist aber auch nicht ausgeschlossen, daß in dieser Form sozialisierte Kinder gesellschaftliche und individuelle Benachteiligungen erfahren. Deshalb plädieren wir für ein ausgewogenes Konzept der Sexualerziehung, bei dem man die kindliche Sexualität akzeptiert und mit großer Wahrscheinlichkeit annehmen kann, daß sich für das Kind günstige Konsequenzen ergeben. Innerhalb dieses Konzeptes sind auch die Aussagen zu den folgenden „Elternfragen" zu betrachten.

erlebte Lust

1. *Wenn man versucht, Kindern etwas über den menschlichen Geschlechtsakt zu sagen, sollte man dann auch auf die dabei von den Partnern erlebte Lust hinweisen, und wie sollte man dies dem Kind gegebenenfalls veranschaulichen?*

254

Es wäre sicherlich nicht richtig, nur auf die physiologischen Vorgänge hinzuweisen, sondern man müßte dem Kind erklären, daß die Eltern sich beim Geschlechtsakt gern haben, und man sollte Kindern auch sagen, daß sie dabei ein Lusterlebnis haben. Meistens kennen die Kinder deshalb schon sexuelle Lustgefühle, weil sie – jedenfalls in einer repressionsarmen Erziehung – schon mit ihren Genitalien spielten. Eine didaktische gute Veranschaulichung bietet M. LEIST, wenn sie in dem auch schon für Vorschulkinder gedachten Bilderbuch zur Sexualerziehung ein Kind erzählen läßt:

„Diese Liebe zwischen Vater und Mutter heißt Geschlechtsverkehr. Beide freuen sich dann. Beide sind glücklich . . . Die Eltern nennen diese Freude „Lust". Ich weiß schon ein bißchen, was Lust ist. Ich habe oft richtig Lust auf ein großes Stück Schokolade. Oder auch darauf, auf Mutters Schoß zu sitzen. Oder auch mit Vater zu raufen. Je nachdem."

2. *Soll man sich als Vater oder Mutter gegenüber seinen Kindern nackt zeigen?*

Innerhalb der Familie wird es bei einem sonst freiheitlichen Umgangsstil selbstverständlich sein, daß man seinen Körper nicht voreinander versteckt. Es ist dabei auch nicht zu befürchten, die Kinder würden nicht das notwendige Schamgefühl lernen und sich evtl. überall nackt zeigen. Man kann seine Kinder sehr leicht darauf aufmerksam machen, daß es einen intimeren Bereich innerhalb der Familie gibt, in dem man sich freier geben kann als außerhalb. Das Kind wird auch bald merken, daß man sich etwas anders verhält, wenn Besuch in der Familie ist, so daß z. B. dann jeder die Klosettüre hinter sich abschließt oder bei der Morgentoilette sich nicht nackt im Haus bewegt usw. Viele Eltern berichten, daß ihre etwas älteren Kinder bei diesem freiheitlichen Umgang ein wünschenswertes Schamgefühl entwickelt hätten.

3. *Ist es richtig, daß sich Eltern von ihren kleinen Kindern an ihren Geschlechtsteilen betasten lassen?*

Bei der Beantwortung dieser Frage werden sich wahrscheinlich die Geister der Eltern und Erzieher, aber auch der Fachpädagogen scheiden. In einem Elterngespräch wurde folgendes Beispiel berichtet:

Ein Vater. Er sitzt mit seinem dreijährigen Sohn in der Badewanne, und dieser möchte Vaters Penis anfassen. Daraufhin der Vater: „Ach komm, das hab ich nicht so gern; das gehört mir, und da brauchst du mir nicht dranzufassen."

Man muß sich darüber im klaren sein, daß in solchen Situationen die Eltern ebenso spontan und unreflektiert und ihren eigenen Sozialisationserfahrungen entsprechend handeln werden. Es muß aber schon eine sonderbare Empfindung für das Kind sein, wenn es ansonsten freiheitlich erzogen wird und an seinen Eltern alles erkunden darf, nur in diesem Falle gleichsam eine Abfuhr erfährt. Es läßt sich vermuten, und die Erfahrung belegt es auch, daß ein Kind, das in seinem Erkundungsverhalten auch die Geschlechtsorgane seiner Eltern berührt, dies sehr bald wieder läßt und zu einem unkomplizierten Verhalten kommt, vor allem dann, wenn Eltern in diesen Situationen nicht „entsetzt" reagieren.

7. Voraussetzungen und Erfordernisse des Kindergartens für die Sexualerziehung

An dieser Stelle sollen einige Anmerkungen gemacht werden zu den relativ günstigen Voraussetzungen, die der Kindergarten für eine angemessene Sexualerziehung hat, vor allem im Vergleich zur Grundschule.

emotional positive Atmosphäre

– Ein wesentlicher Bestandteil der gesamten Erziehung und damit auch der Sexualerziehung ist eine *emotional positive Atmosphäre*. Dazu gehört z. B. daß man sich in einer freundlichen Weise begegnet; daß der Erzieher Zeit für das Kind hat; daß er seine Probleme und Fragen akzeptiert; daß die Kinder untereinander ungezwungen ihre Spielpartner wählen können; dazu gehört auch, daß man ein Kind einmal auf den Schoß nimmt oder daß man es einmal an sich drückt. Möglichkeiten dazu hat der Kindergarten bis zu einem gewissen Grade, während die Grundschule derzeitig immer noch zu stark stoff- und leistungsorientiert ist. Man könnte also die ungezwungene Situation des Kindergartens, bei der der ganze Schulernst (hoffentlich) fehlt, als günstige Bedingung einer mit der Familie abgestimmten Sexualerziehung ansehen.

Kooperation mit den Eltern

– Wenn wir berücksichtigen, daß Sexualerziehung nur in *Kooperation mit den Eltern* möglich ist, dann ist auch zu bedenken, daß in der Regel der Kontakt zwischen Eltern und Kindergarten wesentlich intensiver ist als zwischen Eltern und Schule. Das liegt sicher u. a. an dem sozialpädagogischen Engagement der Kindergartenerzieherin im Gegensatz zur Stofforientiertheit des Lehrers. Die Anzahl der Elternkontakte im Rahmen von Elternabenden etc. dürfte im Kindergarten derzeit ungleich höher sein als in der Schule.

– Eine weitere Chance für die Sexualerziehung im Kindergarten wird deutlich, wenn man das *Alter der Kinder* betrachtet. Der Fachpädagoge weiß, daß das Kind im vorschulischen Alter besonders prägsam ist durch das Vorbild der es umgebenden Personen. Wenn man berücksichtigt, daß zur Geschlechtserziehung in jedem Fall auch eine *auf Emanzipation bedachte Rollenerziehung* gehört, so wird deutlich, welchen Beitrag der Kindergarten hier leisten kann. Erfährt ein Kind in seiner Familie nur traditionelle und klischeehaft ausgeprägte Rollen von „Mann und Frau", so kann der Kindergarten ihm durchaus kompensatorische Möglichkeiten bieten. Die Erzieherin wird z. B. Impulse zu Rollenspielen geben, in denen sie den Kindern ein wünschenswertes Rollenverhalten vermittelt, wobei konventionelle geschlechtsspezifische Funktionen möglicherweise modifiziert oder abgebaut werden. Bereits in diesem Alter wird ja der Grund dafür gelegt, wie sich später ein Kind in seinen geschlechtsspezifischen Rollen verhält. – Einen anderen Aspekt muß man auch sehen: Zu einem angemessenen Sexualverhalten gehört soziale *Kontaktaufnahme* und *Kontakterhaltung,* aber auch die Fähigkeit des Gefühlsaustausches. Diese Fähigkeiten erwirbt das Kind jedoch bereits in der frühesten Zeit. Manche Psychologen vertreten die These, es gebe für diese Dimension eine sensible Phase (vgl. S. 376). A. MITSCHERLICH betont, „daß Entbehrungen im sozialen Gefühlsaustausch in der frühesten Jugend nicht nur die aktuelle Gefahr des Zusammenbruchs der psychosomatischen Regulationen, einen emotionalen Hungertod heraufbeschwören, sondern daß sie auch, wenn dieser äußerste Fall nicht eintritt, irreparable Verödungen der Kontaktfähigkeit hinterlassen" (in: SCARBATH 1969, S. 30).

Um eine Sexualerziehung in der hier dargestellten – „lebensintegrierten" – Weise durchzuführen, bei der es nicht zu Sexualunterricht im Kindergarten kommt, bedarf es nun allerdings bei den Erziehern einiger *Voraussetzungen,* die aber teilweise auch für jede moderne Erziehung erforderlich sind.

Alter der Kinder

– Zunächst ist von der Haltungsdimension her eine *positive Einstellung zur Sexualität* notwendig. Einstellungen werden über die soziale Umwelt gelernt, und der Erzieher hat die Möglichkeit, in Seminaren und über Lektürearbeiten zur Sexualerziehung seine Einstellung zu überprüfen und evtl. zu revidieren. A. FREUD hat auf die Bedeutung dieses Aspekts hingewiesen: „Ich meine, wir haben das Recht, zu verlangen, daß der Erzieher seine Konflikte kennen und beherrschen gelernt hat, ehe er die pädagogische Arbeit beginnt. Sonst dienen ihm die Zöglinge nur als ein mehr oder weniger günstiges Material, um seine eigenen unbewußten und ungelösten Schwierigkeiten an ihnen abzureagieren" (in: SCARBATH 1969, S. 98).

*angemessenes
Wissen*

– Selbstverständlich gehört zur Sexualerziehung ein *angemessenes Wissen* über Geschlechtlichkeit und die damit verbundenen Fragen, insbesondere ist dies wichtig, wenn Sexualerziehung nicht in unterrichtsähnlichen Situationen „durchgeführt" wird, sondern sich spontan und situativ ereignet.

– Auch in einer lebensintegrierten Geschlechtserziehung wird man sich vorhandener *Materialien,* z. B. Bilderbücher zur Sexualerziehung, bedienen. Deshalb müßte der Kindergartenpädagoge in der Lage sein, solche Medien kritisch zu beurteilen und auszuwählen.

*Teamarbeit und
Kooperation*

– Sexualerziehung wird in angemessener Form wahrscheinlich nur zu leisten sein, wenn der Erzieher von der *Notwendigkeit der Teamarbeit und Kooperation* überzeugt ist und diese realisieren kann. Eine solche Zusammenarbeit und Abstimmung muß sowohl im Kindergarten innerhalb des Kollegiums als auch mit den Eltern erfolgen. Starrköpfigkeit und rigide Verhaltensweisen schaden dabei wahrscheinlich immer – mag man sich dabei auch noch so fortschrittlich interpretieren.

8. Materialien zur Sexualerziehung in Familie und Kindergarten

Wir vertreten hier ein Konzept der Sexualerziehung im Kindergarten, bei dem vorausgesetzt wird, daß sich Sexualerziehung nicht in unterrichtsähnlichem Stil abspielt, sondern im relativ unsystematischen Lebensalltag des Kindergartens seinen Platz erhält, wie andere Bereiche auch. Das heißt, daß – wie wir schon erwähnten – es nicht um streng festgelegte Lernziele und deren Überprüfung geht. Es werden aber in einem solchen Konzept zur Sexualerziehung in der gleichen Weise Medien, z. B. Bildmaterial, zu verwenden sein, wie in anderen Bereichen auch.

Es gibt gegenwärtig ein gutes Dutzend sog. Bilderbücher mit Text, die von den Produzenten und Verlagen für die Sexualerziehung im Vorschulalter gedacht sind. Die folgenden Ausführungen wollen den Erzieher anregen, derartige Materialien kritisch beurteilen zu lernen. Wir stellen zuerst zehn Beurteilungskriterien vor und nennen dann die vorhandenen Materialien.

8.1. Fragen zur Beurteilung von Materialien zur Sexualerziehung in der Vorschulzeit

Die folgenden Merkmale sind nicht „operationalisiert", sondern stellen offene Beurteilungskriterien dar. Zur Verdeutlichung werden positive oder negative Beispiele, die sich bei unserer Analyse ergaben, hinzugefügt.

1. *Welche Inhalte hat das Material insgesamt? Sind die notwendigen Sexualinhalte angeführt oder fehlen entscheidende Informationen?* – Über den Umfang des Sexualwissens, das Kinder bei der Einschulung besitzen sollten, ist man sich nicht ganz einig. Es gibt aber nicht wenige, die annehmen, das Kind müßte etwa die folgenden Informationen haben: Woher kommen die kleinen Kinder? Wie kommen sie aus dem Bauch der Mutter heraus? Wie kommen sie in den Bauch der Mutter hinein? Welche Rolle spielt dabei der Vater? usw. – Dementsprechend könnte man vermuten, daß in den Materialien zur vorschulischen Sexualerziehung solchen Fragen nicht ausgewichen wird. Selbst insgesamt brauchbare Unterlagen enthalten hier aber Mängel.

notwendige Sexualinhalte

„Wie kommt das Kind in den Bauch?" möchte der sechsjährige Peter wissen, und es ergibt sich zwischen ihm und seiner Mutter ein längerer Dialog. Peter erhält die Auskunft:
„Du weißt doch, jedes Kind hat eine Mutter und einen Vater. Der Vater hat den Samen und gibt ihn der Mutter in den Bauch. Wenn er das Ei mit dem Samen befruchtet hat, kann das Kind wachsen" (BACHMANN 1973, S. 30).

Der „aufzuklärende" Peter machte bis zu dieser Stelle den Eindruck eines wißbegierigen Jungen, der sich mit keiner halben Antwort zufrieden gibt. Hier ist er plötzlich einverstanden mit der Antwort, daß der Vater den Samen „hat" und ihn der Mutter „gibt". Über die näheren Umstände des „Habens" und „Weitergebens" wird dem Kind nichts mitgeteilt.

Die Autoren dieses Bilderbuches haben in der überarbeiteten Neuauflage den Fehler korrigiert. Auf die Frage, wie der Samen des Vaters in den Bauch der Mutter hineinkomme, erhält Peter hier die Antwort:

„Du hast doch gesehen, daß die Jungen ein Glied haben. An dem Glied hängt ein Säckchen. Wenn aus den Jungen Männer werden, wachsen dort die Samen heran. Möchten Mann und Frau sich lieben, so wird das Glied des Mannes steif. Er kann es dann in die Scheide der Frau stecken. Der Samen kommt durch das Glied in die Scheide hinein. Das ist ein schönes Gefühl. Der Samen des Vaters wandert dann in die Gebärmutter der Frau. Er verbindet sich mit dem Ei. Daraus entsteht ein Baby."

Wertansichten   *2. Welche weltanschaulichen Aussagen macht der Autor, welche Wertansichten stehen hinter seinen Darlegungen? Wo werden ethische, sexualethische, religiöse oder politisch-gesellschaftliche Aussagen gemacht?* – Sexualethische Aussagen der untersuchten Materialien beziehen sich u. a. auch auf den vorehelichen Geschlechtsakt. Aussagen der folgenden Art müssen das Kind eher konfus machen: Der kleine Habakuk hat ein Kind im Kinderwagen gesehen und sagt zu seiner Mutter:

„Bitte, Mami, kauf mir eines!" Er erhält von der Mutter die Antwort: „Kinder kann man nicht kaufen; aber wenn man so groß ist, daß man zu Bett geht, wann man will, dann kann man selber eines machen" (MANGOLD 1969, S. 16).

Eine einwandfreie Antwort erhält die vierjährige Tina, als sie sich ein Kind wünscht:

„Ich will auch ein Kind haben." „Ja, und wer ist dein Mann?" „Markus! Wenn er ein Junge ist, hat er auch ein Glied." „Das ist noch zu klein, sein Samen ist noch nicht ganz reif, und deine Eier sind es auch nicht. Das geht erst, wenn du groß bist." (BECKER 1973, S. 17)

Der religiös orientierte Erzieher wird vor allem darauf achten, in welcher Form Sexualpädagogik und religiöse Erziehung in Verbin-

260

dung zueinander stehen. M. LEIST sieht beide Bereiche sehr eng miteinander verbunden. Michael berichtet:

„Ich habe die Mutter gefragt, ob es ein Bub oder ein Mädchen wird. Die Mutter sagt: sie weiß es noch nicht. Das weiß nur Gott." (S. 7) „Wir beten jeden Tag für das Kind in Mutters Bauch. Ich bete: Großer Gott, hab mich lieb, hab den Vater lieb, hab die Mutter lieb, und auch unser Kindchen in Mutters Bauch (S. 33)."

3. *Inwieweit sind die sexualanthropologischen Ansichten des Autors auffindbar und akzeptabel? Wird also die emotionelle Komponente der Sexualität, z. B. bei der Vermittlung des Wissens über den Koitus, genügend berücksichtigt, oder wird nur ein biologisches Wissen vermittelt? Werden etwa kaum Unterschiede gesehen zwischen Mensch und Tier im Hinblick auf deren Geschlechtsbereich? – Ein positives Beispiel für die Vermittlung des emotionellen Aspektes in der vorschulischen Sexualerziehung findet man auf S. 254.*

sexual-pädagogische Ansichten

Ein negatives Beispiel für den äußerst problematischen Vergleich zwischen Mensch und Tier, das wir schon zitierten, finden wir bei ANDRY (S. 64 f.):

„Menschen entstehen genauso wie Küken und junge Hunde. Der Samen vom Vater muß sich mit dem Ei der Mutter verbinden . . . Genauso wie der Hundevater und die Hundemutter für ihr Baby sorgen, so kümmern sich Menschenväter und Menschenmütter um ihre Kinder und lieben sie zärtlich."

4. *Ist die Rollendarstellung einzelner Personen annehmbar? Werden Konflikte gezeigt, oder handelt es sich bei den demonstrierten Situationen um eine „heile Welt", die es in der Realität nicht gibt? – Zur Dominanz des männlichen Geschlechtes kann man – bewußt oder unbewußt – etwa durch folgende Formulierungen erziehen:*

Geschlechtsrollen

Michael berichtet von seiner Mutter, daß sie „so weich und rund" sei. „Der Vater hat einen harten Brustkasten." Mit ihm kann man boxen und „kräftig zuschlagen. Es tut ihm nicht weh." Michael rühmt sich, daß er mit seinem „Glied zwischen den Beinen" „hohe Bogen" und ein „großes M in den Schnee" spritzen kann. (LEIST S. 9) „Prima, daß ich ein Junge geworden bin. Mutter sagt, ein Mädchen zu sein, sei auch sehr schön" (S. 27). Nach der Geburt des Schwesterchens hebt Michael erneut seine Männlichkeit hervor: „Es hat wirklich nichts zwischen den Beinen. Gar nichts. Ob es deswegen traurig ist? Mutter meint: nein, nicht sehr."

Michael erfährt hier für seine Privilegiertheit, die er später als Mann haben wird, eine gute Grundlage. Die meisten der in den Materialien dargestellten Kinder sind übrigens Jungen.

Erziehung zur Konfliktlösung scheint vielen Autoren kein Anliegen zu sein. Sie stellen größtenteils eine fast völlig konfliktlose Welt dar.

Übertreibungen

5. *Enthält das Material Übertreibungen, unrealistische und verfälschende Darstellungen? Ist die Sprache angemessen, kindorientiert und genügend differenziert?*

Bei H. MANGOLD kommen Hebamme und Arzt zur Mutter, und die Geburt wird mit einem Schlüssel eingeleitet:

„In einem lustigen roten Auto kommen sie. Die Hebamme trägt eine große Tasche. Da ist wohl der Schlüssel drin, denkt Habakuk. Sie machen jetzt das Fenster auf, damit das Kind herauskommen kann. Endlich ist Pünktchen richtig da" (S. 36).
Unrealistischer geht es wohl kaum.

bildliche Gestaltung

6. *Ist die bildliche Gestaltung annehmbar, und stimmen Text und Bild in ausreichender Weise überein?* – Ein Beispiel für die Inkongruenz zwischen Text und Bild finden wir bei M. LEIST (S. 8f.): Im Text wird der Geschlechtsunterschied zwischen Jungen und Mädchen beschrieben, während das danebenstehende Bild nur den Jungen zeigt, der im Bad vor dem Klosett mit einem Penis „einen hohen Bogen spritzt".

didaktische Form

7. *Welche „didaktische Form" läßt das Material zu bzw. wird bezweckt?* – Damit ist die Frage gemeint, ob das Buch so angelegt ist, daß vorgelesen werden soll, daß erzählt werden soll oder daß das Kind evtl. sogar selbst lesen soll. Die meisten Materialien sind so angelegt, daß die eine Seite jeweils als Lesetext zum danebenstehenden Bild gedacht ist.

Darstellungsform

8. *Welche „Darstellungsform" ist bei dem Material gewählt?* – Folgende Möglichkeiten kommen in Frage: Der Autor erzählt für das Kind in direkter Form eine Geschichte; der Autor läßt im Buch ein Kind für Kinder berichten; manche Autoren wählen die Dialogform zwischen einem Erwachsenen und einem Kind.

262

9. *Es müßte auch gefragt werden, ob man das gleiche Ziel in der* *Notwendigkeit*
Sexualerziehung nicht ohne ein derartiges Material erreichen kann.
– Manchmal dürfte es sich auch anbieten, gerade für Kindergärten,
Bilderbücher und Lexika o. ä. Unterlagen im didaktischen Gebrauch
zu kombinieren oder selbst Materialien bzw. Unterlagen zu fertigen
und diese zu benutzen.

10. *Wie bei allen didaktischen Materialien, so ist auch hier von der* **Bedürfnisse**
Grundfrage auszugehen: Werden die Interessen und Bedürfnisse des **des Kindes**
Kindes genügend beachtet? – Dabei geht es in dem hier angesprochenen Bereich vor allem darum, ob die kindliche Sexualität
Berücksichtigung findet (vgl. S. 245ff.) oder ob lediglich Informationen über die Erwachsenensexualität enthalten sind. Einen positiven Beleg dafür bietet das Bilderbuch von M. LEIST: „Ich kann
hohe Bogen damit spritzen. Bis zum Fenster hinauf. Ich habe es
schon einmal versucht." Oder: „Manchmal fasse ich mein Glied
an." An einer anderen Stelle heißt es: „Auch mein Glied richtet sich
manchmal auf." Interessen und Bedürfnisse von Kindern werden
aber auch gerade in der vorschulischen Erziehung gelenkt und
determiniert. Es ist z. B. sehr fraglich, ob Kinder in diesem Alter
schon Verständnis für Wehrverweigerung haben:

„Am stärksten fühlen sich ein paar männer erst in uniform und mit waffen. . . . vielleicht bewundern auch zu viele frauen männer in uniform
oder männer in schnellen autos. Ganz bestimmt aber lassen sich viele
männer zu den soldaten holen, weil sie nicht wissen, wie sie sich dagegen
wehren können" (JACOBI 1972, S. 31).

8.2. Materialhinweise für die Sexualerziehung in der Vorschul-zeit

Nichts wäre verfänglicher und dem hier vertretenen Konzept der
Sexualerziehung im vorschulischen Alter unangemessener, als
wenn man dem Kindergarten konkret detaillierte Vorschläge für die
Durchführung der Sexualerziehung machen wollte, etwa im Sinne
exakter „Stundenbilder". Damit wäre der Sexualunterricht perfekt.
Der Kindergarten muß vielmehr im Rahmen eines allgemein gül-
tigen Erzieherverhaltens, jedoch unter „seinen" Bedingungen „sein"
Konzept finden. Ereignisse, die unter Umständen Anlaß für Grup- **Ereignisse für**
pengespräche mit sexualerzieherischen Aspekten werden könnten, **Gruppen-**
sind z. B.: eine schwangere Mutter ist im Kindergarten; die Kin- **gespräche**

der führen während des Freispiels ein Gespräch mit sexuellen Inhalten, das man aufgreift; im Rahmen eines Bilderbuchangebotes ergeben sich Fragen der Kinder; in irgendeinem Zusammenhang ist vom „Storch" die Rede und ein Kind macht auf das „Storchenmärchen" aufmerksam; usw.

Verlauf von Angeboten

Einen Eindruck über den Verlauf von Angeboten, die sich in einem evangelischen Kindergarten ergaben, gewinnt man in A. ZITELMANN und T. CARL, Didaktik der Sexualerziehung, Weinheim, Berlin, Basel 1971, S. 51ff. Die Protokollbeispiele beziehen sich auf:
- Spiel mit Geschlechtspuppen (4–6 J.)
- Malangebot: Kinder unter der Badezimmerdusche (5–6 J.)
- Gruppengespräch: Ist das nicht etwas Schmutziges? (5–6 J.)

verwendbare Bilderbücher

Die relativ gut verwendbaren *Bilderbücher zur Sexualerziehung* werden von uns hier nur genannt[27]:

- Horst Bachmann und Klaus Schüttler-Janikulla: Peter bekommt eine Schwester, Velber 1970; überarbeitete Auflage 1973

- Antoinette Becker und Elisabeth Niggemeyer: Ich bekomme einen Bruder, Ravensburg 1973

- Sten Hegeler: Wie ist das eigentlich, Mutter? München/Basel 1961

- Per Holm Knudsen: Wie Vater und Mutter ein Kind bekommen, Heidelberg 1972

- Marilene Leist: Mutter erzählt mir alles, München o. J.

- Thaddäus Troll: Wo kommen denn die kleinen Kinder her? Hamburg 1974

---

[27] Zu ausführlichen Rezensionen der genannten Materialien vgl.
N. HUPPERTZ, Bilderbücher für die Sexualerziehung im Vorschulalter, in: Blätter des Pestalozzi-Fröbel-Verbandes 2, 1975, S. 39–49; und N. HUPPERTZ, Literatur zur Sexualerziehung im Vorschulalter, in: Welt des Kindes 2, 1975, S. 87–92

- Klaus Verch: Oliver und Ulrike entdecken die Geschlechtlichkeit, Laufenberg Verlag St. Augustin 1973

Wir möchten im folgenden noch einige detaillierte *Literaturangaben* machen, die zur weiteren Auseinandersetzung mit dem Thema „Sexualerziehung" hilfreich sein können: **Literatur**

- T. Brocher, Psychosexuelle Grundlagen der Entwicklung, Opladen 1971

- C. B. Broderick, Kinder- und Jugendsexualität, Reinbek 1970
  (Behandelt werden generelle Fragen der Kindersexualität. Besonders empfehlenswert die Aussagen über die frühe Kindheit, S. 7–36)

- H. H. Deißler, Der neue Kindergarten – Die erzieherische Gestaltung, Freiburg i. Br. 1974
  (Behandelt wird insgesamt das didaktische Konzept des reformierten Kindergartens. Besonders empfehlenswert die Aussagen über den Zusammenhang von Zielen der Sexualerziehung und anderen Erziehungszielen, S. 74–78)

- M. u. H. Huppertz, Geliebte Kinder – liebende Kinder, Freiburg i. Br. 1981
  (Es wird über ein integriertes Konzept von Liebeserziehung informiert; besonders hervorzuheben S. 89ff.: Der Kindergarten und seine Rolle in der Liebeserziehung)

- H. Kentler, Sexualerziehung, Reinbek 1970
  (Besonders geeignet für die Teilthemen „Sexualerzieher", S. 8–41, und Sexualerziehung in der Familie, S. 105–141)

- F. Koch, Negative und positive Sexualerziehung, Heidelberg 1971
  (Besonders geeignet als Informationsquelle über den Wert sog. Kleinschriften zur Sexualerziehung)

- M. Leist, Soziale und religiöse Erziehung, in: Dokumentation Vorschulkongreß, Hannover 1970
  (Anregungen für den Zusammenhang von Sexualerziehung, Sozialerziehung und religiöser Erziehung)

● L. Schuh-Gademann, Erziehung zur Liebesfähigkeit, Heidelberg 1972
(Informiert über die Entwicklung der kindlichen Sexualität, S. 36–112; insbesondere über die in Kindergärten praktizierte Sexualerziehung, S. 177–233, sowie über Ausbildung und Einstellung der Erzieherinnen, dazu S. 234–265)

● A. Zitelmann/T. Carl, Didaktik der Sexualerziehung, Weinheim 1971
(Geeignet zur Information über die Bedingungen der Sexualerziehung des Kindergartens, S. 19–33, über Praxisberichte (s. o.) und die Fortführung der Sexualerziehung in der Schule.)

X. LEHREN UND LERNEN ALS PÄDAGOGISCHE AUFGABE

X. LEHREN UND LERNEN ALS PÄDAGOGISCHE AUFGABE

Für die Pädagogik haben „Lehren" und „Lernen" zentrale Bedeutung. Ein breites Spektrum von Phänomenen kann mit den beiden Begriffen erfaßt werden.

1. Klärung der Begriffe

1.1. Lernen

Definition

Die Tatsache, daß trotz intensiver und umfangreicher Forschungen keine einheitliche Definition von Lernen vorliegt, weist auf die Komplexität dessen hin, was mit dem Begriff ausgesagt werden kann. In der folgenden Formulierung ist die Vielfalt der Definitionsversuche zusammengefaßt:

„Mit Lernen werden relativ überdauernde Änderungen der Verhaltensmöglichkeiten bezeichnet, soweit sie auf Erfahrung zurückgehen" (Lexikon der Psychologie, 1971 S. 427).

Eine inhaltlich differenzierte und somit für die pädagogische Praxis brauchbare Definition von „Lernen" gibt H. ROTH (1963, S. 188):

„Pädagogisch gesehen bedeutet Lernen eine Verbesserung oder den Neuerwerb von Verhaltens- und Leistungsformen und ihren Inhalten. Lernen meint aber meist noch mehr, nämlich die Änderung bzw. Verbesserung der diesen Verhaltens- und Leistungsformen vorausgehenden und sie bestimmenden seelischen Funktionen des Wahrnehmens und Denkens, des Fühlens und Wertens, des Strebens und Wollens, also eine Veränderung der inneren Fähigkeiten und Kräfte, aber auch der durch diese Fähigkeiten und Kräfte aufgebauten inneren Wissens-, Gesinnungs- und Interessensbestände des Menschen. Die Verbesserung oder der Neuerwerb muß aufgrund von Erfahrung, Probieren, Einsicht, Übung oder Lehre erfolgen und muß dem Lernenden den künftigen Umgang mit sich oder der Welt erleichtern, erweitern oder vertiefen. Das Lernen muß ihm helfen, sich selbst besser zu verwirklichen, d. h. sich selbst besser in die Welt hineinzuleben, und das Lernen muß ihm auch helfen, die Inhalte und Forderungen der Welt angemessener zu verstehen und zu erfüllen, d. h. ihnen besser gewachsen zu sein."

Lernen wird als Bezeichnung für eine ungewöhnlich umfangreiche Reihe von unterschiedlichen Verhaltensweisen bzw. Verhaltensänderungen verwendet. Trotzdem lassen sich einige formale Gemeinsamkeiten erkennen, welche die einheitliche Verwendung des Begriffs „Lernen" rechtfertigen:

Gemeinsamkeiten

a) Immer handelt es sich beim Lernen um Verhaltensänderungen oder um den Erwerb von Verhaltensmöglichkeiten. Hat jemand z. B. das Sprechen gelernt, so verfügt er über diese Verhaltensmöglichkeit, auch wenn er sie gerade nicht ausübt. So kann man also unterscheiden zwischen *Lernen* als Erwerb einer Verhaltensmöglichkeit und *Leistung* als Anwendung eben dieser Verhaltensmöglichkeit.

Verhaltensänderungen

Für den Pädagogen ist die Unterscheidung zwischen Lernen und Leistung aus folgendem Grund relevant: Ob etwas Gelerntes tatsächlich aktualisiert wird, also als objektive Leistung z. B. in Prüfungen feststellbar ist, hängt von vielen momentanen Bedingungen ab wie z. B. Motivation, Stimmung, Ermüdung etc. Eine nicht erbrachte Leistung kann somit kein zuverlässiger Indikator dafür sein, daß Lernen nicht stattgefunden hat. So kann z. B. die Prüfungssituation oder das „Vorder-Gruppe-stehen" verhindern, daß das Kind das Gelernte „hier und jetzt" aktualisieren kann.

Lernen und Leistung

b) Von Lernen spricht man nur dann, wenn Verhaltensänderungen auf Erfahrungen zurückgeführt werden können. D. h. daß die Verbesserung oder der *Neuerwerb eines Verhaltens* durch Probieren, Üben, Einsicht oder durch intellektuelle Auseinandersetzungen erfolgt. Durch diese Definition werden Verhaltensänderungen ausgeschlossen, die aufgrund von Wachstum oder Reifung des Organismus oder durch außergewöhnliche Einwirkungen auf den Organismus wie z. B. Verletzung, Erkrankung, Ermüdung oder Vergiftung zustandekommen.

Neuerwerb eines Verhaltens

zeitliche
Stabilität

c) Kurzfristige Veränderungen des Verhaltens werden nicht auf Lernprozesse zurückgeführt; von Lernen wird also nur dann gesprochen, wenn die Verhaltensweisen eine gewisse *zeitliche Stabilität* aufweisen, d. h. relativ dauerhaft sind. Die Speicherfähigkeit des Gelernten ist eine Funktion des Gedächtnisses. Dieses muß so strukturiert sein, daß das Gelernte in irgendeiner Form über die zeitliche Dauer des Lernprozesses hinaus gespeichert und zu einem späteren Zeitpunkt wieder aktualisiert werden kann.

keine Beobachtungsmöglichkeit

d) Das Geschehen selbst, das sich im Menschen beim „Lernen" abspielt, können wir nie beobachten und somit auch nur theoretisch erschließen. D. h. wir sind gehalten, zu verschiedenen Zeitpunkten erbrachte Leistungen miteinander zu vergleichen und, vorausgesetzt man konstatiert eine Differenz, bei gleichzeitiger Kontrolle des erfolgten Einflusses auf stattgefundenes Lernen zu schließen.

Lernarten

Es gibt äußerst vielfältige Erscheinungsweisen von Verhaltensänderungen, die mit dem Begriff des Lernens erfaßt werden. Leistungen aus so verschiedenen Bereichen wie Motorik (z. B. Gehen), Kognition (z. B. Sprechen) und Emotionalität (z. B. Angstreduzierung) werden unter den Begriff subsumiert. Da der eigentliche Lernprozeß nicht beobachtet werden kann, entstanden je nach Position der Lernpsychologen verschiedene Annahmen darüber, wie und unter welchen Bedingungen Lernen zustande kommt. So unterscheidet R. M. GAGNE, einer der bedeutendsten neueren Lernpsychologen, *eine Reihe von Lernarten.* Z. B.

- Lernen durch Beobachtung oder Imitation: das Kind betrachtet die Verhaltensweisen von Modellpersonen und zeigt anschließend die gleichen Verhaltensweisen;

- Lernen am Erfolg oder durch Bekräftigung; eine zufällige Reaktion wird deshalb gelernt, weil auf diese Verhaltensweise eine Belohnung oder Verstärkung erfolgte;

- Problemlösen: ein Individuum löst neue Probleme dadurch, daß durch die Kombination früher erlernter Regeln neue Regeln ausgedacht oder entdeckt werden. Die einfacheren Lernformen sind dabei jeweils die notwendige Voraussetzung für die komplexeren.

270

1.2. Lehren

Von „Lehren" spricht man, wenn z. B. eine Person Materialien be- *Definition* reitstellt, Anregungen oder Informationen gibt bzw. Situationen arrangiert mit der Absicht, daß eine andere Person lernt: „Lehren ist somit Lernenmachen". W. SCHULZ (1969, S. 28) definiert Lehren folgendermaßen:

„absichtsvoll Lernprozesse einleiten, fördern oder korrigieren, um Einsichten, Erlebnisse, Verhaltensweisen schneller, lückenloser und sicherer, weithin ökonomischer lernen zu lassen, als das bloße Miterleben in Natur und Gesellschaft dies gestatten würde".

Zwei wesentliche Aspekte können beim Lehren unterschieden werden:

– von außen findet eine gezielte Einwirkung auf einen Lernenden statt, es handelt sich also um angeregte, gelenkte und überprüfte Verhaltensänderungen und

– zufälliges und beiläufiges (inzidentelles) Lernen soll möglichst ausgeschaltet werden: die Situation soll so strukturiert sein, daß Lernen schneller, lückenloser und effektiver als durch bloßes Miterleben abläuft.

Lehren ist immer zweckgerichtet; es soll Lernen bewirken. Lernen *Lehren und* jedoch ist nicht vom Lehren abhängig, denn der Mensch lernt vie- *Lernen* les ohne Lehre. Dies geschieht meist in Situationen, in denen für jemand das Bedürfnis, etwas Neues kennenzulernen oder neue Fähigkeiten zu erlernen, auftritt. Einen größeren Teil des Wissens, der Fähigkeiten und Fertigkeiten erlernen die Menschen in „unorganisierten" oder „natürlichen" Lernprozessen. Während nun die verschiedenen Lerntheorien untersuchen, was der Lernende tut, versuchen die Theorien des Lehrens zu klären, was ein Lehrender zu tun hat, damit die gewünschten Lernprozesse in effektiver Weise realisiert werden. Beide Aspekte, Lehren und Lernen, sind jedoch aufeinander bezogen; denn Lehren soll Lernen zum Ziel haben; Lehren soll ökonomisches Lernen ermöglichen.

Die Didaktik ist nun jenes Gebiet der Erziehungswissenschaft, das sich um die verschiedenen Zusammenhänge von Lehren und Lernen bemüht.

271

1.3. Didaktik

Grundfragen des pädagogischen Denkens

Der Begriff „Didaktik" leitet sich von dem altgriechischen Wort „didaskein" her. Dieses bedeutet „lehren, unterrichten, lernen". Zweierlei soll durch den historisch philologischen Hinweis verdeutlicht werden: zum einen die bereits in der Antike bestehende enge Verknüpfung der beiden Begriffe „Lehren und Lernen" und zum anderen die Tatsache, daß didaktische Fragen schon damals zu den Grundfragen des pädagogischen Denkens gehörten.

Die enge Verbindung zwischen den gegebenen Defintionen von Lernen und Lehren wird auch bei COMENIUS deutlich, der die Didaktik erstmals in den systematischen Zusammenhang der Pädagogik hineinstellte. Das folgende Zitat von JOHANN A. COMENIUS (1592 –1670) aus dem Jahre 1657 soll darüber hinaus aufzeigen, daß Probleme und Zielvorstellungen der Pädagogik und der Didaktik im besonderen sich im Zeitraum von mehr als 300 Jahren in ihrer grundlegenden Problematik kaum verändert haben. Auf der Titelseite der Didactica Magna (Große Didaktik) des COMENIUS kann man lesen:

Bedeutung der Didaktik

„Didaktik, die vollständige Kunst, allen Menschen alles zu lehren oder: Sichere und vorzügliche Art und Weise, in allen Gemeinden . . . Schulen zu errichten, in denen die gesamte Jugend beiderlei Geschlechts ohne jede Ausnahme RASCH, ANGENEHM UND GRÜNDLICH in den Wissenschaften gebildet, zu guten Sitten geführt . . . und zu allem, was für dieses und das künftige Leben nötig ist, angeleitet werden kann . . . Erstes und letztes Ziel unserer Didaktik soll es sein, die Unterrichtsweise aufzuspüren . . ., bei welcher die Lehrer weniger zu lehren brauchen, die Schüler dennoch mehr lernen; in den Schulen weniger Lärm, Überdruß und unnütze Mühe herrschte (!) dafür mehr Freiheit, Vergnügen und wahrhafter Fortschritt;" (COMENIUS, in: FLITNER 1966, S. 9).

Im modernen Sinne werden mit „Didaktik" meistens alle oder einige Fragen im Bereich der Ziele, Inhalte, Medien, Methoden und der Organisation des Lehrens und Lernens berücksichtigt. Die Vielfalt der von der didaktischen Theorie erfaßten Phänomene weist auf die Bedeutung der Didaktik für die pädagogische Praxis hin. Es wird aber auch klar, welche Schwierigkeiten mit einem solchen inhaltsreichen Konzept alleine aufgrund der Aspektvielfalt verbunden sind. So wird es auch verständlich, daß nicht eine einzige, sondern verschiedene didaktische Theorien entwickelt wurden, die den Gesamtzusammenhang erklären wollen (vgl. S. 279ff.). Obwohl das Phänomen „Lehren" in allen menschlichen Lebensbereichen auftritt, beschränken wir uns darauf, einige Aspekte herauszugreifen, die im Zusammenhang mit institutionalisiertem Lehren und Lernen im Kindergarten, in Schulen oder in Einrichtungen der Erwachsenenbildung auftreten können.

1.3.1. Notwendigkeit der Didaktik

In der vorindustriellen Zeit (vor dem 17. Jhd.) konnte man davon ausgehen, daß die Heranwachsenden die Normen oder die agrarisch-handwerklichen Fähigkeiten nahezu ausschließlich in den vorgegebenen Lebensgemeinschaften, vor allem in der Herkunftsfamilie, lernten. Die Zunahme an Wissen oder die Veränderung des erwarteten Verhaltens vollzog sich – wenn überhaupt – so doch sehr langsam: Alles zum Leben notwendige Lernen vollzog sich mit den Personen und Dingen im alltäglichen Umgang; das mochte damals angehen, wäre aber für die heutige Zeit undenkbar. Von der Stanford Universität wurde jedoch festgestellt, daß sich die Menge des gesicherten wissenschaftlichen Wissens z. B. von 1960 bis 1965 vervierfacht hat. Die Frage der Auswahl der Inhalte wird so zu einem Problem, denn das alte didaktische Postulat des COMENIUS – „allen alles lehren" – kann für unsere Zeit keine Gültigkeit mehr beanspruchen.

Eine der erziehungswissenschaftlichen Aufgaben der Didaktik besteht darin, zu fragen, welche Inhalte warum gelehrt werden sollen. Der Einzelne erfährt nicht mehr unmittelbar, was für sein Leben wesentlich ist bzw. notwendig werden könnte. Die Analyse der Inhalte und die systematische Auswahl der möglichen Information wird zu einer zeitbedingten unumgänglichen Voraussetzung für Lehr- und Lernprozesse, weil „die Klugheit von gestern zur Dummheit von morgen werden kann" (v. KROCKOW). Das Problem, daß für den einzelnen die Informationsfülle unüberschaubar geworden ist und die Bedeutung sowie die Zusammenhänge nicht mehr erkannt werden können, stellt sich für Schule und Hochschule. So gibt es z. B. so viele Forschungsergebnisse, daß sie nicht mehr alle mitgeteilt werden können. Die Didaktik soll deshalb die grundsätz-

Zentrale Fragen der Didaktik

liche Frage klären, was gelehrt werden soll und – was gelernt werden kann, um z. B. die Wissenschaft überhaupt noch der Praxis dienbar zu machen.

Es ist nun aber klar, daß Erziehungs- und Bildungsinhalte nicht ohne festliegende Ziele ausgewählt und festgelegt werden können.

didaktische Entscheidungen

Die Auswahl der repräsentativen Lehrinhalte wird entscheidend davon abhängen, welche Ziele das Individuum bzw. die gesellschaftliche Gruppierung für wesentlich erachten. Es geht hierbei um anthropologische wie politische und wissenschaftstheoretische Vorentscheidungen. Wie brisant diese Problematik ist und welche nahezu unüberbrückbaren Kontroversen sich ergeben können, zeigte sich z. B. in einem Fall, als man für ein Fernstudienprojekt im Medienverbund an den Universitäten zwischen verschiedenen Wissenschaftlern über Jahre hinweg keine Einigkeit erzielen konnte: zu konträr waren die Ansichten darüber, welche Ziele verfolgt und welche Inhalte für die Lehr- und Lernprogramme ausgesucht werden sollten.

Darüber hinaus stellen sich bei didaktischen Entscheidungen noch die Fragen des optimalen organisatorisch-institutionellen Rahmens; die Auswahl der Medien und die Festlegung der Lehr- und Lernverhalten müssen aufeinander abgestimmt und geklärt werden.

Aufgaben der Didaktik

Der Didaktik obliegt somit die Funktion, die Frage nach dem *Warum, Wozu, Was, Wo* und *Wie* des Lehrens und Lernens wissenschaftlich zu erhellen. Neben der Einzelanalyse der organisatorischen, inhaltlichen oder medialen Probleme hat aber die Untersuchung der möglichen Abhängigkeitsbeziehung der einzelnen Größen untereinander besondere Bedeutung. Es kann nicht genügen, die vorhandenen Kategorien, die Lehren und Lernen beeinflussen, nebeneinander zu stellen; in der didaktischen Forschung interessiert vor allem auch der Zusammenhang der einzelnen Faktoren. Neben den Persönlichkeitsmerkmalen der interagierenden Individuen oder Gruppen (Lehrende und Lernende) und neben der Ziel-, Inhalts-, Methoden- und Medienproblematik kommt über die institutionell-organisatorische Komponente der Bezug zur Gesellschaft in den Blick. Lehren als gezielte pädagogische Maßnahme

kann – ebenso wie der gesamte Erziehungsprozeß – niemals an-
gelöst von den gesamtgesellschaftlichen Erwartungen, Vorstellungen und den jeweiligen Bedingungen angemessen erörtert werden.

Bevor wir die wichtigsten didaktischen Modelle vorstellen, sei zur
Klärung und Abgrenzung der verwendeten Begriffe nochmals zusammenfassend auf folgendes hingewiesen:

Lernen kann sich überall abspielen; es ist nicht an Institutionen *didaktisches*
gebunden. Oft wird behauptet – und vielfach zurecht –, daß die *Handeln i. W. S.*
meisten Lernakte außerhalb der Schule stattfinden und der Mensch
nur einen minimalen Teil seiner Fähigkeiten und Fertigkeiten in
pädagogischen Institutionen erwirbt. Ebenso handelt es sich beim
Lehren um ein allgemeines Phänomen, das sich nicht nur in Schulen, sondern in allen Lebensbereichen findet. Das gleiche gilt für
das didaktische Vorgehen. Dieses ist kein Privileg von Lehrern und
Erziehern, sondern wird auch in anderen Instanzen realisiert, die
damit allerdings pädagogischen Charakter erhalten. Mehr oder
weniger reflektiert werden nämlich didaktische Entscheidungen
überall da getroffen,

- wo Lehrabsichten verfolgt werden (z. B. in einem Lehrbuch)
- wo Informationen ausgewählt und aufbereitet werden (z. B.
  beim Fernsehen)
- wo Ausbildungsziele ausgewählt und realisiert werden (z. B.
  in einer Lehrlingswerkstatt)
- wo aufgrund von vorgegebenen Zielen und Inhalten die passenden Methoden, Medien und Organisationsformen bestimmt
  und nur bestimmte Adressaten zugelassen werden (z. B. in
  einem Fußball- oder Tennisclub).

Damit wird auch deutlich, daß in zahlreichen Fällen mit Kindern,
Jugendlichen und Erwachsenen in ihrer Freizeit didaktisch gearbeitet wird, ohne daß sich die betroffenen „Lehrenden und Lernenden" über ihre didaktische Funktion im klaren sind. Diese Aufgaben sind also per se freizeitpädagogische Aktivitäten. Ihre erzieherische Bedeutung ist damit aufgewiesen.

Nur in einem bereits speziellen Sinn werden didaktische Entscheidungen auf pädagogisch strukturierte und gesellschaftlich organi-

sierte Institutionen bezogen, also auf Unterrichtsinstitutionen, und betreffen dort die Planung, Steuerung, Beurteilung und Revision von beabsichtigten Lehr- und Lernprozessen.

1.4. Curriculum

Seit 1967 wurde auch in Deutschland[28], beeinflußt durch die anglo-amerikanische Auseinandersetzung mit dem Problemkreis „Lehren und Lernen", verstärkt der Begriff „Curriculum" verwendet. Obwohl der Ausdruck bereits im 17. Jahrhundert im pädagogischen Zusammenhang gebraucht wurde, kam er aber erst durch die Anregungen der ausländischen Diskussion wieder in den deutschen Sprachgebrauch. Wie viele andere Begriffe der pädagogischen Fachsprache wird auch „Curriculum" keineswegs einheitlich, sondern in unterschiedlich weiten Bedeutungen verwendet:

unterschiedlich weite Bedeutungen

- von manchen nur für den Bereich der Ziele und Inhalte des Lehrens und Lernens
- von anderen für alle planbaren Faktoren, die systematisches und intentionales Lehren und Lernen bestimmen, also für die Festlegung der allgemeinen und besonderen Ziele, die Auswahl der Inhalte, die Festlegung der Organisation, Methoden und Medien.

Definition

Im Strukturplan für das Bildungswesen (1971) umschrieb der Deutsche Bildungsrat den Curriculumbegriff umfassend und bezog auch den Bereich der Lernzielkontrolle mit ein:

„Der alte Begriff Curriculum, den die moderne Erziehungswissenschaft aufgenommen hat, bezieht sich auf die Lernprozesse: Welche Kenntnisse, Fertigkeiten, Fähigkeiten, Einstellungen und Verhaltensweisen soll der Lernende erwerben? Mit welchen Gegenständen und Inhalten soll er konfrontiert werden? Was soll er lernen? Wann und wo soll er lernen? In welchen Lernschritten, in welcher Weise und anhand welcher Materialien soll er lernen? Wie soll das Erreichen der Lernziele festgelegt werden? Dieser überaus komplexe Fragenbereich ist unter dem Begriff Curriculum zusammengefaßt" (S. 58).

---

[28] ROBINSOHN, S. B., Bildungsreform als Revision des Curriculum. Neuwied 1967

In den Anfängen der Curriculum-Diskussion beschränkte man aber die Bedeutung des Begriffs auf die Bildungsinhalte und -intentionen:

„Unter den zahlreichen Entscheidungen, die im Erziehungsprozeß zu treffen sind, ist keine wichtiger als die über das Was, über die Inhalte, durch die gebildet wird" (ROBINSOHN 1967, S. 44).

Hier wird die enge Beziehung zum geisteswissenschaftlich orientierten Didaktikbegriff bei WENIGER und KLAFKI (vgl. S. 280f.) deutlich.

Die den Zielen entsprechenden Lehrstoffe wurden früher im sog. „Lehrplan" zusammengefaßt: In einigen frühen Schriften verwendete man die Begriffe Lehrplan und Curriculum synonym. Entsprechend der Struktur des Bildungssystems wurden für die verschiedenen Fächer und Altersstufen adäquate Lehrpläne erstellt. *Lehrplan* Obwohl diese heute als Richtlinien formuliert werden, die Alternativen zulassen und grundsätzlich den gesellschaftlichen Veränderungen angepaßt werden könnten, entzündete sich an ihnen heftige Kritik:

– Lehrpläne seien stofflich überladen und orientierten sich zu sehr an traditionellen Inhalten, denen der Bezug zur gegenwärtigen Gesellschaft fehle;
– Lehrpläne berücksichtigten neue Wissensbereiche nicht entsprechend ihrer aktuellen Bedeutung und dienten nicht mehr der Ausbildung der heute notwendigen Fähigkeiten und Fertigkeiten.

In diesem „lehrplankritischen" Sinn ist der Begriff Curriculum von ROBINSOHN anfangs verwendet worden: „Bildungsreform als Revision des Curriculum" (1967). Er wandte sich jedoch entschieden gegen die Erneuerung einzelner Lehrplaninhalte und forderte stattdessen die Revision des gesamten Curriculums, weil der Begründungszusammenhang (z. B. Normen und Werte) nicht mehr akzeptiert werden könne oder fehle.

Der derzeitigen Curriculumsforschung geht es vor allem darum, *derzeitige* alle Begründungs- und Bestimmungsmerkmale des Unterrichts zu *Curriculum-* erfassen. Diese Aufgabe kann nur durch wissenschaftlich syste- *forschung* matische Arbeit geleistet werden; d. h.: Curriculumsforschung ist

notwendig. Ihr kommen im wesentlichen die folgenden Aufgaben zu:
- Aus der Analyse der gesellschaftlichen Situation sollen rational begründbare, angemessene Erziehungsziele ermittelt werden.
- Die Entscheidungsprozesse müssen objektiviert werden und somit intersubjektiv nachprüfbar sein: es ist offenzulegen, wer aufgrund welcher Gesichtspunkte Erziehungsziele, Inhalte und Organisationsformen festlegt.
- Lehrpläne sollen keine Leerformeln enthalten: Lernziele müssen operationalisiert (vgl. S. 62f.) und möglichst präzise als kognitive, affektive und psychomotorische Lernleistungen beschrieben werden. Erst dadurch wird das Erreichen von Zielen und der Ablauf der Lernprozesse selbst überprüfbar; individuelle Lernhilfen können so eher gegeben und eine optimale, lerneffektive Unterrichtsgestaltung erreicht werden.
- Die Methoden und Medien, die für Lehr- und Lernprozesse herangezogen werden, müssen mit in die Planung, Kontrolle und Erneuerung des Curriculums einbezogen werden.

kritische Momente

Mit der Forderung nach Rationalität, Überprüfbarkeit, Planung, Steuerung und Kontrolle – also nach Wissenschaftlichkeit – haben die Curriculumforscher einen hohen Anspruch gesetzt. Viele Kriterien können derzeit noch nicht erfüllt werden, bei anderen ist es fraglich und problematisch, ob sie in Zukunft realisiert werden können und sollen. ROBINSOHN selbst erkannte einige kritische Momente seines Ansatzes, wenn er schreibt:

„Durch ihre (die Wissenschaftler; Verf.) Sachkompetenz gewinnt die Curriculumentscheidung eine relativ rationale Grundlage; es werden aber gleichzeitig die diesen Entscheidungen zugrunde liegenden Voraussetzungen so artikuliert, daß sie weiteren empirischen Überprüfungen leichter zugänglich werden. Damit erweist sich die hier vorgeschlagene Methode als ein Prozeß fortlaufender Rationalisierung und optimaler Objektivierung – absolut objektivierbar sind diese Entscheidungen realiter nie.
Am Ende steht in jedem Fall die bildungspolitische Entscheidung, die durch Curriculumforschung nicht ersetzt, wohl aber weitgehend vorbereitet wird" (ROBINSOHN 1967„ S. 53f.).

2. Didaktische Modelle

Entsprechend der Spannweite des Begriffs „Didaktik" bestimmten in den letzten Jahrzehnten mehrere didaktische Konzeptionen die Diskussion, ohne daß eine von ihnen bislang allgemeine Vorrangigkeit errungen hätte. Es gibt somit auch keinen einheitlichen Sprachgebrauch. Vor allem können die folgenden vier, unterschiedlich weiten Bedeutungen von „Didaktik" gegeneinander abgegrenzt werden:

1. Didaktik als Wissenschaft und Lehre vom Lehren und Lernen überhaupt in allen Formen und allen Stufen

2. Didaktik als Bildungslehre im umfassenden Sinne

3. Didaktik als Theorie der Bildungsinhalte und des Lehrplans

4. Didaktik als „Wissenschaft vom Unterricht"

2.1. Didaktik als Wissenschaft vom Lehren und Lernen

Diese weiteste Begriffsauffassung stammt von J. DOLCH (1960, S. 45f.); danach befaßt sich Didaktik „mit dem Lernen in allen Formen und dem Lehren aller Art auf allen Stufen ohne Berücksichtigung der Lerninhalte; sie hat es auch mit jenen Formen des Lernens und Lehrens zu tun, die nicht Unterricht oder Lernen im Unterricht sind (wissenschaftliche Lehre . . ., Praktikum, Beratung und dergl.)." Verwendet man den Begriff „Didaktik" in diesem weiten Sinne, so umfaßt er systematisches und bewußtes Lernen und Lehren ebenso wie zufälliges und unbewußtes. Alle möglichen Faktoren, die Lehr- und Lernprozesse beeinflussen können, sind bei diesem Didaktik-Verständnis eingeschlossen.

weiteste
Begriffsfassung

2.2. Didaktik als Bildungslehre

Bei O. WILLMANN (1957, S. 63f.) wird der Begriff Didaktik nur auf die bewußten, intentionalen Lehr- und Lernprozesse bezogen und als „Bildungslehre" bestimmt: „Der Gegenstand der Didaktik ist die Bildungsarbeit, wie sie sowohl in ihrer kollektiven Gestaltung: dem

bewußte
Lehr- und Lern-
prozesse

279

Bildungswesen, als in ihren individuellen Erscheinungen: dem Bildungserwerb, wie er durch den einzelnen geschieht, sich darstellt." Zu den Aufgaben der Didaktik gehören nach WILLMANN nicht nur die Fragen nach den Bildungsidealen und den Bildungszwecken, sondern alle mit dem o. g. weiten Begriff der Didaktik verbundenen Probleme.

2.3. Didaktik als Theorie der Bildungsinhalte und des Lehrplans

geisteswissen-schaftlicher Ansatz

Dieses Konzept fußt auf einem der bedeutendsten Vertreter der sogenannten „geisteswissenschaftlichen" Pädagogik (vgl. S. 319f.): ERICH WENIGER. Er geht zunächst auch von einem weiten Begriff der Didaktik aus (1965, S. 5):

„Didaktik ist zunächst Lehre vom Lehren und Lernen, Lehre vom Unterricht. Aber Unterricht ist mehr als nur die Wechselwirkung von Lehren und Lernen. Es sind in ihm sehr verschiedene Faktoren in vielfach verschlungenen Zusammenhängen enthalten. Die Didaktik unterwirft diese Gesamtheit des unterrichtlichen Geschehens ihrer Betrachtung. Wir nennen diesen strukturierten Zusammenhang des unterrichtlichen Geschehens, in dem als in einem Teile der Erziehungswirklichkeit Lehre und Überlieferung an eine nachwachsende Generation vor sich geht, das Lehrgefüge. Lehrgefüge ist also der konkrete Zusammenhang von Faktoren und Momenten, in dem die bildende Berührung zwischen den Heranwachsenden . . . und der Welt der Werte, des objektiven Geistes, der Gesellschaft, der Generation der Erwachsenen zustande kommt, und zwar gehört zum Begriff des Lehrgefüges der bewußte, dieses Lehrgefüge gestaltende Wille."

Didaktik im engen Sinne

WENIGER grenzt jedoch dann diesen Begriff der „Didaktik im weiten Sinne" ein auf die Analyse der Inhalte und die lehrplantheoretischen Fragen. Dieser „Didaktik im engen Sinne" schließt sich vor allem W. KLAFKI an:

„Didaktik i. e. S. ist die methodisch bewußte Begrenzung eines Fragenkomplexes, den man Didaktik i. w. S. nennen kann und der dann sowohl die Methodik . . . als auch die Beschreibung der Analyse aller ungeplanten und unreflektierten Lehr- und Lernvollzüge mitumfaßt.
Didaktik im engeren Sinne meint also die Theorie der Bildungsaufgaben und Bildungsinhalte bzw. der Bildungskategorien; sie fragt nach ihrem Bildungssinn und den Kriterien für ihre Auswahl, nach ihrer Struktur und . . . schließlich nach ihrer Ordnung . . . Wir tun mit dieser Eingrenzung des Betrachtungsfeldes im Grunde nur das, was sich in allen anderen Wissenschaften längst als unverzichtbare Bedingung wissenschaftlicher Forschung, wissenschaftlichen Denkens erwiesen hat, nämlich das Herausar-

beiten sinnvoll begrenzbarer Problemfelder und Fragerichtungen. . . .
Der engere Begriff von Didaktik birgt, konsequent durchdacht, bereits . . .
alle jene Beziehungen in sich, die in den weiteren Fassungen ausdrücklich und ausführlich zur Sprache gebracht werden, also etwa die Frage
nach den Lehr- und Lernvollzügen, die ohne bewußte pädagogische
Verantwortung und Reflexion oder ohne Bezug zur Bildungsfrage geschehen, oder die Frage nach den pädagogischen Wegen, Methoden, Formen und Medien der bewußten Lehre und des Lernens, also die Fragen
der Methodik im strengen Sinne dieses Wortes . . ." (KLAFKI, 1965,
S. 84 f.).

Aus diesen Überlegungen heraus ergibt sich der sogenannte *Satz*   ***Primat der***
vom Primat der Didaktik". Dieser wurde von WENIGER formuliert   ***Didaktik***
und fortan von KLAFKI aufrechterhalten. Man meint damit folgen-
des:

„Methoden des Unterrichts dienen dazu, dem Lehrer erfolgreiches Lehren
und dem Schüler erfolgreiches Lernen zu ermöglichen. Lehren und Lernen aber richtet sich immer auf zielorientierte Inhalte in jenem weiten . . .
Sinne – auf Wissen oder Erkenntnis, Fähigkeiten oder Fertigkeiten, Verhaltensformen oder Einstellungen. Bevor man also erforschen oder erproben oder darüber Aussagen machen kann, welcher Weg, welche Methode
für diesen oder jenen erstrebten lehr- oder Lernvorgang bei bestimmten
gegebenen Bedingungen mehr oder minder zweckmäßig ist, muß man das
Ziel oder die Ziele und die auf die Ziele hin ausgewählten Inhalte kennen,
die durch Lehre vermittelt und im Lernen angeeignet werden sollen. Dieser Sachverhalt ergibt sich also aus der konsequenten Analyse dessen,
was Unterrichtsmethoden leisten sollen. Und eben diesen Zusammenhang meint der Satz vom Primat – d. h. hier: von der in der Sache selbst
begründeten Vorrangstellung – der Didaktik im engeren Sinne im Verhältnis zur Methodik . . ." (WENIGER 1965, S. 19 f.).

Dieser Satz vom Primat der Didaktik betont also eine gewisse Vor-   ***Vorrangstellung***
rangstellung der Ziel- und Inhaltsaspekte; erst in einem zweiten   ***der Ziel- und***
Schritt werden dann die Lehr- und Lernmethoden für ihre Vermitt-   ***Inhaltsaspekte***
lung bedacht. Nach dem Konzept der bildungstheoretischen Didak-
tik ist das Erforschen der Bildungswirksamkeit eines Lehrstoffes
im Hinblick auf ein bestimmtes Ziel und im Hinblick auf die Lernenden, die in einer ganz bestimmten kulturell-geschichtlichen,
sozialen und entwicklungsgemäßen Situation stehen, das vorherrschende Priinzip der didaktischen Analyse. Sekundär sind sodann
die Frage der direkten Unterrichtsgestaltung, die Erörterung des
„Wie", des methodischen und medienbezogenen Vorgehens im
Lehrprozeß.

Nach dieser Vorstellung von Didaktik sind Fragen nach Methoden und Medien im Lehr- und Lernprozeß nur insofern Probleme der Didaktik, als sie die Inhalts- und Zielebene berühren. Grundsätzlich bleiben also die Fragen nach der Auswahl und der Struktur der Inhalte den Fragen nach dem *„Wie"* und *„Womit"* vorgeordnet. Diese, hier von uns notwendigerweise stark vereinfacht wiedergegebene didaktische Konzeption führte zu einer heftigen wissenschaftlichen Kontroverse, deren Thematik wir hier nur anreißen können. Der Satz vom Primat der Didaktik wurde vielfach so (miß)verstanden, als wolle man methodischen Denken und Forschen, also die Unterrichtsmethodik, abwerten. WENIGER und KLAFKI betonen jedoch, daß mit „Didaktik i. e. S." keine Wertung in bezug auf die Methodik enthalten sei.

Auf die Frage der Interdependenz von Zielen und Inhalten, Methoden und Medien nimmt die folgende didaktische Konzeption direkt Bezug.

2.4. Didaktik als Theorie des Unterrichts

Berliner Schule der Didaktik

Die sogenannte *„Berliner Schule der Didaktik"* mit ihren Hauptvertretern HEIMANN, SCHULZ und OTTO setzt sich u. a. kritisch mit dem Satz vom Primat der Didaktik auseinander. Sie vollziehen eine explizite und systematische Erweiterung des didaktischen Gegenstandes über die Analyse der Ziele und Inhalte hinaus. Dieses Modell werden wir im nächsten Kapitel ausführlicher darstellen. Zuvor wollen wir auf einige neuere Tendenzen und Veränderungen aufmerksam machen.

2.5. Didaktik im Wandel

Gegen Ausgang der 60er Jahre haben sich die Hauptrichtungen der didaktischen Konzeptionen (vgl. S. 279f.) herausgebildet. Zu dieser Zeit war die Situation dadurch gekennzeichnet, daß sich die unterscheidbaren Positionen gegeneinander abschotteten und in der Literatur zum Teil heftige Positionskämpfe geführt wurden. Diese kritisch-engagierte Auseinandersetzung mit den einzelnen Ansätzen beleuchtete auch die „Schwachstellen" und gab viele Anstöße zur Weiterentwicklung.

Erstmals in den 70er Jahren wurde vor allem von SCHÄFER und SCHALLER (1973), die Grundzüge der *„kommunikativen Didaktik"* entwickelt, die sich einem kritischen Wissenschaftsverständnis verpflichtet sieht. Dieser didaktische Ansatz stellt sich vorrangig die Aufgabe, die Möglichkeiten für emanzipatorisch wirksamen Unterricht zu begründen. Der Weg dorthin wird allgemein mit „Kommunikation" umschrieben. Man sucht insbesondere nach emanzipationsfördernden Formen des Unterrichts.

Schon Anfang der 70er Jahre wich die strikte Abgrenzung, die von den didaktischen Richtungen bis zu diesem Zeitpunkt praktiziert worden war, einer zunehmenden Annäherung der Positionen, so daß wir heute teilweise sogar Übereinstimmungen feststellen können. So kommt BLANKERTZ zu der These, daß die Grundpositionen gegenwärtiger Didaktik nur scheinbar konkurrieren.

Es ergibt sich also:

– Die derzeitigen didaktischen Theorien sind zu *Misch-Theorien* geworden.

   Nahezu alle Positionen integrieren zumindest einige wesentliche Momente verschiedener Wissenschaftsauffassung. Die verschiedenen Positionen stehen sich nicht mehr so unversöhnlich gegenüber.

– Zwischen den Vertretern einzelner Modelle besteht weitgehend Übereinstimmung darin, daß wegen der Vielfältigkeit der „didaktischen Wirklichkeit" kein wissenschaftlicher Ansatz einen Monopolanspruch erheben darf.

   In den grundsätzlichen Fragen sind gegenwärtig vielfache Übereinstimmungen feststellbar; der gegenseitige Austausch unter den verschiedenen Richtungen schärfte das Bewußtsein für die wechselseitige Ergänzungsbedürftigkeit.

– Die Veränderungen sind derzeit nicht abgeschlossen und daß sich eine Richtung allgemein durchsetzte, ist bislang nicht festzustellen.

   Die geisteswissenschaftlich-orientierte Didaktik z. B. wurde zur „kritisch-kommunikativen Didaktik" und das Didaktikmodell der sog. Berliner Schule (HEIMANN/OTTO/SCHULZ) wurde von

Hamburger Modell	SCHULZ zum sog. *„HAMBURGER MODELL"* weiter entwikkelt.[29]

3. Das didaktische Modell der Berliner Schule

3.1. Die Vorzüge des Modells für sozialpädagogische Aktivitäten

Ziel dieses Ansatzes

KLAFKI beurteilt dieses didaktische Konzept so: „Obwohl die Berliner Konzeption noch keineswegs abgeschlossen ist, stellt sie heute bereits das differenzierteste, systematisch geordnete Kategoriengefüge zur Beschreibung und Analyse des Unterrichts dar, das in der deutschen Literatur vorliegt" (1970, S. 66). HEIMANN und SCHULZ selbst wollen ihr didaktisches Konzept in dem Sinne verstanden wissen, daß dadurch zum einen eine möglichst umfassende Darstellung der am Unterricht beteiligten Faktoren ermöglicht wird. Zum anderen soll die wechselseitige Abhängigkeit dieser Einflußgrößen erkannt werden, die Lehren und Lernen zusammen bedingen. Weiterhin ist es das Ziel dieses Ansatzes, daß das Modell für den jeweiligen Lehrer und Erzieher so handhabbar ist, daß er selbst den Unterricht in seiner Planung und Durchführung überschauen, steuern und kontrollieren kann.

für die Praxis

Es geht HEIMANN und SCHULZ nicht primär um wissenschafts-, lehrplan- oder bildungstheoretische Grundsatzdiskussionen, sondern vielmehr darum, dem praktizierenden Lehrer und Erzieher den Gesamtzusammenhang der den Unterricht beeinflussenden Faktoren aufzuhellen. Es soll ein für die Praxis brauchbares Instrumentarium zur Beschreibung, Analyse, Planung und Revision der unterrichtlichen Tätigkeit bereitgestellt werden. Nicht erwarten darf man, so sagt SCHULZ, daß in einem Modell alle denkbaren Probleme eines Handlungsfehlers offengelegt und gelöst werden können. Die sogenannte lerntheoretische Didaktik – verschiedentlich wird auch der Begriff „lehrtheoretisch" verwendet – von HEIMANN und SCHULZ verstand sich von Anfang an als Gegenposition zur

---

[29] Didaktisches Forum. In: Westermanns Pädagogische Beiträge. Heft 1 bis 6/1980: Hier kommen die Hauptvertreter der derzeitigen didaktischen Positionen zu Wort und geben einen Überblick über den neuesten Stand der didaktischen Theorien. (vgl. u. a. die Beiträge von SCHULZ, MÖLLER, WINKEL und BLANKERTZ).

284

geisteswissenschaftlichen, bildungstheoretischen Didaktik. Ohne auf die umfangreiche theoretische Diskussion eingehen zu können, beschränken wir uns auf folgenden grundsätzlichen Hinweis: Von der sog. Berliner Schule wird betont, „daß die besondere Erörterung der Zielfrage die Gefahr birgt, pädagogische Forderungen ohne Rücksicht auf ihre Realisierbarkeit zu diskutieren, ja, schließlich Unterricht nur an seinen proklamierten, nicht an seinen realisierten Zielsetzungen zu messen" (SCHULZ 1969, S. 69).

Didaktik wird also sehr stark in ihrem Bezug zur Praxis unterrichtlichen Handelns verstanden. Gleichzeitig betonen aber die Vertreter des Modells, daß engagiertes unterrichtliches Handeln ohne wissenschaftliche Reflexion und ohne den kritischen Blick für veränderbare Realität nicht den praktischen Bedürfnissen einer Didaktik entspricht. Mit der Anerkennung des Emanzipationsprinzips als leitendem Erkenntnis- und Handlungsinteresse soll eine isolierte Wissenschaftlichkeit oder eine übertriebene Handlungsorientierung verhindert und der didaktische Bezug zur Realität, zu den Bedürfnissen der Lernenden und Lehrenden gewahrt werden.

Bezug zur Realität

Damit sind eine Reihe von Prinzipien des Lehrens und Lernens angesprochen, die – in modifizierter Weise – Gültigkeit für außerschulische Lernstrukturen, z. B. in Institutionen der Sozialpädagogik haben. Wir sind der Auffassung, daß außerschulische Lernfelder sich mit dem Kategoriengefüge der Berliner Schule analysieren lassen und stellen dieses Modell deshalb in breiterer Form dar. Selbstverständlich ist damit noch nichts ausgesagt über das Planungsvorgehen und Erzieherverhalten, wie es für eine einzelne sozialpädagogische Einrichtung, z. B. den Kindergarten, von der Eigentümlichkeit ihrer Adressaten her verlangt werden muß.

Vorteile des Modells

Lehren und Lernen sind traditionell an Inhalte gebunden; es wird je nach Institution und den beteiligten Personen verschiedene Handlungsmöglichkeiten geben. Das Modell hat aber den großen Vorteil, daß mit seiner Hilfe Analyse, Planung, Durchführung und Kontrolle von Lehr- und Lernprozessen bedacht werden können.

3.2. Didaktische Analyse des Lehrens und Lernens

Um die Strukturelemente, die Voraussetzungen und Folgen des didaktischen Handelns zu erfassen, entwickelten HEIMANN und SCHULZ ein Kategoriensystem. Dabei betonen sie die wechselseitige Abhängigkeit aller Faktoren. Die Abbildung auf Seite 287 kennzeichnet in schematischer Form die beteiligten Faktoren, die bei jeder didaktischen Analyse einer Lehreinheit berücksichtigt werden müssen. Da jede Einflußgröße selbst wiederum eine aus vielen Einzelelementen zusammengesetzte Einheit darstellt, können wir das Gesamtmodell nur in seinen groben Strukturen ausführen.

grundlegende Struktur-merkmale

Bei jeder Bildungsarbeit sind in allen konkreten Lehr- und Lernvorgängen *vier Kategorien* als grundlegende Strukturmerkmale zu beachten:
Intentionen oder Absichten, Thematik, Methoden oder Verfahren, Medien oder Mittel. Hinsichtlich dieser vier Dimensionen und in bezug auf ihre wechselseitige Abhängigkeit wird der Lehrende Entscheidungen treffen müssen. Deshalb spricht man auch von „Entscheidungsfeldern". Diese hängen aber mit einer zweiten Gruppe von Grundkategorien zusammen, den anthropogenen und soziokulturellen Voraussetzungen.

Entscheidungs-felder

Unterrichten ist alles andere als ein in sich ruhendes, voraussetzungsloses soziales Feld. „Seine Mannigfaltigkeit hängt ja ab von den wechselnden Individuen, die mit all ihren Anlagen und Vorerfahrungen in ihn eingehen, und ebenso von der gesellschaftlichen Situation, die jeweils zu dieser und keiner anderen Rekrutierung der Lernenden und Lehrenden geführt hat und mit Hilfe von Vorschriften, materieller Ausstattung, Berechtigungen und Kontrollen einen institutionellen Rahmen bereitstellt, der einen bestimmten Unterricht sichern, anderen, unerwünschten, verhindern soll" (SCHULZ 1969, S. 79).

anthropogene Voraussetzun-gen

1. Mit den *anthropogenen Voraussetzungen* sind zunächst einmal alle Persönlichkeitsmerkmale der Lernenden gemeint, z. B. Alter, Geschlecht, dann die Auswirkungen der bislang gemachten bzw. vorenthaltenen Lernerfahrungen und Lernvoraussetzungen; d. h.

286

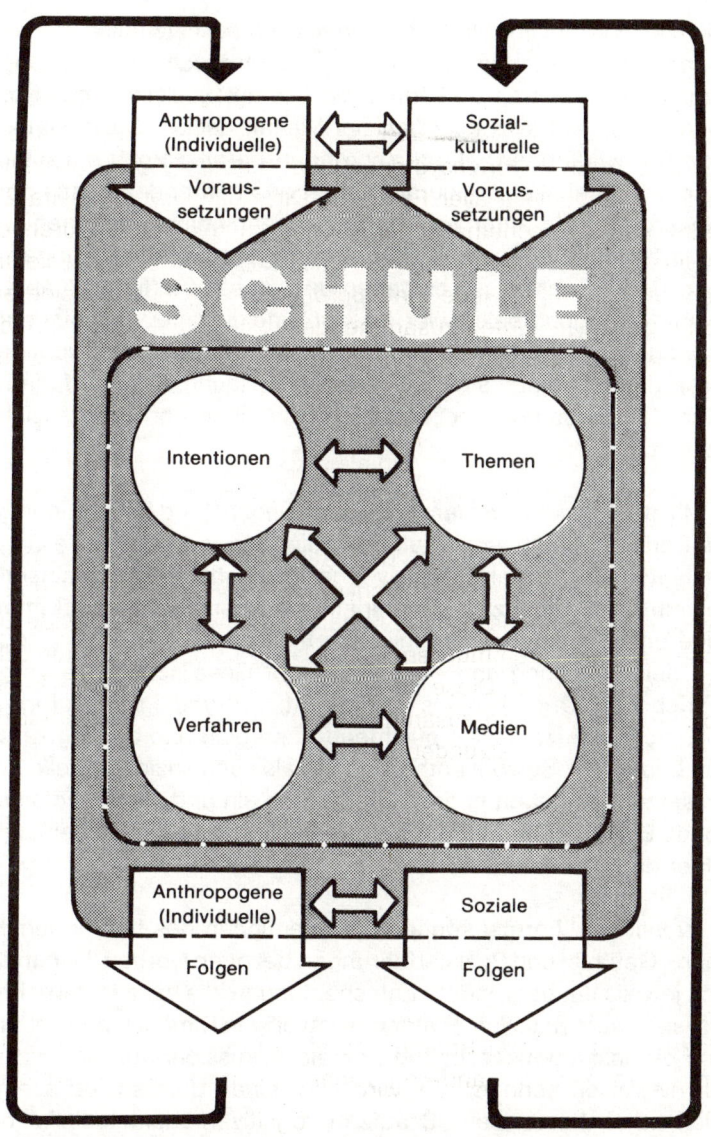

Schematische Darstellung einer didaktischen Analyse der Voraussetzungen und der Entscheidungsfelder des Unterrichts (nach Wolf-
gang Schulz: Umriß einer didaktischen Theorie der Schule. In: Die
Deutsche Schule, 1969, 2, S. 63). In etwas modifizierter, zum Teil er-
weiterter Form wird dieses Modell neuerdings von SCHULZ (1980)
als „Umrißplanung" vorgelegt.

287

also alle individuellen Bedingungen und Voraussetzungen, die man ebenso global unter dem Begriff „psycho-physischer Entwicklungsstand" zusammenfassen könnte. Wie komplex alleine diese Komponente ist, läßt sich leicht an der Vielfalt der am Sozialisationsprozeß mitwirkenden Faktoren erkennen, die allesamt ja die anthropogenen Voraussetzungen auf seiten des Lernenden bestimmen. So werden allein aufgrund des Alters bei einem vierjährigen Kindergartenjungen ganz andere anthropogene Voraussetzungen in Lehr- und Lernprozesse eingehen und diese strukturieren als bei einem 16jährigen Realschüler. Ebenso sind die ganz verschiedenen individuellen Voraussetzungen der Pädagogen zu berücksichtigen. Diese unterscheiden sich z. B. nach Ausbildung, Berufserfahrung, Alter, Temperament, der jeweiligen Stimmung und dem sozialen Bewußtsein.

sozialkulturelle Voraussetzungen

2. Mit den *soziokulturellen Voraussetzungen* (in der Terminologie der Berliner Schule „sozialkulturell") sind weniger subjektive Gegebenheiten als vielmehr objektive, gesellschaftliche Determinanten gemeint, z. B. finanzielle, materielle und personelle Ausstattung, Lage und Ort einer pädagogischen Institution und damit verbunden deren Stellung und Ansehen in der Gesellschaft; die vorgeschriebenen Organisations-, Kooperations- und Prüfungsformen und, nicht zuletzt, der verpflichtende Lehrplan und die zugelassenen Lehrmittel. Sowohl anthropogene als auch soziokulturelle Voraussetzungen gehen in das Unterrichten ein und stellen entscheidende Einflußgrößen für die weiteren didaktischen Entscheidungsfelder dar.

Intentionen

3. *Intentionen:* Formal können die Intentionen des Lehrenden auf Sach-, Gefühls- und Sozialerfahrungen bezogen werden. Es handelt sich jeweils um begründete Entscheidungen, die beim Unterrichten realisiert werden sollen. Hinter den jeweiligen Dimensionen verbirgt sich die institutionsbezogene Lernzieldiskussion, auf die wir hier nur hinweisen können[30]. Es wird aber einen Unterschied ausmachen, ob ein Lehrender z. B. auf der kognitiven Ebene lediglich das Ziel verfolgt, Wissen zu vermitteln, oder ob es seine Intention ist,

---

[30] Vgl. hierzu: KRATHWOHL, BLOOM und MASIA, Taxonomie von Lernzielen im affektiven Bereich. Weinheim 1975 und BLOOM, B. (Hrsg.), Taxonomie von Lernzielen im kognitiven Bereich, Weinheim 1974

288

bis zur höheren kognitiven Stufe des Anbahnens und Entfaltens von Verstehen, Einordnen bzw. sogar zur Analyse und Synthese von Wissenselementen zu gelangen. Eine richtig verstandene didaktische Analyse der Intentionen muß ja gerade danach fragen, welche Bedeutung sie für die Adressaten haben und ob sie ihren wohlverstandenen Interessen und Bedürfnissen entsprechen. Ausgangslage und Zielvorstellungen müssen aufeinander bezogen werden.

4. *Thematik:* Gemeint sind mit dieser Kategorie die konkreten Gegenstände oder Inhalte des Unterrichtens. Diese ergeben sich vielfach deutlich aus der Zielsetzung, wenn einem bestimmten Ziel ein spezifischer Inhalt zugeordnet werden kann. Es ist aber auch möglich, daß bei einer Vielfalt von Inhalten darüber entschieden werden muß, welche von ihnen unter den überhaupt vorhandenen geeignet bzw. den Adressaten-Interessen adäquat sind. Das könnte z. B. vom Alter, den vorangegangenen Lernerfahrungen oder von den gegenstandsimmanenten, jeweils spezifischen Lernschwierigkeiten abhängen. Andererseits kann bei einem festgelegten Lerninhalt nicht notwendigerweise ein konkretes Ziel abgeleitet werden. Z. B.: Das affektive Lernziel „Tierliebe" kann über die Thematik „Eichhörnchen", „Hamster" u. a. m. erreicht werden. Andererseits wird die Thematik „Eichhörnchen" nicht zwangsläufig zur Lernzieldimension „Tierliebe" führen müssen, sondern sie wird u. U. eher der Vermittlung von Wissen in bezug auf „Ernährungsweise im Winter" dienen. „Absichten werden anhand von Gegenstandsbereichen verfolgt, Gegenstandsbereiche werden erst unter intentionalen Gesichtspunkten zu Themen" (SCHULZ). **Thematik**

5. *Methodik:* Gemeint ist das Verfahren, die Beschreibung des „Wie", um anhand der ausgewählten Themen ein beabsichtigtes Lernziel zu erreichen. HEIMANN und SCHULZ unterscheiden insgesamt fünf Ebenen der Methodenreflexion; dabei ist zu beachten, daß Entscheidungen auf allen fünf Ebenen getroffen werden müssen; und zwar im Hinblick auf: **Methodik**

a) *die Verfahrensweisen:* diese determinieren die einzelnen Unterrichtsschritte. An Verfahrensweisen gibt es z. B. das ganzheitliche und das synthetische Vorgehen (z. B. im Erstleseunterricht), das Projektverfahren, programmierte Instruktion, Kon- **Verfahrensweisen**

text-Modelle (d. h. Kombination von mehreren Verfahrensweisen).

Artikulations-
schemata

b) *die Artikulationsschemata:* Diese beziehen sich auf mögliche
Lernphasen der Adressaten, für die spezifische Lernhilfen be-
reitgestellt werden sollen, z. B. psychologische Lernphasen der
Motivation bis zum Transfer.

Sozialformen

c) *die Sozialformen:* Diese beziehen sich auf die soziale Organisation des Unterrichtens. Es wird unterschieden zwischen Ple-
num,Kreisgespräch, Kleingruppenunterricht und Einzelarbeit,
Plan- und Rollenspiel sowie Projektarbeit. Gruppenübergrei-
fend kann man unterscheiden zwischen Großgruppenunter-
richt, Niveau- und Interessenkursen.

Aktionsformen

d) *die Aktionsformen des Lehrens:* Diese werden zweckmäßig
in direkte und indirekte Aktionsweisen eingeteilt. Direkt wendet sich ein Lehrender im Vortrag, in der Frage, im Gespräch, in
der Demonstration an Lernende. Mit indirekten Aktionsweisen
sind Lernaktivitäten gemeint, die über Medien, z. B. über Rundfunk und Fernsehen erfolgen.

Stile

e) *die Stile:* Nehmen wir an, jemand gestaltet das Unterrichten
nach einem sozialintegrativen Erzieherverhalten. Dann wird er
nach gruppenunterrichtlichen Organisationsformen streben,
weil diese die Mitsteuerung des Unterrichtens durch die Lernenden und deren Kooperation erleichtern. Aber auch wenn
er frontal unterrichtet, wird er mehr Mitbestimmung und Kooperation zulassen als der nach einem autokratischen Muster
vorgehende Pädagoge (vgl. SCHULZ 1969, S. 75ff.).

6. Medien: In Lehr- und Lernprozessen wurden schon immer
Medien eingesetzt. Der Lehrende setzt in der Regel beim Unterrichten gesprochene und geschriebene Sprache, Mimik und Gestik,
Materialien, Filme, Tonbänder etc. ein. In den letzten Jahrzehnten
wurden nun die technischen Medien, wie z. B. Schallplatte, Tonband,
Kassette oder Film immer häufiger für Lehr- und Lernprozesse
verwendet. Medien als didaktische Hilfsmittel, als Träger bzw.
Vermittler von Informationen können dem Lernenden beim Lernen
helfen und den Lehrenden beim Lehren entlasten: Medien haben

290

also weitgehend unterstützende Funktionen. „Spätestens die Möglichkeiten der Technisierung des Unterrichts haben uns bewußt gemacht, daß wir in den Medien ein konstituierendes Moment des Unterrichtens zu sehen haben. Denn wir bringen die Themen als Lehrende nur so weit in den Horizont der Lernenden, wie sie sich vermitteln lassen." (SCHULZ 1969, S. 78).

Medien werden somit in diesem didaktischen Modell neben den Intentionen, Inhalten und Methoden zu einem gleichwertigen Entscheidungsfeld. Zu den Intentionen können Medien in einer mehr oder weniger zwingenden Beziehung stehen: „sie sind entweder monovalent, d. h. auf eine bestimmte Absicht bezogen, oder polyvalent, d. h. vielen Intentionen dienstbar zu machen. Auf die Methoden bezogen, können sie zum direkten oder indirekten Lehren geeigneter sein, m. a. W. eher als Lehr- oder als Lernmittel gelten." (S. 78)

Nicht alle Medien sind für einen bestimmten Lehr- und Lernvorgang in gleicher Weise geeignet. Zudem wird ein Pädagoge niemals alle denkbaren Medien zur Verfügung haben. Er wird also auswählen und entscheiden müssen, ob z. B. ein technisches Medium für seine Absichten geeignet ist. Bei der Verwendung von Medien sind u. a. die folgenden Fragen zu stellen:

- Ist das von mir vorgesehene Medium anschaulich und dient es der Lernmotivation?
- Unterstützt und fördert das Medium den Lernprozeß?
- Ist es vom Alter und den sonstigen Bedingungen des Kindes her einsetzbar?
- Ist die technische Qualität noch ausreichend?
- Soll eine Filmszene gezeigt werden oder wäre eine Diaserie oder ein Bilderbuch besser?
- Kann man auf das Medium überhaupt verzichten und stattdessen methodisch anders vorgehen?
- In vielen Fällen ist es das Beste, wenn man selbst Medien herstellt, z. B. Dias für die Elternarbeit des Kindergartens.

Wir haben in einem groben Aufriß zunächst die Voraussetzungen des Unterrichtens und sodann die Entscheidungsfelder im Überblick dargestellt. Wenn im sozialen System über das Lehren auf seiten der Lernenden, sehr oft auch bei den Lehrenden, Verhaltensänderungen bewirkt werden, dann ist es einleuchtend, wenn HEIMANN und SCHULZ in ihrem System von anthropogenen (individuellen) und sozialen Folgen sprechen. Die Ergebnisse von Unterricht bewirken ihrerseits für andere Lehr- und Lernprozesse die jeweiligen Voraussetzungen. Kennzeichen *anthropogener Folgen* sind z. B. die über Noten gegebenen oder verweigerten Berechtigungen und alle damit verbundenen Konsequenzen: Wiederholung einer Klasse, Übertritt in eine andere Schule, Berechtigung zum Studium, Garantie für bestimmtes Einkommen und sozialen Status. Dann aber auch die weniger sichtbaren innerpersonalen Konsequenzen, die jeweils bei Erfolgs- oder Mißerfolgserlebnissen wirken und ebenso entscheidende neue Voraussetzungen für weitere Lehr- und Lernprozesse darstellen. Ebenso vielfältig wie für den einzelnen können die Folgen für die Gesellschaft, also die soziokulturellen Folgen, sein und wieder als Voraussetzungen in anderen Lernprozessen Einfluß nehmen. Als *soziokulturelle Folgen* können sich ergeben: *Lehrplanrevision:* aktuelle und interessante Fragestellungen können neu in den Lehrplan aufgenommen, andere gestrichen werden; die Auseinandersetzung mit einem Medium (z. B. Kabelfernsehen) wird in einer weiteren Lehr-Lern-Einheit berücksichtigt; Folgen können sich aber auch ergeben bezüglich der personellen und finanziellen Ausstattung einer pädagogischen Einrichtung (z. B. aufgrund der Teilnehmerzahl) oder in der Veränderung von Schul- und Prüfungsordnungen; weiterhin wäre es denkbar, daß die öffentlichen Medien eine Institution in ihrer Berichterstattung positiv oder negativ bewerten und sich hieraus Reaktionen der Elternvertretung, des Arbeitgebers, der Kommunen oder Verbände ergeben.

soziokulturelle Folgen

3.3. Die Interdependenz der beteiligten Faktoren

wechselseitiger Zusammenhang

Wir wollen im folgenden anhand eines Beispiels aufzeigen, daß im Lehr- und Lernprozeß ein direkter wechselseitiger Zusammenhang zwischen den aufgezeigten Faktoren besteht: eine Interdependenz. Nach HEIMANN/SCHULZ gehören zunächst einmal jeweils zwei dieser Strukturmomente enger zusammen (vgl. Schaubild S. 287): „Intentionen lassen sich nur in bezug auf Themen denken, Verfahren nicht ohne Medien und umgekehrt." Absichten und Methoden sind aber wiederum als Teile eines Handlungszusammenhangs unausweichlich aufeinander bezogen; und je nach den vorhandenen Medien können nicht beliebige Themen, Ziele oder Lehrverfahren ausgewählt werden: zwischen allen beteiligten Bedingungsfeldern und den individuellen und sozialen Voraussetzungen besteht eine untrennbare „interfaktorielle" Abhängigkeit.

Gehen wir einmal davon aus, daß Analyse, Planung und Durchführung eines Aktivitätsangebots im Kindergarten von einem Medium her ihren Ausgang nehme: Der Vater eines Kindergartenkindes hat eine elektrische Straßenampel gebastelt; der Junge bringt das Modell eines Tages mit in den Kindergarten und fragt die Erzieherin, ob die Gruppe damit morgen spielen dürfe. Die Erzieherin stimmt spontan zu, die didaktische Analyse beginnt:

1. *Welche anthropogenen Voraussetzungen wären zu berücksichtigen*[31]?

   didaktische Analyse

   - Kennen die Kinder eine Ampel bereits von ihrem täglichen Weg her oder haben sie bisher eine Verkehrsampel nur bei Fahrten der Eltern in die entfernte Stadt sehen können?
   - Interessieren sich Kinder dieses Alters überhaupt für diesen Gegenstand?
   - Sollen Kinder dieses Alters überhaupt für diesen Gegenstand interessiert werden?
   - Kann man bei Jungen und Mädchen ein gleich starkes Interesse erwarten?
   - Wie steht es um die kognitive und soziale Entwicklung der Kinder in der Gruppe?
   - Wie lange sollen bzw. können sich die Kinder an einem Vormittag – über längere Zeitspannen – mit dem Modell beschäftigen?
   - Sollen alle Kindergartenkinder oder nur die 5- und 6jährigen einbezogen werden? Immer oder nur zeitweise?

---

[31] Wenn wir im folgenden die anstehenden Fragen aufwerfen, sind wir uns darüber im klaren, daß jeweils nur einige, vielleicht zentrale Aspekte berücksichtigt werden können; andere, vielleicht ebenso wichtige Faktoren und Problemkonstellationen aus dem gesamten, komplexen Gefüge aber unbeachtet bleiben.

– Was kann über das Konzentrations-, Wahrnehmungs- und Denkvermögen dieser Kinder ausgesagt werden? Sind sie leicht zu begeistern oder schwierig zu motivieren in bezug auf den Gegenstand „Verkehrsampel"?

Bei anderen Medien, z. B. bei einer Filmsequenz, wäre zu fragen, ob dieses Medium bei Kindern eines bestimmten Alters überhaupt eingesetzt werden darf[32].

Soziokulturelle Bedingungen

2. Sozio-kulturelle Bedingungen

Es könnte in dem betreffenden Kindergarten gerade eine heiße Diskussion um das Anbringen einer Verkehrsregelungsanlage geben.

– Bestehen somit evtl. seitens des Trägers, der übergeordneten Behörden, der Eltern wegen der öffentlichen Bedingungen (Verkehr, Straßenführung, Umwelt) bestimmte Bedürfnisse oder Interessen, die den Einsatz des Mediums „Verkehrsampel" im Kindergarten problematisch erscheinen lassen?

– Erlauben z. B. die baulichen Voraussetzungen, die Aufteilung und Bestimmung der Räume, die Einrichtung und Ausstattung mit beweglichem Material ein beliebiges Aufstellen der Ampel im Raum? Kann die Ampel evtl. im Freigelände aufgestellt und angeschlossen werden? Können Räume evtl. schnell als „Verkehrsgelände" umfunktioniert werden?

Intentionen

3. Intentionen

– Welche Verhaltensweisen sollen die Kinder im Hinblick auf den Gegenstand „Ampel" erwerben: kognitive, sozialemotionale, motorische?

– Steht das „gegenwärtige Glück", also hier der spontane Umgang mit der Ampel im Vordergrund? Soll also den Zufälligkeiten des von Erwachsenen unbeeinflußten kindlichen Handelns und Spielens freier Raum gelassen werden? Oder sind bewußte und systematisch gesteuerte Lernprozesse intendiert?

---

[32] Vgl. hierzu z. B.: PFEIFFER, K., Unsere Kinder vor dem Bildschirm. Pädagogische Ratschläge für die Nutzung von Film, Funk und Fernsehen. Freiburg 1974 und BARTHELMES u. a., Kind und Fernsehen, München 1983

- Sind die Ziele stärker auf das einzelne Kind oder eher auf die Gruppe bezogen?
- Sollen mehr die momentanen Erlebnis- und Erfahrungsmöglichkeiten gesehen oder die in die Zukunft weisenden und später brauchbaren Fähigkeiten und Fertigkeiten gezielt „trainiert" werden?
- Welche fern- bzw. nahliegenden Teilziele werden ausgewählt und wie sind diese konkret bei einer einmal getroffenen Wahl zu bestimmen? Sollen diese Ziele revidierbar sein?

4. *Themen:* Lern- und Lebensbereiche   *Themen*
- (Bildnerisches Gestalten:) Malen der Ampel mit verschiedenem „Licht"; Verkehrssituationen mit Autos, Personen
- (Erziehung zur Selbständigkeit:) Kinder bedienen die Verkehrsampel, steuern den Verkehr, lösen auftretende Probleme etc.
- (Gesundheitserziehung:) Was passiert beim Übersehen von „Rot"? Verkehrsunfall, ein Kind wird verletzt etc.
- (Sozialerziehung:) Wer darf die Ampel bedienen? Gegenseitiges Rücksichtnehmen, wenn je nach Ampelstellung „fahren" (Stühle als Autos, Kinder sind die Fahrer); warten können; alle haben im Verkehr gleiche Rechte und Pflichten etc.
- (Spiel:) Wir spielen „Verkehr"; evtl. auf dem Spielplatz mit Fahrrädchen, Roller und Kinderautos etc.
- (Verhaltenstraining:) Die Ampel fällt aus: wer darf zuerst fahren; verbale Konfliktlösung; ein Polizist (ein Kind) kommt hinzu; Wie verhalte ich mich am Zebrastreifen?
- (Verhaltensbeobachtung:) Wie benehmen sich andere Kinder, die Erwachsenen? etc.
- (Kognitive Förderung:) Farben benennen; Ampelfunktion verstehen; „Verkehrsunfall" beurteilen; Stromkreislauf

Das Medium „Ampel" wurde in unserem Beispiel zum Ausgangspunkt für einige notwendige Überlegungen. In ähnlicher Weise könnte eine Schallplatte, ein Tier (lebend oder als Modell), ein Diapositiv oder eine Filmszene (z. B. vom Kinderfest), verschiedene Werkzeuge (Hammer, Säge, Schere, Pinsel) Ausgangspunkt sein.

Es ist selbstverständlich nicht so, daß beim Planen von Lehr- und Lernprozessen nur von einem gegebenen Medium ausgegangen werden kann oder sich vom Medium her die anderen Bedingungs- und Voraussetzungsebenen konsequent und sachlogisch erschließen lassen. Vielmehr sind es in der Regel bestimmte Intentionen und ausgewählte Themen, von denen her die didaktische Analyse ihren Ausgang nimmt. Es sollte hier lediglich eine Analyse einmal überblicksartig dargestellt werden.

Angemerkt sei, daß hier selbstverständlich nicht für schulisches Lernen im Kindergarten plädiert wird, wenn es auch eine Reihe von Gemeinsamkeiten zwischen guter sozialpädagogischer und guter schulischer Arbeit gibt. Wenn im Kindergarten oder einem anderen sozialpädagogischen Arbeitsfeld, z. B. einem Haus der Jugend, eine didaktische Analyse gefordert wird, dann ist damit natürlich nicht einem curricularen Lernen das Wort geredet. Eines ist aber nicht zu übersehen: in vielen Gebieten der Sozialpädagogik haben wir von den didaktischen Erörterungen aus dem Gebiet der Schulpädagogik profitieren können. Allerdings muß man sich jeweils auf die Originalität und Eigenständigkeit des eigenen Arbeitsbereichs besinnen, um nicht den Gefahren eines blinden Transfers zu erliegen. (vgl. Kap. XIII; zur Gestaltung einer lebensintegrierten Kindergartenpädagogik vgl. die 10 Leitsätze in Huppertz, Zusammenarbeit von Kindergarten und Grundschule, S. 15–30).

Als Ergebnis der Erörterung des didaktischen Konzepts der sog. Berliner Schule könnte man zusammenfassend formulieren, daß
  – nicht allein die individuellen und sozio-kulturellen Voraussetzungen
  – nicht allein die Persönlichkeit des Erziehers oder die Zusammensetzung der Gruppe
  – nicht allein der Stoff (Themen)
  – nicht allein das methodische Vorgehen
  – nicht allein das Lernziel (Intentionen)
  – nicht allein die Medien
d. h. daß nicht jedes beeinflussende Strukturelement für sich die Gestaltung eines Lehr- und Lernprozesses bestimmt. Vielmehr konkretisiert sich Lehren und Lernen erst in der umfassenden Integration, in der wechselseitigen Abstimmung und in der gegenseitigen Beziehung der einwirkenden Größen.

Dieses didaktische Modell relativiert damit all jene unterrichtstechnologischen Strömungen, die ein Strukturelement zum alles entscheidenden Faktor erheben – sei es nun eine bestimmte Methode wie z. B. das ganzheitliche Verfahren oder die übertriebene Betonung der kognitiven Dimension oder die Auswahl ganz genau festgelegter Inhalte.

Denkimpuls: Fertigen Sie, analog zu dem hier gezeigten Vorgehen, eine didaktische Analyse für eine Lehr-Lerneinheit unter Berücksichtigung der gegebenen Strukturmerkmale. Wählen Sie dabei anhand des evtl. vorgegebenen Mediums jeweils einzelne Ziele, Themen und Methoden aus, und stellen Sie die wechselseitigen Abhängigkeiten der beteiligten Faktoren heraus.

---

4. Das Stufenmodell des Lehrens und Lernens nach H. Roth

Zumindest seit dem 19. Jahrhundert wird unter dem Einfluß des Pädagogen HERBART (1776–1841) versucht, eine Theorie des Lehrens zu erstellen, die nach der „natürlichen" Gliederung des Lehrens und Lernens fragt. Aus dieser Theorie sollen dann die lernpsychologisch abgesicherten methodischen Schritte abgeleitet werden, in denen eine Thematik am besten gelehrt und gelernt werden kann. Bei HERBART lauteten die ebenso oft gepriesenen wie kritisierten „Formalstufen" des Unterrichts: Darbietung, Verknüpfung, Zusammenfassung und Anwendung. Wir orientieren uns im folgenden an der neueren, weithin anerkannten und durch die pädagogische Lernpsychologie abgesicherten Stufeneinteilung des Lehrens und Lernens von H. ROTH (8. Aufl. 1965). Er unterscheidet sechs aufeinanderfolgende Lernschritte:

methodische Schritte

1. Stufe der Motivation
2. Stufe der Schwierigkeiten
3. Stufe der Lösungen
4. Stufe des Tuns und Ausführens
5. Stufe des Behaltens und Einübens

6. Stufe des Bereitstellens, der Übertragung und der Integration des Gelernten

Bevor wir einzelne dieser allgemeinen Lehr- und Lernstufen ausführlicher darstellen, soll der Ablauf der Phasen an einem außerschulischen Beispiel illustriert werden: (vgl. ROTH S. 231ff.)

Beispiel

1. Ein Junge spielt dort mit seinem Ball, wo es ihm der Vater verboten hat. Der Ball fliegt über eine hohe Steinmauer in den Garten des Nachbarn. Wie soll er nun wieder zu seinem Ball kommen?, fragt sich der Junge.

2. Er kann nicht über die Mauer klettern, hat keine Leiter, will die Eltern nicht um Rat und Hilfe bitten und die Unterstützung der Spielkameraden führt nicht weiter. Der Junge erkennt die Schwierigkeiten und kann die Situation mittels seiner verfügbaren Verhaltensformen nicht bewältigen.

3. Er kommt auf die Idee, zum Besitzer des Gartens zu gehen, um sich zu entschuldigen und um den Ball zu erbitten. In der planenden, gedanklichen Vorwegnahme sieht er in dieser Lösung den einzigen guten Ausweg, um die Situation zu bereinigen. – Die Lösung wird also in der Praxis erprobt.

4. Der Junge geht zum Gartenbesitzer. Es ergeben sich zwei Möglichkeiten: a) der Inhaber zeigt Verständnis und der Junge erhält den Ball zurück; b) er schimpft, droht und verweigert die Herausgabe des Balles.

5. Unter der Annahme, daß der Junge den Ball zurückerhält, hat sich aufgrund der Erfahrung eine Änderung des Verhaltens vollzogen. Es kann durchaus sein, daß er in diesem Fall seine Grundeinstellung zu Erwachsenen revidiert oder eine allgemeine Strategie zur Regelung von Konflikten gefunden hat. Nehmen wir aber einmal an, daß der Gartenbesitzer – wie es leider häufig vorkommt – den Ball nicht herausgibt und damit dem Jungen das Ball-Spielen „austreiben" möchte: dann dürften sich vermutlich ganz andere Rückwirkungen auf sein weiteres Lernen ergeben.

298

6. Das Gelernte kann auf ähnliche oder andersartige (Konflikt-) Fälle übertragen werden. Der Lösungsweg erweist sich als vernünftig und wird von den Eltern und fremden Personen positiv bewertet. Die Verhaltensform wird zu einer allgemeinen inneren Einstellung.

Die schematische Abfolge der Lernschritte darf nun nicht als streng gesetzmäßige Regelmäßigkeit verstanden werden: „Oft wird der Lernprozeß ein weit unregelmäßigeres Bild zeigen. Vor allem sind in dem Schema die Vorgriffe und Rückgriffe nicht enthalten, die sich in jedem Lernprozeß ereignen. Wir glauben oft die Lösung zu haben, aber dann beginnen erst wieder die Schwierigkeiten und der Lernprozeß beginnt von vorn . . . Je nach der Lernart wird eine andere Phase akzentuiert sein, wie wir gesehen haben. Je nach der Begabung und dem Einsatzwillen wird die zeitliche Abfolge sich verdichten oder verlängern. Je nach den Störungen und Hemmungen werden immer wieder neue Anläufe genommen werden müssen. Der Lehrende wird aber die volle Ausschöpfung des Lernprozesses anstreben müssen." (S. 226).

mögliche Miß-verständnisse

Ein zweites mögliches Mißverständnis soll ebenfalls bereits jetzt ausgeräumt werden. Ist das Kind z. B. einmal durch eine bestimmte Situation oder durch einen Lerninhalt motiviert worden, so heißt das nicht, daß auf den weiteren Stufen keine neue, andersartige Motivation mehr notwendig wäre: „In einem Lernprozeß können die das Lernen bestimmenden Faktoren . . . als Lernschritte und Lernstufen auftreten, es muß uns aber gegenwärtig bleiben, daß sie immer, auch im Sinne von Einzelfaktoren, auf jede Stufe gemeinsam und gleichzeitig einwirken: Jeder Lernschritt muß motiviert sein, auf jeder Stufe gibt es Schwierigkeiten; Tun und Einsicht, Einsicht und Tun stehen in ständiger Wechselwirkung, das Einüben und Bereitstellen haben in sich selbst wieder alle Stufen eines Lernprozesses" (S. 226f.). Im folgenden werden die einzelnen Stufen näher erläutert.

4.1. Die Stufe der Motivation

Im Gegensatz zu den „natürlichen" gewissermaßen von selbst oder im Gefolge eigener Handlungen ablaufenden Lernprozessen (wie z. B. bei jenem Jungen auf S. 298)) muß beim institutionellen Lehren der Lernprozeß meist angestoßen werden. Wie aus motivationspsychologischen Forschungen eindeutig hervorgeht, kommt

Einstieg

es nur dort zu Handlungen, wo das leibliche, seelische oder geistige Gleichgewicht, das Gleichgewicht also zwischen Individuum und Umwelt, für einen Augenblick nicht vorhanden ist. Die Handlung bezweckt dann die Wiederherstellung dieses Gleichgewichts, die Wiederanpassung des Organismus (vgl. PAGET 1969, S. 6). Im Lehrprozeß geht es nun darum, dort Bedürfnisse zu wecken bzw. Anreize zu bieten, wo diese nicht von sich aus vorhanden sind. Man sagt auch, daß es darum gehe, *Diskrepanzerlebnisse* zu erzeugen. Im engeren Sinne handelt es sich methodisch darum, den richtigen „Einstieg" zu finden, die Lernbereitschaft des Kindes zu gewinnen: es ist die erste und vielfach entscheidendste Maßnahme des Lernprozesses. Gelang die Motivation nicht, so sind die Kinder nicht am Stoff interessiert, sie sind nicht „angesprochen" worden: die Adressaten langweilten sich, die Aufmerksamkeit ist durch fehlendes Interesse blockiert; sie unternehmen etwas anderes oder „sie schlafen ein".

Wie kann *Motivation* nun erreicht werden? Man geht in der pädagogisch-psychologischen Literatur davon aus, daß es zwei Arten von Motivationen gibt, die sogenannte intrinsische (oder primäre) und extrinsische (oder sekundäre) Motivation.

intrinsische Motivation

Intrinsische Motivation liegt z. B. vor (vgl. HECKHAUSEN 1969)

sachbezogene Anreize

– bei sachbezogenen Anreizen; wenn bei einem Kind der Gegenstand selbst eine besondere Wertschätzung besitzt, wenn es z. B. von sich aus „Lesenlernen" will. Das sogenannte Neugier-Verhalten wäre hierzu zu rechnen: „Es ist die in Wiß- und Lernbegierde umwandlungsfähige ‚ursprünglich-vitale menschliche Neugierde', die eine Haupttriebfeder alles Lernens darstellt" (S. 230).

mittlere Schwierigkeitsgrade

– bei mittleren Erreichbarkeits- bzw. Schwierigkeitsgraden; eine optimale Anregungswirkung ist dann gegeben, wenn zwischen bisherigem Leistungsstand bzw. Leistungsvermögen und einer neuen Umweltsituation dosierte, mittlere Diskrepanzerlebnisse geschaffen werden. Wenn ein neues Problem keine Anforderung stellt, ist das Kind unterfordert, das Problem berührt es nicht; sind die Anforderungen zu hoch, schreckt es vor der Bewältigung zurück und fühlt sich überfordert. Leichte Aufgaben haben gewöhnlich einen geringen oder keinen Anreiz, bei zu schwierigen gehen die Kinder sehr wahrscheinlich „aus dem Feld": mittlere Erreichbarkeits- bzw. Schwierigkeitsgrade motivieren am besten. Wird der jeweilige *„sachstrukturelle Entwicklungsstand"* eines Kindes berücksichtigt, und die Erwartungshaltungen in einem mäßigen Grade durchbrochen, ist die Wahrscheinlichkeit am größten, daß Aufmerksamkeit, Interesse und lustvolle Zuwendung geweckt werden. Das hängt in vielen Fällen auch vom Problem bzw. vom Stoff ab: ist dieser interessant, überraschend, das Verhalten herausfordernd, so wird es eher zur sachbezogenen, intrinsischen Motivation kommen als bei einem unbegreifbaren, unübersehbaren und komplexen Sachverhalt.

sachstruktureller Entwicklungsstand

Bei der *extrinsischen* Motivation dagegen dominieren sachfremde Gesichtspunkte:

extrinsische Motivation

- das Bedürfnis nach Identifikation: der Jugendliche oder das Kind setzt sich mit einer Thematik deshalb auseinander, weil es dem Lehrer oder den Eltern im Hinblick auf deren Leistungstüchtigkeit z. B. ähnlich werden will.

- das Bedürfnis nach Zustimmung und Geltung: gelernt wird nicht um der Schule oder des Themas willen, sondern um soziale Zustimmung zu erhalten; diese kann vom Erzieher, von den Eltern oder von anderen Kinder ausgehen. Es geht also primär um die Person des jeweiligen Individuums, die nach Geltung, Zustimmung, möglichst positiver Beurteilung von seiten der Erzieher und der Gruppenmitglieder strebt.

- das Bedürfnis nach Strafvermeidung: aus Angst vor Strafen, aus Furcht vor schlechten Noten und deren Folgen und durch Zwang wird gelernt. Es handelt sich also um nicht unmittelbar sachbezogene Bekräftigungstechniken der Erzieher, die stark von den jeweiligen Persönlichkeitsmerkmalen, z. B. des Lehrers, abhängen.

Es muß betont werden, daß es bei Lernprozessen in aller Regel zu einem Wechselspiel zwischen intrinsischen und extrinsischen Motivationen kommt. Bedenklich ist es jedoch, wenn ausschließlich sachfremde Motivation vorhanden ist, da in einem solchen Fall bei Abwesenheit der motivationserzeugenden Lehrperson die Motivierung zum Lernen aufhört.

„Auf alle Fälle ist eine Situation, in der der Lehrende nur auf den Appell an die Pflicht, die Schulpflicht und Lernpflicht, die Vermeidung von Strafe, den Gehorsam, den Willen usw. zurückgreifen kann, eine armselige Lernsituation. Es gibt allerdings Lehrer, die diese Situation für eine echte Situation halten, weil in ihr der erhabene Name der Pflicht nackt und rein erscheint, die Arbeitsanstrengung um ihrer selbst willen gewollt werden muß, weil hier gegen die Neigung gearbeitet, gegen Müßiggang, Faulheit, Schwäche gekämpft werden muß etc." (ROTH, S. 231)[33].

4.2. Die Stufe der Schwierigkeiten

Bewältigung der Lernsituation

Probleme in der Bewältigung der Lernsituationen können entstehen z. B. durch die Kompliziertheit der Aufgabe, ihre Langwierigkeit oder durch das geopferte Konzentrations- und Durchhaltevermögen. „Die erste Hilfe liegt . . . in den Schwierigkeiten selbst . . . d. h. aus den anlaufenden Schwierigkeiten selbst noch neue Lernantriebe herauszuholen" (ROTH, S. 245). Der Lehrende muß es verstehen, die Schwierigkeiten zum Problem zu machen, daß die Lernenden durch diese gereizt und angezogen werden. Dabei sollte der Maßstab für Schwierigkeiten immer so gestaltet sein, daß dem Kind noch Erfolge möglich sind. „Wo nichts gefordert wird, wo keine Nüsse zum Knacken gegeben werden, wird auch nichts gelernt (ROTH, S. 246).

Mißerfolge dürfen dem Kind nach pädagogischen Erkenntnissen nur dann zugemutet werden, wenn sie helfen, daß sich der Lernende z. B. realistischere Ziele setzt. Als wichtige Prinzipien auf dieser Stufe können weiterhin herausgestellt werden:

a) die Ausgangslage, den Kenntnisstand, die bisherigen Lernerfahrungen berücksichtigen;

b) Enttäuschungen vorweg abfangen und die Lernfreude trotz partieller Enttäuschungen erhalten;

---

[33] Weitere für den Lehrprozeß wertvolle methodische Hinweise und Hilfen, wie die Motivation aufrechterhalten oder erhöht werden kann, wie richtige Motivation in bezug auf Lernziele beschaffen sein soll und welche Rolle der Erfolg, Wettbewerb und die Erzieherpersönlichkeit spielen, wie Lob und Tadel wirken etc. gibt H. ROTH aufgrund von verschiedenen Forschungsergebnissen auf den Seiten 231ff., auf die wir in diesem Zusammenhang hinweisen möchten.

302

c) „Laß mich in Ruhe", „laß es mich selber herausfinden": dem Kind das ihm gemäße individuelle Tempo lassen;

d) als Lehrender von der Fähigkeiten des Lernenden überzeugt sein, ihm Vertrauen entgegenbringen;

e) als Lehrender nicht ungeduldig werden, wenn das Ringen mit dem „Lernwiderstand" zu lange dauert;

f) evtl. notwendig werdende Hilfen sollen nur ein Stück weiterhelfen[34].

4.3. Die Stufe der Lösung

Die zweite und die dritte Stufe hängen eng miteinander zusammen: im positiven Falle endet das „Ringen mit den Schwierigkeiten" mit dem „Finden der Lösung". Dieser für den gesamten Lernprozeß entscheidende Schritt wird oft nicht gebührend berücksichtigt. Über die Auseinandersetzung mit dem Problem soll der Lernende durch Anpassung, Probieren oder Einsicht etwas relativ Neuartiges entdecken („Aha-Erlebnis", „Einfall"). Da das „Ringen mit den Schwierigkeiten" nicht endlos ausgedehnt werden kann, lautet die pädagogische Fragestellung, ob und in welchem Ausmaß *Hilfen zum Finden der Lösung* gegeben werden sollen. Entscheidend ist z. B., daß der Lehrende lange genug, jedoch nicht zu lange warten kann, bis er entscheidende Lösungshilfen bzw. die Lösung selbst gibt. Bis zu diesem Zeitpunkt sollte beim Lernenden das Ringen um und das Warten auf den rechten Einfall vorausgehen: Die Möglichkeiten des gezielten und spielenden Probierens sollten ausgenutzt und auf das Ziel hinführende Teillösungen ermutigt und unterstützt werden.

Ringen mit den Schwierigkeiten

---

[34] Die nun folgenden Stufen sind zwar nicht weniger wichtig für den Ablauf des Lehr- und Lernprozesses, können aber nicht mehr in der gegebenen Ausführlichkeit dargestellt werden: vgl. dazu H. ROTH 1965, (S. 252ff.). Das exemplarische Herausgreifen und vertiefte Darstellen der beiden ersten Stufen sollte zum einen die Vielfalt möglicher Probleme und zum anderen auch die Vielfalt möglicher Verhaltensweisen seitens des Lehrenden aufzeigen.

4.4. Die Stufe des Tuns und Ausführens

Übung

Das Erlernte muß nun – ob die Lösung selbst gefunden oder vom Pädagogen gegeben wurde – ausgeführt und angewandt werden. Unter der Bezeichnung *„Übung"* steht diese Stufe oft im Mittelpunkt von Lernprozessen. Häufig wird sie aus Zeitmangel, fehlenden Übungsmöglichkeiten und dergleichen aber auch einfach übergangen. Auf dieser Stufe stellen sich für viele Schüler erst die bedeutsamen Erfolgserlebnisse ein, wenn sie tun dürfen, was sie eingesehen haben, wenn das theoretisch Gelernte in der Ausführung wiedererkannt und gefestigt wird. „Eine Sache tun dürfen, nachdem man sie herausgebracht und verstanden hat, ist oft wie ein Lohn, wie ein Befestigen, Aussuchen, Wiederholen auf anderer Ebene. Das Tun bringt erst das rechte Sichversichern" (ROTH, S. 270).

4.5. Die Stufe des Behaltens und Einübens

Wiederholung

Diese Stufe ist nicht bei allen Lerngegenständen gleich wichtig, jedoch dort von besonderer Bedeutung, wo gewisse Handlungsabläufe so automatisiert werden sollen, daß sie nur noch ein Minimum an bewußter Aufmerksamkeit benötigen (z. B. Lesen, Schreiben, die Grundrechenarten, motorische Fähigkeiten etc.). Solche Fähigkeiten können meist nur durch massierte Übung, Praxis und Wiederholung erreicht werden. Bei solchem sich ständig wiederholendem Üben darf es allerdings nur darum gehen, bereits „Verstandenes" zu automatisieren. Um festzustellen, daß keine falschen Verhaltensweisen (Bewegungsabläufe) geübt werden, sollte eine angemessene *Selbst- und Fremdkontrolle* diese Stufe unterstützen. Die zeitliche Anordnung der ersten Wiederholung ist nach lernpsychologischen Erkenntnissen besonders wichtig: „Sie darf, weil das Vergessen in der ersten Zeit am stärksten ist, nicht zu lange anstehen. Sie hat am besten schon am nächsten Tage . . . zu erfolgen, weil dann das Absinken der Vergessenskurve merklich gehoben bleibt" (ROTH, S. 273).

4.6. Die Stufe des Bereitstellens, der Übertragung und der Integration des Gelernten

Das Gelernte soll nicht nur behalten werden, sondern für künftige Situationen zur Verfügung stehen: „Die Einsicht soll nicht nur behalten werden, sondern Voraussicht werden" (S. 282). – Mit dem Begriff des „Transfer" ist die Übertragung des Gelernten auf künftige, neue Situationen gemeint. *Transfer* tritt jedoch nicht generell und von selbst bei allem Lernen ein, sondern ist u. a. vielmehr von der Art und Weise des Lehrens und Lernens abhängig. „Dieser Prozeß der Verfestigung einerseits und des Verfügbarwerdens andererseits erfordert Zeit zum Ausreifen; ohne Zeit zur Muße und Vertiefung ergibt sich keine Integration des Gelernten mit unserer Person" (ROTH, S. 294).

Transfer

Wir möchten hervorheben, daß das hier aufgezeigte Stufenmodell des Lehrens und Lernens, das zunächst eher vom schulischen Lernen ausgeht, durchaus Gültigkeit für das außerschulische Lernen in der Sozialpädagogik hat.

Literatur

Blankertz, H., Theorien und Modelle der Didaktik, München 1969

Didaktisches Forum. In: Westermanns Pädagogische Beiträge, Heft 1 bis 6, 1980

Gagné, R. M., Die Bedingungen menschlichen Lernens, Hannover 3. Aufl. 1973

Huppertz, N., Zusammenarbeit von Kindergarten und Grundschule, Freiburg i. Br. 1980

Moser, Heinz, Didaktisches Planen und Handeln, München 1978

Roth, H., Pädagogische Psychologie des Lehrens und Lernens, Hannover 8. Aufl. 1965

Schulz, W., Aufgaben der Didaktik. Eine Darstellung aus lehrtheoretischer Sicht. In: Pädagogische Arbeitsblätter 1969, Heft 5/6
Ders., Ein Hamburger Modell der Unterrichtsplanung – Seine Funktionen in der Alltagspraxis. In: Adl-Amini/Künzli (Hrsg.): Didaktische Modelle und Unterrichtsplanung, München 1980

Weinschenk, R., Didaktik und Methodik für Sozialpädagogen, Bad Heilbrunn 2. Auflage 1981

XI. DIE FRAGE NACH DER WISSENSCHAFTLICH-
KEIT DER PÄDAGOGIK

XI. DIE FRAGE NACH DER WISSENSCHAFTLICH-KEIT DER PÄDAGOGIK

1. Hilft Wissenschaft erziehen?

Diskrepanz zwischen Ausbildung und Praxis

In einer von uns durchgeführten Studie über Berufskrisen in der Sozialarbeit konnten wir herausfinden, daß Sozialarbeiter sehr bald nach ihrem Berufsantritt Frustrationen erleben und Resignation zeigen. Dies hat u. a. seinen Grund darin, daß diese Sozialarbeiter während ihrer Ausbildung eine Reihe von Qualifikationen, insbesondere Fähigkeiten des methodischen Arbeitens, gelernt hatten, die sie dann in der Praxis nicht anwenden konnten. Hier lag offenbar eine Diskrepanz vor zwischen der „Theorie", die man in der Ausbildung erfahren hatte, und der „Praxis", die man jetzt bewältigen mußte. (Vgl. BLINKERT/HUPPERTZ u. a., 1975) Diskrepanzerlebnisse dieser Art werden von manchen schon als selbstverständlich hingenommen, so daß sie sich damit abfinden und sich in irgendeiner Form „einrichten". Andere dagegen fordern eine bessere Integration von „Theorie" bzw. „Wissenschaft" in der Ausbildung einerseits und Anwendungsmöglichkeiten in der Praxis andererseits. „Holt Praktiker zu einem lebensnahen Unterricht und schickt Dozenten von Zeit zu Zeit in die Praxis. Auf diese Weise bleiben beide Seiten aktuell und überzeugender", postulierte ein „Erfahrener" (ULRICH 1967, S. 329). Wieviel auch für eine solche Forderung sprechen mag, das Problem ist wesentlich komplexer als es scheint.

1.1. Was heißt „erziehungswissenschaftlich fundiertes Handeln"?

Erziehung gibt es solange, wie es Kinder und Erzieher gibt. Von diesem Zeitpunkt an wurde auch schon darüber nachgedacht, wie man die Erziehung am besten gestalten könne. Seitdem es nun die Pädagogik im Sinne der Erziehungswissenschaft gibt, müßte eigentlich – so dürfte man annehmen – die Erziehung wesentlich leichter zu bewerkstelligen sein. Was für einen Sinn sollte sonst auch eine Wissenschaft haben, abgesehen davon, daß man damit einige „Theoretiker auf Lehrstühlen" beschäftigen kann. Was aber ist wissenschaftlich reflektiertes Handeln in der Erziehung im Gegensatz zu einem vor- oder unwissenschaftlichen Handeln? Nehmen wir ein Beispiel:

Eine Mutter geht regelmäßig mit ihrem vierjährigen Thomas zum Spielplatz, um ihm auf diese Weise soziale Kontakte mit anderen Kindern zu ermöglichen. Die Mutter setzt sich auf eine in der Nähe des Sandkastens stehende Bank. Sie macht nun die Beobachtung, daß Thomas sich beim Spiel im Sandkasten immer dann, wenn andere Kinder den Kontakt zu ihm aufnehmen wollen, zurückzieht und zu ihr läuft. Die Mutter wendet sich ihrem Kind dann jedesmal intensiv zu, weil sie annimmt, ihr Kind komme sich sehr einsam und ängstlich vor. Das unerwünschte Verhalten, nämlich die Kontaktvermeidung, verliert sich bei dem Kind jedoch nicht. – Nachdem Thomas in den Kindergarten gekommen ist, spricht die Mutter über das Problem mit der Gruppenerzieherin, die ihr mitteilt, daß Thomas im Kindergarten ein sehr ähnliches Verhalten zeige. Bei Gemeinschaftsspielen ziehe er sich immer gerne etwas zurück. Die Facherzieherin berät mit der Mutter gemeinsam, was man tun könne. Als sie erfährt, wie die Mutter sich verhält, wenn Thomas sein kontaktscheues Verhalten zeigt, kommt ihr der Gedanke, daß hier ja ein Gesetz der Pädagogischen Psychologie zugrunde liegt, gegen das dauernd verstoßen wird. Die Facherzieherin erklärt der Mutter, daß sie durch ihre erhöhte Aufmerksamkeit und Zuwendung, die sie dem Kind in Situationen der Kontaktvermeidung zuteil werden läßt, das unerwünschte Verhalten des Kindes verstärke. Tatsächlich fühlte sich Thomas durch das Verhalten der Mutter immer wieder belohnt. – Die Mutter blieb in Zukunft in den Situationen, in denen Thomas das entsprechend unerwünschte Verhalten zeigte, relativ neutral, verstärkte dagegen jeden Ansatz einer Beziehungsaufnahme zu anderen Kindern. Facherzieherin und Mutter waren sich bald einig darin, daß Thomas nicht mehr das kontaktscheue Kind von früher sei.

Beispiel

Nicht alle praktischen Beispiele gehen so glatt auf wie dieses[35]. Es müßte jedoch deutlich geworden sein, daß das anfängliche Verhalten der Mutter ein mehr intuitives und unreflektiertes ist, während sie später nach bestätigten Thesen bzw. Gesetzen verfährt. Die zweite Verhaltensart der Mutter basiert nicht nur auf einer Individualerfahrung, die man evtl. selbst als einzelner gemacht hat oder die einem von anderen mitgeteilt wird, sondern auf generalisierten und systematisch an der Realität überprüften Thesen. Es

bestätigte Thesen bzw. Gesetze

---

[35] Ein weiteres Beispiel findet man in: HECKHAUSEN u. a., Funkkolleg Pädagogische Psychologie, H. 2, S. 63

handelt sich um wissenschaftlich fundiertes und reflektiertes erzieherisches Handeln.

Durch das hier angeführte Beispiel soll aber nicht der Eindruck erweckt werden, als würden Facherzieher nun immer nach wissenschaftlich fundierten Gesetzen vorgehen, Laienpädagogen dagegen nicht.

1.2. Zum Stellenwert des erziehungswissenschaftlich gesicherten „Wissens" im praktischen Handeln

Wenn der Erzieher, sei es Fach- oder Laienerzieher, praktisch tätig wird, dann kommt die Art und Weise seines Handelns nicht zufällig zustande. In allen Situationen, die von ihm erzieherisch zu bewältigen sind, hat er verschiedene Alternativen des Agierens und Reagierens zur Verfügung. Wenn in der Kindergartengruppe z. B. ein Kind das andere auf aggressivste Art an den Haaren reißt, muß der Erzieher „eingreifen". Was aber soll er tun? Wie soll er sich verhalten? Welche Mittel setzt er ein? Wovon schließlich läßt er sich leiten, wenn er dann handelt? (Vgl. auch S. 113)

Wissensvorrat

Hier soll die Frage im Vordergrund stehen, wie es mit dem wissenschaftlich abgesicherten *„Wissensvorrat"* bestellt ist, der dem sozialpädagogisch Tätigen zur Verfügung steht, und inwieweit man in der Praxis derzeitig schon von wissenschaftlich fundiertem Handeln sprechen kann.

Wir gehen von der Voraussetzung aus, daß man als Erzieher in der Praxis im wesentlichen das Wissen zur Verfügung hat, das einem in der Ausbildungszeit vermittelt wurde. Während der Ausbildung jedoch kann nur die Wissensmenge weitergegeben werden, die faktisch überhaupt vorhanden ist. Wenn z. B. die Fragestellung, weshalb die Heimerziehung nicht in dem von ihr erhofften Maße erfolgreich ist, noch nicht erforscht wurde, dann können selbstverständlich auch die Forschungsergebnisse darüber in der Ausbildung nicht verwendet werden. Wir gehen davon aus, daß die Wissensvorräte eines bestimmten Fachgebietes in den betreffen-

Wissensvorräte in Lehrbüchern

den Lehrbüchern dieses Fachgebietes vorfindbar sein müßten. Unter diesen Voraussetzungen sind die folgenden Aussagen zu betrachten.

Um zu ermitteln, in welcher Weise man bei sozialpraktischem Handeln von wissenschaftlich fundierter Praxis sprechen kann,

310

ging man der Frage nach, woran sich die in *Lehrbüchern* für die Lösung von Problemfällen gegebenen Hinweise orientierten (vgl. ZETTERBERG 1967, S. 96ff.). Es wäre z. B. vorstellbar, daß man in einem Fall von „Bettnässen" lediglich Ratschläge gleichsam nach dem gesunden Menschenverstand zu geben vermag, oder aber daß man als Grundlage einer Beratung in diesem Fall von den Ergebnissen einer breit angelegten Untersuchung über die Effektivität bestimmter Maßnahmen bei der Behandlung des Bettnässerproblems ausgehen kann.

In der oben angeführten Studie von ZETTERBERG wurde nun herausgefunden, daß es generell mit dem sog. „wissenschaftlich fundierten Handeln" in der sozialen Praxis noch nicht sehr weit her ist. (Auf den dabei zugrunde liegenden Wissenschaftsbegriff ist allerdings noch einzugehen.) Eine Reihe von Handlungen in der sozialen Praxis leiten sich offenbar aus „berufsethischen" Vorstellungen ab, wie sie etwa den Grundsätzen der sozialarbeiterischen Methodenlehre als Basis dienen. Daneben hat man aber die folgenden vier Orientierungsmöglichkeiten für praktisches Handeln festgestellt: Einzelfallstudien, Faustregeln, Beschreibungen von Fakten, bestätigte Thesen. *Studie*

vier Orientierungsmöglichkeiten

a) *Im sozialpraktischen Handeln orientiert man sich an Einzelfallstudien.* – Mit einer Einzelfallstudie ist hier ein deskriptiver Bericht über eine Problemsituation gemeint und vor allem darüber, wie der Praktiker sich dabei verhalten und welchen Erfolg er damit gehabt hat. Ein solches Orientierungsmuster hat nun sicherlich insofern Vorteile, als man für einen konkreten Fall Lösungsalternativen zur Verfügung hat, nach denen man sich richten könnte. Die damit verbundenen Probleme ergeben sich jedoch sehr deutlich, wenn man die Faktorenvielfalt betrachtet, durch die eine einzelne Situation beeinflußt werden kann. Was im einen Fall zum Erfolg führte, muß dies deshalb im anderen noch keineswegs tun. Ein an Einzelfallstudien orientiertes Handeln bleibt im ganzen gesehen eher intuitiv. *Einzelfallstudien*

b) *Im sozialpraktischen Handeln orientiert man sich an Faustregeln.* – Man kann sich vorstellen, daß jemand jahrelang oder sogar sein ganzes Leben in einem bestimmten Gebiet der Pädagogik tätig war und dann seine Erfahrungen und Erfolge gleichsam im Sinne von handfesten Prinzipien an die Praxis weitergibt. Derartige *Faustregeln*

311

„Merksätze" sind zweifellos dem Erzieher in vielen Situationen sehr hilfreich, und er wird sich vielfach daran orientieren müssen. Problematisch kann die Rezeption solchen Wissens allerdings dann werden, wenn es lediglich auf dem gesunden pädagogischen Menschenverstand basiert, und nicht aufgrund von systematisch erhobener Erfahrung zustande gekommen ist. Wenn z. B. A. S. NEILL über seine langjährigen Erfahrungen in Summerhill berichtet, so mag dies für den Praktiker sehr anregend sein. Wissenschaftlich fundiertes Wissen wird dabei nicht vermittelt, da keine systematische Forschung stattgefunden hat, sondern es werden lediglich Prinzipien dargestellt. Diese können in sich jedoch sehr plausibel und für die Praxis nützlich sein.

Faktenbeschreibungen

c) *Im sozialpraktischen Handeln orientiert man sich an Faktenbeschreibungen.* – Damit sind insbesondere beschreibende Berichte über bestimmte Bereiche gemeint, z. B. „die Situation der Kriminalität in der Gesellschaft", oder „die Situation von Unterschichtkindern in der Vorschulzeit". Aus solchen Darstellungen lassen sich nun allerdings auch noch keine wissenschaftlich begründeten Handlungen ableiten, sondern es sind lediglich „Orientierungen" über den Ist-Zustand. Die Bedeutung solchen Wissens darf aber nicht unterschätzt werden. „Man sollte die Tatsachen kennen, bevor man zur Aktion schreitet. Aber selbst die beste und systematischste Sammlung und Beschreibung von Fakten und Trends gibt nicht den geringsten Hinweis auf geeignete Maßnahmen. Um zu wissen, welche Maßnahme wirksam sein wird, brauchen wir mehr als die zuverlässige Beschreibung von Fakten. Was wir brauchen ist ein zuverlässiges Wissen über empirische Regelmäßigkeiten oder Gesetze, die uns sagen, daß jenes sich wahrscheinlich ereignen wird, wenn dies oder das geschieht" (ZETTERBERG 1967, S. 98).

bestätigte Thesen

d) *Im sozialpraktischen Handeln könnte man sich an bestätigten Thesen orientieren.* – Damit sind Forschungsergebnisse gemeint, die aufgrund von in der Realität überprüfter Thesen zustande kommen und dann in der Praxis angewendet werden. Wenn man derzeitig in Sozialpädagogik und Sozialarbeit auf allen Ebenen von wissenschaftlich fundierter Arbeit spricht, so wird zu wenig gefragt, was damit eigentlich gemeint sei. Man darf vermuten, daß in den wenigsten Fällen Klarheit über den Anspruch besteht, der damit verbunden ist. ZETTERBERG faßt den Begriff der wissenschaftlich

312

fundierten Hilfe eng und hält es für selbstverständlich, „daß man sich auf wissenschaftliche Thesen stützen muß, wenn man einem Interessenten ohne die Durchführung einer neuen Untersuchung über sein Problem in wissenschaftlich einwandfreier Weise helfen will. Haben wir keine solchen Thesen zur Hand, so haben wir auch keine wissenschaftliche Hilfe anzubieten. Wir können vorsichtige, kluge und sogar nützliche Hilfe anbringen; aber zur wissenschaftlichen Hilfeleistung brauchen wir die Anwendung bestätigter Hypothesen auf den Einzelfall" (ZETTERBERG 1967, S. 98). Daraus ergibt sich die folgende These: Wenn jemand behauptet, eine Tätigkeit in der Sozialpädagogik – in welchem Arbeitsbereich auch immer – insgesamt auf wissenschaftlich fundierter Basis zu betreiben, so ist dieser Anspruch – gemessen an dem hier zugrunde liegenden Wissenschaftsbegriff – gegenwärtig noch nicht einlösbar, weil wir erst über ein relativ geringes Quantum an empirisch überprüftem Wissensvorrat verfügen. Wenn man also immer wieder darauf verweist, daß Sozialpädagogik und Sozialarbeit „noch keine Theorie haben", so kann das nur in dieser Weise verstanden werden. L. RÖSSNER betont zurecht, „daß auf diesem Gebiet im Rahmen der Sozialarbeit wie überhaupt im Bereich der Erziehung das meiste noch zu tun bleibt" (1973, S. 226).

wissenschaftlich fundiertes Handeln

Man muß allerdings sehen, daß hier von einem sehr engen Wissenschaftsbegriff ausgegangen wird. Wissenschaftlich fundiertes Handeln liegt demnach nur dann vor, wenn – entsprechend den Anforderungen der empirischen Sozialforschung – genügend Ergebnisse vorhanden sind, an denen sich der Praktiker orientieren kann. Man könnte jedoch auch schon dann von wissenschaftlich fundiertem Handeln sprechen, wenn sich der Praktiker der Relativität seines Handelns bewußt ist; wenn er die vorhandenen Forschungsergebnisse in der Praxis berücksichtigt und angemessen anwendet und wenn er vor allem sein gesamtes Handeln kritisch reflektiert und einer dauernden Revision aussetzt. An diesem Anspruch gemessen ist sicherlich auch derzeitig in vielen Bereichen der Sozialpädagogik bereits von wissenschaftlich fundierter Praxis zu sprechen.

Wenn man begründen möchte, daß das wissenschaftlich gesicherte Wissen in der Pädagogik trotz zahlreicher Bemühungen in den letzten Jahren immer noch relativ gering ist, so ist mindestens auf die folgenden Punkte hinzuweisen:

wissenschaftlich gesichertes Wissen in der Pädagogik

junge Wissenschaft	– Die Pädagogik ist eine relativ *junge Wissenschaft* und hat vor allem eine sehr junge Forschungsgeschichte. Man kann sagen, daß seit 1900 etwa überhaupt pädagogische Forschung betrieben wird, die einen stärkeren Aufschwung erst in den letzten Jahren erhielt.
geisteswissen-schaftliche Methoden	– Die Pädagogik war anfangs ausschließlich und ist gegenwärtig immer noch ziemlich stark an *geisteswissenschaftlichen Methoden* orientiert. Das ist nicht zuletzt ein Grund dafür, daß das gesicherte Wissensquantum gering ist.
Gegenstand	– Man muß aber auch den Gegenstand selbst sehen und dabei erkennen, daß das *Objekt der Pädagogik,* nämlich Erziehung als eine Kategorie des „sozialen Handelns", als solches in seinen Gesetzmäßigkeiten nur schwer zu erfassen ist. Die Individualität des Menschen und die individuell wirksamen situativen Bedingungen lassen sich wesentlich schwieriger bestimmen als der Objektbereich der naturwissenschaftlichen Disziplinen. Manche scheinen von der Zeit zu träumen, in der es möglich ist, mit wissenschaftlich exakten Methoden menschliches Handeln vollständig zu erfassen und zu determinieren. Es darf aber nicht das schwierige und wahrscheinlich niemals vollständig zu lösende Problem übersehen werden, daß die empirischen Wissenschaften statistisch generalisieren, während die Praxis ein Handeln am menschlichen Individuum – also ein Handeln am Einzelfall – ist und bleibt.
experimenteller Aspekt	– Es ist weiter anzunehmen, daß die Pädagogik sich auch deshalb schwer tut, im Sinne einer Erziehungswissenschaft fortzuschreiten, weil dann immer in gewisser Weise ein *experimenteller Aspekt* hinzukommt. Die Assoziation „Experimente mit Menschen" mag hier für manche ein hinderlicher Grund gewesen sein.
drängende Alltagsfragen	– Ein anderes Erklärmoment ist aber auch, daß die in der praktischen Arbeit Tätigen von den *drängenden Alltagsfragen* und den notwendigen Problemlösungen derartig in Beschlag genommen waren, daß sie an die Forderung nach der Erforschung ihrer Praxis kaum denken konnten. Das Engagement aus einer

314

stark caritativen Orientierung, das vor allem auf die Behebung von dringend zu beseitigender Not im Einzelfall aus war, ist ein weiterer Grund dafür, daß Forschung weitgehend unterblieb. Die Aktion gab der Reflexion im Sinne einer Bewußtwerdung, Analyse und Deutung so gut wie keinen Raum.

Was hier vorgetragen wurde, müßte zu einer realistischen Erkenntnis führen, nämlich daß in den wenigsten Fällen in der Praxis der Sozialpädagogik und Sozialarbeit nach streng wissenschaftlich belegbaren Erkenntnissen verfahren wird; d. h. nicht, daß man „falsch" handelt. Damit wäre mißverstanden worden, was hier gesagt werden sollte. Der Anspruch müßte aber in vielen Fällen korrigiert werden, und man müßte sich darüber im klaren sein, ob der Entscheidung für eine bestimmte Handlungsalternative wissenschaftliche Kriterien zugrunde liegen oder ob man sich mehr oder weniger an Common-sense-Regeln orientiert.

1.3. Was ist Erziehungswissenschaft?

Bei der Reflexion dieser Frage ist darauf hinzuweisen, daß man sich bei der Frage selbst und der möglicherweise zu gebenden Antwort darauf noch gleichsam im Vorraum der Wissenschaft aufhält. Deshalb können sich auch sehr verschiedene Antwortalternativen ergeben[36]. Zur Klärung des hier zu diskutierenden Problems hat man drei Ebenen unterschieden (vgl. HENNINGSEN 1967, S. 23ff.):

a) *Das Pädagogische.* – Unter dem „Pädagogischen" wurde das verstanden, was sich in konkreten Erziehungssituationen abspielt. Es sind damit nicht nur die Interaktionen der beteiligten Partner gemeint, sondern auch die vorhandenen Ziele, Inhalte, Mittel, Methoden, anthropogenen und soziokulturellen Voraussetzungen. In erzieherischen Situationen liegen immer auch Gedanken und Vorstellungen vor. Auch diese gehören, ebenso wie die beobachtbaren Interaktionen, zum „Pädagogischen" im hier definierten Sinne.

das Pädagogische

---

[36] Eine gut verständliche Einführung in die verschiedenen Wissenschaftsrichtungen findet man in: R. LASSAHN, Einführung in die Pädagogik, Heidelberg 1974

**die Erziehungs-
wissenschaft**

b) *Die Erziehungswissenschaft.* – Unter Erziehungswissenschaft verstand man das systematische Nachdenken und Sprechen über das „Pädagogische" und seine Gesetzmäßigkeiten; jedoch auch über seine Geschichte. Bei dieser Ebene spricht man auch von der sog. pädagogischen Theoriebildung. Es geht in der Theoriebildung um die Entwicklung von Teil- und Gesamttheorien, die für die Praxis anwendbar und nützlich sind. Theorie wird dabei immer verstanden als Theorie einer Praxis, d. h. daß es dem Theoretiker nicht gleichgültig sein kann, inwieweit seine Resultate für praktisches Handeln Relevanz besitzen.

**die Wissen-
schaftstheorie**

c) *Die Wissenschaftstheorie.* – Es wurde schon erwähnt, daß man sich unter Erziehungswissenschaftlern keineswegs einig ist darüber, wie Erziehungswissenschaft zu verstehen sei, sondern genau das Gegenteil ist der Fall. Bevor man zu einem Wissenschaftsverständnis kommt, muß eine Reihe von Fragen geklärt werden, die zwar selbst nicht wissenschaftlich entscheidbar sind, jedoch für die Klärung des Wissenschaftsverständnisses, das man favorisiert, große Bedeutung haben. Man spricht dabei auch von metatheoretischen, metawissenschaftlichen oder wissenschaftslogischen Fragen. Die damit betretene Ebene wird als Wissenschaftstheorie bezeichnet. Die Fragestellung der Wissenschaftstheorie lautet, unter welchen Bedingungen man etwas als Wissenschaft ansehen will und welche Wege man für die Bildung von Theorien als legitim ansieht.

Von der Unterscheidung der drei ins Auge gefaßten Ebenen ausgehend, kann „das Pädagogische" als der Interessengegenstand der Erziehungswissenschaft bezeichnet werden, während die Wissenschaftstheorie sich mit Vorstellungen darüber befaßt, wie an den Gegenstand heranzugehen sei. Damit ist jedoch noch nichts darüber ausgemacht, in welcher Beziehung Theorie und Praxis zueinander stehen, oder darüber, ob und inwieweit es überhaupt innerhalb eines bestimmten Wissenschaftsverständnisses legitim ist, die hier demonstrierten Ebenen zu unterscheiden. Diese – nur analytisch erlaubte – Trennung darf jedenfalls nicht in der Weise verstanden werden, daß die Ebenen für den Erziehungswissenschaftler „praktisch" nichts miteinander zu tun hätten.

316

1.4. Das Theorie-Praxis-Problem

Als Theorie eines Objektbereiches sehen wir die Gesamtheit der logisch miteinander verbundenen gesetzmäßigen Hypothesen, die man zur Erklärung und Voraussage des Verhaltens der Phänomene dieses Bereiches heranziehen muß (vgl. ALBERT 1962, S. 52). Nach unserem Verständnis hat eine Theorie die folgenden *vier Funktionen* zu erfüllen: *beschreiben, erklären, prognostizieren* und *beraten.* Damit gehen wir in einem entscheidenden Punkt über das Theorieverständnis des kritischen Rationalismus hinaus, indem wir annehmen, daß es eine notwendige Funktion dessen ist, der sich mit der Theoriebildung befaßt, sie in beratender Weise der Praxis zugänglich zu machen. Es kann einem Wissenschaftler nicht gleichgültig sein, was in der Realität aus seinen Forschungsergebnissen wird. Wir sprechen uns für eine weitgehend *theorie-praxis-integrierte Erziehungswissenschaft* aus, bei der die Beteiligten sich während des Forschungsprozesses so weit wie möglich der Wertung enthalten, dann aber ihre Ergebnisse gemeinsam mit den in der Praxis Engagierten auf eine konkrete Anwendung hin beraten und überprüfen. Erziehungswissenschaft hätte dabei von Praxisbedürfnissen auszugehen und auf diese, sobald der Forschungsprozeß im engeren Sinn beendet ist, wieder einzugehen. Das hätte den Vorteil, daß nicht mehr so viele Untersuchungsergebnisse, die unter hohen finanziellen Kosten und durch große persönliche Anstrengungen zustande gekommen sind, die Praxis kaum tangierten. Erziehungswissenschaft würde dann als „systematische Fortsetzung der in der Praxis immer schon steckenden Theorieansätze verstanden, als Aufklärung der Praxis über sich selbst" (KLAFKI 1969, S. 105f.).

Der Fortschritt der Pädagogik dürfte in Zukunft in starkem Maße von der *Kooperationsbereitschaft* zwischen den in der „Theorie" und den in der „Praxis" Engagierten abhängen. Auf beiden Seiten scheinen sich in vielen Gebieten glücklichere Perspektiven zu eröffnen als die Vergangenheit dies zeigte. In dieser Entwicklung sehen wir auch den Schlüssel für die Beantwortung der Frage, ob Wissenschaft erziehen helfen kann. Wir meinen ja, vorausgesetzt, man nimmt die Wissenschaft als das, was sie ist. Weder dem Wissenschaftsgläubigen noch dem Wissenschaftsfeind wird man von theoretischer Seite behilflich sein können, sondern nur demjenigen, der Wissenschaft und ihre Möglichkeiten realistisch be-

Theorie

vier Funktionen

Kooperations-bereitschaft

Wissenschaft hilft erziehen

317

trachtet. Hat jemand längere Zeit ohne systematische Reflexion in der erzieherischen Praxis gearbeitet und beschäftigt sich dann mit der Erziehungswissenschaft und deren Möglichkeit, so wird die Enttäuschung nicht selten groß sein. Dies liegt aber keineswegs allein an der Wissenschaft, sondern das liegt ebenso an den viel zu hoch gesteckten Erwartungen. Wer rezeptologische Anweisungen fordert, die sogar noch das Denken vor dem Handeln ersetzen sollen, hat noch nicht gründlich genug über seinen Gegenstand und dessen Gesetzmäßigkeiten nachgedacht. Wer aber auf realistische Weise Analysehilfen für die Bewältigung seiner Praxisanforderungen erwartet und in Kooperation mit der „Erziehungswissenschaft" sein Arbeitsfeld der Forschung zugänglich macht, der dürfte in jedem Fall einen Ertrag davon haben.

integrative Sichtweise von Theorie und Praxis

Die Wissenschaft kann keineswegs alles klären oder erklären, sie kann jedoch vieles klarer machen. Die Notwendigkeit einer integrativen Sichtweise von Theorie und Praxis brachte GOETHE folgendermaßen zum Ausdruck: „Denken und Tun, Tun und Denken, das ist die Summe aller Weisheit, von jeher anerkannt, von jeher geübt, nicht eingesehen von einem jeden. Beides muß wie Aus- und Einatmen sich im Leben ewigfort hin- und herbewegen; wie Frage und Antwort sollte eines ohne das andere nicht stattfinden."

Wir können also feststellen:
1. Es gibt keine Praxis, die nicht in irgendeiner Form „Theorie" enthielte, z. B. in Gestalt von Vorstellungen, Annahmen, Begriffen, Zielen usw. Insofern ist das Verhältnis von Theorie und Praxis ein Verhältnis von Handeln und Denken.
2. Durch das Nachdenken über die Bedingungen und Wirkungen der erzieherischen Handlungen entsteht ein Wissen über pädagogische Praxis, das sich teils als „Alltagswissen", teils als wissenschaftlich gewonnene „Theorie" niederschlägt. Demnach gibt es auch keine Theorie ohne Bezug auf die Praxis.

Während der letzten Jahre hat sich im Zusammenhang mit diesem stark integrativ vorgehenden Verständnis von Pädagogik der sog. „alltagstheoretische" Theorieansatz entwickelt (vgl. LENZEN 1980 und THIERSCH 1978).

„Alltag wird thematisiert, der der Kinder, der Schüler, der Drogenabhängi-

318

gen, der der Familie, der Jugendgruppe; Gemeinwesenarbeit und Bürger-
initiativen kämpfen für Voraussetzungen eines menschenwürdigen All-
tags . . . Alltagsorientierung ist Indiz einer Sozialpädagogik, die Lebens-
wirklichkeit so, wie sie gegeben ist, ernst nimmt und sich von da aus orientiert. . . . Alltag ist Leitformel für eine Sozialpädagogik, die nach den Ansprüchen, Versuchen und Beunruhigungen der letzten 20 Jahre wieder auf
die schlichte Erledigung von Tagesgeschäften drängt; Alltag, das tägliche
Geschäft im Amt, die Kleinarbeit im Heim, das Zupacken, da, wo es nötig
ist, scheint die Aufgabe – nicht Diskussion, Theorie oder Politik; dazu dürfen Mitarbeiter sich nicht zu schade sein. Laien stärker in sozialpädagogische Arbeit hereinzuziehen, wird gefordert." (THIERSCH 1978, S. 6)

Eine alternative Position zu den konventionellen theoretischen und
forschungsmethodologischen Ansätzen, auf die im nächsten Abschnitt eingegangen wird, vertritt auch die „Aktionsforschung" (vgl.
MOSER 1975).

„Aktionsforschung ist eine Weiterführung forschungsstrategischer und   *Aktions-*
methodologischer Überlegungen K. Lewins (1946). Sie ist dadurch gekenn-   *forschung*
zeichnet, daß die Mitglieder des untersuchten Subsystems nicht nur Objekt
der Forschung sind, sondern als Subjekte aktiv am Forschungsprozeß
teilnehmen. Sie und die sozialwissenschaftlichen Forscher zielen hierbei
auf gemeinsame Selbstveränderung und auf die praktische (politische)
Lösung der untersuchten sozialen Probleme. Dementsprechend findet die
Auswahl des zu untersuchenden Problems sowohl unter theoretischen
als auch unter praktisch-politischen Gesichtspunkten statt. Bei der Aus-
und Verwertung der Forschungsergebnisse sollen die Subjekte – Objekte
der Aktionsforschung beteiligt sein." (LUDES 1977)

Aktionsforschung weist eine Reihe gemeinsamer Momente auf mit
der Supervision und der Institutionenberatung, wie sie vor allem in
der Sozialpädagogik bekannt sind. Gegen die Aktionsforschung
gibt es mehrere Einwände, allerdings hat sie auch für die konventionelle Forschung klärende Impulse geliefert. Es ist nicht davon
auszugehen, daß sie die herkömmlichen Theorieansätze und Forschungsmethoden ersetzen kann. (Vgl. auch DIESSENBACHER
1980)

2. Forschungsmethoden der Erziehungswissenschaft

An anderer Stelle haben wir festgestellt, daß die Pädagogik über   *Ausgangslage*
Jahrhunderte keine selbständige wissenschaftliche Disziplin war,
sondern mehr oder weniger ein Anhängsel von Theologie und

Philosophie. So ist es nicht verwunderlich, daß es eine speziell pädagogische Forschungsmethode nicht gab, sondern daß in der Pädagogik die geisteswissenschaftlichen Ansätze für die Erkenntnisgewinnung richtungsweisend blieben. Die geisteswissenschaftlich ausgerichteten Methoden, deren sich auch gegenwärtig noch vor allem die Philosophie, Ethik und Theologie bedienen, sind im wesentlichen mit den Begriffen „Hermeneutik", „Dialektik" und „Phänomenologie" verbunden.

Bereits im 18. Jahrhundert zeigen sich in der Pädagogik konkrete Bestrebungen, von der philosophisch einseitigen Festlegung der Erkenntnismethoden abzukommen und die sog. *empirischen Forschungsmethoden,* wie z. B. Beobachtung und Experiment, stärker einzubeziehen. So forderte ERNST CHRISTIAN TRAPP (1745–1818) 1779 in seiner Antrittsvorlesung in Halle (er hatte die erste Professur speziell für Pädagogik), daß die Pädagogik eine pragmatische, am Handlungsvollzug sich orientierende Wissenschaft werden müsse, mag sie andererseits auch, z. B. in der Normen- und Zielfrage, eine philosophisch mit-bestimmte Wissenschaft sein. Den empirisch ausgerichteten Methoden ist aber erst im 20. Jahrhundert der generelle Durchbruch und die allgemeine Anerkennung gelungen, wenn auch derzeit noch viele Fragen offen sind bzw. neue sich ergeben.

Die unterschiedliche *Ausgangslage* der beiden Richtungen der Pädagogik – geisteswissenschaftliche und empirische Pädagogik – läßt sich vereinfacht etwa so formulieren:

geisteswissenschaftliche Pädagogik

– Die *geisteswissenschaftliche Pädagogik* versucht mit der ihr eigenen Methode der Hermeneutik[37] Erkenntnisse zu gewinnen über pädagogische Fragestellungen wie:
- Was läßt sich über den Sinn und das Wesen des Menschen aussagen?
- Wie lassen sich Sinn und Wesen z. B. der Schule, des Unterrichts, der Erziehung oder der Jugend ermitteln?
- Worin liegt die Bedeutung der Erziehungsziele, der Normen, der pädagogischen Institutionen, der gesellschaftlichen Struktur?

---

[37] Der Begriff „hermeneutisch" (griech.) bedeutet insbesondere: erklären, darstellen, auslegen, verstehen, deuten.

Hermeneutische Methoden waren und sind in der Pädagogik vor allem immer dann gefragt, wenn es darum geht z. B. pädagogische Texte, aber auch die geschichtlich entstandene Erziehungswirklichkeit zu *verstehen:* pädagogische Sachverhalte wie die Erziehung selbst oder die Schule z. B. müssen sachgerecht interpretiert, ausgelegt oder gedeutet werden. Dabei ist immer vom Ganzen auf den Teil zu schließen und vom Teil erschließt sich das Ganze. Menschliche Verhaltensweisen – sagt z. B. der Pädagoge DILTHEY (1833–1911) – sind nur im Verstehen zugänglich: eine ausschließlich rationale Erklärung wird von den Hermeneutikern abgelehnt, da bei allen pädagogischen Phänomenen die normativen, historischen, sozialen und emotionalen Bedingungen eine wesentliche Rolle spielen. Diese aber müssen in der realen Erziehungswirklichkeit angemessen interpretiert werden, denn die Freiheit des lebendigen Menschen verschließt sich wesensmäßig dem totalen rationalen Erfassen. Warum ein Individuum in seiner Freiheit das eine tut oder ein anderes läßt, können wir nur verstehen, nicht aber methodisch, rational in all seinen Bedingungen erklären.

hermeneutische Methoden

Diese Möglichkeit pädagogischer Forschung setzt an der Realität an, versucht die Praxis zu erfassen und will letztendlich *erklären,* welche Zusammenhänge, Wechselwirkungen und Abhängigkeiten erfaßt werden müssen, um eine vorgefundene Praxis zu verbessern oder um neue Perspektiven eröffen zu können.

Der empirisch orientierten Pädagogik dagegen geht es weniger um Sinn- und Wesensfragen, als vielmehr um von jedem überprüfbare Erkenntnisse, die sich aufgrund von exakten Analysen der Realität ergeben. Eines ihrer Hauptanliegen ist die Lenkung und Kontrolle von Erziehungs- und Bildungsprozessen, z. B. die Überprüfung von genau formulierten Lernzielen.

empirische Pädagogik

Empirische Methoden waren vor allem gefragt, wenn es z. B. um die Lösung folgender pädagogischer Fragestellungen ging:
- Welche praktischen Konsequenzen ergeben sich aus Modellversuchen im Kindergarten, in Schule oder Hochschule?
- Wie wirken sich einzelne Erziehungspraktiken auf Kinder aus?
- Welche didaktischen, methodischen oder personellen Voraussetzungen müssen gegeben sein, um das Lehren und Lernen in bestimmten Institutionen zu verbessern?

Die empirisch ausgerichtete Pädagogik fand in den letzten Jahren immer stärkere Anerkennung, weil man an (mindestens) zwei kritischen Fragen nicht mehr vorbei konnte und in Zukunft auch nicht mehr vorbei darf:

1. *Theorie-Praxis-Frage:* Wie kann in der Pädagogik die Kluft zwischen freischwebendem Philosophieren, Spekulieren und Interpretieren einerseits und den praktischen Alltagserfahrungen und -problemen andererseits überbrückt werden? (DOHMEN 1970, S. 18)
2. *Methoden-Frage:* Wie kann man in der Pädagogik „vom bloßen ‚Meinen' und vom subjektiven ‚Deuten' begrenzter Erfahrungen endlich zur wissenschaftlich zuverlässigen, gesicherten, objektiveren, exakteren Erkenntnis von Tatsachen, Faktoren, Wirkungszusammenhängen und Bedingungskomplexen kommen"? (DOHMEN 1970, S. 18)

Im folgenden werden wir die hauptsächlichen Grundzüge der hermeneutischen und der empirischen Forschungsmethode darstellen. In einer notwendigerweise vereinfachenden Form können Einzelausprägungen bestimmter Richtungen nicht berücksichtigt werden.

2.1. Die hermeneutische Forschungsmethode

Hermeneutik

In zwei Gebieten ist die Pädagogik immer schon zu Ergebnissen gekommen, die man als „wissenschaftlich gewonnen" ansehen muß, nämlich bei der Erforschung der Geschichte der Pädagogik und bei der Interpretation pädagogischer Literatur. Dazu wurde die Methode der *Hermeneutik* angewandt. Der Hermeneutik geht es im pädagogischen Bereich hauptsächlich um die folgenden Aspekte:

Analyse der Erziehungswirklichkeit

a) *Hermeneutik betrachtet als ihr Objekt die historisch entwickelte „Erziehungswirklichkeit" und richtet ihr Interesse auf deren Analyse.* – Dabei wird deutlich, daß sie nicht voraussetzungslos arbeitet. Gegenstand des hermeneutisch orientierten Forschers sind grundsätzlich alle pädagogischen Phänomene, die für den Praktiker wie auch für den Erziehungswissenschaftler von Interesse sein können, wie Normen, Ziele, Inhalte, Institutionen, Medien, Methoden oder auch anthropogene und sozio-kulturelle Bedingungen der Erziehung. Es ist nun jedoch eine wichtige Erkenntnis, daß pädagogische Sachverhalte von Menschen mit irgendeinem Interesse, also mit bestimmten Zielsetzungen und mit historisch-gesellschaftlich bedingten Vorstellungen hervorgebracht wurden. Sie sind also nicht einfachhin voraussetzungslos vorhanden. – Hermeneutik vollzieht sich

322

aber auch noch unter einem anderen Gesichtspunkt nicht voraussetzungslos: der Wissenschaftler selbst, also der Hermeneutiker, wird in seinem Erkenntnisinteresse je nach seiner vorausgegangenen Erfahrung geleitet, und dementsprechend werden seine Ergebnisse ausfallen können.

b) *Hermeneutik sieht als ihre Aufgabe die Auslegung von „Texten" an.* – Die der Erziehungswirklichkeit zugrunde liegenden Wertungen und Meinungen, die Sinngebung oder der Bedeutungsgehalt von erziehungswissenschaftlichen Gegenständen wurde meist in Dokumentationen bzw. in „Literatur", also in „Texten" festgehalten. Den Begriff „Text" meint die Hermeneutik aber in einem weiten Sinne. Als auszulegender „Text" kann z.B. auch eine konkrete pädagogische Situation verstanden werden. „So wie die Hermeneutik im wörtlichen Sinn die methodisch entwickelte Auslegungskunst sprachlicher Texte ist, so betrachtet auch die Pädagogik die Gebilde der Erziehungswirklichkeit als einen ‚Text', den es für das Verständnis richtig auszulegen gilt" (BOLLNOW 1951, S. 930). Für den Hermeneutiker stellt sich dann die konkrete Frage, wie die wissenschaftliche, d.h. die methodisch einwandfreie, vor allem intersubjektiv nachprüfbare Auseinandersetzung mit solchen „Texten" zu erfolgen habe.

Auslegung von Texten

c) *Der Hermeneutik geht es um die Sinndeutung.* – WILHELM DILTHEY (1833–1911) hat als erster eine Analyse des Begriffes „Hermeneutik" durchgeführt. Nach ihm ist zu unterscheiden zwischen dem „Erklären" von Phänomenen (das sei das Anliegen der Naturwissenschaften) und dem „Verstehen" (das sei das Anliegen der Geisteswissenschaften). Verstehen heißt: den Sinn, die Bedeutung sprachlicher Erscheinungen, geschichtlicher Ergebnisse, pädagogischer Institutionen usw. in ihrer Zeit und aus ihrer Zeit heraus zu erfassen: Grundaufgabe des „Verstehens" ist es, Zusammenhänge darzustellen, das Individuelle einer Aussage und das Allgemeine einer zeitgeschichtlichen Situation wechselseitig aneinander zu überprüfen und eine angemessene Interpretation zu geben.

Sinndeutung

d) *Neue Begriffe und Prinzipien der Pädagogik.* – Mit hermeneutischen Aufgaben haben wir es aber auch dann zu tun, wenn es um die Entwicklung und Klärung von „neuen" Begriffen und Prin-

Begriffsbildung

zipien der Pädagogik geht. Im Rückgriff auf die historischen Quellen, die pädagogischen Bewegungen und die Äußerungen der „großen Pädagogen" soll die Hermeneutik entscheidende Beiträge leisten. So kann es beispielsweise für die Lösung von Erziehungsfragen der Gegenwart sehr aufschlußreich sein, wenn man sich mit SCHLEIERMACHERS Straftheorie oder etwa mit den Ansichten des COMENIUS zur frühkindlichen Erziehung auseinandersetzt. „Wer sich der historischen Dimension der erziehungswissenschaftlichen Probleme, Institutionen, Begriffe usw. bewußt ist, der hat meist auch differenziertere Kategorien für das Erfassen der pädagogischen Fragen der Gegenwart." (DOHMEN 1970, S. 21)

Hypothesen-bildung

e) Weiterhin handelt es sich bei der *Gewinnung von Hypothesen, die an der Realität überprüft werden sollen,* um ein typisch hermeneutisches Verfahren, wie man schließlich auch bei der Datenauslegung nach den Grundsätzen der Hermeneutik vorgeht. (Vgl. S. 322f.)

Es müßte hier deutlich werden, daß eine wissenschaftlich orientierte Pädagogik ohne die Berücksichtigung der Prinzipien des hermeneutischen Verfahrens überhaupt nicht auskommen kann. Insofern ist es sicherlich nicht ganz berechtigt gewesen, wenn mit dem Zuwachs an Anerkennung, den die empirischen Methoden in den letzten Jahren verzeichnen konnten, manchmal etwas verächtlich auf „den Hermeneutiker" hinabgeblickt wurde.

2.2. Die empirische Forschungsmethode

Erfahrungs-wissenschaft

„Eine der ansprechendsten Ideen unseres Jahrhunderts ist die Vorstellung, daß die Wissenschaft zur Lösung sozialer Probleme herangezogen werden kann. Wenn die Physik des 18. Jahrhunderts uns den Ingenieur gab und die Biologie des 19. Jahrhunderts den modernen Arzt, so träumt die Sozialwissenschaft des 20. Jahrhunderts davon, der Menschheit den Sozialpraktiker geben zu können, der sich in wissenschaftlicher Weise mit den sozialen Problemen befaßt" (ZETTERBERG 1967, S. 96f.).

Die sog. „empirischen" oder erfahrungswissenschaftlichen Methoden wurden weitgehend durch die Naturwissenschaften entwickelt und von den Sozial- und Verhaltenswissenschaften (vor allem der

Psychologie und Soziologie) übernommen. In diesem Zusammenhang wird von einer speziellen, nicht dem alltäglichen Sprachgebrauch entsprechenden Bedeutung von „Erfahrung" ausgegangen: Es geht nicht um die sogenannten Erfahrungen der pädagogischen Praktiker, auf die sich Eltern, Lehrer oder Erzieher gerne berufen. Diese sind subjektiv, begrenzt und unsystematisch und können nicht als verläßliche Basis für weitreichende Entscheidungen dienen. Sie kommen jeweils unter äußerst verschiedenen Bedingungen zustande, oft sind ihre Voraussetzungen sogar unbekannt oder nicht mehr analysierbar. „Gegenüber einer zufällig-subjektiv-begrenzten Einzelerfahrung geht es bei der hier gemeinten ‚Erfahrungswissenschaft' um eine systematisch ausgebaute, methodisch-kritisch kontrollierbare Erfahrung . . ." (DOHMEN 1970, S. 22).

Erfahrungswissenschaftliche Methoden gewannen unter anglo-amerikanischem Einfluß auch in Deutschland immer mehr an Bedeutung. Ihre Methoden wie Beobachtung, Experiment[38], Befragung, Test und die statistischen Prüfverfahren wurden lange Zeit als Eingriff in ein Feld betrachtet, in dem die Geisteswissenschaft dominierte. Die empirischen Forschungsmethoden zielen auf einen Erkenntnisgewinn ab, der sich vorrangig an den naturwissenschaftlichen Kennzeichen von „Wissenschaftlichkeit" und an Gütekriterien der Testtheorie orientiert. *Methoden und Kriterien*

An wissenschaftliche Untersuchungen, insbesondere an die verschiedenen Testverfahren werden ganz bestimmte *Gütekriterien* angelegt. Zu den drei Hauptkriterien gehören Objektivität, Zuverlässigkeit und Gültigkeit, als Nebenkriterien werden u. a. Vergleichbarkeit, Ökonomie und Nützlichkeit genannt. *Gütekriterien*

- *Objektivität:* darunter versteht man „den Grad, in dem die Ergebnisse eines Tests unabhängig vom Untersucher sind. Ein Test wäre demnach vollkommen objektiv, wenn verschiedene Untersucher bei denselben Probanden zu gleichen Ergebnissen gelangten." (Pädagogische Psychologie, 12 a, 1974, S. 30)
- *Zuverlässigkeit (Reliabilität):* darunter versteht man „den Grad der Genauigkeit, mit dem der Test ein bestimmtes Persön-

---

[38] Bei einem Experiment geht es um die planmäßige Veränderung einer bzw. mehrerer Variablen und deren Wirkungskontrolle; dies ist das exakteste, anspruchsvollste, eindeutigste, aber auch aufwendigste Forschungsarrangement.

lichkeits- oder Verhaltensmerkmal mißt, gleichgültig, ob er dieses Merkmal auch zu messen beansprucht." (Pädagogische Psychologie, 12a, 1974, S. 46)

- *Gültigkeit (Validität):* darunter versteht man „den Grad der Genauigkeit, mit der dieser Test dasjenige Persönlichkeitsmerkmal oder diejenige Verhaltensweise, das (die) er messen soll oder zu messen vorgibt, tatsächlich mißt." (Pädagogische Psychologie, 12a, 1974, S. 17)
- *Vergleichbarkeit:* liegt zum Beispiel dann vor, wenn verschiedene Paralleltestformen eines Tests vorliegen und man mit diesen zu gleichen Ergebnissen kommt.
- *Ökonomie:* ein Test ist dann ökonomisch, wenn er z.B. eine kurze Durchführungszeit und wenig Material beansprucht, einfach, schnell und als Gruppentest einsetzbar ist.
- *Nützlichkeit:* ein Test ist dann nützlich, wenn er z.B. ein Persönlichkeitsmerkmal mißt, für dessen Untersuchung ein praktisches Bedürfnis besteht.

Wer Pädagogik als „empirische Erziehungswissenschaft" versteht, argumentiert z. B. folgendermaßen:

„Wir sprechen bei der Erziehungswissenschaft von einer Disziplin, deren Hauptaufgabe es ist, die verschiedensten Erziehungsvorgänge im Hinblick auf ihre Gesetzmäßigkeiten, ihre Bedingungen und Grenzen, ihre Institutionen, Methoden und Wirkungsfaktoren aufzuhellen. Wenn es nicht gelingt, diese zentrale Aufgabe wissenschaftlich, d.h. mit einem kritischen Voraussetzungs- und Methodenbewußtsein und auf eine Weise, die der intersubjektiven Nachprüfung zugänglich ist, zu bewältigen, dann ist der Begriff ‚Erziehungswissenschaft' nicht gerechtfertigt" (vgl. DOHMEN 1970, S. 22).

2.2.1. Wie geht man in der empirischen Forschung vor?

Im folgenden werden wir die einzelnen aufeinanderfolgenden Schritte eines Forschungsvorhabens beschreiben und dann am Beispiel verdeutlichen.

Fragestellung 1. *Am Anfang jedes Forschungsprozesses steht ein Problem,* das sich aus der Theorie, oder aber, wie es wohl meist der Fall ist, aus der Praxis ergeben kann. Aufgrund von Beobachtungen oder von Aussagen der einschlägigen Literatur gilt es, einzelne Einflußgrößen (Variablen), von denen andere Größen (abhängige Variablen)

326

vermutlich beeinflußt werden, herauszufinden. Z. B. beschäftigen sich Praktiker, Theoretiker und Produzenten seit Jahren in gleicher Weise mit der Frage: Beeinflussen Medien wie Tonfilm und Tonbildschau den Lernerfolg im Unterricht? Man darf von der Vermutung ausgehen, daß das Alter und die Intelligenz der Adressaten, die Unterrichtsthematik und die Länge der Darbietungen die Wirksamkeit von Medien mit bestimmen. Diese Annahmen konnten verschiedenen Berichten der mediendidaktischen Literatur entnommen werden; dabei fiel auch auf, daß empirische Untersuchungen zu dieser Fragestellung fast völlig fehlen.

2. *Es werden sodann eine oder mehrere Hypothesen (Vermutungen bzw. theoretische Annahmen) formuliert,* in denen zum Ausdruck kommt, daß zwischen der ausgewählten Fragestellung und einem oder mehreren Faktoren eine logische Verbindung besteht.   *Hypothesen-bildung*
Z. B. könnte man die folgenden Hypothesen formulieren:

a) Der Lernerfolg bei Schülern des sechsten Schuljahres wird unterschiedlich sein, je nachdem ob im Geographieunterricht ein Farbfilm, Schwarzweißfilm oder eine Tonbildschau Verwendung findet.

b) Jungen und Mädchen werden sich unter diesem Aspekt nicht in bezug auf Lernen, Behalten und Vergessen unterscheiden.

c) Den Schülern ist es dabei gleichgültig, mit welchen Medien sie unterrichtet werden.

3. *In einem nächsten Schritt entscheidet man, mit welchen empirischen Methoden – Beobachtung, Test, Experiment und dergleichen – die aufgestellten Hypothesen überprüft werden sollen.* Es wird eine entsprechende Untersuchung geplant, der Versuchsplan aufgestellt und dann die Untersuchung unter Berücksichtigung der methodischen Voraussetzungen durchgeführt. Die in den Hypothesen formulierte Theorie wird also jetzt an der Wirklichkeit erprobt. In unserem Beispiel wären somit die folgenden Arbeitsgänge erforderlich: *Durchführung*

- Mittels eines lernzielorientierten Tests und mittels einer Meinungsbefragung werden die Hypothesen überprüft.
- Die Anzahl der zu untersuchenden Klassen wird festgelegt und die Teilnehmer werden nach dem Prinzip des Zufalls bestimmt.
- Einige Klassen, die nach Kenntnisstand, Intelligenz und Alter

327

etwa gleich sind, sehen den Farbfilm, die übrigen Versuchs-
klassen die anderen Medien.

Die Bedingungen (z. B. die Unterrichtszeit), unter denen der Test
durchgeführt wird, legt man fest und hält sie unverändert.

Auswertung 4. *Auf der vierten Stufe wird das gewonnene Datenmaterial ausgewertet;* die Ergebnisse dienen als Entscheidungsgrundlage dafür,
ob die eingangs formulierten Hypothesen stimmen (also verifiziert
wurden) oder aber ob sie aufgrund der gefundenen Resultate verworfen werden müssen (also falsifiziert wurden). Schließlich sind
die Ergebnisse noch zu interpretieren und die Frage zu prüfen, inwieweit die Aussagen verallgemeinert werden dürfen. Wurden die
Hypothesen verifiziert, so kann man zunächst einmal mit dieser
Theorie arbeiten. Allerdings nur bis auf Widerruf: Auch solche,
durch empirische Methoden abgesicherten Ergebnisse, müssen
also keine zeitlose Gültigkeit besitzen, sondern können einmal wieder verworfen werden. Es können sich z. B. die Intelligenzbedin-
gungen oder andere Voraussetzungen von Schülern ändern; oder
es können ganz neue, bislang der empirischen Forschung unzu-
gängliche Einflußgrößen gefunden werden, die den Forscher zwingen, eine einmal exakt erforschte Aussage mehr oder weniger
stark zu modifizieren.

Interpretation Auf unser Beispiel übertragen heißt dies: Die erhobenen Daten
müssen nun möglichst objektiv ausgewertet und nach festliegenden testpsychologischen Kriterien „verarbeitet" werden. Es ergab
sich in der von uns durchgeführten Studie, aus der diese Angaben
entnommen sind (vgl. E. SCHINZLER), u. a., daß Mädchen beim
Medieneinsatz im Unterricht schlechtere Lernergebnisse erzielen
als Jungen. Die aufgestellte Hypothese b) mußte somit falsifiziert
werden. Dennoch ergeben sich zu diesem Aspekt eine Reihe weiterer Fragen, vor allem die, ob das gefundene Ergebnis verallgemeinert werden darf. Kann man z. B. Schlüsse ziehen

- von den untersuchten Medien auf alle Medien?
- von einer bestimmten Altersstufe auf alle Jahrgänge?
- von einer Schulart auf alle möglichen Schultypen?
- von den ausgewählten Schülern einer bestimmten Region auf
  alle Schüler in der Bundesrepublik?

328

2.3. Einwände gegen die Empirie

Vor allem Vertreter der philosophisch-geisteswissenschaftlichen Pädagogik (W. FLITNER, LITT, DILTHEY, NOHL, WENIGER) haben gegen die stark an den Naturwissenschaften orientierte erfahrungswissenschaftliche Forschung Einwände geltend gemacht: *Kritik*

- Die sogenannten pädagogischen „Tatsachen" stehen schon immer in einem Lebens- und Sinnzusammenhang. Die Empirie löst nun Einzelfaktoren aus den Zusammenhängen, um sie statistisch erfassen zu können. Diese Isolierung ist nicht immer hilfreich, oft sogar unstatthaft. So sagt z. B. LITT, daß die Individualität eines Schülers eine Ganzheit sei und nicht eine Kombination von herausanalysierbaren, einzelerforschbaren Elementen.

- Alles pädagogische Fragen und Forschen unterliegt gewissen Voraussetzungen und einem Vorverständnis; somit kann es keine vollkommen „objektiv-feststellenden" empirischen Untersuchungen geben. W. FLITNER betont (in DOHMEN 1970, S. 24): „Diese Wissenschaften sind nicht voraussetzungslos, sie entstehen aus vorwissenschaftlich erfahrener Wahrheit, wie sie im handelnden Leben selbst gefunden und bewährt wird."

- Der grundsätzliche Einwand richtet sich gegen die Möglichkeit der empirischen Forschung überhaupt, da es ja bei der Erziehung des Menschen um mehr als nur objektive Feststellungen gehe. „Gerade da, wo es, wie vielfach bei der Erforschung der Erziehungswirklichkeit, um das Erfassen von Sinn- und Wesenszusammenhängen geht, kommen seelisch-gefühlshafte Erkenntniskräfte mit ins Spiel, die nicht so allgemein sind wie der „formale Intellekt" (BOLLNOW in DOHMEN 1970, S. 24).

2.4. Hermeneutik und Empirie: Notwendigkeit der Methodenintegration

Nach langjährigem, z. T. äußerst heftig und polemisch geführtem Streit sind sich die Exponenten der beiden großen Lager der wis- *Ergänzungsbedürftigkeit*

329

senschaftlichen Pädagogik (Erfahrungs- und Geisteswissenschaftler) heute ihrer gegenseitigen Ergänzungsbedürftigkeit stärker bewußt. So erhebt die erfahrungswissenschaftlich ausgerichtete Erziehungswissenschaft keineswegs den Anspruch, das Gesamtfeld der traditionellen Pädagogik mit ihren Methoden erfassen zu können. Die Frage nach dem Sinn und Ziel erzieherischen Handelns, nach den Normen und den historisch-kulturellen Voraussetzungen können kaum mit erfahrungswissenschaftlichen Methoden allein bewältigt werden. Insofern wird die Empirie der erziehungsphilosophischen und der erkenntnistheoretischen Reflexion wie auch der geisteswissenschaftlichen Hermeneutik eine besondere Bedeutung zumessen müssen. Man muß BREZINKA deshalb zumindest teilweise Recht geben, wenn er bemerkt: „Es scheint sich so zu verhalten, daß nur die weniger wichtigen Nebenfragen einer am Modell der empirischen Sozialforschung orientierten Methodik zugänglich sind, während sich ihr die zentralen Probleme entziehen". (1964, S. 204). Andererseits wird von den Geisteswissenschaftlern zunehmend das Bemühen und Gelingen der Empirie anerkannt. Man ist sich immer mehr der Tatsache bewußt, daß das methodische Instrumentarium und die globalen Exaktheitsansprüche der natur- und sozialwissenschaftlichen Forschung nicht einfach auf die erziehungswissenschaftliche Forschung zu übertragen sind. Ein so komplexes und vielschichtiges Problemfeld wie das der Erziehung kann man nicht sinnvoll mit einer einzigen Forschungsmethode erfassen.

Methoden-
integration

„Die besonderen Schwierigkeiten, die sich bei der Inangriffnahme der zentralen Aufgabe einer Aufhellung der Wirkungszusammenhänge der Erziehung . . . einstellen, zwingen auf beiden Seiten zu der Einsicht, daß hier alle einfachen einseitigen Lösungsversuche der Situation nicht gerecht werden können und daß es deshalb darauf ankommt, alle möglichen Gesichtspunkte und Methoden zu nutzen, empirische wie philosophische, statt sie als einander ausschließende Alternativen anzusehen" (DOHMEN 1970, S. 28).

Es ist das Verdienst der Geisteswissenschaftler DILTHEY, NOHL und WENIGER, daß sie als gemeinsame, von allen akzeptierbare Basis der Forschung *„die Erziehungswirklichkeit"* aufgetragen haben. H. ROTH, einer der exponierten Vermittler zwischen den beiden hier dargestellten Forschungsmethoden, sieht es als den besonderen Auftrag der Erziehungswissenschaft an, die Erziehungswirklichkeit zu kontrollieren und zu steuern, indem der

„ständige Kreislauf zwischen Idee und Wirklichkeit, Normen und Tatsachen, Utopien und Erfahrungen" erfaßt wird. „Es geht um die Leitung, Kontrolle und Anreicherung des gesamten Lebens und Wirkungszusammenhanges zwischen gegebenen pädagogischen Ausgangslagen, erstrebten Zielen und vermittelnden Methoden" (ROTH 1964, S. 183).

Literatur

Danner, H., Methoden geisteswissenschaftlicher Pädagogik, München 1979

Lenzen, D. (Hrsg.), Pädagogik und Alltag, Stuttgart 1980

Marburger, H,., Entwicklung und Konzepte der Sozialpädagogik, München 1979
Moser, H., Aktionsforschung, München 1975

Topitsch, E. (Hrsg.), Logik der Sozialwissenschaften, Köln 1972

Rössner, L., Erziehungs- und Sozialarbeitswissenschaft, München/Basel 1977

Schrader, A., Einführung in die empirische Sozialforschung, Stuttgart/Berlin/ Köln/Mainz 1971

Wulf, Ch., Theorien und Konzepte der Erziehungswissenschaft, München 1978

XII. DIE PÄDAGOGIK UND IHRE NACHBAR-DISZIPLINEN

XII. DIE PÄDAGOGIK UND IHRE NACHBAR-DISZIPLINEN

Abgrenzung der Pädagogik

Von Studierenden der Pädagogik wird oft die Frage gestellt: „Was ist eigentlich Pädagogik? Wie soll sie z. B. gegenüber der Psychologie oder der Soziologie abgegrenzt werden?" Ist es nicht ganz einfach so, daß Pädagogik eine Zusammenfassung, eine Integration verschiedener Sozial- und Verhaltenswissenschaften darstellt? Diese Frage scheint gar nicht so unberechtigt, da auch in pädagogischen Veranstaltungen manchmal über entwicklungs- oder lernpsychologische Fragen, über gesellschaftspolitische oder ausgesprochen soziologische Probleme diskutiert wird. Bei der Erörterung der Normenproblematik z. B. könnte man sich eher in einer philosophischen oder theologischen, vielleicht auch einer speziell politologisch-soziologischen Veranstaltung als in einer pädagogischen fühlen. Hier soll es nun nicht speziell um die verschiedenen Objekte, die Gegenstandsbereiche der Erziehungswissenschaft selbst gehen (vgl. S. 315 ff.), sondern um die Frage des Verhältnisses der Pädagogik zu anderen wissenschaftlichen Disziplinen, wie z. B. der Psychologie, Soziologie, Medizin, Politologie etc.

1. Schulfähigkeit als Beispiel für die interdisziplinäre Betrachtungsweise

Am Beispiel der Frage der Schulfähigkeit[39] wollen wir einen konkreten Bezug für die folgenden Ausführungen herstellen: Wird

---

[39] Wir verwenden hier den Begriff *Schul-„fähigkeit"*, obwohl vielerorts – auch in der wissenschaftlichen Literatur – immer noch der Begriff *Schul-„reife"* benutzt wird. Dem traditionellen Konzept der „Schulreife" liegt eine eindimensionale Betonung der Ausformung organischer Grundlagen und ererbter Potentiale zugrunde. In Wirklichkeit ist Schulreife nicht ein auf endogenen Faktoren beruhender Entwicklungsstand, also kein Reifeproblem. Sie erweist sich vielmehr als ein von pädagogischen Maßnahmen abhängiges Phänomen.

334

Schulfähigkeit nicht pauschal und ironisierend als das bestimmt, „was eintritt, wenn man Kinder in die Schule schickt", so sind es im wesentlichen drei Kriterien, die in sogenannten „Schulreifeuntersuchungen" gewöhnlich für bedeutsam gehalten werden: der körperliche (somatische), der intellektuelle oder kognitive und der soziale bzw. emotionale Aspekt.

1.1. Der somatische Aspekt

Diese Dimension der Schulfähigkeit wird gewöhnlich mit Hilfe medizinischer Anamnesebögen angegangen. Seit den Untersuchungen des Arztes W. ZELLER werden entwicklungsbedingte Veränderungen, die um das 6. Lebensjahr stattfinden, als „erster Gestaltwandel" bezeichnet. Wachstumsprozesse führen in diesem Alter zu äußerlich sichtbaren Veränderungen der Proportionen: Arme und Beine strecken sich, Gelenke und Muskeln werden sichtbar, der walzenförmige Rumpf wird durch die Taille gegliedert. Im Vergleich zur vorangehenden Form beträgt die Körperlänge das 6fache (bislang das 5fache) der Kopflänge: die ganze Gestalt wird schlanker, somatisch gesehen wird die „Kleinkindform von der Schulkindform" abgelöst (HENNESBERGER 1972, S. 128).

erster Gestaltwandel

Vom medizinischen Standpunkt aus wurde lange Zeit die Schulfähigkeit vor allem (bei sonst normalem Gesundheitszustand) dadurch festgestellt, ob der Empfänger mit der rechten Hand, wenn er den Arm über den Kopf hinweg beugt, das linke Ohr erreicht und umgekehrt (die sog. Philippiner-Probe). Aufgrund von Längsschnittuntersuchungen weiß man heute jedoch, daß das 6. Lebensjahr keinen Fixpunkt für das Auftreten dieser somatischen Veränderung darstellt: Sie können je nach Beschleunigung (Akzeleration) bzw. Verzögerung (Retardation) der Wachstumsprozesse zwischen dem 5. und 7. Lebensjahr auftreten. Zum zweiten darf man nicht mehr davon ausgehen, daß eine Gleichzeitigkeit bestehe zwischen „körperlicher Reife" und „Reife" aller Persönlichkeitsfaktoren im intellektuellen, emotionalen und sozialen Bereich. Zwar können Hinweise der Medizin für die Entscheidung über die Schulfähigkeit hilfreich sein, jedoch dürfen medizinische Daten allein keine Basis für die Erziehung darstellen, um die Frage nach der Einschulung zu beantworten.

335

Dem körperlichen Gesundheits- und Entwicklungsstand kommt jedoch nach wie vor eine nicht zu vernachlässigende Bedeutung für Erfolg bzw. Versagen in den Eingangsklassen zu. Bei der Feststellung der Schulfähigkeit unter medizinischem Gesichtspunkt müßte der Arzt die folgenden Fragen beantworten können:

- Ist das Kind gesund, und ist es aufgrund des körperlichen Entwicklungsstandes den psycho-physischen Belastungen in der Schule gewachsen?
- Lassen körperliche Gebrechen eine spätere Einschulung oder die Einweisung in eine Sondereinrichtung ratsam erscheinen?
- Ist aufgrund von Seh-, Hör-, Sprachstörungen oder einer Hirnschädigung eine spezielle heil- oder sonderpädagogische Betreuung erforderlich?

Über das Problem der Schulreife hinaus sind *medizinische Erkenntnisse* für eine Reihe pädagogischer Fragestellungen – vor allem für die Heilpädagogik – von besonderer Bedeutung, z. B. für:

- *die Intelligenzforschung:* die Befunde der Humangenetik, der Hirn- und Zwillingsforschung haben der Intelligenz- und Begabungsforschung wertvolle Impulse verliehen.
- *die Diagnose somatischer Schädigungen:* Eine frühkindliche Hirnhautentzündung kann entscheidende Folgen für die Gesamtentwicklung haben, z. B. bei Spastikern. Je früher nun eine ärztliche Diagnose vorhanden ist um so besser und erfolgreicher kann pädagogisch mit solchen Kindern gearbeitet werden.
- *die ärztliche Betreuung:* Dies gilt natürlich im besonderen Maße für körperlich und psychisch behinderte Kinder, wo – je nach Schwere der Krankheit – vorangehende medizinische Maßnahmen oft erst pädagogische Hilfen ermöglichen (Contergankinder, Seh-, Geh- oder Hörbehinderte).

1.2. Der intellektuelle Aspekt

*Schulreife-
test*

Zur Fragestellung der *kognitiven Schulreife* wurden verschiedene *Schulreifetests* entwickelt, z. B. der Göppinger Schuleignungstest (KLEINER); der Auslesetest für Schulneulinge (WALTER); das Mann-

336

heimer-Schuleingangs-Diagnostikum, MSD (JÄGER); der Grundleistungstest zur Ermittlung der Schulreife (KERN); der Reutlinger Test für Schulanfänger, RST (KRATZMEIER); die Weilburger Testaufgaben für Schulanfänger, WTA (HETZER/TENT).

Testverfahren zur Feststellung der Schulfähigkeit sollen neben der allgemeinen Intelligenz die Ausprägung einzelner Intelligenzfaktoren erfassen, z. B. räumliches Vorstellungsvermögen, Wortschatz, Sprachverständnis, Merkfähigkeit, Konzentrationsvermögen etc. Daneben werden vor allem die Gliederungsfähigkeit, das Auffassen von Mengen oder die genaue Unterscheidung von Größen geprüft, um so die Voraussetzungen für das Erlernen des Lesens, Schreibens und Rechnens zu testen[40]. Es ist nun klar, daß über Konstruktion, Anwendung und Auswertung von Tests primär testpsychologische Kriterien entscheiden. Die sog. *Testpsychologie* hat sich innerhalb der Psychologie zu einem sehr wichtigen Forschungszweig entwickelt. In den meisten Fällen können aber Pädagogen wegen ausbildungsbedingter mangelnder Sachkenntnis kaum etwas Kritisches zu Schulreifetests anmerken. Dies vor allem deshalb, weil ihnen die statistischen Grundlagenkenntnisse zur Bewertung von Tests fehlen. Sie bekommen lediglich Testergebnisse an die Hand, ohne aber Bedingungen, Voraussetzungen oder Interpretationskriterien zu kennen. Vielen Schulreifetests liegen nun aber ganz bestimmte lernpsychologische oder wahrnehmungspsychologische Vorannahmen zugrunde. Ebenso muß damit gerechnet werden, daß spezifische Vorstellungen über die Konstrukte „Intelligenz", „Begabung" oder „Lernen" in den Test eingegangen sind. Für die Pädagogik kann es nun unserer Meinung nach nicht darum gehen, wegen solcher Schwierigkeiten auf Daten zu verzichten, die die Psychologie liefert. Es können so durchaus wertvolle und wesentliche Einsichten im Zusammenhang mit der Schulfähigkeit vermittelt werden, wie z. B. Stand der kognitiven, motorischen und

Testpsychologie

Aussagefähigkeit

---

33 Eine ausführliche Besprechung und kritische Darstellung der verschiedenen Tests kann hier nicht gegeben werden; vgl. dazu: CORDT, W. K. und WALTER, K.: Die Schulreifeuntersuchung, Düsseldorf 1969; MANDL, H.: Kompendium der deutschsprachigen Schulreifetests, München 1970 und K. INGENKAMP (Hrsg.): Tests in der Schulpraxis, Weinheim 1971; RÜDIGER, D. u. a.: Schuleintritt und Schulfähigkeit, München 1976.

motivationalen Entwicklung, über Ausdauer und Konzentration und die sinnvollen bzw. notwendigen Lernzeiten. Unabdingbar sollte es aber für den Erzieher sein, die von der Psychologie gelieferten Ergebnisse auf ihren pädagogischen Wert hin zu hinterfragen, ihre Brauchbarkeit, Relevanz und Aussagefähigkeit in bezug auf die spezifisch pädagogische Problemkonstellation hin zu überprüfen.

Schulreife-
tests

Die bisherigen *Schulreifetests* erwiesen sich alle als nur bedingt tauglich und vermitteln darüber hinaus keine hinreichend differenzierten Entscheidungshilfen für eine angemessene individuelle Förderung des Kindes. RÜDIGER u. a. (1976, S. 202) fassen den derzeitigen Forschungsstand so zusammen:

„Die Verwendung von herkömmlichen Schulreifetests (die in der Bundesrepublik am häufigsten verwendet werden; Anm. d. Verf.) als reine Ausleseinstrumente kann weder in pädagogischer noch in meßtechnischer und statistischer Hinsicht legitimiert werden." Und an anderer Stelle (S. 204): „Reduziert man den diagnostischen und prognostischen Anspruch an Einschulungstests, dann können sie als erste Informationshilfen zur Identifizierung potentieller Schulversager verwendet werden . . .“

Mit der Forderung, Kinder möglichst früh einzuschulen und sie vor allem intellektuell zu fördern, sind natürlich auch bildungspolitische, schulorganisatorische und – nicht zuletzt – wirtschaftliche Interessen verbunden. Sicherlich werden zukünftig verstärkt entwicklungs- und lernpsychologische Untersuchungen notwendig sein, um Pro und Contra der Intelligenzförderung hinreichend begründen oder ablehnen zu können. Eine pädagogisch so gravierende Entscheidung, wie die der früheren oder späteren Einschulung, bedarf der Absicherung durch verschiedenste Wissenschaften.

Einschulung

Etwa 25% aller Eltern machen jährlich von ihrem Recht auf vorzeitige oder verspätete *Einschulung* Gebrauch. Aus den vorliegenden, sich zum Teil widersprechenden Forschungsergebnissen kann weder der Schluß gezogen werden, daß vorzeitige Einschulung Schulschwierigkeiten hervorruft noch daß eine hinausgeschobene diese verhindern kann. Nahezu alle Untersuchungen ergaben, daß zwischen Lebensalter und Schulerfolg bzw. Mißerfolg kein eindeutiger Zusammenhang besteht.

338

Die überwiegende Anzahl der einschlägigen Ergebnisse zeigt jedoch positive Befunde zur schulischen Leistungsfähigkeit jüngerer Kinder. Allerdings ist zu beachten, daß die vorzeitig eingeschulten Kinder eher eine positive, die später eingeschulten eher eine negative Auslese darstellen in bezug auf schulrelevante Merkmale wie Leistungsverhalten, soziales Verhalten, Arbeitsweise und Intelligenz. SCHENK-DANZINGER geht z.B. von 15% (andere Autoren bis zu 40%) geistig, emotional und sozial schulfähigen Kindern aus, die frühzeitig eingeschult werden könnten.

Wir stellten bereits fest, daß das Lebensalter allein keine eindeutige Größe darstellt, um den Zeitpunkt der Einschulung festzulegen. Andere Faktoren sind hierbei viel entscheidender, blieben aber bisher bei den Untersuchungen weitgehend ausgeschlossen, wie z.B.:

- Einstellung und Erwartungen der Eltern und Lehrer gegenüber dem Kind
- sozio-ökonomischer Status des Elternhauses
- psycho-sozialer und intellektueller Gesamtentwicklungsstand des Kindes
- Lehr- und Lernmethoden sowie eingesetzte Lehr- und Lernmaterialien
- Persönlichkeit, Führungsstil und Leistungserwartungen des Lehrers.

Zusammenfassend können wir aufgrund der vorliegenden Forschungsergebnisse feststellen:
a) Jede monokausale Erklärung ist bei der Vielschichtigkeit des angesprochenen Problems unangebracht.
b) Eine generelle Herab- oder Heraufsetzung des Einschulungsalters kann an den wirklichen Problemen beim Schuleintritt nur wenig verändern.

1.3. Der soziale Aspekt

Im Zusammenhang mit dieser Dimension fordern z.B. KROH und HANSEN die *„Bildbarkeit in der Gruppe"*. Andere Autoren stellen unter diesem Aspekt etwa folgende *Fähigkeiten* heraus, die ein schulfähiges Kind haben solle: Bereitschaft zur Ein- und Unterordnung in der Gemeinschaft, Kontaktbereitschaft, Rücksichtnah-

soziale Fähigkeiten

me, situationsgemäße Anpassung an soziale Verhaltensregeln, Durchsetzungsvermögen, Frustrationstoleranz, Konflikte ertragen können, Rollendistanz etc. Hierbei geht es – wenn auch nicht ausnahmslos – um Tatbestände, die zum Objektbereich der Soziologie gehören. Mit Phänomenen wie: Norm, Rolle, Gruppe, Gemeinschaft beschäftigt sich die Soziologie; im weitesten Sinne geht es also dabei um die gesellschaftliche Bedingtheit einzelner Erziehungsfaktoren. Die genannten Problemkreise werden mit den in der Soziologie vorhandenen theoretischen und methodischen Möglichkeiten erforscht; den gewonnenen Interpretationen und Daten wird sich die Erziehungswissenschaft wiederum nicht verschließen können. Es müßte deutlich geworden sein, in welch enger Beziehung das – offenbar erzieherische – Problem der Schulfähigkeit zu anderen Disziplinen als der Pädagogik steht. Der Pädagoge wird sich diesen Erkenntnissen nicht verschließen dürfen.

Wollte man anhand des gewählten Beispiels „Schulfähigkeit" weitere Bezugspunkte zwischen Pädagogik und Nachbardisziplinen aufzeigen, so könnte man das Verhältnis der Erziehungswissenschaft zur Entwicklungspsychologie, Bildungssoziologie, Geschichte, Theologie und Philosophie z. B. mehr oder weniger deutlich hervorheben.
Im weiteren Verlauf soll jedoch versucht werden, einzelne Beziehungspunkte zwischen Pädagogik und anderen wissenschaftlichen Disziplinen allgemein, also losgelöst von der Frage nach der Schulfähigkeit, zu betrachten.

2. Die Nachbarwissenschaften aus der Sicht der Pädagogik

Neben der Erziehungswissenschaft gibt es eine Reihe anderer Wissenschaften, die es in irgendeiner Form mit dem Menschen zu tun haben: Psychologie, Psychoanalyse, Philosophie, Soziologie, Medizin, Biologie, Geschichte, Politologie, Theologie. Sie alle richten den Blick gemeinsam auf den „Menschen". Was sie betrachten ist aber nicht „der Mensch schlechthin und insgesamt", sondern jeweils nur einzelne Aspekte. Anderenfalls hätten sich die verschiedenen Wissenschaften evtl. längst zu einer einzigen vereinigen können.

Nun ist die Pädagogik im Kreis der Wissenschaften eine relativ junge Disziplin, die ihre eigene Wissenschaftlichkeit gegenüber den schon lange an den Universitäten und Hochschulen „etablierten" Forschungszweigen erst finden, erklären und erkämpfen mußte. Das rührt u. a. daher, daß die Pädagogik sich über Jahrhunderte quasi als Anhängsel oder als Bestandteil der Philosophie verstehen mußte. In diesem Sinn ist auch HERBART zu interpretieren, wenn er fordert, die Pädagogik möge sich so genau als möglich auf ihre „einheimischen" Begriffe besinnen (z. B. die spezifisch menschliche Bildsamkeit) und ein „selbständiges Denken" stärker kultivieren. Damit wollte HERBART in erster Linie erreichen, daß die Pädagogik nicht mehr „von einem Fremden" regiert würde – gemeint war die Philosophie. Indem er als einer der ersten systematisch die Selbständigkeit der Erziehungswissenschaft herausstellte, wurde er zum Begründer der Pädagogik als Wissenschaft. Seither steht aber die Frage der *Autonomie der Pädagogik"* im Mittelpunkt zahlloser Dispute; die „Abwehrhaltung" bzw. „Kampfstellung" der Pädagogik verlagerte sich von der Philosophie auf weitere Wissenschaftszweige. So kam es, daß verschiedene andere Wissenschaften lange Zeit lediglich als „Hilfs-", „Zubringer-" oder „Grund"-wissenschaften der Pädagogik in ihrer Bedeutung eher abwertend bestimmt wurden. Damit wollte die Pädagogik primär ihre „Autonomie" unter Beweis stellen, nicht zuletzt auch deshalb, weil sie ihre eigene Position im Gefüge der Wissenschaften festigen und die Anerkennung des Faches erreichen wollte. In der Gegenwart wird zwar von einigen die „Eigenständigkeit" pädagogischen Denkens, Handelns und Forschens immer noch bestritten. Es muß deshalb nach wie vor die „relative Autonomie" (WENIGER) der Pädagogik betont werden, um ihre „produktive Unabhängigkeit" von den Anforderungen und Zielsetzungen durch Staat und Gesellschaft, durch ideologische und wirtschaftliche Interessengruppen, zu dokumentieren.

Selbständigkeit der Erziehungswissenschaft

relative Autonomie der Pädagogik

Die Pädagogik, die den Menschen unter dem Aspekt eines besonderen Praxisinteresses, nämlich im Hinblick auf Erziehung und Bildung betrachtet, war immer schon auf die Ergebnisse jener anderen Wissenschaften angewiesen, die im Zusammenhang mit pädagogischen Fragestellungen theoretische Modelle oder empirische Daten lieferten. „Die Reflexion auf die Verflochtenheit der Ziele, Inhalte und Formen der Erziehung mit den gesellschaftlichen

interdisziplinäre Zusammenarbeit

Realitäten und Bewegungen einerseits, die wachsende Einsicht in die Verwiesenheit der Erziehungswissenschaft auf die Forschungsergebnisse aller mit dem Menschen befaßten Disziplinen andererseits lassen eine Isolierung des „Pädagogischen" in Theorie und Praxis nicht zu" (WEHLE 1973, S. 24).

Indem die Pädagogik theoretische Modelle (z. B. Erziehungsstile), Erziehungssysteme (z. B. Kibbutzerziehung), Ziele und Methoden der Erziehung und Bildung erforscht und kritisch reflektiert, muß sie Erkenntnisfortschritte anderer Disziplinen berücksichtigen. Würde sie dies nicht tun, dann könnten ihr neue, praxis- und theoriebedeutsame Forschungsergebnisse verborgen bleiben.

3. Das Verhältnis von Pädagogik und Psychologie

pädagogische Psychologie

Aus der Psychologie sind nahezu alle Bereiche für die Pädagogik von Bedeutung. So ist es nicht verwunderlich, daß sich bereits seit vielen Jahrzehnten eine relativ selbständige Disziplin, die *„Pädagogische Psychologie"* entwickelte. Diese steht der Pädagogik insofern sehr nahe, als sie ihr Forschungsinteresse insbesondere der Erziehungs- und Bildungspraxis widmet. Ihre Verbindung zur Psychologie wird u. a. darin sichtbar, daß sie die Methoden der Psychologie zur Erforschung der Erziehungswirklichkeit weitgehend übernimmt. So bestimmt WEINERT (1967, S. 15 f.) die Aufgabe der Pädagogischen Psychologie dahingehend, „daß sie ein so komplexes Geschehen wie die menschliche Erziehung unter psychologischem Aspekt zu untersuchen hat". Eine so weitgefaßte Umschreibung deutet darauf hin, daß es auch innerhalb der Pädagogischen Psychologie die verschiedensten Schwerpunktbildungen und Strömungen gibt.

Die Erziehung hat es im wesentlichen mit der Anbahnung oder Veränderung menschlicher Verhaltensweisen, also überwiegend mit Lernprozessen zu tun. So kann die Erforschung menschlichen Lernens unter Berücksichtigung individual- und sozialpsychologischer Voraussetzungen als Kernproblem der Pädagogischen Psychologie angesehen werden. Die Pädagogische Psychologie hat sich im Laufe der Zeit zu einer Art „angewandter Grundlagenforschung" der verschiedenen und spezialisierten psychologischen Forschungsgebiete entwickelt. Als wichtigste Bereiche sind die Entwicklungs-, Lern-, Motivations-, Test- und Sozialpsychologie zu nennen. Zur Durchführung der damit zusammenhängenden Forschungsaufgaben benötigt die Pädagogische Psychologie einschlägige methodische, thematische und theoretische Erkenntnisse der gesamten Psychologie. Sie betreibt aber auch selber Grundlagenforschung, indem sie die Zusammenhänge und Wirkungen im Bereich der Lern-, Bildungs- und Erziehungsprozesse aufzuklären versucht.

Das *Verhältnis zwischen Psychologie und Pädagogik* gestaltet sich oft aggresiv. Das hat mehrere Gründe, auf die wir im folgenden eingehen. Wir wollen dabei zum einen exemplarisch an der Psychologie aufzeigen, welche Faktoren die Zusammenarbeit anderer wissenschaftlichen Disziplinen mit der Pädagogik lange Zeit erschwerten. Darüber hinaus zeigen wir am Beispiel der Psychologie notwendige Begrenzungen, die sich in der Übertragbarkeit von Theorien, Methoden und Ergebnissen auf pädagogische Fragestellungen ergeben.

Probleme der Zusammenarbeit

1. Der Psychologie geht es primär um das *„objektiv Beobachtbare"*, um Tatsachen statt Meinungen, um gesicherte Beobachtung anstelle gefühlvoller Ahnung und um statistische Überprüfung von Zusammenhängen anstelle von gewagten Verallgemeinerungen. Nach diesem Programm der empirischen Psychologie kann „der Mensch im ganzen" nicht Gegenstand einer auf objektive Tatsachenerkenntnis ausgehenden Psychologie sein. Deshalb wird u. a. die Pädagogik fordern, daß psychologische Methoden und Befunde nicht in naiver, unkritischer Weise auf pädagogische Fragestellungen übertragen und angewendet werden. Dies gilt z. B. in besonderer Weise für Ergebnisse der Lernpsychologie, wenn Tierexperimente von zweifelhaftem Wert vorschnell bei Problemen menschlichen Lernens angewandt werden. So äußern Pädagogen gelegentlich die Befürchtung, die Erziehung könne „psychologisiert" werden und verweisen auf die „seelenlosen" Methoden der experimentellen Forschung. Sehr oft wurde zurecht gefragt, welche Bedeutung die häufig uneinheitlichen, in Thematik und Gültigkeit oft widersprüchlichen Forschungsergebnisse der Psychologie eigentlich für die Pädagogik hätten.

psychologische Methoden

Es geht hier um zweierlei: Zum einen können die empirischen Forschungsergebnisse nicht ungefragt auf pädagogische Phänomene übertragen werden. Zum anderen setzte sich aber auch allmählich die Erkenntnis durch, daß verschiedene experimentalpsychologische Methoden und Verfahrensweisen der Laborexperimente nicht einfach übernommen und fortan als pädagogische Forschungsmethoden gelten können.

Normproblem 2. Eine zweite Begrenzung der Psychologie liegt da, wo es um das *Normproblem* geht. Zwar erfassen pädagogisch-psychologische Untersuchungen z. B. auch Erziehungsziele, doch verlieren sie als Objekte der empirischen Forschung ihren normativen Charakter: Sie werden als „seiend", nicht als „verbindlich" behandelt. Als empirische Wissenschaft stellt die Pädagogische Psychologie keine Forderungen auf; sie kann der Erziehungswissenschaft im Bereich von Normen und Zielen lediglich Entscheidungshilfen geben. Das schließt zwar nicht aus, daß die Pädagogische Psychologie z. B. versucht, Bedingungen zu analysieren, unter denen bestimmte Ziele mit größerer Wahrscheinlichkeit zu realisieren sind. So kann sie z. B. sagen, daß die Verminderung bestimmter Leistungsanforderungen zur Erhaltung eines ausgeglichenen Selbstgefühls erforderlich sei; oder sie kann darauf verweisen, das Erlernen gewisser Aufgaben könne sich für die Beherrschung einer Aufgabenart als notwendig erweisen. Ob allerdings die Forderungen reduziert und die empfohlenen Aufgaben erlernt werden sollen, das sind Fragen der Setzung, die der Pädagoge selbst zu vollziehen und zu verantworten hat. Gemäß R. OERTER (in Lex. der Psychologie, 1980) bedeutet die Nutzung psychologischer Erkenntnisse für pädagogische, politische und religiöse Ziele „eine wertorientierte Anwendung und muß von der wissenschaftlichen Disziplin der Entwicklungspsychologie abgehoben werden".

Anwendbarkeit 3. Eine weitere Einschränkung ergibt sich im Hinblick auf die *direkte Anwendbarkeit* psychologischer Erkenntnisse auf eine konkrete pädagogische Situation. Manche Psychologen beschäftigen sich über Jahre ihres Lebens mit Lernproblemen. Damit werden sie aber keineswegs automatisch zu guten Lehrern. Mit keinem psychologischen Ergebnis lassen sich alle möglichen Bedingungen einer Erziehungssituation reflektieren und kein psychologischer Befund läßt sich schematisch und rezeptartig anwenden. Das gilt besonders, wenn man z. B. an die zwischenmenschlichen Beziehungen denkt, die als „pädagogisches Verhältnis" beschrieben und

344

analysiert werden. So wird z. B. mit Recht darauf hingewiesen, daß Phänomene wie „Vertrauen", „Zuneigung" oder „Liebe" grundsätzlich nicht steuerbar sind, weder mit Hilfe angewandter Psychologie noch mit pädagogischen Methoden.

4. Ein anderer Grund für das teilweise angespannte Verhältnis von Psychologie und Pädagogik läßt sich so beschreiben: Vielfach tendieren Pädagogen dazu, nicht die gesamte Psychologie und ihr unverkürztes Angebot an empirischen Befunden zur Kenntnis zu nehmen, sondern nur jeweils *bestimmte Ausschnitte und Richtungen,* die in das eigene Konzept „passen" oder sich scheinbar leicht anwenden lassen. In der Pädagogik darf es aber nicht darum gehen, auf psychologische Ergebnisse zu verzichten, noch darum, aus dem psychologischen Erfahrungsschatz nach Belieben und Brauchbarkeit das eine verkürzt auszuwählen und das andere, weniger passende fortzulassen, weil es evtl. gerade nicht ins Konzept paßt. Das wäre sicherlich eine unerlaubte Selektion. Es ist zu hoffen, daß verschiedene Mißverständnisse in Zukunft noch mehr an Gewicht verlieren und daß es – im Interesse aller am Erziehungsgeschehen beteiligten Individuen und Gruppen – zu einer vorurteilslosen Zusammenarbeit zwischen Psychologen und Pädagogen kommt. Es ist nicht zuletzt das Verdienst der „Empirischen Pädagogik" (vgl. Kap. XI, 2.2.), daß die traditionellen Fachgrenzen zwischen Pädagogik und Psychologie überwunden, Gemeinsamkeiten der Fragestellungen und der Forschungsansätze eher betont und Erziehungswissenschaft und Psychologie als sich ergänzende Disziplinen verstanden werden.

Selektion

komplementäre Disziplinen

Die *Entwicklungspsychologie* als Teilbereich der Psychologie ist seit jeher von besonderem Interesse für die Erziehungswissenschaft gewesen. Sie sieht es vor allem als ihre Aufgabe an, das Verhalten des Kindes und Jugendlichen möglichst angemessen zu erfassen und es unter den Aspekten der Konstanz und Veränderbarkeit zu erforschen. Die aufgrund von jahrzehntelangen Untersuchungen[41] entwickelten Längs- und Querschnitts-Konzepte der Entwicklung – die verschiedenen Phasen- und Stufenlehren sowie die psychoanalytischen und lerntheoretischen Modelle – brachten

Entwicklungspsychologie

---

[41] Das Buch von PREYER (1882), Die Seele des Kindes, wird als der Anfang der entwicklungspsychologischen Forschung betrachtet.

auch der Pädagogik des Kindes- und Jugendalters wesentliche Erkenntnisse. Besondere Bedeutung für die Erziehungswissenschaft erlangte die Ausweitung dieser Untersuchungen auf das Anlage- und Milieuproblem. Die Konsequenzen der daraus gewonnenen Erkenntnisse über die sogenannte soziokulturelle Deprivation, wobei der Sprachentwicklung eine besondere Bedeutung zukommt, führten schließlich zur Vorschuldiskussion. Weiterhin sind für die Pädagogik die Forschungen zur kognitiven bzw. seelisch-geistigen Entwicklung unter Einbeziehung der psychoanalytischen Lehre von besonderem Interesse[42].

Lern-psychologie

Die *Lernpsychologie* erforscht u. a. die psychologischen Voraussetzungen der pädagogischen Fragestellungen in bezug auf Lehr- und Lernprozesse. Dabei geht es vor allem um die speziellen Probleme wie Motivation, Lernarten und Lernstufen, Transfer, Entwicklung und Lernen, Begabung und Lernen, Lern- und Leistungsstörungen – insgesamt also um psychologische Grundlagen der Didaktik (vgl. S. 297 ff.).

Sozial-psychologie

Die *Sozialpsychologie* untersucht u. a. die Gruppenbeziehungen in Familie, Kindergarten, Schule, Jugendgruppe und Beruf. Ihr geht es aber auch um die Beobachtung, Analyse und Deutung der Gruppendynamik, Normen, Rollen, der Einstellungen und der Erzieher-Kind-Interaktion. Besondere Bedeutung für die Pädagogik gewinnt die Sozialpsychologie dadurch, daß sie neuerdings verstärkt aus praktischen und theoretischen Gründen in der Diagnostik, Beratung und Therapie angewandt wird.

Test-psychologie

Erwähnt wurde schon die *Testpsychologie.* Nach LIENERT (1969, S. 7) versteht man unter einem Test „ein wissenschaftliches Routineverfahren zur Untersuchung eines oder mehrerer empirisch abgrenzbarer Persönlichkeitsmerkmale mit dem Ziel einer möglichst quantitativen Aussage über den relativen Grund der individuellen Merkmalsausprägung." Tests werden damit als Hilfsmittel

Diagnose und Prognose

zur Diagnose und Prognose von Phänomenen und deren möglicher Entwicklung charakterisiert. Sie erlangten auch für die verschie-

---

[42] Vgl. hierzu z. B. die Arbeiten von U. UNDEUTSCH, H. THOMAE, R. BERGIUS in: THOMAE, H. (Hrsg.), Handbuch der Psychologie, Band 3: Entwicklungspsychologie, Göttingen 1959

346

denen Bereiche der Erziehungswissenschaft inzwischen Bedeutung. Testergebnisse werden herangezogen, um Kenntnisse über Ausprägung und Struktur der Intelligenz zu gewinnen: bei der Feststellung der Schulfähigkeit (wie schon erwähnt), der Sonderschulauslese, zur Auslese von Minderbegabten, zur Feststellung des Intelligenz- und Entwicklungsalters. Dem Pädagogen werden dadurch Hilfen für Art und Ausmaß gezielter Erziehungs- und Bildungsmaßnahmen gegeben. Die Leistungstests geben dem Erzieher z. B. Aufschluß über spezielle Fähigkeiten und Fertigkeiten im Bereich der psychischen (z. B. Konzentration), der motorischen oder sensorischen Leistungen und werden bei Eignungs- oder Berufswahlproblemen ebenso wie bei der Schülerbeobachtung und Schülerbeurteilung angewendet. Wie Tests als Mittel zur „Pädagogischen Diagnose" heute angemessen zu verstehen sind, ergibt sich aus folgender Begründung, die nicht nur für Schulleistungstests gilt, sondern als pädagogische Leitidee für verschiedene Testverfahren entsprechend betrachtet werden muß:

„Der Sinn der Leistungskontrolle ist nicht die einmalige Abstempelung sondern die Erarbeitung detaillierter Ergebnisse, die auf Mängel und Lücken hinweisen und zur Verbesserung, Steigerung und Erleichterung der Lehr- und Lernprozesse ausgewertet werden können. Ziel der Leistungskontrolle ist nicht, Schüler in „gute" und „schlechte" Schüler einzuteilen, die einen zu loben und die anderen zu tadeln, sondern herauszufinden, wie weiter gelernt werden soll, wo die Stärken und Schwächen des einzelnen liegen, an die angeknüpft werden kann, welche Leistungskurse und Nachholkurse zu empfehlen sind." (Strukturplan für das Bildungswesen 1971, S. 89).

4. Der Beitrag der Psychoanalyse zur Klärung pädagogischer Probleme

Als erster und zugleich wichtigster Zweig der tiefenpsychologischen Richtungen stellt die von S. FREUD begründete Psychoanalyse eine besonders geglückte Verbindung zwischen Psychologie und Pädagogik dar. Im folgenden können wir lediglich einige heranführende Hinweise zu diesem Gebiet geben.

Die erst in den letzten Jahren zunehmende Bedeutung der Psychoanalyse für die Pädagogik hat S. FREUDS Tochter ANNA FREUD so formuliert: „Als Lehre von den Trieben, vom Unbewußten, als

Libidotheorie erweitert sie die Menschenkenntnis des Erziehers und schärft sein Verständnis für die komplizierten Beziehungen zwischen dem Kind und dem erziehenden Erwachsenen" (1965, S. 53).

die Hilfe der
Psychoanalyse

Die Psychoanalyse befaßt sich besonders
- mit den Entwicklungsphasen der Persönlichkeit (Es-Ich-Über-Ich)
- mit der Bedeutung der ersten sechs Lebensjahre
  a) bezüglich der allerersten sozialen Beziehungen (Hospitalismus, Urvertrauen; sozial-emotionale Personengenese)
  b) bezüglich der psycho-sexuellen Entwicklung (orale, anale, ödipale, genitale Phase; Libidotheorie; „Sauberkeitserziehung"; moralische Entwicklung und Erziehung)
  c) bezüglich der Lernvorgänge (Neugier- und Spielverhalten; Ausprägung der Lern- und Leistungsmotivation und deren hemmende und fördernde Faktoren)
- mit den unbewußten Inhalten früher Kindheitserfahrungen und der momentanen sozialen Wirklichkeit
- mit dem Erforschen und Verstehen unbewußter Vorgänge, die sich in körperlichen und psychischen Anzeichen neurotischer Erkrankung ausdrücken und durch die Beziehung der Person zum Umfeld (Arbeit, Schule, Beruf, Umwelt) verursacht werden können: psychoanalytische Krankheitslehre
- mit dem Wahrnehmen unbewußter Beziehungen zwischen den Menschen („Übertragung" und „Gegenübertragung")
- mit den „Abwehrmechanismen" (z. B. Verdrängung, Projektion und Sublimierung).

Damit wird deutlich, daß die Psychoanalyse einen wesentlichen Beitrag leisten möchte, um Probleme der pädagogischen Theorie und Praxis zu klären. Sie erhebt den Anspruch, dem Erzieher Bedingungen aufzuzeigen, um die gesunde Entwicklung des Kindes zu fördern, durch Aufklärung seelischen Krankheiten vorzubeugen (Psychohygiene) und Wege aufzuzeigen, um jenen Kindern zu helfen, die durch bisherige Sozialisationseinflüsse Schädigungen erfahren haben (vgl. AICHHORN 1959, ZULLIGER 1958).

Eine Reihe neuer Konzepte zum methodischen Handeln – vor allem im sozial- und heilpädagogischen Bereich – sind stark von der

348

Psychoanalyse beeinflußt bzw. direkt aus ihr entstanden. Der *Konzepte*
Berufserzieher wird diese Erkenntnisse aufnehmen und anwenden, wobei die Gefahr der Übernahme bloßer Teilaspekte nicht übersehen werden darf. In der Regel sollen diese Behandlungsformen in der Zusammenarbeit zwischen Ärzten, Pädagogen und Therapeuten, im sogenannten „therapeutischen Team", angewendet werden.

Abschließend möchten wir auf einige wesentliche Verfahren aufmerksam machen, wie z. B.:

- das Konzept des *„therapeutischen Milieus"* *das therapeutische Milieu*
(B. BETTELHEIM) zur Behandlung schwer gestörter (z. B. autistischer) Kinder

- die *themenzentrierte Interaktion* (TZI) ist eine von R. COHN *themenzentrierte Interaktion*
entwickelte Methode zum lebendigen Lernen in Gruppen. Die Person des Lernenden wird als eine „psychosomatische Ganzheit" betrachtet, die sich als eine Einheit von Wahrnehmungen, Fühlen und Denken darstellt. Jede Lernsituation wird durch drei gleichrangige, gruppeninterne Faktoren bestimmt: das ICH des Lernenden, das WIR der Gruppe und das ES, der Lerngegenstand.
Sind diese Bestimmungsmerkmale in einer dynamischen Balance, kann Angst reduziert, eine offene und vertrauensvolle Haltung zum Menschen gefördert und damit humanes Lernen ermöglicht werden.

- andere *Verfahren der Gruppen- und Einzeltherapie:* *andere Verfahren*
Hierzu gehören u. a. Gruppendynamik, Rollenspielformen, verschiedene Beratungsmethoden, Psychodrama, Gestalttherapie, Gesprächstherapie, Familientherapie, Kindertherapie, Bioenergetik. Ausgangspunkt ist vor allem die Erkenntnis, daß vielfältige psychische und psycho-somatische Störungen und Erkrankungen (z. B. Bauch- und Kopfschmerzen, Kreislaufbeschwerden, Eß- und Verdauungsstörungen) letztlich auch durch gestörte Beziehungen verursacht werden können. Folgerichtig sollen alle Probleme des personalen Verhältnisses zwischen den Adressaten und Erziehern und die wechselseitigen Beziehungen nicht verdrängt, sondern thematisiert werden.

Nachdem wir die Psychologie und Psychoanalyse in ihrem Verhältnis zur Erziehungswissenschaft eingehender dargestellt haben, sollen im folgenden nur noch die wesentlichen Beziehungspunkte zwischen Pädagogik und zwei weiteren Disziplinen angeführt werden. Die Darstellung orientiert sich vorrangig an der Bedeutsamkeit spezifischer Fragestellungen für Theorie und Praxis der Pädagogik.

5. Die Bedeutung von Soziologie und Politikwissenschaft für die Pädagogik

Entwicklung, Struktur und Funktion sozialer Gebilde

Strukturen und Prozesse zwischenmenschlicher Beziehungen im mikro- und makrosozialen Bereich sind u. a. Gegenstände der Soziologie. Besonders interessieren den Pädagogen natürlich die Fragestellungen der Erziehungs-, Familien-, Jugend- und Gemeindesoziologie, zumal bei diesen speziellen Soziologien die Verbindung mit gesamtgesellschaftlichen Prozessen deutlich wird: z. B. bei der Analyse der Sozialstruktur, bei der Betrachtung von Problemen der Schichtung und Mobilität. Als spezifischer Teilbereich der Soziologie befaßt sich die Erziehungssoziologie hauptsächlich mit den folgenden Gebieten: Sozialisation, Erziehung als „sekundäre" soziale Fixierung (vgl. S. 213ff.), das Verhältnis zwischen Erziehung und Gesellschaftssystem, schulische Gruppen als soziale Systeme, Rolle des Erziehers sowie Probleme der Bildungsplanung und Bildungsökonomie.

Jugend- und Bildungspolitik

Richtlinien

Das Verständnis von Erziehung und Bildung und somit die praktische und theoretische Ausgestaltung der jeweiligen Prozesse sind aufs engste mit dem politischen System verbunden, ja in vielen Fällen kann eine direkte Abhängigkeit des Erziehungswesens von politischer Theorie und politischem System konstatiert werden. Die enge Verknüpfung zwischen Erziehungs- und Politikwissenschaft wird am Beispiel der Bildungspolitik klar. Die Parlamente, Regierungen, Parteien und Verbände als Träger der politischen Macht entscheiden heute weitgehend z. B. über die institutionelle Struktur des Bildungswesens, über Lehrpläne, personelle, finanzielle und materielle Ausgestaltung der Schulen und Hochschulen und über Konzepte der Bildungsplanung. Darüber hinaus übt das politische System über die Bund- und Ländergesetzgebung direkten Einfluß auf erziehungsrelevante Fragen aus, wie z. B. in Richtlinien für verschiedene Erziehungsgebiete. So gibt es bei genauerem Hinsehen kaum einen erziehungswissenschaftlichen Bereich, der nicht mehr oder weniger direkt von primär politischen Entscheidungen tangiert und betroffen wäre.

6. Teilbereiche der Erziehungswissenschaft

Erst in jüngster Zeit erfolgte der allmähliche Ausbau der Erziehungswissenschaft weg von der ehemals alles umfassenden „Allgemeinen Pädagogik" hin zu einer sich differenzierenden wissenschaftlichen Disziplin mit einem breiten Spektrum von „Pädagogiken". Noch bis weit in die 50er Jahre hinein gab es an den Universitäten lediglich einen Lehrstuhl für Pädagogik, oft sogar noch zusammen mit Philosophie. Vor allem durch die Reformen im Bildungswesen und die vielfältigen, spezifischen Aufgaben der „Pädagogen vor Ort" entstand ein verzweigtes System von Erziehungseinrichtungen und Fragen an die Pädagogik als Wissenschaft. Diese Differenzierung – von der Praxis her gesehen sicherlich sinnvoll und notwendig – enthält allerdings auch die Gefahr der Zersplitterung und des „Expertentums" in sehr spezielle Bereiche.

Eine Darstellung der „Auffächerung" der Pädagogik könnte auf verschiedene Weise vorgenommen werden, je nach dem, welchen Aspekt man in den Vordergrund rückt: z. B. die Institutionen, die pädagogischen Berufe oder die Arbeitsmethoden. Wer heute einen Blick in die pädagogische Literatur oder auf die Vielzahl der pädagogischen Lehrstühle wirft, der muß den Eindruck gewinnen, als gäbe es kaum noch einen Lebensbereich, für den wir nicht auch eine „Pädagogik" haben. So finden wir: Freizeitpädagogik, Medienpädagogik, Museumspädagogik, Friedenspädagogik, Wirtschaftspädagogik usw. Neben diesen, teils an aktuellen Problemen orientierten „Pädagogiken" finden wir aber auch Einteilungen nach Altersstufen, z. B. „Kleinkindpädagogik" und „Erwachsenenpädagogik". Außerdem führt auch jedes Schulfach seine „Pädagogik", z. B. Sportpädagogik, Kunstpädagogik etc.

Auffächerung der Pädagogik

Das folgende Schema kann einen ersten Überblick über die Teilbereiche der heutigen Erziehungswissenschaft bieten.

Bei der Einteilung nach den fünf Teilbereichen Sozialpädagogik, Schulpädagogik, Sonderpädagogik, Wirtschaftspädagogik und Erwachsenenbildung handelt es sich um die Ordnung, die sich während der erziehungswissenschaftlichen Diskussion der letzten Jahre herausgebildet hat, vor allem im Zusammenhang mit dem Diplomstudiengang in Erziehungswissenschaft. Bei den jeweiligen Teilbereichen sind einige Arbeitsfelder und Institutionen genannt, nach denen sie sich konstituieren. Es handelt sich nur um Beispiele, die unsystematisch ausgewählt wurden. Bei jedem Teilbereich, besonders bei der Sozialpädagogik, läßt sich die Auflistung der Institutionen erweitern. Derzeitig müssen vor allem auch die zahlreichen freien Initiativen, wie Selbsthilfegruppen etc., mit beachtet werden.

Alle Teilbereiche stehen miteinander in Verbindung und überschneiden sich teilweise ganz erheblich. Wie sollte es möglich sein, Probleme der Sonderpädagogik ohne Bezug zur Sozialpädagogik, Fragen der Schulpädagogik ohne Bezug zur Erwachsenenbildung und Wirtschaftspädagogik zu behandeln? Nicht neben, sondern übergreifend in den Teilbereichen ist die Allgemeine Pädagogik zu sehen. Sie befaßt sich mit Fragen der Erziehung und Bildung, insofern sie bereichsunabhängig zu betrachten sind, z. B. Erziehungsziele, Führungsstile, wissenschaftstheoretische Fragen etc. Die Teilbereiche können von unterschiedlichen Wissenschafts- und Forschungspositionen aus bearbeitet werden.

352

Teilbereiche der Erziehungswissenschaft	Sozial-pädagogik	Schul-pädagogik	Sonder-pädagogik	Wirtschafts-pädagogik	Erwachsenen-bildung
Arbeitsfelder und Institutionen	z. B. Kindergarten Hort Erziehungsheim usw.	z. B. Grundschule Hauptschule Gymnasium usw.	z. B. Sonderkinder-garten Sonderschule usw.	z. B. Berufsschule Betrieb Wirtschafts-gymnasium	z. B. Volkshochschule Fortbildungs-akademie
Ausbildungs-einrichtungen	z. B. – Fachschule – Fachhochschule – Universität und Pädagogische Hochschule	z. B. – Universität und Pädagogische Hochschule – Studienseminare	z. B. – Universität und Pädagogische Hochschule	z. B. Universität	z. B. – Fachhochschule – Universität und Pädagogische Hochschule – Fernlehrinstitut

Allgemeine Pädagogik

Forschungs- und Wissenschafts-positionen:

realwissenschaftlich ⟶ Empiriker

geisteswissenschaftlich ⟶ Historiker, Hermeneutiker

praxisforscherisch ⟶ Aktionsforscher

Literatur

Aebli, H. u. a. (Hrsg.), Erkennen, Lernen, Wachsen. Zur pädagogischen Motivationstheorie, zur Lernpsychologie und zur kognitiven Entwicklung, Stuttgart 1975

Aichhorn, A., Erziehungsberatung und Erziehungshilfe. Zwölf Vorträge über psychoanalytische Pädagogik, Stuttgart 1959

Aron, R., Hauptströmungen des modernen soziologischen Denkens, Reinbek 1979

Brandstädter, J. u. a. (Hrsg.), Pädagogische Psychologie, Stuttgart 1979

Brickenkamp, R. (Hrsg.), Handbuch psychologischer und pädagogischer Tests, Göttingen 1975

Freud, A., Einführung in die Psychoanalyse für Pädagogen, Bern 1965

Krapp, A./Mandl, H. (Hrsg.), Schuleingangsdiagnose. Neue Modelle, Annahmen und Befunde, Göttingen 1978

Mietzel, G., Wege in die Psychologie, Weinheim 1979

Thomae, H. (Hrsg.), Handbuch der Psychologie, Band 3: Entwicklungspsychologie, Göttingen 1959

Thomae, H./Feger, H., Hauptströmungen in der neueren Psychologie, Bern/Stuttgart/Wien 1969

Wurzbacher, G. (Hrsg.), Soziologie für Erzieher, München 1977

Zulliger, H., Schwierige Kinder. Zwölf Kapitel über Erziehung, Erziehungsberatung und Erziehungshilfe, Stuttgart 1958

XIII. WAS IST SOZIALPÄDAGOGIK

XIII. WAS IST SOZIALPÄDAGOGIK

viele sozial-
pädagogische
Berufe

Noch zu keinem Zeitpunkt hat es so viele „sozialpädagogische" Berufe gegeben wie gegenwärtig; noch niemals auch gab es eine so große Nachfrage nach Plätzen an sozialen Ausbildungsstätten. Während man im Jahre 1966 an den Vorgängereinrichtungen der heutigen Fachhochschulen noch 3511 Studierende gezählt hatte, waren es im Wintersemester 1971/72 bereits 14 617 und im Wintersemester 1972/73 etwa 17 000, die ein Studium an den Fachhochschulen für Sozialwesen aufgenommen hatten (vgl. LANGENBACH u. a. 1974, S. 40). Dies alles, obwohl theoretisch keineswegs definitiv abgeklärt ist, was man mit Sozialpädagogik bzw. Sozialarbeit meint. Jeder kennt sicher irgendwelche sozialpädagogischen Aktivitäten. Das gesamte Arbeitsfeld, das unter Sozialpädagogik bzw. Sozialarbeit „geführt wird", ist äußerst heterogen. Man kann sich zwar relativ rasch einen Überblick verschaffen darüber, was in einem Kindergarten vor sich geht oder wie in einem Heim gearbeitet wird. Wesentlich schwieriger wird es allerdings schon, wenn die Tätigkeiten und Arbeitskonzepte eines Bewährungshelfers, eines Sozialarbeiters in der Betriebsfürsorge oder eines Erziehungsbeistandes umschrieben werden sollen. Alles das wird aber auch als „Sozialarbeit" / „Sozialpädagogik" bezeichnet.

Es soll zunächst auf die mit diesem Terminus verbundenen begrifflichen Schwierigkeiten eingegangen werden.

1. Zum Begriff „Sozialpädagogik"

Wenn man den Begriff einmal in seine beiden Grundwörter zerlegt, so wird deutlich, daß beide Teile nicht gerade von der Art sind, daß sie zur Reduzierung der Verwirrung beitragen. Sowohl das Wort „Pädagogik" als auch das Wort „sozial" wird von jedem Laien ohne tiefere Reflexion verwendet, und jeder geht davon aus, daß

356

der Adressat den Begriff „richtig" interpretiert. Es hat sich nun gezeigt, daß Begriffsanalysen von „Sozialpädagogik" bzw. der beiden Teile dieses Begriffes – „Sozial" und „Pädagogik" – nur einen relativ geringen Informationswert haben (vgl. z. B. H. TUGGENER 1971, S. 26ff.).

Als Wort wurde „Sozialpädagogik" um 1850 von DIESTERWEG zum ersten Mal verwendet, und zwar in seiner Schrift „Wegweiser für deutsche Lehrer." Diese enthielt einen Literaturabschnitt, der überschrieben war mit „Social-Pädagogik". DIESTERWEG hat aber offenbar nirgendwo recht verdeutlicht, was er damit meinte. Die Diskussion um den Begriff wurde insbesondere in der sozialpädagogischen Bewegung der zwanziger Jahre belebt und steht dort in Verbindung mit den Namen von HERMANN NOHL und GERTRUD BÄUMER. Es wurden Anstrengungen unternommen zur Formulierung einer sozialpädagogischen Theorie. Das hatte seine Begründung u. a. darin, daß man einen Funktionsverlust der Familie konstatierte, der durch die Schule nicht kompensiert wurde. Für die anstehenden „neuen" Aufgaben wurden Funktionsfelder erforderlich, und so gelangte man zu einer Art topologischer Bestimmung von Sozialpädagogik. Sie wurde damit zum Kennwort für Praxis und Theorie des „dritten Erziehungsraumes"; damit war das pädagogische Feld gemeint, das „nicht Schule und nicht Familie ist" (G. BÄUMER), jedoch in Beziehung zu diesen gesehen werden muß.

1850 DIESTERWEG

der dritte Erziehungsraum

An sich dürfte man annehmen, daß eine rasche Einigung auf eine solche topologische, also vom Ort (topos = Ort) der Erziehung her bestimmte, Umschreibung hätte erfolgen können. Das Gegenteil schien jedoch der Fall zu sein. Im Jahre 1966 äußert K. MOLLENHAUER in sehr deutlicher Weise sein Unbehagen über das terminologische Chaos der „Sozialpädagogik":

unklare Begrifflichkeit

„Die Vieldeutigkeit des Ausdrucks ‚Sozialpädagogik' ist alles andere als fruchtbar; sie ist in hohem Maße lästig und verwirrend, sie fördert nicht eine sinnvolle Diskussion, sondern verhindert sie. Unter solchen Umständen wäre es wünschenswert, daß das Wort verschwände und nicht mehr über dieses, sondern nur noch über die Sache geredet werden müßte" (S. 32).

357

Im Laufe der Zeit hat es immer wieder Versuche gegeben, Sozialpädagogik gleichsam von ihrem Wesen her zu definieren. Begrifflliche Festlegungsversuche, die zum größten Teil kaum haltbar und wenig informativ sind, aber immer noch tradiert werden, liefen z. B. auf folgende Verständnismöglichkeiten von Sozialpädagogik hinaus (vgl. MOLLENHAUER 1966, S. 33):

Verständnis-möglichkeiten von Sozial-pädagogik

- Sozialpädagogik wurde (miß-) verstanden als Lehre von den Erziehungszielen, die besonders das Soziale betonen, z. B. Erziehung zur Gemeinschaft. Das aber ist eine Eigentümlichkeit aller Pädagogik!
- Sozialpädagogik wurde (miß-) verstanden als Lehre von einer pädagogischen Arbeit, in der auf den Aspekt der sozialen Beziehung und auf den Prozeß im sozialen System (Gruppe) abgehoben wurde. Das aber ist eine Eigentümlichkeit aller pädagogischen Tätigkeit!

Bisher ist noch mehr oder weniger stillschweigend über die begrifflichen Schwierigkeiten hinweggesehen worden, die sich zeigen, wenn man auch den Begriff „Sozialarbeit" mit berücksichtigt. Auf diesen Zusammenhang kommen wir zurück und lassen ihn fürs erste beiseite.

Zunächst können wir folgendes festhalten: Mit „Wesensanalysen" von „sozial" kann man einer deskriptiven Klärung des Sachbereiches „Sozialpädagogik" nicht näher kommen. Man kann lediglich problematisieren. Sinnvoll scheint uns deshalb nur eine *pragmatische Definition:* Es gibt gegenwärtig eine Reihe von pädagogischen Aktivitäten, die in Institutionen außerhalb von Familie und Schule systematisch durchgeführt werden. Diese Institutionen entstanden unter solchen historisch-gesellschaftlichen Bedingungen, die ohne die Realisierung zusätzlicher pädagogischer Aktivitäten für Kinder und Jugendliche offenbar ungünstige Folgen gehabt hätten. Diese Einrichtungen werden gegenwärtig als *Institutionen* der Sozialpädagogik bzw. Sozialarbeit bezeichnet, während die in den Einrichtungen vertretenen Berufe verschiedene Bezeichnungen führen, u. a. *Sozialpädagoge, Sozialarbeiter, Erzieher.* Dementsprechend versteht auch MOLLENHAUER „Sozialpädagogik als Inbegriff einer Gruppe von neuen pädagogischen Maßnahmen und Einrichtungen als Antwort auf typische Probleme der Gesell-

pragmatische Definition

Berufe

schaft" (1959, S. 16). Eine solche Umschreibung von Sozialpädagogik hat die Vorteile, daß sie die „Sache", also den Gegenstandsbereich, nennt und daß sie die Entstehung begründet. Ein weiterer Vorteil besteht darin, daß über die Zielsetzung noch nichts ausgesagt ist. Deutlich wird darin aber auch das Moment des „Neuen" genannt. Die Bestimmung der Sozialpädagogik als das erzieherische Feld neben Familie und Schule ist nach H. THIERSCH „tendenziell brauchbar, im Detail aber unscharf (z. B. Elternberatung, Gesamtschule, Schulsozialarbeit) und muß erweitert werden durch die zumeist nur fließend zu bestimmende Abgrenzung auch zu anderen, im gleichen Feld wie Sozialpädagogik arbeitenden Institutionen: Sozialplanung, Berufsbildung, Psychiatrie/Psychologie, Polizei/Justiz" (1974, S. 551). *Erweiterung des Begriffs*

Selbstverständlich gibt es Grundphänomene in der Sozialpädagogik, die älter sind als der Begriff. Es ist aber sinnvoll zu unterscheiden, ob „Hilfe" geleistet wird gleichsam nach dem gesunden Menschenverstand zwischen Nachbarn oder Verwandten, oder ob „Hilfe" geleistet wird durch methodisch reflektiertes Vorgehen in eigens dazu geschaffenen Institutionen. Die hier gegebene Definition bleibt pragmatisch, weil sie keine Wesensaussage darstellen möchte. Sie will nicht sagen, was Sozialpädagogik an sich „sein soll", sondern was sie „ist". *berufliche Hilfe*

2. Funktionen der Sozialpädagogik

Bei der im vorigen Abschnitt gegebenen Umschreibung von Sozialpädagogik handelt es sich aber nun mehr um eine formale Leitdefinition. In diesem Abschnitt soll einiges gesagt werden über die Aufgaben bzw. die Funktionen der Sozialpädagogik. Auch dabei wird man stark im Bereich des „Problematischen" verbleiben müssen.

Sozialpädagogik hat es bei ihrem grundlegenden Objekt mit dem sozialen Verhalten zu tun, und zwar von ihrem Ursprung her mit dem abweichenden Verhalten. Gäbe es dieses Phänomen des menschlichen Verhaltens nicht, gäbe es auch keine Sozialpädagogik im heutigen Sinne. Damit soll nicht gesagt sein, Sozialpädagogik habe es nur mit abweichendem Verhalten zu tun. Ein *soziales Verhalten* sehr großer Teil ihrer Aktivitäten richtet sich jedoch auf Herstellung von normativer Konformität.

Perspektive

Wenn nach der Aufgabe von Sozialpädagogik gefragt wird, so ist zunächst einmal zu differenzieren nach der Perspektive, aus der die Antwort gegeben werden soll. Es kann sich z. B. um jene Aufgabenstellung handeln, die von der „Gesellschaft" bzw. ihren dominanten Kräften der Sozialpädagogik übertragen wurde; es kann sich aber auch handeln um eine Deutung der Aufgabe aus der Perspektive derer, die Sozialpädagogik ausführen; schließlich kann es aber auch um die Perspektive der Adressaten der Sozialpädagogik gehen. Je anders werden die Antworten auf die Frage nach der Aufgabenstellung ausfallen können. Im großen und ganzen geht es dabei um eine Frage der Auffassung, zu deren Klärung die Pädagogik als Wissenschaft lediglich soviel beizutragen vermag, wie zur Klärung der Frage nach den Erziehungszielen (vgl. S. 54f.).

soziale Integrationshilfe

Sozialpädagogik hat sich – insbesondere wenn sie sich ausdrücklich als „Sozialarbeit" interpretierte – immer als „Hilfe", und zwar als *soziale Integrationshilfe* verstanden. Dabei war aber nichts darüber ausgemacht und es wurde auch weniger darüber reflektiert, ob der Adressat, also der Hilfeempfänger, die Handlungen auch als „Hilfe" deuten würde. Ein Jugendlicher, der ins Heim gebracht wird, wird eine solche Maßnahme – jedenfalls zunächst – weniger als „Hilfe" betrachten; ebenfalls eine Familie, die von der Familienfürsorge einen „Besuch" erhält, weil die Nachbarschaft dem Jugendamt ein auffälliges Verhalten der Eltern gegenüber den Kindern mitgeteilt hat. Aus der Perspektive der Gesellschaft ist aber die Funktion der Sozialpädagogik auch keineswegs so eindeutig, wie es zunächst scheinen mag. Wenn wir z. B. an den Jugendstrafvollzug denken, so kann man sich leicht vorstellen, daß es immer auch Personen in der Gesellschaft gibt, die in solchen Maßnahmen nicht die „Resozialisierung" des Probanden sehen, sondern vielmehr die Externierung aus dem gesellschaftlichen Leben, also die „Beseitigung des Störenfriedes und der Gefahr".

Für die Sozialpädagogik und die Sozialarbeit müßte man aber – bei aller Divergenz in den Zielvorstellungen bzw. gerade wegen dieser – die folgenden Aufgaben, die sich in Praxis und Theorie stellen, deutlich sehen:

- Aufgabe der Sozialpädagogik sind prophylaktisch-kompensatorische Aktivitäten, schwerpunktmäßig z. B. in der Jugendarbeit, aber auch in der vorschulischen Erziehung; der Kindergarten hat also u. a. die Funktion, durch qualifizierte Erziehung einen Beitrag zu leisten zur Reduzierung der Auffälligkeitsquote bei Kindern und späteren Jugendlichen.

  prophylaktisch-kompensatorische Aktivitäten

- Eine andere Aufgabenstellung der Sozialpädagogik ist in stärker kompensatorischen bzw. korrigierenden Maßnahmen zu sehen, schwerpunktmäßig z. B. in der Fürsorgeerziehung und im Strafvollzug. Dieser Arbeit liegt die Feststellung eines Defizits zugrunde, von dem man annimmt, es müsse und könne ausgeglichen werden.

  korrigierende Maßnahmen

- Sozialpädagogik muß zu ihren Funktionen aber auch den Schutz des benachteiligten und evtl. von der Gesellschaft bedrohten Einzelnen oder von Unterprivilegierten und bedrohten Gruppen zählen. Der Sozialpädagoge wird dabei u. U. zum Anwalt von Randständigen, denen er gegenüber Begünstigten zu ihrem Recht verhelfen muß.

  Schutz von Unterprivilegierten

- Die Perspektive der Sozialpädagogik richtet sich selbstverständlich auch auf den größeren sozialen Rahmen, in dem sie sich abspielt, also auf die gesamtgesellschaftlichen Bedingungen und deren Struktur. Selbst wenn die Möglichkeiten einer strukturellen Veränderung der makro-sozialen Gegebenheiten durch die Sozialpädagogik gering sein mögen, so hat Sozialpädagogik in jedem Fall Faktoren, die möglicherweise als Ursache von permanent auftretenden Defiziten in bestimmten Sozialschichten zu betrachten sind, in die Reflexion des Arbeitsprozesses einzubeziehen.

  strukturelle Aufgaben

3. Zur Unterscheidung von Sozialpädagogik und Sozialarbeit

Eine begriffliche Abklärung dessen, was mit „Sozialpädagogik" gemeint ist, wird nicht nur durch die Verwendung des diffusen Beiwortes „sozial" erschwert, sondern insbesondere auch dadurch, daß man immer noch keine Einigung über die Verwendung der Begriffe „Sozialpädagogik" und „Sozialarbeit" gefunden hat.
Für Soziale Arbeit wird gegenwärtig ausgebildet an Fachschulen, Fachhochschulen, Pädagogischen Hochschulen und Universitäten.

begriffliche Abklärung erschwert

Die Fachhochschulen haben teilweise einen Fachbereich für Sozial-pädagogik und einen anderen für Sozialarbeit. Es gibt Personen, die als Berufsbezeichnung *„Erzieher"* führen; andere, die sich *„Diplomsozialpädagoge"* nennen; wiederum andere, die sich als *„Diplomsozialarbeiter"* bezeichnen, und schließlich solche, die den Abschluß als *„Diplompädagoge"* haben. Alle genannten sind jedoch für sozialpädagogische Aktivitäten ausgebildet und teilweise in sich überschneidenden Funktionsfeldern beschäftigt. Die Beseiti-gung der Unterscheidung zwischen Sozialpädagogik und Sozial-arbeit wird vor allem aber auch erschwert durch die Professionali-sierungsbestrebungen der in diesen beiden, künstlich voneinander abgehobenen Berufsrichtungen Tätigen. Selbst bei der Umstruk-turierung zur Fachhochschule um 1970 konnte man sich nicht auf eine einheitliche Berufsbezeichnung einigen.

Professionali-sierungsbestre-bungen

Diese Differenzierung scheint nun allerdings sachlich so gut wie nicht mehr haltbar zu sein. Interessant ist, wie man sich einerseits in der Auffassung, daß es sich bei der Unterscheidung zwar um ein – meist als lästig empfundenes – historisches Relikt handelt, relativ einig ist, wie man aber andererseits keine Einigung über eine ein-heitliche Terminologie zustande bringt. MOLLENHAUER beklagt seit Jahren dieses Faktum (1966, S. 44):

historisches Relikt

„Es ist vielleicht ein meist verborgenes, aber in der Diskussion dennoch wirksames Moment, das die Lösung des Problems erschwert: Die unter-schiedliche Geschichte, auf die sich die Soziale Arbeit einerseits und die Sozialpädagogik andererseits bezieht; jene ist eng verbunden mit der Geschichte des Fürsorgewesens aus der sog. christlichen Liebestätigkeit und der Armenpflege herkommend – diese entstand ganz aus dem Erzie-hungssystem und Erziehungsdenken heraus, sich erst allmählich erwei-ternd und umstrukturierend. Die Geschichte erklärt zwar die Verschieden-heit der Begriffe, ist aber ungeeignet, gegenwärtige Praxis zu begründen. Solche Begründung kann allein aus dem Zusammenhang des gesellschaft-lichen Systems, dessen Praxis beide sind, gegeben werden . . . Diejeni-gen Praktiken der Sozialarbeit, die kaum noch als pädagogische Phäno-mene interpretiert werden können, sind verschwindend gering. Es ist zu fragen, ob sie dennoch so ins Gewicht fallen, daß eine ausdrückliche Unterscheidung sinnvoll ist. Der Katalog eines amerikanischen Lehrbuchs der Sozialarbeit bringt nur noch zwei Tätigkeiten des Sozialarbeiters unter insgesamt mehr als 15, bei denen der pädagogische Charakter fraglich ist: Materielle Unterstützung und Altenhilfe . . ."

Was hier gemeint ist, soll durch folgendes Schema demonstriert werden (IBEN 1969, S. 394):

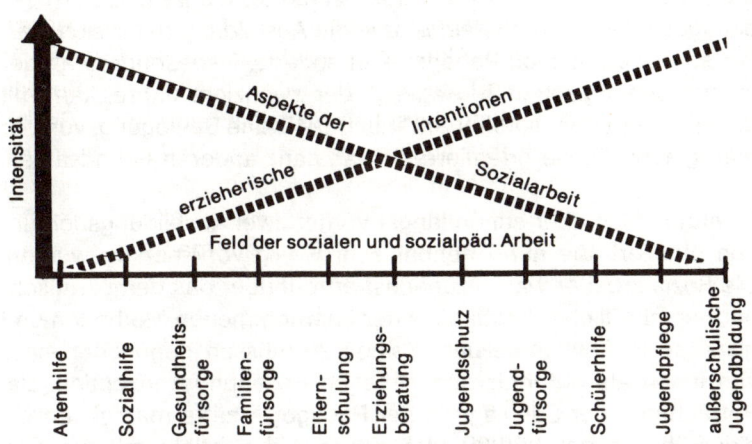

G. IBEN (1969, S. 395) betont, „wie stark sich die Intentionen der reinen Sozialarbeit mit denen der Sozialpädagogik überschneiden, so daß man im Grunde nur nach der Stärke der jeweiligen Intention unterscheiden könnte. In der Praxis muß daher jeder Sozialarbeiter auch sozialpädagogische Funktionen übernehmen, selbst auf die Gefahr hin, daß sein Selbstverständnis davon beeinträchtigt wird. Die Unsinnigkeit einer weiteren Zweiteilung in Sozialarbeit und Sozialpädagogik wird auch von PFAFFENBERGER hervorgehoben: „Jede Zweiteilung, jede Trennung des Gesamtbereiches in Sozialarbeit und Sozialpädagogik zieht künstliche Grenzen, erschwert Zusammenarbeit und Weiterentwicklung und ist ein Hindernis für die Zukunft des gesamten Bereiches. Diese Zweiteilung ist historisch geworden, teils zufällig entstanden, teils aus heute überholten und nicht mehr gegebenen Bedingungen hervorgegangen" (1966, S. XXXI).

Bei einer gründlichen Reflexion der Tätigkeiten von „Sozialarbeitern" und „Sozialpädagogen" müßte man erkennen, daß es in fast allen Bereichen um *Lernimpulse* geht, die den Adressaten vermittelt werden sollen. Dabei macht das Alter aber keinen prinzipiellen Unterschied. Wenn man nach Erklärungen für die terminologische Uneinigkeit sucht, so könnte man an folgende Momente denken: In der Hauptsache ist es, wie oben erwähnt, die historische Entwicklung, die zu der leidigen Situation führte. Während die „sozialpädagogischen" Arbeitsfelder bzw. die Ausbildung dafür sich stärker an der deutschen Pädagogik orientierte, insbesondere an der „sozialpädagogischen Bewegung" der zwanziger Jahre, kam mit dem Konzept des „social work" nach 1945 eine Bewegung, von der man glaubte(!), sie orientiere sich an ganz anderen Grundsätzen.

Es hatten sich aber schon längst vorher zwei Ausbildungsrichtungen etabliert, die nun offenbar sehr wenig voneinander wußten. Die Sozialarbeiter waren zunächst erfreut über das demokratisch-partnerschaftliche Verständnis der übernommenen Methoden und glaubten in Abwehrstellung bleiben zu müssen gegenüber einer von ihnen als autoritär angesehenen Erziehungskonzeption. Bei Betrachtung der Sachlage in der Pädagogik hätte man sich allerdings überzeugen können, daß dieses Bild nicht stimmig war und daß man für die Sozialarbeit, z. B. aus der Theorie des pädagogischen Verhältnisses bei H. NOHL, sehr positive Ansätze hätte gewinnen können. Zu geringe Information über den Stand der Pädagogik, Unkenntnis des „anderen Teils", daraus entstehende Vorurteile, sowie professionelle Vorteile, die man sich erhoffte – das sind wesentliche Erklärmomente für die auch derzeitig noch unbefriedigende Situation des sozialpädagogischen Begriffsproblems.

Ein anderer wichtiger *Aspekt der Gemeinsamkeit,* auf den K. MOLLENHAUER (1966, S. 44f.) hinweist, muß aber noch erwähnt werden: „Auch bei der wissenschaftlichen Begründung und Erforschung der Praxis unterscheiden sich – wenn ich recht sehe – Soziale Arbeit und Sozialpädagogik nicht. Hier sind die gleichen wissenschaftlichen Disziplinen am Werk, die gleichen Forschungseinrichtungen, ja es sind sogar die gleichen Veröffentlichungen, Forschungen und Theoreme, die bei der Ausbildung und dem Ausbau der Praxis herangezogen werden. Nicht daß die beiden Ausdrücke ‚Sozialpädagogik' und ‚Soziale Arbeit' das Wort ‚sozial' enthalten, würde eine gemeinsame Theorie rechtfertigen können, sondern nur die Tatsache, daß die Tätigkeiten in beiden ‚Bereichen' mit gleichen Problemen zu tun haben, vor gleichen, der Sache nach zusammengehörigen Aufgaben innerhalb ein und desselben gesellschaftlichen Horizontes stehen."

Selbst wenn man aber erkannt hat, daß in Sozialpädagogik und Sozialarbeit die gemeinsamen Aspekte dominieren, und wenn die Integration der beiden Bereiche akzeptiert wird, ist damit eine angemessene Gliederung der einzelnen Tätigkeitsgebiete noch nicht gesichert. Üblicherweise findet man eine Kategorisierung nach Kleinkind- und Kindergartenerziehung, Heimerziehung bzw. pädagogische Resozialisierung, Jugend- und Erwachsenenbildung, Soziale Beratung und Integrationshilfe, Sozialplanung und Gemeinwesenarbeit. Solche Einteilungen bleiben aber unsystematisch, wie es das praktische Tätigkeitsfeld der Sozialpädagogik selbst ist. H. THIERSCH möchte die Aktivitäten der Sozialpädagogik verstanden wissen als ein Verbundsystem unterschiedlicher Maßnahmen und Institutionen, in dem einzelne Aktivitäten unter verschiedenen Aspekten bestimmt werden können:

Gliederung der Tätigkeitsgebiete

„Nach Zielen (‚Bildung und Erziehung', generelle und konkrete Prophylaxe, nachgehende Hilfe), nach Adressaten (Klasse/Schicht, Alter, Belastung, Zielgruppe: einzelne, Gruppe, Institution, Gemeinwesen), nach Graden der Institutionalisierung (Verbindlichkeit: Muß-Kann-Bestimmungen, Offenheit: offene, begleitende, geschlossene Institutionen), nach Methoden (Intervention im Sozialverhalten, Sachangebote usw.). Ein solches Raster hebt ab auf die Möglichkeit je angemessener, flexibler Intervention, auf wechselseitige Ergänzung und Stützung der Aktivitäten . . ." (1974, S. 552).

4. Die Methodenlehre in der Sozialpädagogik

4.1. Die einzelnen Arbeitsformen

Man spricht heute bereits von sog. „klassischen Methoden" der Sozialarbeit und versteht darunter die Arbeitsformen der Sozialen Einzelhilfe, Sozialen Gruppenarbeit und der Sozialen Gemeinwesenarbeit. A. HUNZIKER nennt diese die drei Hauptmethoden und umschreibt sie folgendermaßen (1964, S. 12):

klassische Methoden

1. Die *Einzelfallhilfe* („Casework"), d. h. die Lehre von der sozialen Arbeit, die sich unmittelbar dem einzelnen und der Familie zuwendet.

365

2. Die *Gruppenarbeit* („Group Work"), d. h. die Lehre von der psychagogischen und sozialpädagogischen Arbeit mit kleineren organisierten Gruppen aller Altersstufen.

3. Die *Gemeinwesenarbeit* („Community Organization and Development", „Intergroupwork", „Community Planning"), auch „Intergruppenarbeit" genannte Lehre vom Zusammenwirken mehrerer Gruppen, von der sozialen Entwicklung einer Gruppe in und durch Gruppen, eingeschlossen die Fürsorge- und Wohlfahrtsplanung innerhalb eines begrenzten Gemeinwesens (Dorf, Stadt, Bezirk, Staat).

gemeinsame Komponenten

Bei diesen drei Hauptmethoden findet man eine Reihe von gemeinsamen Komponenten (PFAFFENBERGER, in: HORNEY u. a., S. 1037), die sich beziehen auf:

– die dem methodischen Handeln zugrunde liegende Wertbasis (z. B. demokratische Wertvorstellungen, Freiheit und Würde des Menschen)
– die berufliche Haltung und deren Merkmale (z. B. Partnerschaft, Akzeptieren, Nichtverurteilen)
– die Prinzipien der Sozialarbeit (z. B. Selbstbestimmung des Klienten, Vertraulichkeit und Schweigepflicht, Individualisierung, Aktivierung)
– das methodische Verfahren und die Phasen des Sozialarbeitsprozesses (Befundsammlung – diagnostische Zusammenfassung – Behandlungsplan und Prognose, Behandlung oder Modifizierung und Änderung, Auswertung)

Eigentümlichkeiten

Neben diesen Gemeinsamkeiten gibt es aber auch *Akzentuierungen,* die den einzelnen Arbeitsformen ihre Eigentümlichkeit verleihen. Dazu gehören erstens die Anwendung von Kenntnissen aus den sog. Grundlagenwissenschaften, z. B. Kenntnisse über die Bedingungen der Entwicklung aus der Psychologie oder über den Einfluß von bestimmten Sozialisationsfaktoren aus der Soziologie oder über die Zielanalyse aus der Pädagogik. Zweitens sind aber auch Kenntnisse und Fertigkeiten berufsspezifischer Art erforderlich, die der jeweiligen Methode ihren Akzent geben. So wird der Sozialarbeiter z. B. in der Sozialen Einzelhilfe besonders die Gesprächsführung im Individualkontrakt beherrschen müssen. Als eigentümlich für die Soziale Einzelhilfe wird vor allem die Supervision und die Arbeit über das Mittel der „helfenden Beziehung" angesehen.

Innerhalb der Sozialarbeit sind zahlreiche Versuche unternommen worden, die Methodik weiterzuentwickeln, z. B. im Rahmen sog. *„projektorientierter Sozialarbeit"*. Dabei scheint es sich aber im wesentlichen um eine Art „intermethodisches" Vorgehen zu handeln, bei dem die oben angeführten Methoden in sinnvoller Kombination Verwendung finden. „Ein Projektplan kann bei einzelnen Familien ansetzen, methodisch weiterentwickelt werden zu einer „Gruppenarbeit mit Familiengruppen" und dann darüber hinausgehend über ein community-work-Konzept die lokale Ebene eines Wohnbezirks erreichen. Es ist ebenso möglich, über ein community-work-Konzept anzusetzen und davon ausgehend die kleineren sozialen Einheiten zu erreichen. In sehr vielen Fällen wird man auf der Ebene methodischer Gruppenarbeit beginnen und die Arbeit dann parallel in Richtung Gemeinwesenarbeit und in Richtung Einzelhilfe weiterentwickeln" (HAAG 1973, S. 212).

Weiterentwicklung

Das unterschiedliche Merkmal dieses Verfahrens gegenüber den „klassischen Methoden" scheint lediglich in Ansatz und Zielsetzung zu liegen: „Projektorientiertes Arbeiten heißt, daß Sozialarbeit ihren Ansatzpunkt, ihre Ziele und deren Durchsetzung von sozialstrukturellen Problemlagen her bestimmt und ihren Arbeitsprozeß daraufhin organisiert" (HAAG 1973, S. 187).

Nach Auffassung von Vertretern der Sozialarbeit im engeren, aber auch der Sozialpädagogik im weiteren Sinne, gehört fundamental zu den Arbeitsformen auch das Verfahren der *Supervision*. Von manchen, z. B. RUTH SMALLEY, wird sie auch als ein „sekundärer Prozeß" bezeichnet, während es sich bei den o. g. Verfahren um „primäre Prozesse" handle. Die Supervision, die sich in enger Verbindung mit dem Casework entwickelte, verfolgt zwei Ziele:

Supervision

1. Integration (d. h. die Verbindung und Harmonisierung) von Wissen und Können; wenn z. B. eine Erzieherin im Fach Methodik den sogenannten Situationsansatz kennengelernt hat – Wissen – und es nun ermöglicht werden soll, daß sie ihn in der Praxis auch anwenden kann – Können –;
2. Stabilisierung der Persönlichkeit; wenn z. B. ein Elterngespräch „völlig danebengegangen ist" und die Erzieherin am liebsten

resignieren möchte und sich ernsthaft fragt, ob sie überhaupt für den sozialpädagogischen Beruf geeignet ist.

Zahlreiche andere Anlässe sind denkbar – besonders aus der oft mit starken Frustrationen verbundenen fürsorgerischen Sozialarbeit, wie z. B. die Familienfürsorge –, in denen eine Hilfsmaßnahme wie die Supervision durchaus am Platze sein könnte. Allerdings sollte man sie realistisch sehen.
In der Supervision wird unterschieden zwischen *„Praxisanleitung"*, die sich auf den Praktikanten und seine Arbeit bezieht, und *„Praxisberatung"*, die sich auf den „fertigen" Praktiker bezieht, der selbständig arbeitet und für seine Arbeit allein verantwortlich ist. (Zu weiteren Ausführungen zur Supervision vgl. Huppertz 1975).

4.2. Die Übernahme der Methodenlehre in der Sozialarbeit

Bei einer Tätigkeit wie der Sozialarbeit ist es nicht verwunderlich, daß man sehr bald nach ihrer Entstehung darüber nachzudenken begann, wie man sie technisch am besten durchführen könne. Die Vertreter der Sozialarbeit waren allerdings in dieser Frage keineswegs immer einig: Unterstellten die einen, man würde durch methodische Reflexion den Adressaten „am besten und schnellsten dahin bringen, wo man ihn haben wolle" – so meinten andere, eine derartige technische Intention und Vorgangsweise entspreche nicht der „humanen" Absicht der Fürsorge.

**ALICE
SALOMON**
Schon „1917 und 1918 verbreitete sich allgemein die Erkenntnis angesichts der steigenden Not, daß neue Formen und Arbeitsweisen der sozialen Hilfe gefunden werden müssen", so heißt es in einer Festschrift der Aachener Sozialschule (S. 13). ALICE SALOMON gab der deutschen Sozialarbeit in methodischer Hinsicht die ersten Impulse. Nach einer Reise in die USA verfaßte sie 1926 das erste deutsche Methodenbuch, das unter dem Titel „Soziale Diagnose" herauskam. Der Titel war wörtlich aus dem Amerikanischen übernommen, und die Inhalte eine übersetzte Zusammenfassung von amerikanischem Methodenschrifttum. A. SALOMON verfolgte die Absicht, dem deutschen Ausbildungswesen Anregungen zu geben und die amerikanischen Arbeitsweisen nutzbar zu machen. Bis auf den heutigen Tag kann sich die Sozialarbeit des Vorwurfes nicht entledigen, ihre Methoden seien blindlings aus den Staaten importiert und auf deutsche Verhältnisse übertragen worden. Der

Einwand scheint uns allerdings sachlich kaum haltbar, da die sozialen Verhältnisse der beiden Gesellschaften so gravierende Unterschiede nicht aufweisen.

In den Methoden der Sozialarbeit sah man vor allem zwei Momente, die für die Entwicklung der Sozialarbeit als günstig betrachtet wurden: einmal war es eine *Optimierung der Arbeitseffektivität;* zum anderen hatte man endlich die Stelle gefunden, der man die Aufgabe der *Fächerintegration* innerhalb der Ausbildung zuschreiben konnte. Dieses Bewußtsein muß schon um 1950 vorhanden gewesen sei, wie die Aachener Festschrift (S. 20) für diese Zeit belegt:

Begründung

„An der Schule wurde seit 1950 schon eine Einführung in diese Methoden (Fall- und Gruppenarbeit) gegeben. 1958 wurde der Unterricht umfassend systematisch ausgebaut . . ." Man erkannte allerdings auch, „daß es keine leichte Aufgabe war, die Vorurteile gegen die ‚neuen Methoden' abzubauen. Man sah nicht mehr, daß sie in der deutschen Sozialarbeit vor 1933 schon grundgelegt waren und daß ihre Annahme weder eine Überfremdung noch eine Schematisierung, sondern eine Verlebendigung der Arbeit bedeuten würde. Darüber hinaus war in den Methoden ein neues Mittel an die Hand gegeben, die Fächer der Psychologie, Pädagogik, Soziologie, Medizin, Recht und Verwaltung miteinander . . . zu integrieren."

Der Anspruch der *Integration,* den man an die sog. Methodenlehre stellte, wurde dann in geduldiger Regelmäßigkeit wiederholt, wo auch immer man sich zu Tagungen und Kongressen der Sozialarbeit traf. Endlich hatte die Sozialarbeit durch die Methoden ihren „Ausweis" gefunden, der sie von allen anderen sozialen Tätigkeiten eindeutig abgrenzen sollte. So war im Jahre 1966 auf der Konferenz der Deutschen Schulen für Sozialarbeit in Düsseldorf zu hören: „Es ist dem revolutionierenden Einfluß der Methodenlehre zu verdanken, daß die Zusammenschau der Wissenschaften nun endlich materiell und formell möglich ist" (Unsere Jugend 1966, S. 565).

Integration

Die Entwicklung der Arbeitstechniken der Sozialarbeit war durch das dritte Reich unterbrochen worden. Die aus der Demokratie resultierenden und auf „partnerschaftlichen Umgang" abzielenden Prinzipien des *casework* konnten den Nationalsozialisten nicht ins Konzept passen. Ein weiterer Grund dafür, daß die Methodenlehre von den Nationalsozialisten eher unterdrückt wurde, dürfte die jüdische Herkunft der ALICE SALOMON gewesen sein. So ist es erklärlich, daß nach der „Sozialen Diagnose" aus dem Jahre

das Dritte Reich

1926 das nächste methodische Lehrbuch erst wieder im Jahre 1950 erschien. Es ist die Schrift von H. KRAUS: „Casework in USA". Die Verfasserin muß durch ihre chaotische Zusammenstellung einzelner unverbundener Artikel und deren ungeklärter und nicht explizierter Vorannahmen allerdings mehr zur Verwirrung als zur Klärung der deutschen Methodenreflexion beigetragen haben.

Einzel- und Gruppenfür- sorge

Bereits in den zwanziger Jahren hatte ALICE SALOMON an eine Unterscheidung zwischen dem systematischen Umgang mit einzelnen und mit Gruppen gedacht und von einer Einzel- und Gruppenfürsorge gesprochen:

„Während die individualisierende Fürsorge für einzelne und Familien eine theoretische und praktische Anleitung für soziale Diagnose und für die Lösung individueller Schwierigkeiten braucht, während dabei die Fähigkeit des Einfühlens besonders gepflegt werden muß, ist es bei der Fürsorge für Gruppen nötig, daß die soziale Berufsarbeiterin die Bedürfnisse oder Interessen vieler einzelner zu einer Einheit zusammenfügen kann; daß sie Autorität gegenüber auseinandergehenden Willensäußerungen besitzt. Sie bedarf auch organisatorischer Fähigkeiten; die Kunst, jedem Menschen die ihm gemäße Verwendung oder Stelle anzuweisen, ihn nach seinen besonderen Bedürfnissen im Rahmen einer Gruppe zu fördern" (1958, S. 224).

Soziale Gruppenarbeit

Aber auch die *Soziale Gruppenarbeit* fand, wie das casework, als Methode der Sozialarbeit ihre Fortführung in Deutschland erst nach dem Zweiten Weltkrieg. So bot man im Jahre 1951 einen „Lehrgang zur Einführung in Geist und Methoden des Group-Work" in Jugenheim an. Seit diesem Zeitpunkt wurden zahlreiche Fortbildungsangebote zur Methodenlehre gemacht. Etwa ab 1954 finden wir in deutschen sozialpädagogischen Zeitschriften regelmäßig Publikationen zu diesem Thema. Das für die deutsche Sozialarbeit richtungweisende Werk zur Einzelhilfe von RUTH BANG erscheint 1958 unter dem Titel „Psychologische und methodische Grundlagen der Einzelfallhilfe (Casework)". Aber auch diese Schrift ist sehr stark an amerikanischen Vorbildern, bis hin zu den Falldarstellungen, orientiert.

Gemeinwesen- arbeit

Die *Gemeinwesenarbeit* fand erst in den sechziger Jahren Eingang in die Bundesrepublik. Sie konnte sich zwar vielerorts in den Ausbildungsplänen etablieren, fand in der Praxis aber – wahrscheinlich wegen der weitreichenden Konsequenzen, die damit verbunden sein könnten – noch nicht die gebührende Resonanz. Erst 1962

370

wurde die Methodenlehre offiziell in die deutschen Lehrpläne der Ausbildungsstätten für Sozialarbeit einbezogen. Es ist eine interessante Tatsache, daß die Methoden der Sozialarbeit, von denen man sich für die Praxis und die Integration der einzelnen Fächer so viel versprochen hatte, selbst nicht zum Prüfungsstoff erhoben wurden.

Neben diesen sog. klassischen Arbeitsformen nahmen nach und nach allerdings auch andere, besonders in der Psychologie entwickelte Methoden Einfluß auf die Sozialarbeit, z. B. die Verhaltensmodifikation, die themenzentrierte Interaktion usw. Wenn man davon spricht, daß die Sozialpädagogik erst am Anfang ihrer Entwicklung steht, so ist aber doch zu sehen, daß in Praxis und Theoriebildung während der vergangenen Jahre große Anstrengungen unternommen wurden und daß wir ein erhebliches Stück weitergekommen sind. *andere Arbeitsformen*

Literatur

Geißler, K. A. / Hege, M., Konzepte sozialpädagogischen Handelns, München/Wien/Baltimore 1978

Hege, M., Engagierter Dialog. Ein Beitrag zur sozialen Einzelhilfe, München/Basel 1974

Huppertz, N., Supervision, Neuwied und Darmstadt 1975

Kamphuis, M., Die persönliche Hilfe in der Sozialarbeit unserer Zeit, Stuttgart 1973

Kerkhoff, E. (Hrsg.), Handbuch Praxis der Sozialarbeit und Sozialpädagogik Band 1 und 2, Düsseldorf 1981

Konopka, G., Soziale Gruppenarbeit, Weinheim/Berlin/Basel 1971

Marburger, H., Entwicklung und Konzepte der Sozialpädagogik, München 1979

Martin, K. R. (Hrsg.), Sozialarbeit und Sozialpädagogik im Grundriß, Berlin 1982

Mesle, K., Praxis der Gemeinwesenarbeit heute, Heidelberg 1978

Müller, C. W. (Hrsg.), Gruppenpädagogik. Auswahl aus Schriften und Dokumenten, Weinheim/Berlin/Basel 1970

Otto, H. U. / Schneider, S. (Hrsg.), Gesellschaftliche Perspektiven der Sozialarbeit, Band 1 und 2, Neuwied/Berlin 1973

Rössner, L., Erziehungs- und Sozialarbeitswissenschaft, München 1977

Scherpner, H., Geschichte der Jugendfürsorge, Göttingen 1966

Schwendtke, A., Wörterbuch der Sozialarbeit und Sozialpädagogik, Heidelberg 1977

XIV. KINDERGARTEN- UND VORSCHUL-ERZIEHUNG

XIV. KINDERGARTEN- UND VORSCHUL-ERZIEHUNG

1. Kurzer Aufriß der historischen Entwicklung des Kindergartens

der erste
Kindergarten

FRIEDRICH FRÖBEL (1782–1852) gründete 1846 den ersten Kindergarten in Blankenburg; von ihm stammt auch der Name: Das Kind ist wie eine Pflanze; es sollte vom Erzieher wie die Pflanze von einem Gärtner gehegt und gepflegt werden. Neben dem Ziel, das Kind auf die Schule vorzubereiten, indem es seine „Vorschulfähigkeiten" üben sollte, sah FRÖBEL im Kindergarten zugleich eine Möglichkeit, den Eltern einen anschaulichen „Erziehungsunterricht" zu erteilen. 1848 berief er eine Versammlung von Lehrern, die dann an die Frankfurter Nationalversammlung den Antrag stellte, die Kindergärten als Grundlegung der Volksschulbildung anzuerkennen und in das Schulsystem einzugliedern. Obwohl die Fröbelvereine, die Frauenbewegung, der „Bund sozialistischer Lehrer" und andere für die Notwendigkeit einer gezielten Kleinkinderziehung eintraten, gelang es nicht, die Verbreitung der Kindergärten und ihre Einbeziehung in das Bildungssystem zu erreichen (vgl.

Begründung

HUNDERTMARCK 1972, S. 48f.). Begründet wurde die Forderung, jedem Kind den halbtägigen Besuch eines Kindergartens zu ermöglichen von sozialpädagogischer Seite damit, daß die weitgehend isolierte Kleinfamilie nicht mehr in der Lage sei, allein die Erziehung in der frühen Kindheit zu leisten. Von der Gesellschaft müßten deshalb spezielle Einrichtungen geschaffen werden, die die fehlenden sozialen und bildenden Erfahrungen des Kindes ergänzen sowie die Eltern in ihrer schwieriger gewordenen Erziehungsarbeit unterstützen und beraten sollten.

Trotz zahlreicher Bemühungen war die Situation der Kindergärten in der Bundesrepublik Deutschland relativ ungünstig, besonders im Vergleich mit anderen Ländern (vgl. TROUILLET 1967). Im Jahre 1966 setzte eine neue, auch in der Öffentlichkeit ausgetragene

Diskussion um die Kindergarten- und Vorschulerziehung ein. Sie wurde u. a. getragen und gefördert einmal durch die neueren Forschungen der Entwicklungspsychologie, die das Lernen im frühen Kindesalter herausstellten, zum anderen durch die Ergebnisse der Sozialisationsforschung, die soziostrukturell bedingte Benachteiligungen von Kindern feststellten, die einer Chancengleichheit im Wege stehen. Eine weitere erhebliche Wirkung ging von den antiautoritären Kinderläden aus, die ab 1968 als Selbsthilfeorganisation politisch engagierter Intellektueller entstanden. *neue Diskussion*

Die Vorschulerziehung wurde zu einem Politikum. Jede Partei nahm Empfehlungen dazu in ihr Programm auf. Kirchen, Verbände und viele Gremien bezogen Stellung. Der Deutsche Bildungsrat legte 1970 den *„Strukturplan für das Bildungswesen"* vor, in dem vorgesehen ist, die vorschulische Erziehung in das Bildungswesen voll zu integrieren. Danach sollen die Kindergärten als Bildungseinrichtungen des Elementarbereichs weiterhin von Trägern der freien und öffentlichen Jugendhilfe sowie von privaten Trägern unterhalten werden, jedoch anders als bisher nur die Drei- und Vierjährigen aufnehmen. Die Kinder vom 5. Lebensjahr an sollen nach diesen Vorstellungen in eine zweijährige Eingangsstufe, die im Primarbereich der Schule angesiedelt ist, aufgenommen werden, deren Besuch allerdings Pflicht sein soll. *Vorschulerziehung*

Diese Vorstellungen haben – abgesehen davon, daß sie ohne die ökonomischen Voraussetzungen sowieso nicht in dem angegebenen Zeitraum bis 1980 realisiert werden konnten – manche Kritik hervorgerufen. Man befürchtete eine zu zeitige Verschulung der Kindheit, eine allzusehr leistungsorientierte Erziehung und Bildung des Kindes, eine Vernachlässigung der breiten Förderung, z. B. des Sozialverhaltens (DEISSLER 1974). Zudem war es damals kaum möglich, erziehungswissenschaftlich ausreichend abgesicherte und überprüfte Angaben zu Zielen, Inhalten und Methoden der Vorschulerziehung zu machen. Durch Modellversuche hoffte man, auf verschiedenen Wegen mögliche Lösungen für eine institutionalisierte frühkindliche Erziehung zu finden (vgl. GEBAUER u. a. 1971). Festzuhalten bleibt, daß es bis heute nicht gelungen ist, die vorschulische Erziehung in das Bildungssystem eindeutig einzugliedern, während die Frage der Erziehung der Fünfjährigen sich ziemlich deutlich zu Gunsten der früheren, jedoch reformierten Kindergartenpädagogik geregelt hat. *Kritik*

2. Psychologische Grundlagen

2.1. Die Frage nach den sensiblen Phasen

entwicklungs-psychologisches Fundament

Die Psychologen haben vor allem zu Beginn der Diskussion um die Vorschulerziehung und das sog. „frühe Lernen" oft von „sensiblen Phasen" gesprochen und darauf hingewiesen, daß es sich dabei um das entwicklungspsychologische Fundament der ganzen Reformdebatte handle: „Die wichtigste experimentelle Neuentdeckung im Bereich der Entwicklungspsychologie ist die Funktion der sensiblen Phasen (‚Prägephasen')" (SAGI 1970, S. 23).

Man meint damit besonders begünstigte Lernzeiten während der ersten sechs Jahre im Leben des Kindes. Sie dürfen nicht verwechselt werden mit der sog. Phasenlehre der älteren Entwicklungspsychologie. Sensible Phasen sind durch drei Merkmale gekennzeichnet:

Merkmale

1. Es geht ein physiologischer Prozeß der Funktionsreifung voraus, der den Beginn der Phase darstellt und als Bedingung für neue Erfahrungsmöglichkeiten, z. B. für das Laufenlernen des Kindes, angesehen wird.

2. Während der sensiblen Phase wird sehr stark aus „Funktionslust" gelernt, d. h. aus Freude an der Sache selbst und weniger aufgrund irgendwelcher in Aussicht gestellter Gratifikationen. Einem einjährigen Kind, das die physischen Bedingungen des Laufenlernens besitzt, muß man z. B. nicht sagen: „Jetzt üb' doch mal laufen!" Es tut dies von sich aus, weil ihm „die Sache" Freude bereitet, nicht aber, weil ihm Belohnungen versprochen werden. Einem eineinhalbjährigen Kind braucht auch niemand zu sagen, es solle doch einmal „sprechen üben". Es tut dies einfach aus Lust an der Sache und erlernt dadurch immer besser die Sprache. Wir wollen damit natürlich nicht in Abrede stellen, daß in der frühen Kindheit auch durch Identifikation und Verstärkung gelernt wird. Im Vergleich zum späteren Lernen des Menschen, z. B. als Schulkind oder als Erwachsener, scheint jedoch in den ersten sechs Jahren das Lernen aus Funktionslust zu dominieren.

3. Man nimmt an, daß sensible Phasen im Leben des Kindes einmalig sind und in dieser Begünstigung für das Lernen des Kindes nicht mehr wiederkehren.

376

Derartige sensible Phasen werden nun für eine Reihe von Funktionen angenommen. Wir erwähnten schon Motorik und Sprache. Weiter sind aber Bindungsfähigkeit an einen Menschen und Aufbau von Vertrauenshaltung, soziale Integration in eine Gruppe, Leistungsmotivation usw. zu nennen. Das folgende Schema gibt einen Überblick über die Zeiträume, für die man die sensiblen Phasen annimmt (vgl. SAGI 1970, S. 23):

Bereiche sensibler Phasen

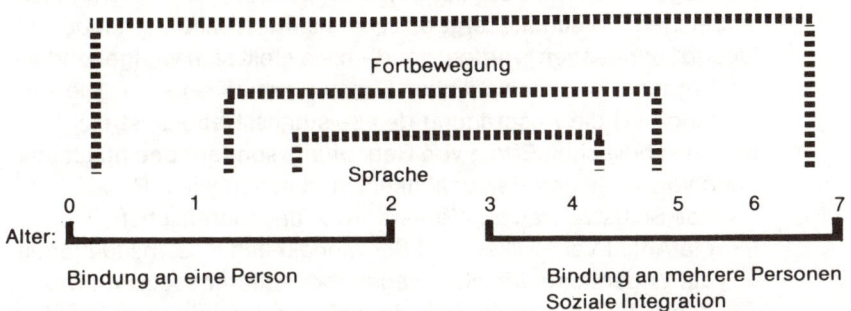

Die Lehre von den sensiblen Phasen ist jedoch, wie so vieles im sozialwissenschaftlichen Bereich, nicht von allen akzeptiert, vor allem im Hinblick darauf, daß es solche einmaligen, besonders lernbegünstigten Zeiten auch für das Leben des Menschen geben soll. KONRAD LORENZ wies für die Graugans die Existenz einer Prägephase nach. Das geschlüpfte Graugänschen sah die Person, die kurz nach dem Schlüpfen in seiner Nähe war, als seine Bezugsperson an, der es auf Schritt und Tritt folgte. Auch kleine Enten oder Küken werden wenige Stunden nach dem Schlüpfen auf die sichtbaren und beweglichen Gegenstände „geprägt", die sich in ihrer Nähe befinden. HECKHAUSEN weist darauf hin, daß man „ähnlich klare Fälle" von Prägephasen beim Menschen nicht aufdecken könnte (1972, S. 56). Es gibt allerdings andere Autoren, die sich eindeutig für sensible bzw. Prägephasen im oben dargestellten Sinne aussprechen.

Diskussion

Nach den Belegen, die wir aus der Pädagogischen Psychologie besitzen, sind also die sensiblen Phasen für den Menschen im streng empirischen Sinne nicht eindeutig nachgewiesen. Andererseits darf

377

man aber davon ausgehen, daß es für eine Reihe von Fähigkeiten des Menschen Zeiten gibt, in denen das Erlernen der entsprechenden Funktionen sehr stark erleichtert oder begünstigt ist. Ein späteres Erlernen dieser Funktionen – soviel kann man mit Gewißheit sagen – dürfte mit großen Schwierigkeiten verbunden sein und zu Defiziten führen.

2.2. Die Entwicklung der Leistungsmotivation

nicht angeboren

Leistungsmotivation oder das Leistungsstreben kann aufgrund von zahlreichen Forschungsergebnissen nicht als eine „angeborene Tugend" angesehen werden, sondern sie stellt sich weitgehend als das Ergebnis unterschiedlicher Erziehungseinflüsse dar. Die Entwicklung und die Ausprägung des Leistungsstrebens ist nicht nur für den schulischen Erfolg von Bedeutung, sondern beeinflußt eine Reihe von wichtigen Persönlichkeitsmerkmalen wie z. B.:
- das Selbstvertrauen, die Verantwortungsbereitschaft;
- die Angst vor Risiken und Schwierigkeiten in Lernsituationen;
- die Widerstandsfähigkeit gegenüber äußerem sozialen Druck;
- den Wunsch und die Bereitschaft, erfolgreich abzuschließen und gesetzte Ziele zu erreichen.

Daß zwischen den genannten Faktoren und der Leistungsmotivation ein Zusammenhang besteht, bestätigen empirische Untersuchungen[43]. Die Leistungsmotivation kann ohne Zweifel als ein „Schlüsselmotiv" für den Erziehungs- und Bildungsprozeß, als ein grundlegendes und zentrales Motiv im menschlichen Verhalten angesehen werden. Wie kann man Leistungsmotivation näher um-

Definition

schreiben? HECKHAUSEN (1965, S. 604) definiert Leistungsmotivation als „das Bestreben, die eigene Tüchtigkeit in all jenen Tätigkeiten zu steigern oder möglichst hoch zu halten, in denen man einen Gütemaßstab für verbindlich hält und deren Ausführung deshalb gelingen oder mißlingen kann".

2.2.1. Kennzeichen der Leistungsmotivation

Um die Anfänge der Leistungsmotivation möglichst exakt feststellen zu können, wählten HECKHAUSEN und ROELOFSEN (1962)

---

[43] Vgl. D. C. McCLELLAND, Die Leistungsgesellschaft, Stuttgart 1966

eine einfache Versuchssituation, die geringe Ansprüche an geistige *Studie* und motorische Fähigkeiten stellt, aber trotzdem noch so attraktiv ist, daß sie ältere Kinder ebenso wie jüngere fesselt. Eine solche Situation ist gegeben im spielerischen Wetteifer zwischen Kind und Versuchsleiter: das Kind soll möglichst schnell einen Turm bauen, indem eine Anzahl Ringe übereinander auf einen Ständer gesteckt werden. Durch Beobachtung und Fragen soll herausgefunden werden,

- ob das Kind die Vergleichsstruktur bzw. die Wetteifersituation erfaßt;
- ob es beim Verlieren den Sieg des Versuchsleiters anerkennt;
- ob und wann das Kind den Versuch abbrechen will;
- welche charakteristischen Reaktionen bei Erfolg bzw. Mißerfolg auftreten.

Ergebnisse der Untersuchung: Von 22 Kindern im Alter von 1,11–3,6 *Ergebnisse* Jahren erfaßten nur 10, daß der Turm möglichst schnell gebaut werden sollte und daß es das Ziel dieses Schnellbauens war, früher fertig zu werden als der Partner. Die anderen Kinder dieser Gruppe verstanden die besondere soziale Struktur des Wetteifers nicht, sie zeigten kein Verhalten, das auf Erleben von Erfolg und Mißerfolg hinwies. Diesen Kindern kam es nur darauf an, selbst in einer bestimmten Weise und schnell zu bauen, nicht aber, wie es für das leistungsthematische Verhalten kennzeichnend ist, dabei früher als der Gegenspieler fertig zu werden. Sie zeigten Freude am Spielerisch-Tätigen, am Umgehen mit dem Material, am Selbermachen und am fertigen Werk, worin die Autoren aber nur Vorformen des Erlebens eigener Leistung erblickten. Erst wenn das Werk auf das eigene Ich bezogen wird, kann auch Erfolg und Mißerfolg erlebt und die Vergleichsstruktur des Wetteifers erfaßt, d. h. als eine Auseinandersetzung verstanden werden, wer von zweien der Tüchtigere ist. In diesem Sinne lassen sich in Wetteifersituationen erste Anfänge der Leistungsmotivation bereits zwischen 2 und 3, allge- *Anfänge der* mein ab 3½ Jahren beobachten. Spätestens von diesem Alter an *Leistungs-* kann Erfolg und Mißerfolg erlebt werden, d. h. wird das Früher- *motivation* oder Später-Fertigwerden beim Turmbau auf die Tüchtigkeit des eigenen Ichs zurückgeführt.
Ist bei Kindern noch keine Leistungsmotivation vorhanden, so zeigt sich das entweder durch Tätigkeitsabbruch, Verlassen des Raumes

oder Übergang zu Ausweichtätigkeiten. Das hat nach Meinung von HECKHAUSEN und ROELOFSEN im wesentlichen drei Ursachen:

a) *leichte Störbarkeit:* Unter 3½ Jahren ließen sich die Kinder leicht durch Geräusche oder eigene Einfälle aus dem Konzept bringen.
b) *Mangelndes Interesse am Wetteiferspiel:* Kinder unter 3,6 Jahren wollten statt des Wetteiferspiels lieber etwas anderes machen.
c) *Furcht vor Mißerfolg:* Selbst starkes Interesse am Wetteiferspiel bot keine Gewähr für anhaltendes Wetteifern, da ihm häufig starke Furcht vor Mißerfolg entgegenwirkte.

Kinder, die jünger als 3½ Jahre sind, gestehen erlittene Mißerfolge meist nicht ein; auf die Frage, wer gewonnen hat, wird geleugnet oder geschwiegen. Mißerfolge wollen diese Kinder dadurch bewältigen, daß sie vorzeitig abbrechen, zu anderen Tätigkeiten übergehen oder durch vorsorgliche Verhaltensweisen („Wenn ich fertig bin, darfst Du") soll der Erfolg gesichert werden.

leistungsorientiertes Verhalten

Ab 3½ Jahren ist *leistungsorientiertes Verhalten* festzustellen: ich-beteiligte Aufgabenhaltung, Erfolgs- und Mißerfolgerleben als persönliches Gelingen und Versagen, was im gegensätzlichen Ausdruckgeschehen deutlich wird. Auf Erfolg reagieren die meisten Kinder spontan, indem sie stolz und glücklich verkünden: „Ich war erster!" Nach Mißerfolg dagegen wird der Blick beschämt gesenkt, es erfolgt keine Ablösung vom eigenen Werk und keine Kontaktaufnahme mit dem Versuchsleiter. Manche schweigen, leugnen den Mißerfolg oder lächeln verlegen.

Ab 4,7 Jahren kann Mißerfolg bereits viel besser verkraftet werden, der Erfolg des anderen wird meist offen zugegeben. Vor allem versucht das Kind jetzt, Mißerfolge durch erneute Anstrengung auszugleichen, versucht also eine aufgabenadäquate Form der Konfliktbewältigung.

sensible Phase

Nach HECKHAUSEN sind normale Kinder etwa ab zweieinhalb bis dreieinhalb Jahren fähig, in dieser Weise den Person-Umwelt-Bezug aufzugliedern. Damit beginnt die sog. kritische oder sensible Phase für die Entwicklung der Leistungsmotivation. Am Anfang

380

dieser Periode bietet sich ein relativ einheitliches Bild: Erfolg und Mißerfolg werden mit stark affektiver Beteiligung erlebt. Schon nach ein bis zwei Jahren, also noch vor dem Eintritt in die Schule, hat sich die Leistungsmotivation unterschiedlich ausgeprägt, je nach den Erziehungseinflüssen, denen das Kind ausgesetzt ist. HECKHAUSEN glaubt, daß die individuelle Leistungsmotivation, die sich in der kritischen Phase ausbildet, bis ins Erwachsenenalter hinein grundsätzlich beständig bleibt.

2.2.2. Bedingungen für das Entstehen der Leistungsmotivation

Im wesentlichen hat man die folgenden sog. „Vorläufermotive", also Vorbedingungen für das Auftreten der eigentlichen Leistungs-motivation, unterschieden (HECKHAUSEN 1966):

a) *Der soziale Kontakt ist eine Grundvoraussetzung.* – Es ist be-kannt, daß affektive Zuwendung sich als wirksamste Hilfe für das frühkindliche Lernen erwiesen hat. Schon die unbefangene Beob-achtung von Kleinkindern zeigt, wie sehr kindliche Entwicklung vom Drang, es mit der Umwelt aufzunehmen, vorangetragen wird. Das Kind wirkt aktiv auf seine Umgebung ein und erprobt dabei seine eigene Wirksamkeit. Die Hospitalismusuntersuchungen bele-gen deutlich, daß positive emotionale Sozialbeziehungen dafür eine Grundvoraussetzung sind. Mit der Erweiterung der motori-schen und kognitiven Fähigkeiten und der Ausdifferenzierung des Lebensraumes in den Dimensionen Raum und Zeit, sowie in der Vielfalt sozialer Beziehungen wird die handelnde Auseinanderset-zung mit der Umwelt immer weiter ausgedehnt. Das Bestreben des Kindes, sich kognitiv und motorisch zu betätigen, ergibt sich aufgrund seines natürlichen Neugierverhaltens nahezu von selbst, d. h. es wird zwar durch die angebotenen Umweltreize aktiviert, besitzt aber normalerweise eine kaum zu unterdrückende Spon-taneität. Forschungen haben andererseits unzweifelhaft ergeben, daß eine unterdrückende Erziehung die Eigeninitiative des Kindes stark einschränkt und daraus eine Überangepaßtheit des Kindes resultiert. Dagegen begünstigt die Forderung der Eigenständigkeit des Kleinkindes die Entwicklung der Leistungsmotivation. Wenn das Vorläufermotiv der Selbständigkeit allgemein zu schwach ist und eine besondere Abhängigkeit von den Eltern vorliegt, wirkt sich dies ungünstig auf die Leistungsmotivation aus. Vor allem im Zusammenhang mit einer wechselhaften Erziehung entsteht ein

sozialer Kontakt

Leistungsverhalten, bei dem das Kind stark von sozialer Zustimmung oder Mißbilligung abhängig ist und Mißerfolgsfurcht aufweist.

**Diskrepanz-
erlebnisse**

b) *Prinzip der dosierten Diskrepanzerlebnisse.* – Kinder werden besonders dann zu einer Auseinandersetzung mit der Umwelt angeregt, wenn sich ihnen mittlere Schwierigkeitsgrade zur Bewältigung anbieten. Für die vielfach beobachteten frühkindlichen Verhaltenswiederholungen prägte K. BÜHLER den Begriff der „Funktionslust", wozu besonders auch das „Selbermachen-wollen" gehört, was man etwa beim Essen oder Anziehen ab Beginn des zweiten Lebensjahres beobachten kann. Dabei fällt auf, daß der frühkindliche Anspruch, etwas selber zu machen, nur bei solchen Fähigkeiten erhoben wird, deren Bewältigung gerade erst oder noch nicht lange gelungen ist, und daß er aufgegeben wird, sobald das Kind feststellt, daß noch größere Schwierigkeiten zu überwinden sind. Pädagogisch bedeutsam wird hier die umfangreiche Bereitstellung von Möglichkeiten durch Erzieher und Umwelt. Kinder, denen ein weiter Betätigungsraum freigegeben wird, sind offenbar leistungsmotivierter als Kinder, deren Betätigungsdrang restriktiv beschränkt wird (vgl. HECKHAUSEN 1966, S. 147). Beschränkungen, die ungünstig auf die Entwicklung der Leistungsmotivation wirken, sind z. B.:
- dem Kind wird verboten, mit von ihm an sich erwünschten Spielkameraden zu verkehren, weil die Eltern diese evtl. nicht kennen oder aber den Umgang mit ihnen verboten haben;
- das Kind darf Entscheidungen, die es selbst angehen, nicht eigenverantwortlich treffen;
- dem Kind wird verboten, Spielkameraden und Freunde selbst zu wählen.

Dagegen wirken sich folgende elterlichen Verhaltenserwartungen positiv auf das Leistungsstreben aus:
- an den Interessen und Unterhaltungen der Eltern teilzunehmen;
- allein essen, sich auszuziehen und ins Bett gehen zu können;
- regelmäßige Pflichten im Hause zu übernehmen;
- nicht darauf zu warten, daß die Mutter Anregungen für eine Beschäftigung gibt (vgl. WINTERBOTTOM, in WASNA 1973).

382

c) *Prinzip des Lernens durch Verstärkung.* – Kinder, deren Lei-
stungsversuche besonders belohnt wurden, weisen bereits im Kindergarten größere Leistungsinitiative auf. Ein autoritärer Erziehungsstil mit vorwiegend bestrafenden Sanktionen für schlechte
Leistung ist entsprechend eher niedrigmotivierend. Man konnte
nachweisen, daß Mißerfolg die Beharrlichkeit bei Kleinkindern her-
absetzte, Erfolg aber die Ausdauer erhöhte. Die Verbindung von
Erfolg und Lob hatte bei Kindergartenkindern die günstigste Wirkung, die Ausdauer verbesserte sich um 48 % gegenüber 25 % bei
Erfolg allein (vgl. WASNA 1973, S. 5f.).

d) *Prinzip der motorischen und kognitiven Entwicklung.* – Die motorische Entwicklung muß soweit fortgeschritten sein, daß das Kind
„gegenstandsadäquate Effekte" produzieren kann, also z.B. Lego-
teile aufeinanderstecken oder einen Turm bauen kann. Darüber
hinaus muß das Kind verschiedene Schwierigkeitsgrade unterscheiden können. Nach HECKHAUSEN (1963, S. 16) tritt Leistungsmotivation erst dann auf, wenn Auswirkungen des Handelns nicht
mehr nur als Effekte des Umweltgeschehens erlebt, sondern auf
das eigene Ich bezogen und damit als Auswirkung der individuellen Tüchtigkeit, als persönlicher Erfolg oder Mißerfolg, empfunden
werden.

Das Kind muß einen Gütemaßstab erfassen können. Dies äußert
sich in seinen Anfängen beim kleinen Kind z.B. durch einfache
Klassifikationen wie „gelungen-mißlungen" oder „gut-schlecht";
Aufgaben können „rasch und geschickt" oder „unbeholfen und
langsam" ausgeführt werden. Mit fortschreitender kognitiver Entwicklung differenzieren sich die Gütemaßstäbe nach verschiedenen Arten, wie z.B. nach Rangskalen: „Ich bin der Beste, du der
Zweitbeste; Hans ist der erste, ich der zweite und Fritz ist der
letzte."

Gütemaßstäbe können

- sachbezogen (z.B. Vollkommenheitsgrad einer Tätigkeit),
- personenbezogen (z.B. Vergleich mit der früheren eigenen Leistung) oder
- sozialbezogen (z.B. Vergleich mit den Leistungen anderer im
  Wetteifer) sein.

2.2.3. Ergebnisse empirischer Untersuchungen zur Leistungs-
motivation [44]

Folgerung

Nahezu alle empirischen Untersuchungen kommen übereinstimmend zu der Folgerung, daß das Gewähren von Selbständigkeit
eine hohe Leistungsmotivation zur Folge hat. Dabei ist allerdings
zu beachten, daß extrem hohe Ansprüche des Erziehers die Motivation und die Leistungen der Kinder eher hemmen, zu Mißerfolgserlebnissen führen und somit frustrierend wirken. Weiterhin kommt
es weniger auf sehr frühe Selbständigkeitserziehung als vielmehr
auf eine entwicklungsangemessene Erziehung zur Selbständigkeit
an. „Hochleistungsmotivierte Jungen haben Mütter, die bis zum
Alter von acht Jahren mehr Selbständigkeitsanforderungen stellen
und auch früher damit begonnen haben als die Mütter niedrigmo-
tivierter Jungen" (WASNA 1973, S. 21). Ebenso konnten HECK-
HAUSEN und OSWALD zeigen, daß selbständigkeitsfördernde Motivation der Mütter häufiger mit hoher Leistungsmotivation der Kinder einhergeht. Leistungsmotivation ist meist eng mit dem Streben
nach sozialer Geltung und Anerkennung verknüpft und bleibt von
der Kindheit bis ins Erwachsenenalter hinein relativ stabil. Durch
das Leistungsstreben will das Individuum ein inneres Gefühl der
Zufriedenheit erlangen, dieses erreicht es am ehesten nach sozialer Anerkennung und Belohnung. Entscheidend für die Ausbildung
der Leistungsmotivation sind nicht nur die Erziehungsziele der
Eltern, die sich z. B. durch Leistungsanforderungen und -erwartun-
gen konkretisieren, sondern vor allem der Erziehungsstil: Die Motivation wird beispielsweise entscheidend abgeschwächt, wenn das
kindliche Bemühen um Leistung und Erfolg als etwas Selbstverständliches hingenommen und Mißerfolge heftig getadelt werden.

Dagegen stärkt die liebevolle Zuwendung nach Erfolg und die neu-
trale Reaktion nach Mißerfolg die Leistungsmotivation. Bei Leistung
und Erfolg sind weniger objektive Leistungskriterien anzulegen;
vielmehr sollte in pädagogischen Situationen davon ausgegangen
werden, ob die Handlung eines jeweiligen einzelnen in bezug auf
dessen bisherige Fähigkeiten und Fertigkeiten, dessen vorhandene
motorische und kognitive Kompetenz als Leistung zu bewerten

---

[44] Vgl. hierzu WASNA, M., Leistungsmotivation; München 1973; in diesem
Buch werden die wichtigsten deutschen und ausländischen Untersuchungen zur Leistungsmotivation dargestellt.

384

sind. Bezugspunkt muß somit die individuelle, je nach Lebensalter sehr verschiedene Leistungsmöglichkeit sein.

Bereits im Vorschulalter lassen sich Kinder in *„Erfolgsmotivierte"* und *„Mißerfolgsmotivierte"* unterscheiden. Erstere setzen sich realistische, d.h. ausgeglichene bis mäßig hohe Ziele mit mittlerer Erfolgswahrscheinlichkeit. Bei den übrigen Kindern überwogen bei ihren vergangenen Lernerfahrungen Mißerfolgserlebnisse; diese neigen nun dazu, ihre individuelle Leistungsfähigkeit zu über- bzw. zu unterschätzen: sie wählen extrem hohe oder aber extrem niedrige Ziele und halten auch nach Mißerfolgen an den einmal gesetzten Zielen fest.

3. Die Aufgaben des Kindergartens

Ergebnisse aus der Sozialisationsforschung der letzten Jahre konnten ziemlich deutlich belegen, daß sich diejenigen Schüler, die den Anforderungen von Schule und Beruf nicht genügen konnten, hauptsächlich aus den unteren Sozialschichten rekrutierten. Man stellte unter den Sozialisationsbedingungen dieser Schüler eine Reihe von tatsächlichen oder behaupteten Anregungsdefiziten fest. Nichts lag nun näher als der Versuch, derartige Defizite zu beseitigen. Das gaben jedenfalls diejenigen vor, die der Forderung nach Chancengleichheit nachkommen wollten. Unter dem gesamten Anregungspotential eines Milieus sprach man den sprachlichen Sozialisationsfaktoren den größten Einfluß zu, und das Schlagwort der *„kompensatorischen Spracherziehung"* machte die Runde. Vereinfacht sah dies so aus: Die Ansprüche der Schule, die sich wesentlich an der Mittelschicht orientieren, wurden als Maßstab genommen. Wer diese nicht erfüllte, bei dem erkannte man ein Defizit, und dieses sollte kompensiert werden. Diese Normen der Schule üben auch augenblicklich noch, genau so wie zu Beginn der Diskussion um eine kompensatorische Vorschulerziehung, ihren Zwang auf den Kindergarten aus. Die Leistungsgesellschaft hat hier um keinen Deut locker gelassen. Zugleich gilt aber, daß die Normen der Schule nicht „natürlich" gegeben, sondern „gesetzt" sind.

Es ist nun das Bestreben des Pädagogen, auf der einen Seite nicht blindlings die gesetzten Normen zu akzeptieren und zu vermitteln,

Anregungs-defizite

andererseits aber möchte er auch Kindern der benachteiligten Schichten optimale Lebens- und Berufschancen ermöglichen. Das bedeutet, daß er bei der Erziehung im Kindergarten an einer Orientierung an den *„Schul-Normen"* nicht vorbei kann. Der Pädagoge ist mehr oder weniger auf eine Tätigkeit innerhalb eines ganz bestimmten mikrosozialen Rahmens festgelegt, obwohl seine Arbeit großenteils von makrosozialen Faktoren bestimmt ist. Viele soziale Bedingungen der von ihm zu erziehenden Kinder kann er als Pädagoge gar nicht oder nur in sehr geringem Ausmaß beeinflussen.

Vorschulerziehung mit Gemeinwesenarbeit
Am besten könnte *Vorschulerziehung mit kompensatorischen Ansprüchen als Element der Gemeinwesenarbeit* realisiert werden, was aber in der Praxis nur ganz selten der Fall ist. Diese Erkenntnis dürfte aber dem Engagement des Erziehers im Kindergarten nicht hinderlich sein. Eine Reihe von defizitären Sozialisationsbedingungen kann der Erzieher sich lediglich erklären, er vermag sie aber nicht zu beseitigen.

Es muß aber erwähnt werden, daß es schließlich eine Entscheidungsangelegenheit bleibt, ob jemand kompensatorische Erziehung befürwortet oder nicht. Wissenschaftlich läßt sich z.B. die Forderung nach Chancengleichheit nicht belegen, sondern das bleibt letzten Endes abhängig vom anthropologischen Konzept, das jemand vertritt. Wir sind allerdings der Auffassung, daß eine solche Forderung in einem demokratischen Erziehungs- und Bildungssystem als selbstverständlich anzusehen wäre.

Beziehung zur Familie
Es ergibt sich aber weiterhin die Frage, in welcher *Beziehung zur Familie* vorschulpädagogische Einrichtungen generell verstanden werden sollen: die alte – wahrscheinlich mehr theoretische – Streitfrage nach dem komplementären Charakter des Kindergartens.

Offenbar hat die Familie als Sozialisationsinstanz in unserer Gesellschaft die günstigsten Bedingungen für eine primäre Sozialisation anzubieten. Eine Reihe von Studien zur institutionalisierten Erziehung dürfte dies belegen. Das muß natürlich nicht heißen, daß alle oder der größte Teil der Familien realiter diejenigen erzieherischen Bedingungen aufweisen, die als wünschenswert anzusehen wären. Der Kindergarten wird in unserer Gesellschaft *familienergänzende Funktionen* behalten. Das bedeutet eine Anreicherung und Fortführung des familiären Erziehungsangebotes. Die Familie kann z.B. einem Kind nicht in dem Maße die Möglichkeit bieten, soziale Beziehungen zu Gleichaltrigen aufzubauen, wie dies die gut gesteuerte Gruppe im Kindergarten vermag. Sie kann nicht in dem Sinn Spiel- und Erlebnismöglichkeiten usw. anbieten, wie dies im Kindergarten der Fall ist. Die Familie ist auch meistens nicht in der Lage, die defizitäre Situation eines Kindes zu erkennen. Allerdings soll der Kindergarten aus der Sicht der Familie auch eine *entlastende Funktion* haben. Deshalb braucht er sich keineswegs als Bewahranstalt zu interpretieren. Der Kindergartenpädagoge sollte seine Einrichtung nicht in solchem Sinne verstehen, wenn er erfährt, daß Eltern es (auch) als Entlastung ansehen, wenn ihr Kind in den Kindergarten geht. Das Kind aus der Familie mit der „nervösen Mutter" hat eher die Chance, von einer ausgeglichenen Mutter wieder akzeptiert zu werden, wenn diese für einige Stunden am Tag von ihm „entlastet" war. Der Unmut über „die Mutter, die arbeiten geht", ist oft genug von Erziehern zu vernehmen. Besser wäre hier in vielen Fällen eine qualifizierte Information der Eltern über ein günstiges Anregungsmilieu in der Familie.

Damit ist ein Gesichtspunkt bereits angesprochen, den wir in besonderer Weise betonen möchten: der Kindergarten als *elternintegrierte Institution*. Erzieher, die im Kindergarten tätig werden wollen, müßten sich von vornherein darauf einstellen, daß ihr Adressat in dieser Einrichtung nicht allein das Kleinkind ist, sondern daß eine engagierte Elternarbeit wie ganz selbstverständlich mit zu der Funktion des Kindergartens gehört. In einem Resümee der über 100 Kindergarten-Versuche, die in Baden-Württemberg durchgeführt wurden, kommt man 1975 zu dem Schluß: „Die Eltern müssen mitarbeiten." Man sollte hinzufügen: Kindergartenpädagogen müssen Bedingungen schaffen, daß Eltern mitarbeiten!

Elternintegration

Auch dort also, wo sog. Erziehungsdefizite nicht so augenfällig sind, hat der Kindergarten seine Funktion.

4. Daten und Fakten zur Kindergartensituation in der Bundesrepublik Deutschland

In unserer Bevölkerung herrscht inzwischen die generelle Meinung vor, daß es für ein Kind im vorschulischen Alter günstig sei, wenn es den Kindergarten bzw. eine vorschulische Einrichtung besuchen könne, und daß es benachteiligt werde, wenn es keinen Kindergartenplatz erhalten kann. Diese Meinung wurde durch viele Kritiker in den letzten Jahren verbreitet.

4.1. Die Versorgung mit Kindergartenplätzen in der Bundesrepublik

Platzangebot

Das Platzangebot für Kinder im Kindergartenalter hat sich im Vergleich zu früher ganz erheblich verändert. Wurde vor einigen Jahren noch beklagt, es gebe nur für jedes dritte Kind in der Bundesrepublik einen Kindergartenplatz, so wird im Jahr 1980 von manchen bereits ein Überangebot an Plätzen bedauert. Allerdings muß man, wie bei der Einschätzung aller statistischen Aussagen, hier kritisch hinschauen, um nicht zu falschen Schlußfolgerungen zu gelangen. Wenn im einen Bundesland ein Überangebot an Kindergartenplätzen vorhanden ist, muß die Situation im anderen keineswegs genau so sein. Des weiteren kann selbst aus einem quantitativen Überangebot nicht geschlossen werden, daß alle in Frage kommenden Kinder auch tatsächlich das Angebot wahrnehmen bzw. wahrnehmen können. In der Badischen Zeitung vom 5. 9. 1980 war unter der Überschrift „Überangebot von Kindergartenplätzen" zu lesen:

„In Baden-Württemberg bestand Ende 1979 ein Überangebot von 17 089 Kindergartenplätzen. Wie das Statistische Landesamt feststellte, betrug der Versorgungsgrad damit 106 %, gegenüber dem Vorjahr mit 108,6 % eine leichte Abnahme."

Aus dem Bericht darf entnommen werden, daß eine erhebliche Zunahme an Plätzen erfolgte. Dies ist in anderen Bundesländern ähnlich, worüber die Statistischen Landesämter Auskünfte erteilen.

Jugendbericht

Die Situation im Bundesgebiet wird im „Fünften Jugendbericht", einem Bericht, der dem Bundestag und dem Bundesrat in jeder Legislaturperiode einmal von der Bundesregierung vorgelegt werden muß, geschildert, wo darauf hingewiesen wird, daß bei den Kindergärten im Zeitraum von 1965 bis 1975 eine Steigerung von 65 % erfolgt sei, und zwar von 14 113 Einrichtungen auf 23 130. Die Zahl der Kindergartenplätze stieg in demselben Zeitraum um 55 %, und zwar von 952 875 auf 1 478 856. Der Jugendbericht weist aber auch auf das eben erwähnte Problem der tatsächlichen Versorgung mit Kindergartenplätzen hin, wenn es heißt:

388

„Allerdings werden die tatsächlichen Nutzungsmöglichkeiten und der tatsächliche Kindergartenbesuch durch regionale, finanzielle und soziale Faktoren erheblich eingeschränkt: in dünn besiedelten Gegenden bietet sich für viele Kinder nach wie vor kaum eine reale Chance, einen Kindergarten besuchen zu können; noch immer sind für viele Eltern die Beiträge zu hoch; und schließlich gibt es bei sozial und bildungsmäßig erheblich benachteiligten Eltern Formen von „Bildungsabstinenz", die sich schon auf den Besuch des Kindergartens durch Kinder dieser Eltern negativ auswirkt. Solche und sicherlich noch eine Reihe weiterer Faktoren führen dazu, daß beispielsweise im April 1976 tatsächlich nur etwa die Hälfte der Kinder im entsprechenden Alter einen Kindergarten besuchte und nicht 65 %, wie der Bildungsgesamtplan auf Grund einer am Soll-Angebot der Kindergärten orientierten Berechnung für Ende 1975 angibt."

tatsächliche Versorgung

Die für die Kindergärten Verantwortlichen stehen heute vor ganz anderen Schwierigkeiten als etwa noch vor zehn bis fünfzehn Jahren. Heute lautet die Frage nicht mehr, wie man die Kinder auf der umfangreichen Warteliste bei geringer Platzzahl möglichst gerecht auswählt, sondern z. B.:

Fragen

- Welche Programme müssen für die Dreijährigen entwickelt werden, die bei dem erhöhten Platzangebot verstärkt Aufnahme finden?
- Wie kann man den Ausländerkindern im Kindergarten gerecht werden?
- Inwieweit sind die in den Kindergartengesetzen verankerten Rechte der Eltern im Rahmen der Mitsprache und Mitgestaltung im Kindergarten ausreichend?
- Nach welchen Kriterien wird eine neue Kraft für die Gruppenarbeit oder für die Leitung des Kindergartens ausgewählt? usw.

4.2. Wann wurden die meisten Kindergärten gebaut?

Wenn man die Umfrage von HÖGEMANN und KUHN (1974), an der sich fast 2000 Kindergärten beteiligten, als repräsentativ betrachtet, so ergibt sich folgendes Bild über das Baujahr unserer Kindergärten:

Umfrage

Vor 1945	wurden 15,6 % der Kindergärten gebaut
1945–1949	wurden 2,4 % der Kindergärten gebaut
1950–1954	wurden 8,0 % der Kindergärten gebaut
1955–1959	wurden 9,7 % der Kindergärten gebaut
1960–1964	wurden 16,0 % der Kindergärten gebaut

1965–1969	wurden	19,6%	der	Kindergärten	gebaut
1970–1974	wurden	27,6%	der	Kindergärten	gebaut
ohne Angaben		1,1%			

100,0%

Interessant ist bei dieser Tabelle, daß fast die Hälfte aller Kindergärten in dem Jahrzehnt von 1964 bis 1974 errichtet wurde. Das ist auch etwa der Zeitraum, in dem in der Bundesrepublik die Diskussion um die Kindergarten- und Vorschulerziehung am intensivsten geführt wurde. In den vergangenen Jahren war man mit der Errichtung neuer Kindergärten wesentlich zurückhaltender.

4.3. In wessen Trägerschaft befinden sich die Kindergärten?

Verteilung

Ein in den vergangenen Jahren ebenfalls diskutiertes Problem ist die Frage nach der Trägerschaft des Kindergartens. Für das Jahr 1976 wurde folgende Verteilung festgehalten (vgl. Mörsberger 1978, S. 40): In der Hand der freien Träger befanden sich 16074 Kindergärten (= 68%) mit 1030607 Plätzen; die öffentlichen Träger hatten 6834 Kindergärten (= 29%) mit 406664 Plätzen, während privatgewerbliche Träger 772 Kindergärten (= 3%) betrieben mit 25754 Plätzen.

Anzahl

Etwas mehr als zwei Drittel der Kindergärten in der Bundesrepublik befinden sich also in der Verantwortung der sog. freien Träger. Die Anzahl der von den jeweiligen freien Trägern verantworteten Kindergärten ist allerdings sehr unterschiedlich. Wir können von folgender Verteilung ausgehen (vgl. Mörsberger 1978, S. 41):

Arbeiterwohlfahrt	316 Kindergärten	=	2,1%
Caritasverband	7926 Kindergärten	=	51,9%
Diakonisches Werk	6485 Kindergärten	=	42,4%
Paritätischer Wohlfahrtsverband	338 Kindergärten	=	2,2%
Rotes Kreuz	202 Kindergärten	=	1,3%
Zentralwohlfahrtsstelle der Juden	8 Kindergärten	=	0,1%

Die Anteiligkeit an Einrichtungen der öffentlichen Hand und der Träger der freien Jugendhilfe ist aber in den einzelnen Bundesländern sehr unterschiedlich. Vgl. dazu Höltershinken 1971, S. 212. Weitere aufschlußreiche Informationen über die derzeitige Kindergartensituation finden sich in R. Dollase (Hrsg.), Handbuch der Früh- und Vorschulpädagogik, Düsseldorf 1978.

5. Der Streit um die Didaktik des Kindergartens

Der in den letzten Jahren im Kindergartenbereich geführte Streit drehte sich um die Kernfrage, „was" und „wie" in der vorschulischen Erziehung gelehrt und gelernt werden soll. Darüber gibt es nun sehr verschiedene Ansichten. Es wird vor allem darum gestritten, über welchen Weg man bei der Planung von Kindergartenarbeit zu dem „richtigen Programm" für die Kinder gelange. Im folgenden sollen die hauptsächlichsten Standpunkte dazu dargestellt werden.

5.1. Ein Streitgespräch im Kindergarten

Gehen wir aus von einem Gespräch, das zwei Erzieher im Kindergarten miteinander führen (vgl. M. u. N. Huppertz 1975, S. 12ff.).

zwei Erzieher

Gesprächspartner A

A: Also ich muß sagen, daß ich in der vergangenen Woche Erfolge mit meiner Arbeit gehabt habe. Das ist genauso gelaufen, wie ich mir das vorgestellt hatte.

Gesprächspartner B

B: Das kann ich von mir aus nun gar nicht berichten. Am Dienstagvormittag hat der Jörg so spannend von der Messe erzählt, daß die übrigen Kinder fasziniert waren. Es kam in der Frühstückspause zu einem so tollen Gespräch zwischen etwa 6 oder 7 Kindern, daß ich anschließend das Gespräch gemeinsam mit ihnen fortgesetzt habe. Die Kinder sind dann am Nachmittag zu einem großen Teil selbst auf der Messe gewesen, und am Mittwochvormittag haben wir mit der Messe weitergemacht. Die Kinder haben Buden gebaut, die als Verkaufsstände dienen sollten; Lose haben sie

Ja, an sich hatten wir uns aber auf ein bestimmtes Thema geeinigt. Ich kann dir hier auf unserem Zettel noch mal genau die Lernziele zeigen, die wir uns zum Thema „Frühling" und „Garten" festgelegt hatten: Jedes Kind sollte am Ende der Woche mindestens fünf Blumen namentlich identifizieren können. Und weiter sollte es die Frühlingsblumen kennen, die aus Zwiebeln treiben …

verkauft, Dosen geworfen und was weiß ich was … Anschließend haben einige Kinder das Ganze gemalt.

Ja, das stimmt schon. Ab Donnerstag haben wir uns dann auch wieder mit dem „Frühling" beschäftigt. Die Kinder hatten nicht mehr so großes Interesse am Jahrmarkt. Wir sind dann auch im Garten gewesen, haben gegraben und gesät. Die Kinder hatten einen Mordsspaß. Nur die Blumennamen, da hatten sie nicht so viel Freude dran.

Also ich muß sagen, das gesteckte Ziel habt ihr damit nicht erreicht, oder wie würdest du das sehen? Auch der „Jahrmarkt" müßte doch ganz anders geplant werden. Ihr macht da einfach ein Gespräch über den Jahrmarkt. Ich würde mir das ganz anders vorstellen, und dann auch entsprechend durchziehen. Du mußt doch zunächst mal Lernziele formulieren, z. B.: Die Kinder sollen einzelne Schaustellerbetriebe benennen können: Riesenrad, Achterbahn, Autoskooter, Raupe usw. Was Besucher auf dem Jahrmarkt alles tun, sollen sie aufzählen können. Bei einem Besuch sollen sie die Funktionen verschiedener Schausteller kennenlernen und sie hinterher bei einem Rollenspiel vertiefen etc.

Ich versteh gar nicht, wie man das heute noch anders machen kann.

Warum willst du das denn alles so genau im vorhinein festlegen?

Du gerätst doch sonst in Teufels Küche. Der Mager hat gesagt: Wer keine Ziele hat, der darf sich nicht wundern, wenn er ganz woanders ankommt, als er ursprünglich wollte. Es ist ja so, daß du sonst keinerlei Möglichkeit hast, zu kontrollieren, ob die Ziele erreicht wurden oder nicht, also ob du überhaupt Erfolg gehabt hast.

Das mußt du deshalb kontrollieren, damit du überhaupt weißt, was die Kinder gelernt haben und was nicht. Damit du überhaupt weiter planen und aufbauen kannst. Du kannst ja sonst nicht den Lernschritt 3 und 4 mit den Kindern tun wollen, wenn sie noch gar nicht kapiert haben, was in 1 und 2 vorkam. Und dann mußt du selbstverständlich auch deshalb Kontrollen durchführen, um z. B. den Eltern sagen zu können, was du mit den Kindern geleistet hast. Das muß man ja irgendwie vorweisen können.

In der Schule kann ja nun auch nicht jeder machen, was er will.

Warum soll ich das denn alles kontrollieren?

Nun mußt du aber bedenken, daß du es mit 25 Kindern zu tun hast. Die kannst du doch nicht alle auf ein Lernniveau bringen, und dann auch noch zufriedenstellen.
Guck mal, der Franz ist jetzt fünf Jahre, der kann nicht mal richtig mit einem Bilderbuch umgehen. Der Michael hat immer furchtbare Angst und ist gehemmt, wenn er vor der ganzen Gruppe was sagen soll. Der Markus ist viereinhalb und kann nahezu perfekt lesen. Der blättert in sämtlichen Lexika herum und geht gut damit um. Der hat ganz andere Interessen.

Das ist aber genau unser Vorteil, daß wir da nicht so festgelegt sind wie die Schule. Diese Freiheit brauchen unsere Kinder auch unbedingt. Still-

393

sitzen und auf den Lehrer hören lernen sie ja nun wirklich früh genug.

Das seh ich aber nun doch ein bißchen anders. Ich finde, es ist gerade unser großer Nachteil, daß wir nicht so genau nachweisen können, was die Kinder bei uns lernen und was sie überhaupt tun. Genau deshalb nimmt uns Kindergärtnerinnen auch die Gesellschaft nicht so ernst. Die Leute nehmen doch alle an, daß wir mit den Kindern nur spielen, und in der Schule wird gelernt. Das ist doch die Meinung, mit der wir dauernd zu kämpfen haben. Vergleich doch mal unser Gehalt mit dem des Lehrers.

Das ist aber doch was anderes. Ich meine, wir könnten nicht einfach von uns und unseren Interessen ausgehen, sondern von den Kindern. Die haben ganz bestimmte Bedürfnisse, und die müssen absolut im Vordergrund stehen. – Im übrigen ist es mit den Lernzielen ja auch so, daß man sie alle sowieso nicht kontrollieren kann. Bei einer Bildbetrachtung z. B. kann ja wohl schlecht überprüft werden, ob das Kind nun den „richtigen" Eindruck von dem Bild hat oder ob es ihn nicht hat. Du kannst auch nur schwer nachprüfen, ob das Kind vor den anderen in der Gruppe oder vor dir Angst hat oder nicht. Mit der religiösen Erziehung ist es genauso problematisch. Ich finde, es ist viel wichtiger, wenn man die Augenblickssituation und das Glücksbedürfnis des Kindes berücksichtigt, als sich genau an seinen Plan zu halten.

Was heißt hier Glücksbedürfnis? Wenn das ein Ziel sein soll, dann muß das erst einmal definiert und operationalisiert werden. Ich finde, so planlos kann man nicht arbeiten.

Ja, Augenblick mal; ich arbeite ja nicht planlos. Ich habe selbstverständlich auch meinen Plan und bereite mich entsprechend auf meine Angebote an die Kinder vor – und bereite mich vor allen Dingen nach. Aber, und da glaube ich liegt der grundsätzliche Unterschied: Ich halte mich bei meiner Planung bereits so flexibel, daß ich mich wirklich noch nach den Interessen der Kinder richten kann. Ich kann dann meine Angebote auch rasch verändern, wenn es die Situation der Kinder verlangt. Ich kann das Vorhaben ohne weiteres dann noch austauschen, was aber schwierig wird, wenn du so bis ins einzelne alles vorbedacht und festgelegt hast.

Ja, das ist aber gar nicht so einfach, wie du das vorhast.

Dieses Gespräch ging noch lange weiter.

5.2. Curriculares Lernen und situatives Lebenslernen im Kindergarten

Das oben dargestellte – fiktive – Gespräch macht zwei verschiedene Standpunkte über die Planungs- und Vorgangsweise der Aktivitätsangebote des Kindergartens deutlich. In vereinfachter Form kann man die augenblicklich diskutierten Positionen zur Gestaltung der vorschulischen Erziehung in die beiden hier demonstrierten Typen einteilen: Es gibt Vertreter eines mehr „curricularen" Ansatzes und solche, die für eine Planungs- und Vorgangsweise plädieren, die als „situatives Lebenslernen" bezeichnet wird. Vertreter des situativen Lebenslernens ist H. H. DEISSLER. Was weitere Differenzierungen innerhalb der Curriculum-Vertreter anbetrifft, verweisen wir auf die Literatur. Beide im Streitgespräch bereits angedeuteten Standpunkte sollen hier thesenhaft dargestellt werden.

zwei verschiedene Standpunkte

5.2.1. Curriculare Ansätze

Die sogenannten curricularen Ansätze lassen sich folgendermaßen differenzieren (vgl. FLITNER 1974, S. 49ff.; RETTER 1973):
– wissenschaftsorientierter Ansatz (a)
– funktionsorientierter Ansatz (b)

Differenzierung curricularer Ansätze

- situationsorientierter Ansatz (c)
- integrativ-disziplinorientierterAnsatz (d)

wissenschafts-
orientierter
Ansatz

a) *„Der wissenschaftsorientierte Ansatz* (Disziplinorientiertes Curriculum) geht davon aus, daß die Wissenschaften die Art und Weise entwickeln und selber schon enthalten, in der der Mensch sich heute rational mit der Welt auseinanderzusetzen hat. Naturwissenschaften, Sozialwissenschaften, Mathematik usw. ordnen dem Menschen heute die Welt und machen sie ihm verfügbar" (FLITNER 1974, S. 50).

Die wissenschaftlichen Disziplinen stellen ihre Ergebnisse zur Verfügung, um für die Vorschulerziehung inhaltliche Elemente zu bestimmen und in eine geordnete Sequenz zu bringen. Von daher glaubt man dann aus den einzelnen wissenschaftlichen Disziplinen ein Vorschul-Curriculum auf die Ebene der Vorschulkinder „herabziehen" zu können. I.S. BRUNER vertrat die Auffassung – und diese spiegelt sich in den Ansichten der Vertreter dieses Ansatzes – „daß jeder Gegenstand jedem Kind jeder Entwicklungsstufe auf intellektuell redliche Weise erfolgreich gelehrt werden könne" (1960).
Es sollen also in der Vorschulerziehung die Grundbegriffe und Inhalte der einzelnen Wissenschaftsbereiche vermittelt werden. Die in der Schule praktizierte Fächereinteilung wird damit in den Vorschulbereich heruntergezogen[45].

funktions-
orientierter
Ansatz

b) *„Der funktionsorientierte Ansatz* geht von der Frage aus: welche Fähigkeiten, Qualifikationen oder Verhaltensweisen sollen vom Kind erworben werden? In den Zielkatalogen der Vorschulerziehung sind viele solcher Funktionen genannt z.B.: das Kind soll Selbständigkeit erwerben, d.h. zunächst sich selber beim An- und Ausziehen versorgen können, den Schulweg allein hinter sich bringen, sich verkehrsgemäß verhalten. Es soll sich lösen von der ständigen Eltern- und Erwachsenenaufmerksamkeit. Im engeren Sinne: es soll seine Motorik, seine kognitiven Funktionen, formalen Fertigkeiten, seine sprachliche Sicherheit trainieren. In der traditionellen Terminologie der Pädagogik würde man das als „formale" Fähigkeiten bezeichnen, die allerdings das Problem der Anwendbarkeit und Übertragbarkeit offen lassen." (FLITNER 1974, S. 51)

Hat man die für das Kind erforderlichen Funktionen dann gefunden, glaubt man, zu deren „Einübung" ein Curriculum erstellen zu können.

---

[45] Zur Vertiefung vgl. H.R. LÜCKERT (Hrsg.), Neue Wege im Kindergarten, Freiburg i. Br. 1971

Im funktionsorientierten Ansatz gelangt man zu drei Fähigkeits-
bereichen, die beim Kind trainiert werden sollen: Orientierungs-
und Konzentrationsfähigkeiten, Wahrnehmungs- und motorische
Fähigkeiten sowie begriffliche und sprachliche Fähigkeiten[46].

c) „*Situationsorientiert* heißt: es sollen die Situationen von Kindern im *situations-*
Zentrum stehen, in denen sie in der Gegenwart oder näheren Zukunft zu *orientierter*
handeln haben. Es geht deshalb nicht um idealtypische Konstruktionen, *Ansatz*
sondern um Programme für die realen Situationen der Kinder einer bestimmten Zeit und eines bestimmten subkulturellen Milieus; deshalb muß
auch in Kindergärten verschiedener Wohngegenden zugleich Entwick-
lungsarbeit geleistet werden." Eines der Hauptprinzipien bei diesem Ansatz
ist die Kindorientiertheit. Es soll hier mit Entschiedenheit von „solchen
Situationen ausgegangen werden, die von den Kindern selber erlebbar
sind, und von der Weise, in der sie von ihnen erlebt werden. Es sollen
ferner Situationen sein, die im Rahmen pädagogischer Veranstaltungen
wirklich erreicht und beeinflußt werden können, nicht also solche, die zwar
gesellschaftlichen Wahrheitsgehalt haben mögen – wie z. B. die Entfrem-
dung durch die Industriearbeit –, die aber von den Kindern weder verstanden noch ‚gestaltet' werden können!" (FLITNER 1974, S. 52)

Aufgezeigt wird der Ansatz meist am Beispiel „Kind im Kranken-
haus". Das Kind soll bei diesem Aktivitätsangebot nicht in erster
Linie Wissen erwerben, sondern es geht in der Hauptsache darum,
das Kind für den Ernstfall, in dem ein Krankenhausaufenthalt für es
erforderlich würde, vorzubereiten und ihm vor allem die Angst
davor zu nehmen[47].

d) Im *integrativ-disziplinorientierten Ansatz* werden auf der Basis von fach- *integrativ-diszi-*
übergreifenden Grundbegriffen – „Schlüsselbegriffen" – Angebote ent- *plinorientierter*
wickelt. Derartige Begriffe sind z. B. Vergleichen, Zuordnung, Relation, *Ansatz*
Abbildung, Kausalität, Verwandlung, Wiederholung. „Schlüsselbegriffe sind
Ordnungskategorien, die die allen Lernbereichen gemeinsamen ‚kognitiven' Anteile deutlicher machen und es ermöglichen, die Lernziele eines
Faches unter übergeordnete Gesichtspunkte zu stellen. . . . Der Begriff
muß sowohl eindeutig auf Sachstrukturen bzw. Denkoperationen bezieh-
bar als auch für mehrere Fächer fundamental sein. Ferner ist eine gewisse
Praktikabilität des Begriffes in bezug auf seine didaktische Verwendbar-
keit notwendig" (RETTER 1973, S. 26).

Solche Kategorien gibt es dann für folgende Lernbereiche: Spra-

---

[46] Zur Vertiefung vgl. Deutscher Bildungsrat. Strukturplan für das Bildungswesen, Bonn 1970, S. 112–115
[47] Zur Vertiefung vgl. J. ZIMMER (Hrsg.), Curriculumentwicklung im Vorschulbereich, Band 1 und 2, München 1973

che – Mathematik – Kunst – Musik – Natur und Sachwelt – technische Elementarerziehung – Sport. Wie in vielen anderen Äußerungen zur vorschulischen Erziehung wird auch bei diesem Ansatz betont, daß man keine Verschulung möchte: „Voraussetzung und Ziel des Projektes ist ferner die Herstellung pädagogischer Rahmenbedingungen, die das ‚Lernen mit Fünfjährigen' nicht zu einem vorverlegten schulischen Unterricht machen, vielmehr die Situation des freien Spielens und Lernens im Kindergarten als Basis für didaktische Zielsetzungen ansehen; diese Basis soll auch im ersten Grundschuljahr erhalten bleiben" (RETTER 1973, S. 24).

Alle vier beschriebenen Ansätze haben gemeinsam, daß man für die Arbeit im Kindergarten bzw. in der Vorschule ein *„Curriculum"* entwickeln möchte und zu dessen Realisierung den Weg aufzeigen will. Die Standpunkte sind in einigen Punkten allerdings auch sehr unterschiedlich.

Curriculum Zu den mit einem Curriculum verbundenen Ansprüchen vgl. S. 276ff. Wir nennen hier lediglich noch einmal die *Grundprinzipien:* Zielfindung und Zielsetzung – Operationalisierung – Organisation der Lernschritte nach Inhalten, Mitteln und Methoden – Lernkontrolle.

Gegen ein curriculares Vorgehen bei der Planung des Kindergartenkonzeptes gibt es aber eine Reihe von Einwänden:

Einwände 1. *Curriculares Lernen im Kindergarten verleitet leicht zu einem repressiven und wenig kindorientierten Erzieherverhalten. –*

Wer sich einmal in dieser Form Ziele gesetzt hat bzw. wem sie in dieser Form gesetzt wurden, der wird in der Regel auch alles daran setzen, „sein Curriculum" zu verwirklichen, und evtl. nicht mehr genügend Offenheit und Flexibilität besitzen, um sich noch an den Bedürfnissen der Kinder zu orientieren. Gelingt eine Realisierung des Planes nicht, so ist der Erzieher enttäuscht. Das kann dann gerade wiederum eine Voraussetzung für die weitere Praktizierung eines rigiden Verhaltens sein. „Die mit operationalisierten Lernzielsequenzen arbeitenden Lehrpläne sind in noch höherem Maße dem Verdacht repressiver Macht ausgesetzt als die ‚pädagogische Trivialliteratur' der traditionellen Lehrpläne, weil sie in der Tat zu höchst effektiven, wissenschaftlich kontrollierten Instrumenten einer autoritären Leistungsdressur werden können" (NICKLAS, in DEISSLER 1974, S. 102).

2. *Es gibt eine Reihe von Dimensionen, die sich einer curricularen Handhabung entziehen, aber gerade in der frühkindlichen Erziehung Beachtung verlangen.* –

Wenn wir an die ästhetische, soziale, emotive und ethische oder religiöse Dimension in der Erziehung des Kindes denken, so wird deutlich, daß sich darauf die Curriculum-Konzeption nur sehr schwer anwenden läßt. Die Curriculum-Vertreter beziehen ihre Aussagen deshalb auch meist auf kognitive Fähigkeiten, die man leicht überprüfen kann. Nehmen wir ein Beispiel: „Ein Kind, das zuerst verschlossen war, sich dann eine zeitlang recht frei geäußert hat und nun sich wieder ganz in sich zurückzieht – wie können wir feststellen, warum es jetzt wieder sozial verlernt hat, was es schon einmal konnte? Sind es die gleichen Ursachen, sind es ganz andere; kennen wir sie überhaupt; wissen wir, in welcher Weise diese Ursachen, die wir glücklich herausgefunden haben, gewirkt haben?" (DEISSLER 1974, S. 85f.) Die Curriculum-Vertreter kennen solche Schwierigkeiten. So betont z. B. H. RETTER, daß „sich Schlüsselbegriffe primär auf kognitive Funktionen bzw. Lernobjekte beziehen, . . ." (1973, S. 26).

3. *Die Vielfalt der in einer Situation wirkenden Variablen und ihre Interdependenz ist kaum abzusehen.* –
Die Curriculum-Vertreter gehen davon aus, daß das Kind Qualifikationen erwerben soll, die ihm in Situationen, die in Zukunft zu bewältigen sind, zur Verfügung stehen. Nun ist es aber sehr schwierig, die Vielzahl der Variablen, die eine Situation bestimmen können, sowie deren gegenseitige Einflußnahme zu erfassen. Zudem werden dabei auch allzu leicht die gegenwärtigen Interessen der Kinder vergessen.

4. *Kinder lernen im Vorschulalter stark personenabhängig.* –
Gerade im frühen Kindesalter ist das Kind auf den personalen Bezug zum Erzieher angewiesen. Der Effekt eines Aktivitätsangebotes für Fünfjährige hängt natürlich sehr stark von der Sympathie-Relation zwischen Kind und Erzieher ab. Dieses Faktum läßt eine durchkonstruierte Curriculum-Planung für den Kindergarten problematisch erscheinen; und zwar einmal, weil sich wahrscheinlich nicht feststellen läßt, ob der eventuelle „Mißerfolg" im Curriculum seinen Grund hat oder im defizitären pädagogischen Verhältnis;

zum anderen besteht aber auch die Gefahr, daß Kindergartenpädagogen sich so stark auf ihr „Curriculum" konzentrieren, daß es
kaum noch zur Realisierung von intensiven Kontakten im Sinne des
pädagogischen Verhältnisses kommt.

5.2.2. Zur Didaktik des situativen Lebenslernens

Alternativ-
Konzept

Wir möchten den hier vorgestellten Curriculum-Ansätzen ein Alter-
nativ-Konzept gegenüberstellen, das nach der Auffassung seiner
Vertreter als Ausgangsbasis für einen zu reformierenden Kindergarten am ehesten geeignet erscheint. Der Ansatz wurde am aus-
führlichsten dargestellt von H. H. DEISSLER, an dessen Position
wir uns hier orientieren (vgl. DEISSLER 1974, S. 81ff.).

a) *Der Erzieher orientiert sich während seines Aktivitätsangebotes*
an den augenblicklichen Bedürfnissen des Kindes.

Oberstes Erziehungsziel und damit erstes Leitprinzip ist das „Glück des
Kindes". „In der Erziehung geht es vor allem um das gegenwärtige Glück
des Kindes . . . Es gibt die Grundregel: Die Bedürfnisse des Kindes sollen
befriedigt werden, wenn nicht gleich- oder bevorrechtigte Bedürfnisse
anderer der Erfüllung im Wege stehen . . . Persönliche Glückserfüllung
ist nur innerhalb sozialer Bezüge möglich . . ." (Deißler 1974, S. 35f.). Damit wird vom Erzieher gefordert, daß er bereit und in der Lage ist, sein
Angebot auf die „Situation" des Kindes hin zu modifizieren. „Situationen
nennen wir konkrete, gegenwärtige Konstellationen von Personen und/
oder Dingen, in denen sich das Kind, von innen motiviert, lernbereit befindet. Vom Interesse des Kindes, von seiner Gerichtetheit her wird also entschieden, ob es sich um eine reizarme diffuse Umgebung oder um eine mit
Lernanreizen aufgeladene Situation handelt. An den kindlichen Reaktionen lesen wir den Wert einer solchen Situation für das Lernen des Kindes
ab. . . . Eine Situation ist dadurch gekennzeichnet, daß sie die spontane
Zuwendung der Kinder auslöst" (Deißler 1974, S. 90).

b) *Der Erzieher plant hier selbstverständlich seine Arbeit auch,*
allerdings nach einem offenen System.

Er ist sich darüber im klaren, daß seine Vorbereitung nur Orientierungs-
charakter hat. Er strukturiert sein Vorhaben erst dann, wenn er Erfahrungen mit den Kindern gemacht hat. Er kennt bei seiner Planung auch den
Zusammenhang von Zielen und eventuell in Frage kommenden Inhalten
und Methoden. Alles das aber in dem Bewußtsein, daß sein Konzept nicht
„durchzuziehen" ist und sehr oft „umgeworfen" wird, wenn dies die Interessen und Bedürfnisse der Kinder oder einzelner Kinder verlangen. Erzie-

400

her, die nach diesem didaktischen Ansatz planen und vorgehen, sind nicht enttäuscht, wenn das Aktivitätsangebot einen ganz anderen Verlauf genommen hat, als sie vorgesehen hatten. Sie werden ihre „Lernziele" nicht operationalisieren, da hierdurch ihre Flexibilität und Offenheit für die Bedürfnisse des Kindes in Gefahr geraten.

c) *Ein Vorgehen nach dem Ansatz des situativen Lebenslernens erfordert eine sehr gründliche Nachreflexion der Kindergartenaktivitäten.*

Die Erzieherin wird sich dabei vor allem die Frage stellen: Warum ist dieses oder jenes Aktivitätsangebot gerade in dieser Richtung verlaufen? Das tut sie allerdings nicht aus Trauer um ihren Plan, sondern um die Motive und Bedürfnisse der Kinder für die Zukunft besser kalkulieren zu können. Sie tut dies vor allem, um – gleichsam im nachhinein – sich selbst einen Überblick zu verschaffen über das, was die Kinder an Lernerfahrungen gemacht haben. Das Verhalten einzelner Kinder sollte dabei reflektiert und in Zukunft beobachtet werden.

d) *Nun gibt es aber Kinder im Vorschulalter, die ihre Interessen und Bedürfnisse kaum oder gar nicht artikulieren können.*

Darüber sind sich die Vertreter des situativen Lebenslernens im klaren. Es gibt genügend Kinder, die „fragen" und „in Frage stellen" – eventuell aufgrund eines falschen Erzieherverhaltens – gar nicht gelernt oder wieder verlernt haben; Kinder also, bei denen bislang kaum Interessen geweckt worden sind und die zu spontanen Äußerungen überhaupt nicht ermuntert wurden. Für diese Kinder scheint der Ansatz des situativen Lebenslernens angemessen, da er eher auch individual-therapeutische Möglichkeiten zuläßt. Zuallererst ist von seiten des Erziehers ein entsprechend „befreiendes" Verhalten zu realisieren; zu diesen Kindern müßte er einen intensiveren Bezug aufbauen und sie entsprechend in die Gruppe integrieren. „In der auf dem Prinzip des situativen Lernens aufbauenden Didaktik behält die Person des Erziehers und der pädagogische Bezug zum einzelnen Kind wie zur Gruppe einen höheren Rang, als ihm heute innerhalb des curricular-programmierten Lernens meist zugestanden wird" (DEISSLER 1974, S. 93). Ein gehemmtes Kind wird sich im sozialen Verband eher äußern, wenn seine soziale Position ihm Sicherheit verleiht. Selbstverständlich sind diesen Kindern Aktivitätsangebote, und zwar mit Alternativen zu machen. Man sollte ihnen vor allen Dingen bei ihren Entscheidungen behilflich sein und sie ermuntern, einmal getroffene Entscheidungen möglichst zu realisieren und durchzuhalten. Kleinste Ansätze zu Eigenaktivitäten und spontanen Äußerungen sind aufzugreifen und zu verstärken. Nicht zuletzt wird sich der Pädagoge hier fragen, was der Grund für das so wenig spontane und aktive Verhalten des betreffenden Kindes ist. „Der pädagogische Auftrag der Erzieherin macht es notwendig, jede sich ergebende oder vorbereitete „Situation" daraufhin zu beobachten, welche

Lernmöglichkeiten sich nach der Reaktion der Kinder in welchem Umfang und für wen anbieten" (DEISSLER 1974, S. 92).

e) *Besonders erwähnenswert scheint beim Ansatz des situativen Lernens die Frage zu sein, wie hier der Kindergartenpädagoge zum didaktischen Material steht.*

Überall dort, wo es angemessen erscheint, soll selbstverständlich didaktisches Material, ob dies Spielzeuge, Arbeitsmappen oder was auch immer sein mag, zur Verwendung kommen. Der Vertreter des situativen Lebenslernens ist erfreut darüber, daß es immer mehr brauchbare Materialien gibt. Allerdings wird er sich dabei nicht die Ziele der Autoren und Hersteller aufzwingen lassen und gleichsam nur noch als Vermittler dieser an seine Kinder fungieren. Alle Materialien, die zum Einsatz gelangen, müssen sich in das – an den Bedürfnissen der Kinder orientierte und das von diesen akzeptierte – Aktivitätsangebot einpassen. Nicht umgekehrt!

erhebliche Differenzen

Es dürfte deutlich geworden sein, daß es nicht nur unerhebliche *Differenzen* zwischen curricularem Lernen und situativem Lebenslernen gibt. Die Unterschiede sind so gravierend, daß man von zwei verschiedenen Grundpositionen sprechen muß, die Konsequenzen für den Erziehungsalltag im Kindergarten haben können. Die Differenzen werden auch von den Vertretern angesprochen: „Wo Curricula gelten, herrscht immer ein gewisser Zwang. Wer Curricula verbindlich macht, verfügt über ein Herrschaftsinstrument. Es ist nicht zufällig, daß sich heute weltanschaulich streng ausgerichtete Gruppen eifrig der curricularen Grundmuster bedienen, um ihre Ideologien – im Prozeß und Ergebnis kontrollierbar! – den Kindern zu vermitteln. Mit dem Einsatz vorgefertigter Curricula bindet man sowohl die Erzieher als auch die Edukanden besonders streng an die Lernprozesse. Dabei darf man für seine Entwürfe sogar das Prädikat ‚fortschrittlich, auf der Höhe der gegenwärtigen Didaktik' in Anspruch nehmen" (DEISSLER 1974, S. 105).

Schwierigkeiten

Es wäre nun allerdings eine irrige Annahme, wenn man glauben würde, der didaktische Ansatz des situativen Lebenslernens werfe keine *Schwierigkeiten* auf. Wir nennen hier nur einige, die man diskutieren müßte:

1. Bis zu welchem Grade sind die hier vertretenen Forderungen von den Erziehern im Kindergarten einlösbar? Ist es überhaupt möglich, ein solch offenes Verfahren zu lernen bzw. zu lehren? Es ist jedenfalls

402

schon eine schwierige Aufgabe, den gesamten Ansatz zu explizieren, ohne daß man zu Fehlschlüssen Anlaß gibt.

2. Ein solcher Ansatz garantiert noch keineswegs ein angemessenes Erzieherverhalten in der einzelnen Situation und gegenüber dem einzelnen Kind. In jedem Fall müßten genügend „Trainingsmöglichkeiten" angeboten werden, in denen der Erzieher erfährt, ob sein Verhalten für eine wünschenswerte vorschulische Erziehung angemessen ist oder nicht.

3. Ist es nicht so, daß dieser Ansatz für die Kindergartenpraxis von den Erziehern viele hervorstechende Qualitäten der Kreativität sowie eine dauernde Spontaneität in jeder Situation erfordert, und inwieweit kann der durchschnittliche Erzieher diesem Anspruch von seiner Persönlichkeit her genügen?

4. Dieses Verfahren birgt weiterhin die Gefahr, daß der Erzieher sein Engagement reduziert und dies legitimiert oder rationalisiert mit dem Hinweis, „die Kinder hatten keine Lust mitzumachen." Das ist ein Punkt, in dem eine „Pädagogik vom Kinde aus", wie die hier vertretene es ist, achtsam sein muß. Der Erzieher befindet sich dabei immer zwischen den beiden Extremen: Reglementierung und unerlaubter Abstinenz.

Denkimpuls: Bedenken Sie einmal, welche praktischen Konsequenzen es für den Kindergartenalltag haben kann, wenn man sich für ein didaktisches Konzept im Sinne eines Curriculums entscheiden würde.
Welche Details wären z. B. außer der Frage „gemeinsames Frühstück?", „gemeinsamer Toilettengang?" noch betroffen?

6. Zur Zusammenarbeit zwischen Kindergarten und Grundschule

pädagogische und praktische Gründe

Die Diskussion um die organisatorische Einbindung der vorschulischen Erziehung hat dem Gespräch um die Kooperation zwischen Elementar- und Primarbereich entscheidende Impulse gegeben. Die Notwendigkeit einer intensiven Zusammenarbeit der beiden Sozialisationsinstanzen ergibt sich aus pädagogischen wie aus praktischen Gründen. (Siehe dazu des näheren N. Huppertz, Zusammenarbeit von Kindergarten und Grundschule, Freiburg i. Br.

1980). Die folgenden Aussagen sollen Anregungen für eine Verbesserung des Verhältnisses von Kindergarten und Grundschule
geben.

- *Die Pädagogen in beiden Institutionen müßten zunächst einmal bereit sein, sich gegenseitig zu akzeptieren.* Das ist die Grundvoraussetzung, ohne die eine Optimierung kaum möglich ist. Solange Lehrer – die sich selbst gegenüber anderen Lehrern statusmäßig bereits
„unten" sehen –, weiterhin nach einer Berufskategorie suchen, die
„unter" ihnen steht, wird eine Kooperationsbasis nur schwer zu finden sein. Beide Gruppen – Sozialpädagogen und Schulpädagogen –
müßten versuchen, ihre Vorurteile abzubauen.

- *Es wäre notwendig, daß Schule und Kindergarten den Erziehungsstil
aufeinander abstimmen.* Als Orientierung müßten dabei die Forschungsergebnisse der Erziehungswissenschaft dienen, nicht aber
das Erzieherverhalten der Institution, die glaubt, sich am ehesten den
derzeitigen Bedingungen anzupassen.

- *Man sollte sich gegenseitig über das inhaltliche und methodische
Vorgehen informieren.* Diese Forderung geht stark in die eben angeführte über, betrifft aber insbesondere die verwendeten didaktischen
Materialien. Je nachdem wie gering hier eine Abstimmung ist, kann
es passieren, daß sich Kinder in der Schule langweilen, während
sonst für sie der Reiz des Neuen wesentlich länger anhält.

- *Eine Kontaktaufnahme zwischen Lehrer und Kindern vor der Einschulung und eine Kontakterhaltung zwischen Kindergartenerzieher
und Kindern nach der Einschulung ist vorteilhaft.* Kinder leben in der
Vorschul- wie auch noch sehr stark in der Grundschulzeit aus Sympa-
thiebeziehungen zum Erzieher. Für die Realisierung eines kontinuierlichen Überganges müßte man einen ungezwungenen Rahmen finden. Wenn ein Grundschullehrer stundenweise im Kindergarten ist,
wie in manchen Kindergartenversuchen eingeplant, dann ist deshalb
der Kindergarten noch nicht verschult. Bei einem kooperativen Verhalten wird ein solcher Austausch für alle Beteiligten ein Vorteil sein.

- *Besonders wegen der sog. schwierigen Kinder sollte der Kontakt in-
tensiviert werden.* Wer als Kindergartenpädagoge Erfolg gehabt hat
mit einem ganz bestimmten Erziehungsverhalten gegenüber einem
„Problemkind", dem dürfte es nicht gleichgültig sein, in welcher
Form ab Schuljahrsbeginn mit diesem Kind umgegangen wird. Es
könnte sein, daß eine gelungene Sozialisationszeit durch unangemessenes Verhalten des „Nachfolgers" zunichte gemacht würde,
während sonst evtl. einige Informationen schon hilfreich wären. Informationen über ein Kind an einen anderen Erzieher zu vermitteln,
muß ja keineswegs zur negativen Vorurteilsbildung führen, wie manchmal angenommen wird.

404

- *Erfreulicherweise gibt es wenigstens hier und da den Fall, daß Kindergarten und Schule gemeinsame Elternbildungs- und Informationsabende veranstalten.* Wir sehen hier eine gute Möglichkeit der Abstimmung und Integration aller erzieherisch Beteiligten: Kindergärtnerinnen, Lehrer und Eltern.

- Eine weitere Forderung, durch deren Erfüllung die Basis für eine Kooperation zwischen Sozial- und Grundschulpädagogen verbessert wird, bezieht sich auf die Ausbildung: *Die Angehörigen beider Berufsrichtungen müßten sich in ausgiebiger Weise mit der Arbeit und den damit verbundenen Problemen der jeweils anderen Richtung befassen.*

Der Stand der Kooperation von Kindergarten und Grundschule wird unter praktischen und theoretischen Aspekten des näheren betrachtet in: Huppertz/Rumpf, Kooperation zwischen Kindergarten und Grundschule, München 1983. U. a. wird dort eingegangen auf:

Stand der Kooperation

- die geschichtliche Entwicklung der Beziehung zwischen Kindergarten und Grundschule
- Stand in den einzelnen Bundesländern und in anderen Ländern
- Begründung und Formen der Kooperation
- Theorie- und Forschungsstand
- eine empirische Untersuchung über Formen, Schwierigkeiten und Erfolge in der Zusammenarbeit
- Medien zur Übergangssituation zwischen Kindergarten und Grundschule.

Zu fordern bleibt in dieser Frage ein verstärktes Engagement von sozialpädagogischer, vor allem aber von schulpädagogischer Seite. Ein Problem ist, daß in der Diskussion der Übergangsfrage oft die Beteiligung der Eltern vergessen wird.

7. Der Schulkindergarten

Unter dem Begriff Schulkindergarten wird die pädagogische Einrichtung verstanden, die kompensatorisch tätig sein soll für Kinder, die zwar dem Alter nach eingeschult sein müßten, ihres Entwicklungsstandes wegen aber nicht eingeschult bzw. wieder „ausgeschult" wurden. Diese Einrichtung erhielt ihren Namen durch das Anliegen, den als nicht schulfähig betrachteten Kindern über Arbeitsformen des Kindergartens besondere Lernchancen zu bieten

kompensatorische Einrichtung

405

(zur Schulfähigkeit vgl. S. 334ff.). Manchmal wird dafür auch der Begriff „Vorklasse" verwendet, was aber nicht zu verwechseln ist mit der mancherorts bereits erprobten „Vorschulklasse". Bereits 1906 gab es in Berlin eine sog. Vermittlungsklasse, die ähnliche Aufgaben hatte wie der heutige Schulkindergarten. In den zwanziger Jahren stellte man in einer Befragung fest, daß es zum damaligen Zeitpunkt schon ca. 60 Einrichtungen mit diesem kompensatorischen Zweck gab. Die organisatorische Verknüpfung des Schulkindergartens schien eine Zeitlang genauso wenig geklärt, wie die Erziehung der Fünfjährigen. Nach dem Zweiten Weltkrieg wurde der Schulkindergarten der Schule zugeordnet. Er unterstand damit dem Schulamt und wurde auch in Schulgebäuden untergebracht. Diese Praxis scheint aber nicht ganz einheitlich zu sein. Nicht verwechselt werden darf der Schulkindergarten mit dem Sonderkindergarten. In diesem werden Kinder mit unterschiedlichen Behinderungen auf gezielte Weise gefördert.

Sonderkinder-garten

Aus der folgenden Übersicht geht hervor, daß die Anzahl der Schulkindergärten regional sehr unterschiedlich ist. (Zusammengestellt wurde die Übersicht von A. Gluitz)

Schulkindergärten in den einzelnen Bundesländern

Bundesland	Anzahl der Schulkindergärten	Stand
Baden-Württemberg	111	1. 1.80[1]
Bayern	79	1. 1.79[2]
Bremen und Bremerhaven	76	20.12.79[3]
Hamburg	67	1980[4]
Hessen	247	14.10.77[5]
Niedersachsen	255	1. 9.77[6]
Nordrhein-Westfalen	962	15.10.76[7]
Rheinland-Pfalz	75	1979[8]
Saarland	14	1979[9]
Schleswig-Holstein	91	1980[10]
	1977	

Informationsquelle für die o. g. Angaben: 1 Auskunft des Statistischen Landesamtes Baden-Württemberg; 2 Statistische Berichte des Bayerischen

406

Statistischen Landesamtes (Hrg.), Kindergärten und andere vorschulische Einrichtungen in Bayern 1979; 3 Freie Hansestadt Bremen, Der Senator für Bildung (Hrg.), Verzeichnis der Schulen im Lande Bremen; 4 Freie und Hansestadt Hamburg, Behörde für Schule, Jugend und Berufsbildung (Hrg.), Schulenverzeichnis 1979/80; 5 Hessisches Statistisches Landesamt (Hrg.), Verzeichnis der allgemeinbildenden Schulen in Hessen, Wiesbaden 1978; 6 Niedersächsisches Verwaltungsamt – Statistik (Hrg.), Verzeichnis der allgemeinbildenden Schulen Teil 1, Hannover 1978; 7 Landesamt für Datenverarbeitung und Statistik Nordrhein-Westfalen (Hrg.), Verzeichnis der Grundschulen 1977, Düsseldorf; 8 Auskunft des Statistischen Landesamtes Rheinland-Pfalz; 9 Statistisches Amt des Saarlandes (Hrg.), Berichte Vorschulerziehung im Saarland, Saarbrücken 1979; 10 Statistisches Landesamt Schleswig-Holstein (Hrg.), Verzeichnis der allgemeinbildenden Schulen in Schleswig-Holstein, Kiel 1980

Gemessen an den Erfordernissen ist die Anzahl der gegenwärtig vorhandenen Schulkindergärten an vielen Orten noch nicht ausreichend[48].

Öffentliche Jugendhilfe

	1975	1976	1977	1978
Einrichtungen				
Säuglings- und Kinderheime ..	1 087	1 065	1 074	1 067
Erziehungsheime	485	504	534	526
Sonder- und				
Beobachtungsheime	396	418	434	422
Kinderkrippen	829	857	871	937
Kindergärten	23 130	23 680	23 409	23 411
Kinderhorte	2 376	2 484	2 615	3 106
Kur-, Heil-, Genesungs- und				
Erholungsheime für Minder-				
jährige	561	470	423	418
Jugendbildungsstätten	336	331	352	357
Jugendwohnheime	722	685	711	707
Schülerwohnheime	433	430	437	435
Erziehungs- und				
Jugendberatungsstellen	897	946	953	1 016
Jugendbüchereien	6 591	6 889	6 740	6 639

---

[48] Zum Problem der Zurückstellung und Einschulungssituation vgl. M. LIEDEL, Zurückstellung oder Vorschule, München 1972

Verfügbare Plätze

	1975	1976	1977	1978
Säuglings- und Kinderheime ..	48 952	44 618	43 541	42 885
Erziehungsheime	29 012	31 261	31 358	30 097
Sonder- und Beobachtungsheime	28 802	28 731	28 045	26 912
Kinderkrippen	24 251	24 388	24 719	25 895
Kindergärten	1 478 856	1 463 025	1 440 995	1 396 869
Kinderhorte	82 730	84 953	87 597	101 668
Kur-, Heil-, Genesungs- und Erholungsheime für Minderjährige	42 098	36 055	33 709	33 060
Jugendbildungsstätten	27 207	27 153	28 098	33 004
Jugendwohnheime	45 237	42 143	40 927	41 482
Schülerwohnheime	35 900	34 644	35 091	35 879

Quelle: Statistisches Jahrbuch 1980 für die Bundesrepublik Deutschland. Herausgeber: Statistisches Bundesamt, Wiesbaden. Verlag: W. Kohlhammer, Stuttgart.

Literatur

Arbeitsgruppe Vorschulerziehung, Anregungen I: Zur pädagogischen Arbeit im Kindergarten, München 1973
Diess., Anregungen II: Zur Ausstattung des Kindergartens, München 1973
Diess., Anregungen III: Didaktische Einheiten im Kindergarten, München 1973

Barow-Bernstorff, E. u. a. (Hrsg.), Beiträge zur Geschichte der Vorschulerziehung, Berlin 1971

Colberg-Schrader, H. / Krug, M., Arbeitsfeld Kindergarten, München 1977

Deißler, H. H., Alltagsprobleme im Kindergarten, Freiburg i. Br. 1982

Dollase, R. (Hrsg.), Handbuch der Früh- und Vorschulpädagogik, Band 1 und 2 Düsseldorf 1978

Hebenstreit, S., Schulkindergarten – Modell ausgleichender Erziehung?, Kronberg/Ts. 1974

Hundertmarck (Hrs.), Leben lernen in Gemeinschaft. Behinderte Kinder im Kindergarten, Freiburg / Basel / Wien 1981

Huppertz, N., Elternarbeit vom Kindergarten aus, Freiburg i. Br. 1983, 16. Aufl.
ders., Elternmitsprache im Kindergarten, Freiburg i. Br. 1977
ders., Zusammenarbeit von Kindergarten und Grundschule, Freiburg i. Br. 1980
Huppertz, N. / Rumpf, J., Kooperation zwischen Kindergarten und Grundschule. Beiträge zur Theoriebildung, München 1983

Mörsberger, H. / Moskal, E. / Pflug, E. (Hrsg.), Der Kindergarten, 3 Bände, Freiburg / Basel / Wien 1978

Niermann, M. M. (Hrsg.), Wörterbuch der Vorschulerziehung, 2 Bände, Heidelberg 1979

Tsiakalos, G. und S., Ausländische Kinder im Kindergarten, Freiburg Basel / Wien 1982
Trouilllet, B., Die Vorschulerziehung in neun europäischen Ländern, Weinheim / Berlin 1968

Zeissner, G., Arbeitsbuch Kindergarten, München 1983[3]

XV. ASPEKTE SOZIALPÄDAGOGISCHER BERUFSBILDER

XV. ASPEKTE SOZIALPÄDAGOGISCHER BERUFSBILDER

Bedeutung

Man könnte sich zunächst fragen, ob das hier genannte Thema einen legitimen Platz in einer Einführung in die Pädagogik hat. Wir wollen dies folgendermaßen begründen: Innerhalb der Sozialisationsbedingungen eines Kindes stellt der Erzieher eine sehr wichtige, u. U. die wichtigste Einflußgröße dar. Für den Erfolg oder Mißerfolg des Erziehungsprozesses dürften deshalb Aspekte wie „Selbsteinschätzung" und „Bild des Pädagogen in der Gesellschaft" von Bedeutung sein. Wir sind der Auffassung, daß eine Reflexion des Selbst- und Fremdbildes in der Ausbildung jedes sozialpädagogischen Berufes erforderlich ist. Die folgenden Aussagen, die nur Teilbereiche einzelner Berufsrichtungen beleuchten können, sollen dazu als Anregung dienen. Im einzelnen soll auf Berufsmotive, soziale Herkunft sowie gesellschaftliche Ansprüche und gesellschaftliches Ansehen bei den sozialpädagogischen Berufen „Erzieher", „Heimerzieher" und „Sozialarbeiter" eingegangen werden.

1. Motive für die Wahl sozialer Berufe

Studien

Für die Qualität einer sozialpädagogischen Berufstätigkeit ist von sehr großer Bedeutung, mit welchen Berufsmotiven sie ausgeführt wird. Darüber gibt es inzwischen zu einzelnen sozialpädagogischen Berufsrichtungen Studien, die von Anlage und Qualität her allerdings sehr unterschiedlich zu bewerten sind. Wir müssen hier auf eine Kritik der dort gewählten Forschungsmethoden verzichten, möchten allerdings anmerken, daß es sehr schwierig ist, „die Wahrheit" über ein so komplexes Phänomen, wie es die Motivstruktur eines Menschen ist, über den Weg sprachlicher Äußerungen herauszufinden. Dennoch darf die Relevanz von sog. „verbalisierten" Motiven nicht unterschätzt werden.
Eine umfangreiche Arbeit über „Die Kindergärtnerin – Soziale Herkunft und Berufswahl" fertigte G. KIETZ vor mehr als zehn Jahren

412

an. Das Bild der „Erzieherin", zu dem sie damals gelangte,, zeichnet sie so:

„Es handelt sich bei ihnen in der Tat um junge Mädchen, deren Neigung *Erzieher*
sie nach einem Beruf des praktischen mütterlichen Wirkens an und mit
Kindern drängt. Sie haben diese Neigung schon vor Beginn der Berufsaus-
bildung in einer vielfältigen spontanen Betreuung jüngerer Kinder zum
Ausdruck gebracht, und sie begründen auch ihre Entscheidung für den
Beruf ganz überwiegend in diesem Sinne. Bei den meisten von ihnen reg-
te sich der Berufswunsch schon während ihrer eigenen Kinderjahre recht
eindeutig und erwuchs aus einer ganzheitlichen, gefühlsstarken Hinnei-
gung zum kleinen Kind" (1966, S. 153f.).

Das überragende Berufsmotiv wird von der Autorin als *„Liebe zum
Kind"* angegeben: „Die mütterliche Liebe zu Kindern ist der Quell-
punkt ihrer Entscheidung für den Beruf, der alle anderen Motive
weit überragt" (S. 154). Nun ist selbstverständlich der Hinweis nicht
neu, daß man für sozialpädagogische Tätigkeiten Menschen benö-
tige, bei denen materielle Berufsgründe nicht an erster Stelle stün-
den.
Was die Häufigkeit der Motivnennung bei den Erzieherinnen betrifft, bemerkt G. KIETZ (S. 110):

„Die Motive des Daseins für andere kommen beinahe doppelt so häufig *Befragung*
vor als sämtliche anderen Motive zusammen. Mit weitem Abstand folgen
danach die Motive der Selbstentfaltung und der Interessen, und wiederum
mit großem Abstand die Motive der Annehmlichkeiten des Berufes. Die
Motive der Zweckmäßigkeit und des Ausweichens vor der Erwachsenen-
welt kommen nur noch in ganz seltenen Einzelfällen vor. Der Kindergärtnerinnenberuf wird also in ganz überwiegendem Maße gewählt, weil man
für andere Menschen dasein, für sie und an ihnen wirken möchte. Die Annehmlichkeiten des Berufes spielen dagegen nur bei jeder sechsten Kindergärtnerin für die Berufswahl eine Rolle. Man vergleiche diesen Punkt
bei anderen Berufen, etwa bei den so beliebten Büroberufen, die wesentlich wegen der Annehmlichkeiten dieser Arbeit gewählt werden."

Über die Gültigkeit dieser Ergebnisse für die Gegenwart kann
kaum etwas ausgesagt werden. Es wären neue repräsentative
Studien erforderlich. In einer Befragung von ca. 300 im Kindergarten Beschäftigten, die wir selbst im Rahmen einer Erhebung zur
Elternarbeit durchführten, stellten wir u. a. auch die folgende Frage:
„Was hat Sie in der Hauptsache bewogen, den Beruf der Kinder-
gärnerin bzw. Erzieherin zu ergreifen?" Die Antworten lassen sich
gruppieren in Aussagen, die wir als „altruistisch interpretierbar"

bezeichnen, und solche, die wir als „egoistisch interpretierbar" betrachten. Die Zuordnung einzelner Äußerungen hängt stark von der jeweiligen Interpretation ab. Die Eingruppierung wurde danach vorgenommen, in welche Kategorie die Aussagen „am ehesten" gehören würden. Dabei zeigt sich, daß das altruistische Motiv rein quantitativ nur leicht überwiegt. Grundangaben, die nicht in dieser mehr caritativen Form gedeutet werden können und sich mehr auf das eigene Wohlergehen richten, sind jedenfalls auch sehr häufig zu finden. Das darf nun keineswegs, wie es evtl. im Vergleich zu den von G. KIETZ mitgeteilten Befunden geschehen könnte, den Berufsangehörigen des Kindergartens negativ ausgelegt werden, sondern es kann auch durchaus daran liegen, daß die Motivstruktur der Erzieher im Kindergarten eine realistische Dimension erhalten hat, wie man sie als sehr normal ansehen müßte. Für das Wohl oder Glück des Kindes darf das eigene Wohlergehen des Erziehers sogar als grundlegende Bedingung angenommen werden.

Berufsmotive bei Erzieherinnen im Kindergarten

Von den im Kindergarten Beschäftigten selbst werden die folgenden Berufsgründe genannt (Huppertz 1974, unveröff.):   n = 327

eher „altruistische" Aussagen	Zahl der Fälle	Pro-zent-anteile	eher „egoistische" Aussagen	Zahl der Fälle	Pro-Pro-anteile
Ich habe eine Be-rufstätigkeit im Kin-dergarten gewählt:			Ich habe eine Be-rufstätigkeit im Kin-dergarten gewählt:		
„aus Liebe zum Kind"	106	32 %	„aus Freude am Kind"	89	27 %
„um Kinder zu erziehen"	35	19 %	„weil mir die Arbeit Spaß macht"	33	10 %
„um Kindern zu helfen"	29	9 %	„weil es eine ab-wechslungsreiche Tätigkeit ist"	19	6 %
			„um Kontakt mit Menschen zu haben"	19	6 %
			„um selbständig arbeiten zu können"	13	4 %
			„aus Interesse an Psychologie und Pädagogik"	11	3 %
			„weil die Arbeit einem selbst zugute kommt"	3	1 %
Gesamt:	198	60 %	Gesamt:	187	57 %

Berufsmotive des Heimerziehers

Diese gehen aus der Untersuchung von H. MÜLLER-KOHLENBERG (1972) hervor. Über die Hälfte aller Heimerzieher hat vorher schon länger als 10 Jahre einen anderen Beruf ausgeübt. Diese relativ späte Entscheidung für den sozialpädagogischen Beruf steht im Gegensatz zu der frühen Entscheidung bei der „Kindergärtnerin": „Die Richtung auf den Kindergärtnerinnenberuf war vorwiegend bereits im Kindesalter eingeschlagen" (KIETZ 1966, S. 62).

Man kann also beim Heimerzieher nach den Gründen für den Be-rufswechsel und nach den Gründen für die (neue) Berufswahl fragen. Dabei gelangt man zu folgenden Ergebnissen (MÜLLER-KOHLENBERG 1972, S. 56f.): Als Gründe für den Berufswechsel werden von etwa einem Drittel derer, die vorher einen anderen

Untersuchung

Ergebnisse

415

Beruf ausübten, sog. „sachfremde Motive" angeben. Das sind Gründe, die nicht pädagogischer Art sind, wie z. B., daß man eine sichere Existenz suchte o. ä. Andere geben „Unzufriedenheit mit dem früheren Beruf" an. Etwa ein Fünftel nennt für den Berufswechsel „Interesse an der Jugend" und „pädagogische Eignung". Bei den Gründen für die (neue) Berufswahl dagegen zeigt sich folgendes Bild:

	Absolut	Prozent
Pädagogische Eignung und pädagogisches Interesse	27	33
Idealismus, helfen wollen, Mitleid mit den Kindern und Jugendlichen	30	37
Sachfremde Motivation	21	26
Sonstige, K. A.	3	4

Ein Vergleich dieser Ergebnisse mit den Motiven bei Erzieherinnen im Kindergarten läßt sich aufgrund der verschiedenen Kategorienbildungen nicht vornehmen. Bei den Heimerziehern fällt auf, daß zwei Motivgruppen (Eignungs- und Helfermotiv) am häufigsten vorkommen, daß die „sachfremde Motivation" (z. B. „um eine feste Anstellung zu erhalten") jedoch nicht so stark ausgeprägt ist wie diese beiden.

Berufsmotive des Sozialarbeiters

Studie

In einer Studie über die Berufssituation der Sozialarbeiter ging O. LINGESLEBEN der Frage nach, von wem die Anregung zur Berufswahl gegeben worden sei, und kam zu dem Ergebnis:

„Solche Anregungen erhielten die Sozialarbeiter etwa zu gleichen Teilen (jeweils rund 20 Prozent) durch Kontakte mit Fürsorgern, durch die Jugendarbeit, aus ihrem Bekanntenkreis und aus dem Elternhaus. Erstaunlich gering zeigt sich der Einfluß der Schule, die nur von 3 Prozent der Befragten als Anregungsquelle genannt wurde, und der Massenmedien (1 Prozent) auf die Berufswahl. Nur 7 Prozent aller befragten Sozialarbeiter sagten ausdrücklich, daß sie ihren Beruf ausschließlich aus eigener Initiative, also ohne Anregung von außen, ergriffen haben" (1971, S. 38).

416

Das Moment der „sozialen Vererbung", das heißt eine Einflußnahme durch die familiären Bedingungen, ist bei Sozialarbeitern im wesentlichen nur bei den weiblichen Berufsangehörigen zu erkennen:

„Als zusätzlicher Einflußfaktor tritt bei den Sozialarbeiterinnen allerdings noch das Elternhaus hinzu. Jugendarbeit und Kirche bzw. freie Wohlfahrtspflege haben auch heute noch nicht ihren Einfluß verloren, junge Menschen zur Ergreifung des Sozialarbeiterberufes anzuregen. Dagegen zeigt eine Auszählung nach dem Zeitpunkt der staatlichen Anerkennung der Sozialarbeiter, daß die Bedeutung des Elternhauses als Bestimmungsfaktor für die Berufswahl immer mehr zurückgeht. Allerdings hat ein Viertel der Sozialarbeiter, die aus den gehobenen Schichten stammen, seine Anregung noch aus dem Elternhaus empfangen. Dagegen spielt bei Sozialarbeitern, die aus den unteren Schichten kommen, die Jugendarbeit eine nicht unbeachtliche Rolle" (LINGESLEBEN 1971, S. 38).

Über die Tiefenstrukturen der motivationalen Lage liegen aber von Sozialarbeitern wie auch über Kindergärtnerinnen und Heimerzieher keine Forschungsarbeiten vor. In einer kleineren Befragung von Studierenden im 5. Studiensemester an einer Höheren Fachschule kamen wir selbst vor einigen Jahren zu Ergebnissen, die im folgenden kurz zusammengefaßt seien (vgl. HUPPERTZ/OSWALD 1972, S. 91 ff.). *Befragung*

In einem Teil einer Erhebung ließen wir die Befragten „frei assoziieren" zu dem Impuls „Meine künftige Tätigkeit als Sozialarbeiter". Es wurden dabei eine Reihe von Aussagen getan, die auf die Motivlage schließen lassen. Wir unterschieden Äußerungen, die sich stärker auf die Berufstätigkeit bezogen, und solche, die eher als persönlichkeits- oder selbstbezogen zu betrachten wären.
Am häufigsten fanden sich unter den tätigkeitsbezogenen Äußerungen solche, die man als Indikator des „Helfermotivs" betrachten kann, also Aussagen zur Sozialen Einzelhilfe (38 %). Berufsmotive, die einen Zusammenhang zu den anderen Methoden der Sozialarbeit aufweisen, sind dagegen in wesentlich geringerer Häufigkeit genannt: Soziale Gruppenarbeit 12 %; Gemeinwesenarbeit 8 %. Äußerungen, die auf eine beabsichtigte Strukturveränderung der Gesellschaft als der Ursache sozialer Probleme der Sozialarbeit schließen lassen, werden selten genannt: 18 %; gemessen an dem Stellenwert, den man zum damaligen Zeitpunkt dieser Frage in der Diskussion um den gesellschaftlichen Stellenwert der Sozialarbeit beimaß, ist diese Anzahl von Nennungen gering.
Bei den mehr persönlichkeitsbezogenen Äußerungen kamen wir zu folgenden Ergebnissen: an erster Stelle stand das Motiv der „unabhängigen, freien und selbständigen Tätigkeit": 23 %. Etwa ebenso oft wird erwähnt, daß man eine „interessante Tätigkeit" suche: 18 %. Weltanschauliche Motive

werden so gut wie gar nicht genannt, obwohl es sich bei den Befragten um Studierende an einer konfessionellen Ausbildungsstätte handelte. (Die Prozentangaben lassen sich nicht auf 100 addieren, weil jeder Befragte beliebig viel Nennungen abgeben konnte.)

2. Die Herkunft von Sozialpädagogen

Erzieherinnen

Wenn man davon ausgeht, daß Erzieherinnen es vielfach auch mit Kindern aus benachteiligtem Milieu zu tun haben, dann dürfte wegen der schichtspezifischen Wertorientierung die Frage von Interesse sein, aus welcher Sozialschicht sie selbst kommen. In der bereits zitierten Arbeit von G. KIETZ wird vor allem auf die Frage abgehoben, wie groß der Anteil der Erzieherinnen ist, von denen wenigstens ein Elternteil einen „sozialen" Beruf erlernt hat. Das Ergebnis:

„Unter den Elternberufen der Kindergärtnerinnen findet sich im Vergleich zur Gesamtbevölkerung eine starke Häufung von Erzieherberufen und von Sozialberufen überhaupt. Unter den Erzieherberufen überwiegen bei den Vätern der Lehrerberuf, bei den Müttern aber die Berufe der Kindergärtnerin und Jugendleiterin, obwohl heute das große Heer der Volksschullehrer vorwiegend von Frauen gestellt wird. Unter den übrigen Sozialberufen sind die Heil- und Pflegeberufe und die Seelsorgeberufe deutlich stärker vertreten als die Fürsorgeberufe. . . . Da jede dritte bis vierte Kindergärtnerin mindestens einen Elternteil mit einem Sozialberuf hat, so bedeutet das, daß dieser Anteil der Kindergärtnerinnen von klein auf in einer Familienatmosphäre aufwächst, in der man für die entsprechenden Hilfsdienste am Mitmenschen eine besondere und selbstverständliche Aufgeschlossenheit zeigt. Das gleiche gilt für jede fünfte Kindergärtnerin, von denen mindestens ein Elternteil einen Erzieherberuf hat und die von daher schon eine gewisse Offenheit für erzieherische Aufgaben mitbringen und sicher in manchen Fällen auch eine spezifische Begabung dafür" (S. 33f.).

Die Autorin weist auf die breite soziale Streuung der Familien hin, aus denen die Kindergärtnerinnen kommen:

„Die nichtsozialen Berufe der Väter streuen so breit über alle Berufssparten, daß ihre weitere Aufgliederung für unsere Untersuchung ohne Interesse bleibt. Es ist vom Hilfsarbeiter bis zum Akademiker so ziemlich alles vertreten, und es hebt sich kein Beruf auffallend hervor" (S. 24).

418

G. KIETZ schätzt das Herkunftsmilieu der Erzieherinnen sehr hoch:

„Es sind Menschen, die einer Bevölkerungsgruppe entstammen, die als menschliche Elite bezeichnet werden muß, kinderfreudig und mit viel Sinn und Geschick für ein gutes, glückliches Familienleben, dazu mit hohem sozialem Verantwortungsbewußtsein und mit ausgesprochener Neigung zu pädagogischen Berufen, die sicherlich häufig in einer ererbten pädagogischen Begabung verwurzelt sein wird. Diese Menschen leben weniger aus dem Intellekt heraus, dafür bringen sie ausgeprägte Fraulichkeit und Mütterlichkeit mit und einen tiefen, warmherzigen Willen, Kindern in Not zu helfen" (S. 156).

Was *die soziale Herkunft des Heimerziehers* anbetrifft, so zeigt sich, daß sie vorwiegend aus Familien mit „selbständigen" Berufen kommen. Arbeiter und Angestellte sind weniger vertreten. *Heimerzieher*

„Es ist auffallend, daß die Kleingewerbetreibenden sowohl in der Generation der Väter wie in der der Großväter überproportional vertreten sind, daß die Lohnabhängigen dagegen unterrepräsentiert sind. Damit wird deutlich, daß ‚Heimerzieher' nicht ein Aufstiegsberuf für Angehörige der Arbeiterschaft ist" (MÜLLER-KOHLENBERG, S. 55).

Wir müssen aber berücksichtigen, daß etwa zwei Drittel bis drei Viertel der Kinder und Jugendlichen in der Heimerziehung aus der Arbeiterschicht kommen und es insofern für den Heimerzieher ein Problem darstellen kann, sich mit den Wertvorstellungen seiner Adressaten zu identifizieren.
Bei der Frage, ob das Erziehermotiv gleichsam „sozial vererbt" sei, ist die Feststellung interessant, daß bei Berücksichtigung der väterlichen und großväterlichen Berufe fast jeder fünfte Heimerzieher aus einer erzieherischen Familientradition kommt. Also eine Parallele zur Herkunft der „Kindergärtnerin".

Die soziale Herkunft der Sozialarbeiter hat sich seit dem Beginn der beruflichen Sozialarbeit verlagert. Wie ja gerade diese Berufskategorie innerhalb der Gruppe der sozialpädagogischen Berufe überhaupt den stärksten Wandlungsprozeß durchgemacht hat. Allein schon die verschiedenen Berufsbezeichnungen, die man aus der Berufsgeschichte aufzählen kann, belegen dies: Wohlfahrtspfleger(in), Fürsorger(in), Sozialarbeiter(in) usw. *Sozialarbeiter*

Nach einer Untersuchung von EGGERT und BONDY (1967) waren 15 % der Sozialarbeiter-Väter selbst in einem sozialen Beruf tätig.

In anderen Untersuchungen gelangt man zu ähnlichen Ergebnissen. Sozialarbeiter kommen, so betont LINGESLEBEN, heute nicht mehr aus den „gehobenen Berufsschichten".

„Als Indikatoren für unsere Analyse haben wir die soziale Herkunft nach dem Vaterberuf und den Zeitpunkt der staatlichen Anerkennung der Sozialarbeiter gewählt. Danach ergeben sich aus dem verschiedenen Material signifikante Unterschiede ausschließlich für die Sozialarbeiterinnen, die vor 1933 die staatliche Anerkennung als Sozialarbeiterin, damals Wohlfahrtspflegerin, erworben haben. Sie allein entstammen eher den gehobenen Berufsschichten bzw. Familien, in denen der Vater einen Sozialberuf, wie z. B. Arzt, Richter, Pfarrer usw., ausübte oder Beamter war" (1971, S. 37).

3. Ansprüche gegenüber und Ansehen von sozialpädagogischen Berufen

Im Zusammenhang mit dem Rollenkonzept erwähnten wir schon, wie vielfältig die Erwartungen gegenüber der *Erzieherin* sind (vgl. S. 176ff.). Der „Strukturplan für das Ausbildungswesen" nennt die folgenden Anforderungen, denen die ausgebildete Fachkraft im Elementarbereich genügen müsse:

Strukturplan

- Sie muß den Entwicklungsstand und die Entwicklungsvoraussetzungen des einzelnen Kindes beurteilen und die individuellen pädagogischen Hilfen bestimmen können;

- sie muß die Gruppenprozesse beobachten und lenken können und in Abstimmung mit den Lernzielen in der Lage sein, die Gruppenzusammensetzung beweglich zu gestalten;

- sie muß das didaktische Material kennen und funktionsgerecht einsetzen können; wenigstens die Kindergartenleiterin sollte darüber hinaus in der Lage sein, an der Entwicklung und Erprobung didaktischer Materialien und curricularer Reformen aktiv mitzuwirken;

- sie muß mit ausgearbeiteten Curricula sachgerecht umgehen und selbständig Pläne für die Programmgestaltung entwerfen können, fördernde Möglichkeiten für die Kinder müssen im einzelnen erkannt und genützt werden;

420

– sie sollte Kriterien und Methoden entwickeln und anwenden können, um den Erfolg der eigenen Arbeit zu überprüfen;

– sie muß im Umgang mit behinderten und benachteiligten Kindern verantwortungsvoll handeln können (1970, S. 118).

Das entspricht großenteils den Anforderungen, die E. KOBLANK (1961, S. 128ff.) zum „Wesen" dieses Berufs nannte. Allerdings waren bei ihr noch die „dauernde Bereitschaft, mit Kindern zu leben" und die „organisatorische Gewandtheit" ausdrücklich genannt.

Am höchsten setzt P. PRIESNER (1973, S. 111) die Anforderungen an die „Berufsrolle der Erzieherin". Er beschreibt im wesentlichen die Funktionen, die auch der „Strukturplan" nennt, stellt aber vor allem die Tätigkeit des „Beratens" heraus:

„Als Expertin für Erziehung kommt der Erzieherin die Aufgabe der Beratung zu. Diese Funktion übt sie bislang nur fragmentarisch aus, wenn etwa einzelne Mütter mit Erziehungsproblemen ihres Kindes kommen. Doch sollte die Erzieherin sich zuständig fühlen, alle Eltern in einer Weise zu beraten, die sie zu einem Erziehungsstil veranlaßt, der mit den Intentionen einer modernen Erziehung übereinstimmt. Dann erst können alle an der Erziehung Beteiligten in gemeinsamer Verantwortung handeln. Beratung wendet sich auch an die Lehrerin, welche die Kindergartenkinder in ihre erste Klasse aufnimmt. Eine Individualisierung und Differenzierung im Unterricht ist ja erst nach eingehender Kenntnis des Kindes möglich. Die durch jahrelangen Umgang mit dem Kind gewonnene Erfahrung muß der Lehrerin zugute kommen, damit sie nicht am Nullpunkt totaler Unkenntnis beginnen muß."

Beraten

Solche Erwartungen mag man noch teilen, vorausgesetzt, der Kindergarten soll als integriertes System verstanden werden. Der Verfasser verlangt aber mehr:

„Beratung schließt endlich auch eine Gutachtertätigkeit auf dem Gebiet der pädagogischen Institution und Organisation mit ein. Die Erzieherin muß ihre Berater-Rolle ins Spiel bringen, wenn neue Bildungspläne erarbeitet, wenn neue Kindergärten geplant und gebaut werden, bei der Anlage von Spielplätzen, bei der Ausstattung mit Medien, wie Fernsehen, Projektoren, Schallplattengeräten etc., nicht nur deshalb, weil sie selbst von diesen Entscheidungen betroffen ist, sondern weil sie infolge ihrer Praxiserfahrungen unersetzliche Hinweise geben kann."

Bis zur Realisierung solcher Professionalisierungsbestrebungen scheint aber noch ein gutes Stück Arbeit geleistet werden zu müssen.

Wenn die Darstellung der Anforderungen, die man gegenüber der Erzieherin hat, einigermaßen realitätsgerecht erfolgte, so müßte man davon ausgehen, daß eine solch reichhaltige Palette von wichtigen Tätigkeiten von der Gesellschaft entsprechend honoriert werden würde. Das scheint aber nicht der Fall zu sein. Der Beruf der „Kindergärtnerin" ist zwar gegenwärtig aus unterschiedlichen Gründen nach wie vor für Studienanfänger attraktiv. Es ist aber fraglich, ob man von gesellschaftlicher Seite her schon die entsprechende Anerkennung zollen möchte. Im Jahre 1969 wurde in *Studie* einer repräsentativen Studie die Frage gestellt, an wen man sich bei Erziehungsproblemen am ehesten wenden würde. Das Ergebnis fiel so aus:

1. Eltern und Verwandte   45,1 %
2. Bücher (Verzicht auf fremde persönliche Beratung)   30,0 %
3. Freunde und Bekannte   9,0 %
4. Ärzte   5,5 %
5. Mütter- und Erziehungsberatungsstellen   4,6 %
6. Psychologen   1,7 %
7. Lehrer   0,9 %

(vgl. PRIESNER 1973, S. 105)

Kommentar   Dieses Ergebnis ist insgesamt aufschlußreich. Vor allem wird deutlich, welche Scheu Menschen überhaupt vor „offiziellen" Beratungssituationen haben. Etwa ein Drittel möchte auf jede persönliche Beratung verzichten und lieber zum Buch greifen. An den ersten Stellen stehen solche Personen, die keine Pädagogik studiert haben. Erst dann werden auf den letzten drei Plätzen „gelernte Pädagogen" genannt. Für unseren Zusammenhang ist aufschlußreich, daß die Erzieherin gar nicht erwähnt wird.

Wir dürfen aber solche Ergebnisse nicht überbewerten. Ob von 100 Befragten nicht einmal einer den Lehrer als eventuellen Berater nennt (0,9 %) oder ob keiner die Erzieherin nennt, das macht wohl keinen Unterschied. Wir möchten das Ergebnis allerdings als Indikator dafür ansehen, daß man dem Erzieherberuf insgesamt in unserer Gesellschaft einerseits zwar sehr viel abverlangt, andererseits aber seine Fachlichkeit noch relativ ungern bestätigt. (Auf die Gründe wird noch einzugehen sein. Vgl. S. 427 f.)

Das hier gezeigte – zunächst einmal eher negativ erscheinende – Prestigebild wird allerdings ganz stark relativiert, wenn man die zahlreichen positiven Berichte von Erzieherinnen im Kindergarten hört, die sich in der Elternarbeit engagierten. Da lassen die Eltern sich sehr gerne vom Erzieher beraten, wenn ein gutes Kontaktverhältnis gelungen ist (vgl. dazu N. HUPPERTZ 1975, S. 137). Daß Eltern gerade für Impulse des Kindergartenpädagogen offen sind, belegt eine Befragung, an der sich über 1000 Kindergärten beteiligten. Darin wollte man in Erfahrung bringen, ob die Eltern Anregungen vom Erzieher des Kindergartens aufnehmen. Weit über zwei Drittel aller Befragten antworteten mit „gerne" (HÖGEMANN 1972). Das ist ein Beleg dafür, daß der Erzieher selbst in der Praxis dazu beitragen kann, sich in der Gesellschaft den ihm gebührenden Platz zu sichern.

Elternarbeit

Die Ansprüche gegenüber dem *Heimerzieherberuf* werden von der Gesellschaft wahrscheinlich weniger artikuliert als dies bei der Kindergärtnerin der Fall ist. Das liegt allein schon daran, daß quantitativ wesentlich weniger Personen während ihres Lebens in irgendeiner Weise mit dem Heim Kontakt haben als mit dem Kindergarten. Es ist aber vor allem aus der anderen Aufgabenstellung zu erklären. Inwieweit die Gesellschaft den Heimerzieher als „Fachmann für Erziehung" ansieht, wie dies an sich erforderlich wäre, darüber liegen bisher zu wenig Informationen vor.

Heimerzieher

Wir haben allerdings einige Angaben über die Vorstellung pädagogischer Laien zu den vermuteten Berufswahlmotiven von Heimerziehern. Dabei wird deutlich, daß man dem Heimerzieher in der Öffentlichkeit sehr viel Idealismus unterstellt. Fast die Hälfte der befragten Laien glaubt, Heimerzieher ergriffen ihren Beruf aus „Selbstlosigkeit, Idealismus, Uneigennützigkeit". Etwa die andere Hälfte vermutet bei ihnen „pädagogische Fähigkeiten und Interesse an der Jugend" als Berufsmotive.

vermutete Berufswahlmotive

Darüber hinaus liegen auch Informationen vor über das Ansehen, das die Öffentlichkeit dem Heimerzieher allgemein innerhalb einer Reihe von anderen sozialen Berufen beimißt. Man legte pädagogischen Laien 6 Kärtchen mit Berufsbezeichnungen vor, die sie nach dem beruflichen Ansehen in eine Reihenfolge bringen sollten.

Ansehen

Dabei ergab sich folgende Rangfolge: Studienrat, Volksschullehrer, Heimerzieher, Fürsorger, Fahrer eines Krankenwagens, Gefängnisaufseher. Die gleichen Berufe ließ man auch Heimerzieher selbst auf das von ihnen in der Öffentlichkeit vermutete Ansehen in eine Rangfolge bringen. Das Ergebnis unterschied sich darin, daß der Sozialarbeiter vor dem Heimerzieher stand. Heimerzieher vermuten also, daß ihr Ansehen in der Öffentlichkeit geringer ist als es sich in Wirklichkeit verhält: Die Öffentlichkeit gewährt dem Heimerzieher nämlich mehr Ansehen als dem Sozialarbeiter. Auch das Prestige der beiden Lehrerkategorien (Studienrat, Volksschullehrer) setzen die Heimerzieher selbst – verglichen damit, wie es in Wirklichkeit ist – zu hoch an. Heimerzieher sind also relativ unsicher in der Einschätzung der eigenen gesellschaftlichen Lage. (Vgl. dazu genauer MÜLLER-KOHLENBERG 1972, S. 108f.) Die Heimerzieher sind aber andererseits darüber recht unzufrieden, daß ihr Ansehen in der Öffentlichkeit zu gering sei. Dem liegt aber, wie oben bereits gesagt, eine unrichtige Einschätzung zugrunde.

„Die falschen, weil zu negativen Vorstellungen lösen Unmut über die vermeintliche Geringschätzung des Berufsstandes aus. Wäre den Erziehern der wahre Sachverhalt bekannt und wüßten sie zudem, daß die Vorstellungen über die Motive zur Berufswahl zum Erzieherberuf in der Öffentlichkeit ebenfalls überwiegend sehr positiv gesehen werden (nur 7 % der befragten pädagogischen Laien nahmen negative Motive für die Berufswahl an), so ließe sich die Unzufriedenheit mit dem Ansehen sicher schnell aufheben" (MÜLLER-KOHLENBERG 1972, S. 109).

Sozialarbeiter Wie gegenüber anderen sozialpädagogischen Berufen hat die Gesellschaft auch gegenüber dem *Sozialarbeiter* eine Reihe von Anforderungen. Sozialarbeiter selbst hatten sich in den letzten Jahren nicht selten als „Büttel der Gesellschaft", als „Flickschuster der Nation" o. ä. bezeichnet. Der Frage, wie die Gesellschaft den Sozialarbeiter sieht, ist E. SKIBA in seiner Studie „Der Sozialarbeiter in der gegenwärtigen Gesellschaft" (1973) nachgegangen. In der Befragung konnte aber nicht mit dem Begriff „Sozialarbeiter" gearbeitet werden, da dieser, wie sich in der Voruntersuchung zeigte, nur 10 % der befragten bekannt war. 90 % dagegen kannten den Sozialarbeiterberuf unter der Bezeichnung „Fürsorger". Wie sich in dieser Untersuchung gezeigt hat, wird vom Sozialarbeiter „Hilfe" erwartet. Er soll „helfen, unterstützen, beistehen, pflegen, sorgen, beraten, erziehen" (1973, S. 227). Sozialarbeiter sollen vor allem –

Erwartung

der Meinung sind 74 % der Befragten – „seelische Hilfe" leisten; lediglich 40 % geben an, der Fürsorger solle vorwiegend arme Menschen mit Geld unterstützen.

Die Bevölkerung schätzt es an sich sehr hoch ein, wenn jemand Sozialarbeit tut und hält dazu auch z. B. eine höhere Schulbildung für erforderlich; interessanterweise möchte man aber selbst nicht Sozialarbeiter sein: Drei Viertel aller Befragten lehnen es ab, Tätigkeiten eines „Fürsorgers" zu übernehmen. Als Grund wird mangelnde Eignung angegeben. Man ist also offenbar recht zufrieden damit, daß jemand diese Arbeit ausführt.
Die Bevölkerung hält den Sozialarbeiterberuf für einen schichtbezogenen Beruf:

„Es besteht nicht die Meinung, daß die gesamte Unterschicht das Objekt der Fürsorge oder des Berufes ist, aber es ist die vorherrschende Ansicht, daß das Rekrutierungspotential der Objekte in der Unterschicht liegt und – das ist wesentlich für die Bewertung von Beruf und Objekt – daß der Beruf von seiner Herkunft und von seinem Arbeitsfeld schichtenspezifisch zu bezeichnen ist" (1973, S. 241).

Dementsprechend dürfte auch das „wahre" Ansehen sein, das man dem Sozialarbeiterberuf gewähren will. Folgende Annahme scheint nicht unschlüssig: Wer sich mit „Randexistenzen" befaßt, wird selbst in die Nähe der Randexistenz gedrängt. V. DORN hat darauf hingewiesen, daß die gesellschaftliche Funktion der Position des Sozialarbeiters einen Akzent des Marginalen verleiht, weil dieser sich „auf und jenseits der Grenze der geregelten gesellschaftlichen Beziehungen" bewege (1971, S. 69). *Akzent des Marginalen*

Die Öffentlichkeit erwartet aber nun nicht nur, daß Sozialarbeiter ihren Adressaten „helfen", sondern eine deutlich geäußerte Erwartung ist auch die der Kontrolle. Die Gesellschaft wünscht, daß der Sozialarbeiter Normabweichler kontrolliert und wieder in die Gesellschaft integriert: *Kontrolle*

„Die Ansicht über die Unterschichtenbezogenheit des Berufes beinhaltet gleichzeitig die Vorstellung, daß der Berufsträger über die sozial prämierten Normen- und Wertwelt bei seinen Objekten auf einen Normenkonformitätsgrad hinwirkt, der ausreicht, um eine Wiedereingliederung in die Gesellschaft abzusichern, d. h. Hilfe und Kontrolle werden primär als der Stabilisierung der jeweiligen Sozialverfassung dienend aufgefaßt" (SKIBA 1973, S. 241).

Mit dieser Kontrollerwartung hängt auch zusammen, daß man von Sozialarbeitern stark erzieherische Aktivitäten verlangt; ca. 80% der Befragten stimmen der Aussage zu: „Die Hauptaufgabe der Fürsorger und Fürsorgerinnen ist die Erziehung von Menschen, die mit dem Leben nicht richtig fertig werden" (SKIBA 1973, S. 230). Dabei stellt man sich allerdings u.U. auch repressive Erziehungspraktiken vor, zu denen der Sozialarbeiter greifen soll. SKIBA zieht daraus Schlüsse auf ein antiquiertes Berufsbild, mit dem sich „moderne Sozialarbeit" gar nicht vereinbaren läßt:

„Das Zugeständnis der Befragten an den Beruf, zur Erreichung der Anpassung seiner Klientel an die bestehenden Verhältnisse auch zu repressiven Mitteln zu greifen, macht deutlich, daß es dem Beruf nicht gelungen ist, das Image eines Nachfolgeberufes von Armenvogt und Armenpflege abzuwerfen" (S. 242).

Die Erwartungen an den Sozialarbeiter stehen insgesamt den Anforderungen, die man gegenüber Kindergärtnerinnen, Heimerziehern und anderen sozialen Berufen hat, nicht nach. Das „gesellschaftliche Honorar", das diesen Berufen als Image gezollt wird, ist aber nicht entsprechend hoch. Man hat z.B. Sozialarbeitern das sog. Zeugnisverweigerungsrecht nicht konzediert.

Eine in der Jugend- und Eheberatung tätige Sozialarbeiterin sollte im Jahre 1972 vor Gericht darüber vernommen werden, was ein Jugendlicher ihr gesagt habe. Sie wollte sich auf die zwischen ihr und dem Jugendlichen bestehende Vertrauensbeziehung berufen und die Aussage verweigern, wie es Angehörigen anderer Heil- und Beratungsberufe möglich ist. Das Bundesverfassungsgericht stellte in dem Zusammenhang jedoch fest: „Da der Sozialarbeiter keine eigenverantwortliche Stellung einnimmt, ist er nicht geeignet, als Hüter privater Geheimhaltungsinteressen zu dienen" (Vgl. Neue Praxis 1973, S. 80).

Studierende der Sozialarbeit gelangen in einer Literaturstudie über ihren Beruf zu der Frage: „Können wir uns weiterhin als ‚Erfüllungsgehilfen der Verwaltung‘, als ‚Mädchen oder Männchen für alles‘, als ‚Vollzieher schlichter mitmenschlicher Dienste‘ betrachten lassen? als ‚gesellschaftlich verordnete Fürsorge‘? als ein Berufsstand, der zum ausführenden Organ geschaffen und benutzt wird? der nur gelernt hat, ‚so weit zu sehen, wie es ihm erlaubt und ermöglicht wird . . .‘?" (KEHREN/SCHERER 1972, S. 64f.)

4. Erklärende Momente für das Erzieherimage in der gegenwärtigen Gesellschaft

Wir konnten feststellen, daß man in der Gesellschaft bereit ist, dem „Sozialpädagogen" – welcher Kategorie auch immer – Idealismus zu unterstellen, und daß man seine Tätigkeit als solche relativ hochschätzt. Andererseits müssen wir aber auch sehen, daß „Erzieherberufen" generell und „sozialpädagogischen Berufen" des besonderen nicht die Bedeutung und das entsprechende „gesellschaftliche Honorar" zugebilligt werden, die sie gemäß ihrer realen Bedeutung für die soziale Entwicklung haben müßten. Dies hat jedenfalls Gültigkeit, wenn man das gesamte Berufsspektrum der Gesellschaft betrachtet. „Sozialarbeiter" und „Kindergärtnerinnen" tauchen in gängigen Berufsprestigeskalen z. B. nicht auf. Wir wollen im folgenden dazu einige Erklärmomente aufzeigen.

Berufsspektrum der Gesellschaft

- Das alte Klischee, daß man in Ausübung einer Erziehertätigkeit nur „kinderlieb" sein müsse und alles andere sich dann von selbst einstelle, ist offenbar noch keineswegs ausgeräumt. Erziehen, so nehmen wahrscheinlich die meisten an, kann jeder. Und weil man, wie angenommen wird, offenbar dazu keiner besonderen Qualifikation bedarf, wird auch demjenigen, der diese Tätigkeit als Beruf ausübt, keine gebührende Anerkennung zuteil.

- Ein anderer Aspekt ist die Tatsache, daß wir in einer typischen Leistungsgesellschaft leben, in der in erster Linie die sichtbare und zählbare Produktion honoriert wird. Es ist für einen Industriellen schwer einzuschätzen, welche Bedeutung es hat, daß Erzieher im Kindergarten mit den Kindern einen angemessenen Erziehungsstil praktizieren. Er sieht wahrscheinlich nur, daß dort „gespielt wird", nicht aber, welche Beträge es die Gesellschaft kostet, wenn ein Kind aufgrund ungünstiger Sozialisationsbedingungen in teuren Resozialisierungsinstitutionen wieder in die Gesellschaft integriert werden muß. Sähe er dies, so wäre evtl. seine Einschätzung eine andere. Es wäre aber auch möglich, daß er den Rat geben würde: Faßt sie hart an, so daß sie nicht auffällig und damit teuer werden.

- Damit wurde schon ein anderes Moment angesprochen. Sozialpädagogen haben es vielfach mit „Abweichlern" zu tun. Diese kommen aber größtenteils aus den wenig angesehenen Bevölkerungsschichten und ‚ihr Betreuer' wird von der öffentlichen Meinung dann sehr gern mit ihnen selbst identifiziert. Hinzu kommt evtl. noch das schlechte Gewissen, das man als Privilegierter hat, da man eigentlich selbst Hilfe leisten müßte; es mag durchaus so sein, daß der daraus resultierende Ärger schließlich noch zu Lasten dessen geht, der die „soziale Pannenhilfe" ausübt. Sozialpädagogen haben deshalb oft, weil sie mit armen Leuten umgehen, selbst einen „Arme-Leute-Geruch".

- Es können aber auch berufsorganisatorische Gründe als Erklärung herangezogen werden, z. B. die Zersplitterung einmal der erzieherischen Berufe insgesamt, und zum anderen der sozialpädagogischen Berufe im besonderen. Sozialarbeiter hätten genügend gemeinsame Berufsanliegen mit Kindergärtnerinnen und Heimerziehern, und an sich läge nichts näher, als daß man sich in einer gemeinsamen Berufsorganisation zusammenschließen würde. In der Aufsplitterung scheint man aber größere Vorteile zu sehen.

Literatur

Baltes, P./Hoffmann, A. E., Berufsfelder des Diplom-Pädagogen, Heidelberg 1975

Blinkert, B u. a., Berufskrisen in der Sozialarbeit, Weinheim/ Basel 1977

Helfer, I., Die tatsächlichen Berufsvollzüge der Sozialarbeiter, Frankfurt a.M. 1971

Huppertz, N., Supervision, Neuwied/ Darmstadt 1975

Kein (Forschungsgruppe), Kindergärtnerinnen – Qualifikation und Selbstbild, Weinheim/ Basel 1978

Kietz, G., Die Kindergärtnerin, München 1966

Koblank, E., Die Situation der sozialen Berufe in der sozialen Reform, Köln 1961

Lingesleben, O., Die Berufssituation der Sozialarbeiter, Köln/ Opladen 1968

Lück, H. E., Prosoziales Verhalten. Empirische Untersuchungen zur Hilfeleistung, Köln 1975

Müller-Kohlenberg, H., Das Berufsbild der Heimerzieher, Weinheim/ Basel 1972

Schmidt-Traub, S., Rollenkonflikte der Heimerzieher, Weinheim/ Basel 1975

Schmidbauer, W., Die hilflosen Helfer, Reinbek 1977

LITERATURVERZEICHNIS

Aebli, H., Die geistige Entwicklung als Funktion von Anlage, Reifung, Umwelt- und Erziehungsbedingungen. In Roth, H. (Hrsg.), Begabung und Lernen, Stuttgart, 2. Aufl. 1969
Aebli, H., u. a. (Hrsg.), Erkennen, Lernen, Wachsen. Zur pädagogischen Motivationstheorie, zur Lernpsychologie und zur kognitiven Entwicklung, Stuttgart 1975
Aichhorn, A., Erziehungsberatung und Erziehungshilfe. Zwölf Vorträge über psychoanalytische Pädagogik, Stuttgart 1959
Albert, H., Probleme der Wissenschaftslehre in der Sozialforschung. In: König, R. (Hrsg.), Handbuch der empirischen Sozialforschung, Bd. 1, Stuttgart 1967
Angstmann, A., Elternarbeit im Vorschulbereich und ihre Erneuerung als gemeinwesenorientierte Erwachsenenbildung, Frankfurt a. M., Bern, Las Vegas 1978
Arbeitsgruppe Tagesmütter, Das Modellprojekt Tagesmutter, München 1977
Arbeitsgruppe Vorschulerziehung, Anregungen I: Zur pädagogischen Arbeit im Kindergarten, München 1973
dies., Anregungen II: Zur Ausstattung des Kindergartens, München 1973
dies., Anregungen III: Didaktische Einheiten im Kindergarten, München 1973
Aron, R., Hauptströmungen des modernen soziologischen Denkens, Reinbek 1979
Arnold, W. u. a., Lexikon der Psychologie, Freiburg i. Br. 1972
Aselmeier, M., Biologische Anthropologie und Pädagogik, Weinheim 1973

Bachmann, H., Peter bekommt eine Schwester, Velber 1970
Ballauff, Th., Die anthropologische Fragestellung in den einzelnen Wissenschaften: Biologie. In: Flitner, A. (Hrsg.), Wege zur pädagogischen Anthropologie, Heidelberg 1967
Baltes, P./Hoffmann A. E., Berufsfelder des Diplom-Pädagogen, Heidelberg 1975
Banaschewski, A., Die Bildung des Mädchens im technischen Zeitalter, In: Material- und Nachrichtendienst 96, 1960
Bang, R., Psychologische und methodische Grundlagen der Einzelfallhilfe, München/Basel 1968
Barow-Bernstorff, E., u. a. (Hrsg.), Beiträge zur Geschichte der Vorschulerziehung, Berlin 1971
Barres, E., Erziehung im Kindergarten, Weinheim 1973
Beck, H. H., Anthropologie und Pädagogik, Bad Heilbrunn, 3. Aufl. 1977
Bernstein, B., Der Unfug mit der „kompensatorischen" Erziehung. In: Familienerziehung, Sozialschicht und Schulerfolg (b:e tabu) Weinheim 1971
Biestek, F., Wesen und Grundsätze der helfenden Beziehung in der sozialen Einzelhilfe, Freiburg i. Br. 1977 (5. Aufl.)
Bilstein, J., Entwicklung − Erziehung − Sozialisation, Stuttgart 1982
Bittner, G./Schmid-Cords, E. (Hrsg.), Erziehung in früher Kindheit, München 1968
Blankertz, H., Theorien und Modelle der Didaktik, München 1969
Blinkert, B. u. a., Berufskrisen in der Sozialarbeit, Weinheim/Basel 1977
Bloom, B. (Hrsg.), Taxonomie von Lernzielen im kognitiven Bereich, Weinheim 1974
Bohnsack, F./Rückriehm, G. M., Pädagogische Autonomie und gesellschaftlicher Fortschritt, Weinheim 1969
Bokelmann, H., Maßstäbe pädagogischen Handelns, Würzburg 1965
Bokelmann, H., Pädagogik: Erziehung, Erziehungswissenschaft. In: Speck, J. und Wehle, G. (Hrsg.) Bd. 2, München 1972 S. 178−267
Bolnow, O. F., Die pädagogische Atmosphäre, Heidelberg 1965
Bonstedt, C., Organisierte Verfestigung abweichenden Verhaltens, München 1972
Brandstädter, J. u. a. (Hrsg.), Pädagogische Psychologie, Stuttgart 1979
Brandt, U./Köhler, B., Norm und Konformität. In: Graumann, Handbuch der Psychologie, 7. Bd., 2. Halbband, Göttingen 1972
Braun, W., Der Vater im familiären Erziehungsprozeß, Bad Heilbrunn 1980
Brem, K., Pädagogische Psychologie der Bildungsinstitutionen, München 1968
Brem-Gräser, L., Erziehung zur Schulfähigkeit, München 1975
Brezinka, W., Der Erzieher als Mensch der Gegenwart. In: Brezinka, W. (Hrsg.), Erziehung als Beruf, Wien 1955

Brezinka, W., Die Pädagogik und die erzieherische Wirklichkeit. In: Röhrs, H. (Hrsg.), Erziehungswissenschaft und Erziehungswirklichkeit, Frankfurt 1964
Brezinka, W., Was sind Erziehungsziele? In: Zeitschrift für Pädagogik 4, 1972, S. 497–550
Brezinka, W., Grundbegriffe der Erziehungswissenschaft, München/Basel 1974
Brickenkamp, R. (Hrsg.), Handbuch psychologischer und pädagogischer Tests, Göttingen 1975
Brinkmann, W./Renner, K. (Hrsg.), Die Pädagogik und ihre Bereiche, Paderborn 1982
Broderick, C. B., Kinder- und Jugendsexualität, Hamburg 1970
Bronfenbrenner, U., Wandel der amerikanischen Kindererziehung. In: L. v. Friedeburg (Hrsg.), Jugend in der mordernen Gesellschaft, Köln 1965
Buber, M., Reden über Erziehung, Heidelberg 1953
Bundesministerium für Jugend und Familie (Hrsg.), Mütter und Kinder in der Bundesrepublik, Band II, Bad Godesberg 1969
Bundesministerium für Jugend, Familie und Gesundheit (Hrsg.), Alleinstehende Elternteile mit abhängigen Kindern, Bad Godesberg 1970

Caesar, B., Autorität in der Familie, Hamburg 1972
Christensen, H. T., Sexualverhalten und Moral, Hamburg 1971
Claessens, D., Familie und Wertsystem, Berlin 1962
Colberg-Schrader, H./Krug, M., Arbeitsfeld Kindergarten, München 1977
Conze, A., Alternative Schule. In: Brinkmann, W./Renner, K. (Hrsg.), Pädagogik und ihre Bereiche, Paderborn 1982
Cordt, W. K. und Walter, K., Die Schulreifeuntersuchung, Düsseldorf 1969

Dahrendorf, R., Homo Sociologicus, Köln 1965
Danner, H., Methoden geisteswissenschaftlicher Pädagogik, München 1979
Deißler, H. H., Der neue Kindergarten – Die erzieherische Gestaltung, Freiburg i. Br. 1974
Deißler, H. H., Verschulter Kindergarten?, Freiburg i. Br. 1973
Deißler, H. H., Alltagsprobleme im Kindergarten, Freiburg i. Br. 1982
Deutscher Bildungsrat, Empfehlungen der Bildungskommission zur Einrichtung eines Modellprogramms für Curriculum-Entwicklung im Elementarbereich, Stuttgart 1973
Deutscher Bildungsrat, Strukturplan für das Bildungswesen, Stuttgart 1971
Devereux, E. C., Autorität und moralische Entwicklung bei deutschen und amerikanischen Kindern. In: Kölner Zeitschrift für Soziologie, Sonderheft 14, 1970
Didaktisches Forum. In: Westermanns Pädagogische Beiträge, Heft 1 bis 6, 1980
Dießenbacher, H., Empirische Sozialforschung versus Aktionsforschung. In: Neue Praxis, 2, 1980, S. 160 f.
Dohmen, G., Unterrichtsforschung und didaktische Theoriebildung im Rahmen der modernen Erziehungswissenschaft. In: Pädagogische Arbeitsblätter, Heft 2/3, 1970
Dohmen, G., Medienwahl und Medienforschung im didaktischen Problemzusammenhang. In: Unterrichtswissenschaft 2/3, 1973
Dolch, J., Grundbegriffe der pädagogischen Fachsprache, München 1965
Dollase, R., (Hrsg.), Handbuch der Früh- und Vorschulpädagogik, Düsseldorf 1978
Durkheim, E., Erziehung und Sozialisation, Düsseldorf 1972 (franz. Originalausgabe 1922)

Eisenstadt, S. N., Von Generation zu Generation, München 1966
Erziehungswissenschaft (Funkkolleg), Studienbegleitbriefe 1–8, Weinheim 1969
Etzioni, A., Soziologie der Organisationen, München 1971

Fatke, R., Psychohygienische Probleme der Förderung sozial benachteiligter Kinder. In: Zeitschrift für Pädagogik, 1970
Fend, H., Konformität und Selbstbestimmung, Weinheim 1971
Fend, H., Sozialisierung und Erziehung, Weinheim 1969
Fenelon, F., Über Mädchenerziehung, Bochum o. J.
Festschrift der Sozialen Frauenschule Aachen, Aachen 1966
Fichte, J. G., Reden an die deutsche Nation (nach einer Vorlesung aus dem Jahre 1807), Köln o. J.
Flitner, A., Comenius. Große Didaktik, Düsseldorf 1966

430

Flitner, A., Wege zur pädagogischen Anthropologie, Heidelberg 1967

Flitner, A., Diskussionsbemerkungen zu den Kindergartenuntersuchungen und zu der Einstellungsskala von Anne-Marie Tausch. In: Zeitschrift für Pädagogik 2, 1970, S. 243-246

Flitner, A., Curricula für die Vorschule. In: Betrifft Erziehung 12, 1974, S. 49-53

Flitner, A., Konrad, sprach die Frau Mama. Über Erziehung und Nicht-Erziehung, Berlin 1982

Ford, C. S./Beach, F. A., Formen der Sexualität, Hamburg 1968

Froese, L. (Hrsg.), Bildungspolitik und Bildungsreform, München 1969

Gagnè, R. M., Die Bedingungen des menschlichen Lernens, Hannover 1969

Gebauer, Th. u. a., Begabungsförderung im Vorschulalter, Stuttgart 1971

Gehlen, A., Anthropologische Forschung, Hamburg 1961

Geißler E. E., Autorität und Erziehung, Bad Heilbrunn 1965

Geißler E. E., Erziehungsmittel, Bad Heilbrunn, 4. Aufl. 1973

Geißler, K. A./Hege, M., Konzepte sozialpädagogischen Handelns, München/Wien/Baltimore 1978

Gericke, D., Sozialisation durch Heimerziehung. Eine Untersuchung über die Relation von Erziehungsstil und Sozialisation. In: Blätter der Wohlfahrtspflege 6, 1969, S. 176−182

Gerner, B., Einführung in die pädagogische Anthropologie, Darmstadt 1974

Goldschmidt, D. (Hrsg.), Der Wandel der Pädagogik in der Auseinandersetzung mit der Soziologie, Heidelberg 1969

Gottschalck, W. u. a., Sozialisationsforschung. Materialien, Probleme, Kritik, Frankfurt 1971

Grauer, G., Leitbilder und Erziehungspraktiken. In: Familienerziehung, Sozialschicht und Schulerfolg (b:e tabu), Weinheim 1971

Graumann, C. F. u. a., Pädagogische Psychologie (Funkkolleg), Studienbegleitbrief 4, Weinheim 1972

Grigat R., Psychologie für Erzieher, München 1975

Guss, K., Lohn und Strafe, Ansätze und Ergebnisse psychologischer Forschung, Bad Heilbrunn 1979

Haag, F., Projektorientierte Sozialarbeit. In: Otto, H. U. und Schneider, S. (Hrsg.), Gesellschaftliche Perspektiven der Sozialarbeit, Bd. 2, Neuwied 1973

Harrer, F., Jugendwohlfahrtskunde, Neuwied 1971

Hassenstein, B., Verhaltensbiologie des Kindes, München 1973

Hassenstein, B., Projekt Tagesmütter. In: Unsere Jugend 1974, S. 120−122

Hebenstreit, S., Schulkindergarten − Modell ausgleichender Erziehung?, Kronberg/Ts. 1974

Heckhausen, H./Roelofsen, J., Anfänge und Entwicklung der Leistungsmotivation im Wetteifer des Kleinkindes. In: Psychologische Forschung Band 26, 1962, S. 313−397

Heckhausen, H., Hoffnung und Furcht in der Leistungsmotivation, Meisenheim 1963

Heckhausen, H., Leistungsmotivation. In: Thomae, H. (Hrsg.), Handbuch der Psychologie, Band II, Motivation, Göttingen 1965

Heckhausen, H., Einflüsse der Erziehung auf die Motivationsgenese. In: Herrmann, Th. (Hrsg.), Psychologie und Erziehungsstile, Göttingen 1966

Heckhausen, H., Förderung der Lernmotivierung und der intellektuellen Tüchtigkeit. In: Roth, H. (Hrsg.), Begabung und Lernen, Stuttgart 1969

Hederer, J./Köth, M., Praxis- und Methodenlehre, Teil 1: Institutionskunde, München 1981[9]

Hege, M., Engagierter Dialog. Ein Beitrag zur sozialen Einzelhilfe, München/Basel 1974

Helbig, L., Sozialisation, Frankfurt/Berlin/München 1979

Helfer, I., Die tatsächlichen Berufsvollzüge der Sozialarbeiter, Frankfurt a. M. 1971

Henneberger, A., Gestaltwandel. In: Lexikon der Pädagogik, Band 2, Freiburg i. Br. 1972

Henningsen, J., Erziehungswissenschaft, Essen 1967

Herlyn, U., Wohnverhältnisse in der BRD, Freiburg 1976

Högemann, M./Kuhn, R., Entwicklungstendenzen der Kindergärten in Deutschland 1971−1974. In: Kindergarten heute 4, 1974, S. 167−177

Höhn, E., Der schlechte Schüler, München 1967

Höltershinken, D. (Hrsg.), Vorschulerziehung, Freiburg i. Br. 1971

Honig, M. (Hrsg.), Kindesmißhandlung, München 1982

Horney, W. u. a. (Hrsg.), Pädagogisches Lexikon, 2 Bde., Gütersloh 1970

Hundertmarck, G. (Hrsg.), Leben lernen in Gemeinschaft. Behinderte Kinder im Kindergarten, Freiburg/Basel/Wien 1981

431

Hundertmarck, G./Ulshoefer, H. (Hrsg.), Kleinkindererziehung Bd. 1–3, München 1972
Hunziker, A., Theorie und Nomenklatur der Sozialarbeit, Luzern 1964
Huppertz, M./N., Rollenspiel und Vorschulmappe – Sprachförderung im Kindergarten, Fellbach/Stuttgart 1975
Huppertz, N., Anpassung oder Opposition. In: Kindergarten heute 3, 1971, S. 67–72
Huppertz, N., Bilderbücher für die Sexualerziehung im Vorschulalter. In: Blätter des Pestalozzi-Fröbel-Verbandes 1, 1975, S. 39–49
Huppertz, N., Die alten Partner neu gesehen. Argumente zur Elternarbeit des Kindergartens. In: Welt des Kindes, 7, 8, 1975, S. 196–207
Huppertz, N., Ein Mädchenkollektiv. Bericht aus der sozialpädagogischen Praxis einer Jugendwohnge-meinschaft. In: Jugendwohl 5, 1973, S. 188–194
Huppertz, N., Elternarbeit für alle Eltern. In: Kindergarten heute 1, 1975, S. 20–26
Huppertz, N., Elternarbeit vom Kindergarten aus, Freiburg i. Br. 1975[8]
Huppertz, N., Elternbildung und Elternmitarbeit im Bereich des Kindergartens. In: Kindergarten heute 1, 1972, S. 51–59
Huppertz, N., Supervision. Analyse eines problematischen Kapitels der Sozialarbeit, Neuwied 1975
Huppertz, N. u. a., Wohngruppenversuch in Freiburg – Konzept und vorläufiger Erfahrungsbericht. In: Jugendwohl 4, 1975, S. 137–143
Huppertz, N., Zum Umgang mit Menschen, Erziehungs- und Führungsstile. In: Jugendwohl 1, 1973, S. 31–41
Huppertz, N./Oswald, G., Motive und Standpunkte in der Sozialarbeit. In Jugendwohl 3, 1972, S. 91–99
Huppertz, N./Schuck, S., Der offene Kindergarten. In: Kindergarten heute 1, 1973, S. 3–13
Huppertz, N., Elternmitsprache im Kindergarten, Freiburg i. Br. 1977
Huppertz, N., Wie Lehrer und Eltern zusammenarbeiten, Freiburg i. Br. 1979
Huppertz, N., Zusammenarbeit von Kindergarten und Grundschule, Freiburg i. Br. 1980
Huppertz, N./Rumpf, J., Kooperation zwischen Kindergarten und Schule. Beiträge zur Theoriebildung, München 1983
Hurrelmann, K., Erziehungssystem und Gesellschaft, Reinbek 1975
Hurrelmann, K./Ulich, D., Handbuch der Sozialisationsforschung, Weinheim/Basel 1980

Iben, G., Die Sozialpädagogik und ihre Theorie. In: Zeitschrift für Pädagogik 4, 1969, S. 385–401
Ingenkamp, K. (Hrsg.), Tests in der Schulpraxis, Weinheim 1971

Jacobi, P. u. a., Sexfibel, Opladen 1974
Johannesson, J., Über die Wirkung von Lob und Tadel. In: Weinert, F. (Hrsg.), Pädagogische Psychologie, Köln 1967

Kamphuis, M., Die persönliche Hilfe in der Sozialarbeit unserer Zeit, Stuttgart 1973
Keim (Forschungsgruppe), Kindergärtnerinnen – Qualifikation und Selbstbild, Weinheim/Basel 1978
Kerkhoff, E. (Hrsg.), Handbuch Praxis der Sozialarbeit und Sozialpädagogik, Band 1 und 2, Düsseldorf 1981
Kern, P./Wittig, H-G., Pädagogik im Atomzeitalter, Freiburg i. Br. 1982
Kerstiens, L., Erziehungsziele – neu befragt, Bad Heilbrunn 1978
ders., Modelle emanzipatorischer Erziehung, Bad Heilbrunn 1974
Kietz, G., Die Kindergärtnerin, München 1966
Klafki, W., Studien zur Bildungstheorie und Didaktik, Weinheim 1965
Klafki, W. u. a., Funk-Kolleg, Erziehungswissenschaft Band 1–3, Frankfurt 1970
Klasen, E., Rezension zu E. Barres, Erziehung im Kindergarten. In: Jugendwohl 1973, S. 242–245
Klose, P., Das Rollenkonzept als Untersuchungsansatz für die Berufssituation des Lehrers. In: Kölner Zeitschrift für Soziologie und Sozialpsychologie 1971, S. 78–97
Koblank, E., Die Situation der sozialen Berufe in der sozialen Reform, Köln 1961
Koch, F., Negative und positive Sexualerziehung, Heidelberg 1971
Konopka, G., Soziale Gruppenarbeit, Weinheim/Berlin/Basel 1971
Korczak, J., Wie man ein Kind lieben soll, Göttingen 1967
Kraak, B., Die Praxis des Strafens im Kinderheim. In: Praxis der Kinderpsychologie und Kinderpsychiatrie 1961, S. 255–259 und 293 bis 297

Krapp, A./Mandl, H. (Hrsg.), Schuleingangsdiagnose. Neue Modelle, Annahmen und Befunde, Göttingen 1978
Krathwohl, D. A./Bloom, M. B./Masia, A, B. B., Taxonomie von Lernzielen im affektiven Bereich, Weinheim 1975
Kreuzer, K. J., Theorie und Praxis der Elternarbeit im Kindergarten. In: R. Dollase (Hrsg.), Handbuch der Früh- und Vorschulpädagogik, Düsseldorf 1978, S. 371 ff., Bd. 1
Krumm, V., Das Zukunftsbild der Jugend, Weinheim 1967

Langenbach, U. u. a., Die Ausbildungssituation im Fach Erziehungswissenschaft. In: Zeitschrift für Pädagogik, 12. Beiheft 1974
Lassahn, R., Einführung in die Pädagogik, Heidelberg 1974
Lehr, M., Die Bedeutung der Familie im Sozialisationsprozeß, Bonn 1973
Lehr, M., Die Rolle der Mutter in der Sozialisation des Kindes, Darmstadt 1974
Leist, M., Soziale und religiöse Erziehung. In: Dokumentation Vorschulkongreß, Velber 1970
Lenzen, D. (Hrsg.), Pädagogik und Alltag, Stuttgart 1980
Lewin, K., Führungsstile in der Gruppe. In: Flitner, A./Scheuerl, H. (Hrsg.), Einführung in pädagogisches Sehen und Denken, München 1968
Lewin, K., Die psychologische Situation bei Lohn und Strafe, Darmstadt 1964[2]
Liegle, L., Kollektiverziehung im Kibbuz, München 1971
Lienert, G. A., Testaufbau und Testanalyse, 3. Aufl., Weinheim 1969
Lingesleben, O., Die Berufssituation der Sozialarbeiter und Tendenzen der Professionalisierung. In: Otto, H. U. und Utermann, K. (Hrsg.), Sozialarbeit als Beruf, München 1971
Lochner, R., Deutsche Erziehungswissenschaft, Prinzipiengeschichte und Grundlegung, Meisenheim 1963
Lowy, L., Theorie und Praxis der Sozialarbeit, Solothurn 1973
Luck, H. E., Prosoziales Verhalten. Empirische Untersuchungen zur Hilfeleistung, Köln 1975
Ludes, P., Aktionsforschung. In: Schwendtke, A. (Hrsg.), Wörterbuch der Sozialarbeit und Sozialpädagogik, Heidelberg 1977
Lückert, H. R., Geben Sie Ihrem Kind nie eine Ohrfeige. In: Eltern 1, 1968, S. 82−84

Mager, R. F., Lernziele und programmierter Unterricht, Weinheim 1971
Manertz, R., Strafen oder nicht?, Freiburg i. Br. 1978
Mandl, H., Kompendium der deutschsprachigen Schulreifetests, München 1970
Marburger, H., Entwicklung und Konzept der Sozialpädagogik, München 1979
Martin, K. R. (Hrsg.), Sozialarbeit und Sozialpädagogik im Grundriß, Berlin 1982
Mayntz, R., Soziologie der Organisation, Hamburg 1963
McClelland, D. C., Die Leistungsgesellschaft, Stuttgart 1966
Mehringer, A., Sensorische Stimulation. Eine Rezension. In: Unsere Jugend 3, 1975, S. 97−105
Mesle, K., Praxis der Gemeinwesenarbeit heute, Heidelberg 1978
Mietzel, G., Wege in der Psychologie, Weinheim 1979
Mitscherlich, A., Auf dem Weg zur vaterlosen Gesellschaft, München 1963
Mörsberger, H./Moskal, E./Pflug, E. (Hrsg.), Der Kindergarten, 3 Bände, Freiburg/Basel/Wien 1978
Mollenhauer, K., Die Ursprünge der Sozialpädagogik in der industriellen Gesellschaft, Weinheim 1959
Mollenhauer, K., Erziehung und Emanzipation, München 1968
Mollenhauer, K. (Hrsg.), Zur Bestimmung von Sozialpädagogik und Sozialarbeit in der Gegenwart, Weinheim 1966
Moser, H., Aktionsforschung als kritische Theorie der Sozialwissenschaften, München 1975
Moser, H., Didaktisches Planen und Handeln, München 1978
Mühlmeyer, H., Pädagogik. In: Lexikon der Pädagogik, Band 3, Freiburg 1971
Müller, C. W. (Hrsg.), Gruppenpädagogik. Auswahl aus Schriften und Dokumenten, Weinheim/Basel 1970
Müller, H., Überwindung von Sprachbarrieren, Freiburg i. Br. 1973
Müller-Kohlenberg, H., Das Berufsbild des Heimerziehers, Weinheim 1972
Muthesius, H., Alice Salomon. Ihr Leben und ihr Werk, Köln 1958
Muß, B., Gestörte Sozialisation. Psychoanalytische Grundlagen therapeutischer Heimerziehung, München 1973

Neill, A. S., Theorie und Praxis der antiautoritären Erziehung, Hamburg 1969
Niermann, M. M. (Hrsg.), Wörterbuch der Vorschulerziehung, 2 Bände, Heidelberg 1979
Nohl, H., Die pädagogische Bewegung in Deutschland und ihre Theorie, Frankfurt a. M. 1961

Oerter, R., Moderne Entwicklungspsychologie, Donauwörth 1980
Oevermann, U., Soziale Schichtung und Begabung. In: Zeitschrift für Pädagogik, 6. Beiheft 1966
Oswald, P., Antiautoritäre Erziehung im Kindergarten? In: Vierteljahresschrift für wissenschaftliche Pädagogik 1971, S. 46–59
Otto, H. U./Speckmann, H., Entwurf eines Berufskodex als Beitrag zur Professionalisierung der deutschen Sozialarbeit. In: Der Sozialarbeiter 1968, S. 4–6

Pädagogische Psychologie (Funkkolleg), Studienbegleitbriefe 1–12a, Weinheim 1972
Parstorfer, J., Zielorientierte außerschulische Erziehung und Bildung im Heim, Köln 1972
Pechstein, J., Das junge Kind in Heim und Krippe. In: Hundertmarck, G. und Ulshoefer, H. (Hrsg.), Kleinkindererziehung, Band 3, S. 7–46
Pechstein, J., Das Kleinkind und die eigene Mutter. In: Unsere Jugend 1974, S. 250–259
Pfaffenberger, H., Grundbegriffe und Methoden der Sozialarbeit, Neuwied 1966
Pfeiffer, K., Unsere Kinder vor dem Bildschirm, Freiburg i. Br. 1974
Piaget, J., Psychologie der Intelligenz, Stuttgart 1969
Portmann, A., Biologische Fragmente zu einer Lehre vom Menschen, 2. Aufl. Basel 1951
Portmann, A., Das Kind in unserer Zeit, Stuttgart 1958
Potthoff, W./Wolf, A., Einführung in Strukturbegriffe der Erziehungswissenschaft, Freiburg i. Br. 1974
Priesner, P., Zur Berufsrolle der Erzieherin. In: Kindergarten heute, 3, 1973, S. 105–112

Redl, F./Winemann, D., Steuerung des aggressiven Verhaltens beim Kind, München 1967
Retter, H. (Hrsg.), Schlüsselbegriffe in der Vorschulerziehung, Freiburg i. Br. 1973
Ritter, P. u. J., Freie Kindererziehung in der Familie, Hamburg 1972
Robinsohn, S. B., Bildungsreform als Revision des Curriculums, Neuwied 3. Aufl. 1971
Robinsohn, S. B. (Hrsg.), Curriculumentwicklung in der Diskussion, Düsseldorf 1972
Röhrs, H. (Hrsg.), Erziehungswissenschaft und Erziehungswirklichkeit, Frankfurt 1964
Rössner, L., Theorie der Sozialarbeit, München 1973
Rössner, L., Erziehungs- und Sozialarbeitswissenschaft, München/Basel 1977
Rolff, H.-G., Sozialisation und Auslese durch die Schule, Gesellschaft und Erziehung, Heidelberg 1967
Rosenthal, R./Jacobson, L., Pygmalion im Unterricht, Weinheim 1971
Roth, H., Pädagogische Psychologie des Lehrens und Lernens, Hannover 7. Aufl. 1963
Roth, H., Die realistische Wendung in der pädagogischen Forschung. In: Röhrs, H. (Hrsg.), Erziehungswissenschaft und Erziehungswirklichkeit, Frankfurt 1964
Roth, H., Pädagogische Anthropologie, Band 1, Hannover 1966
Roth, H., (Hrsg.), Begabung und Lernen, Stuttgart 1968
Roth, H., Pädagogische Psychologie des Lehrens und Lernens, Hannover 8. Aufl. 1965, inzw. 14. Aufl. 1973
Rückriem, G.-M., Der gesellschaftliche Zusammenhang der Erziehung. In: Funkkolleg Erziehungswissenschaft, Studienbegleitheft 3, Weinheim 1969
Rutschky, K., Schwarze Pädagogik, Frankfurt a. M./Berlin/Wien 1977

Sack, F./König, R. (Hrsg.), Kriminalsoziologie, Frankfurt a. M. 1968
Sagi, A. (Hrsg.), Der Freiburger Modellkindergarten, Freiburg i. Br. 1970
Saß, H.-W. (Hrsg.), Autoritäre Erziehung, Stuttgart 1972
Scarbath, H., Geschlechtserziehung, Heidelberg 1969
Schäfer, K.-H./Schaller, K., Kritische Erziehungswissenschaften und kommunikative Didaktik, Heidelberg 1973[2]
Schelsky, H., Schule und Erziehung in der industriellen Gesellschaft, Würzburg 1957
Schenk-Danzinger, L., Entwicklungspsychologie, Wien 1972[6]
Scherpner, H., Geschichte der Jugendfürsorge, Göttingen 1966
Schmalohr, E., Frühe Mutterentbehrung bei Mensch und Tier, München/Basel 1968
Schmid, U., Heim und Eltern als Partner. In: Unsere Jugend 5, 1971

Schmidbauer, W., Die hilflosen Helfer, Reinbek 1977

Schmidhäuser, E., Vom Sinn der Strafe, Göttingen 1971²

Schmidle, P./Junge, H. (Hrsg.), Sozialisationsfeld Heimerziehung, Freiburg i. Br. 1975

Schmidt-Traub, S., Rollenkonflikte der Heimerzieher, Weinheim/Basel 1975

Schrader, A., Einführung in die empirische Sozialforschung, Stuttgart/Berlin/Köln/Mainz 1971

Schramel, W., Einführung in die moderne Entwicklungspsychologie für Pädagogen und Sozialpädagogen, Stuttgart 1972

Schuh-Gademann, L., Erziehung zur Liebesfähigkeit, Heidelberg 1972

Schulte-Kemna, G., Schichtspezifische Sozialisationsprozesse bis zum Schuleintritt. In: Abels, A. (Hrsg.), Sozialisation in der Schule, Kettwig 1971

Schulz, W., Umriß einer didaktischen Theorie der Schule. In: Furck, C. L. (Hrsg.), Zur Theorie der Schule, Weinheim 1969

Schulz, W., Aufgaben der Didaktik. Eine Darstellung aus lehrtheoretischer Sicht. In: Pädagogische Arbeitsblätter 5/6, 1969, S. 65–95

Schwendtke, A., Wörterbuch der Sozialarbeit und Sozialpädagogik, Heidelberg 1977

Seiffert, H., Erziehungswissenschaft im Umriß, Stuttgart 1969

Skiba, E. G., Zum Fremdbild des Sozialarbeiters. In: Otto, H. U./Schneider, S. (Hrsg.), Gesellschaftliche Perspektiven der Sozialarbeit, Bd. 2, 223–246

Skowronek, H. (Hrsg.), Umwelt und Begabung, Stuttgart 1973

Sozialer Wandel (Funkkolleg), herausgegeben vom Deutschen Institut für Fernstudien an der Universität Tübingen, Studienbegleitbriefe 1–12, Weinheim 1974

Speck, J./Wehle, G. (Hrsg.), Handbuch pädagogischer Grundbegriffe, München 1970

Spitz, R., Ein Nachtrag zum Problem des Autoerotismus – Frühe sexuelle Verhaltensweisen und ihre Bedeutung für die Persönlichkeitsbildung. In: Psyche 1964/65, S. 241–272

Spitz, R., Vom Säugling zum Kleinkind. Naturgeschichte der Mutter-Kind-Beziehungen im ersten Lebensjahr, Stuttgart 1965

Spitz, R., Hospitalismus. In: Bittner, G./Schmid-Cords, E. (Hrsg.), Erziehung in früher Kindheit, München 1968, S. 77–103

Stapf, K.-H. u. a., Psychologie des elterlichen Erziehungsstils, Stuttgart 1972

Stetter, G., Die unvollständige Familie, Freiburg i. Br. 1977

Summerhill: Pro und Contra, 15 Ansichten zu A. S. Neills Theorie und Praxis, Hamburg 1971

Strelewicz, W., Zum Problem der Autorität in der Erziehung, Stuttgart 1970

Tausch, R. u. A., Erziehungspsychologie, Göttingen 1968

Thalmann, H. C., Verhaltensstörungen im Grundschulalter, Stuttgart 1971

Thiersch, H., Sozialpädagogik. In: Wulf, Chr. (Hrsg.), Wörterbuch der Erziehung, München 1974

Thiersch, R., Sexualerziehung. In: Hundertmarck, G./Ulshoefer, H. (Hrsg.), Kleinkindererziehung, Bd. 1, S. 161–183

Thomae, H. (Hrsg.), Handbuch der Psychologie, Band 3, Entwicklungspsychologie, Göttingen 1959

Thomae, H./Feger, H., Hauptströmungen in der neueren Psychologie, Bern/Stuttgart/Wien 1969

Tröger, W., Erziehungsziele, München 1974

Troll, T., Wo kommen denn die kleinen Kinder her?, Hamburg 1974

Trouillet, B., Die Vorschulerziehung in neun europäischen Ländern, Weinheim 1967

Tsiakalos, G. und S., Ausländische Kinder im Kindergarten, Freiburg/Basel/Wien 1982

Tuggener, H., Social Work, Weinheim 1971

Ulrich, H., Fortbildung. In: Unsere Jugend 7, 1967

Wahl, K. u. a., Familien sind anders, Reinbek 1980

Walter, H. (Hrsg.), Sozialisationsforschung, Stuttgart 1973

Wasna, M., Leistungsmotivation, München 1973

Watson, J., Behaviorismus, Stuttgart/Berlin/Leipzig 1930

Weber, E., Erziehungsstile, Donauwörth 1973

Weber, E. (Hrsg.), Pädagogik, Bd. 1–3, Donauwörth 1972

Wehle, G., Pädagogik aktuell, München 1973

Weinert, F. (Hrsg.), Pädagogische Psychologie, 2. Aufl. Köln 1967

Weinschenk, R., Didaktik und Methodik für Sozialpädagogen, Bad Heilbrunn 1981²
Wendeler, J., Forschung im Bereich der Kindergartenerziehung. In: Ingenkamp, K. (Hrsg.), Handbuch der Unterrichtsforschung Band III, Weinheim 1967
Weniger, E., Didaktik als Bildungslehre, 6./8. Aufl. Weinheim 1965
Weniger, E. (Hrsg.), Friedrich Schleiermacher, Pädagogische Schriften, Düsseldorf 1957
Wenzel, H., Fürsorgeheime in pädagogischer Kritik, Stuttgart 1970
Willmann, O., Didaktik als Bildungslehre, Freiburg i. Br. 1957
Wolff, R., Gewalt gegen Kinder. In: päd. extra 4/1975
Wulf, Ch., Theorien und Konzepte der Erziehungswissenschaft, München 1978
Wurzbacher, G. (Hrsg.), Soziologie für Erzieher, München 1977

Zetterberg, H. L., Theorie, Forschung und Praxis in der Soziologie. In: König, R. (Hrsg.), Handbuch der empirischen Sozialforschung, Bd. 1, Stuttgart 1967
Ziebeil-Luttmer, F. C., Frühkindliche Sexualität und Sexualerziehung, München 1972
Zimmer, J. (Hrsg.), Curriculumentwicklung im Vorschulbereich, Bd. 1 und 2, München 1973
Zimmer, D., Der Streit um die Intelligenz, München 1975
Zitelmann, A./Carl, Th., Didaktik der Sexualerziehung, Weinheim 1970
Zulliger, H., Schwierige Kinder. Zwölf Kapitel über Erziehung, Erziehungsberatung und Erziehungshilfe, Stuttgart 1958
Zullinger, H., Helfen statt Strafen, Frankfurt 1971

436

PERSONENVERZEICHNIS

437

439

STICHWORTVERZEICHNIS

441

Autoren:

Norbert Huppertz
Dr. phil., geboren 1938 in Konzen bei Aachen. Nach Abitur und Studium der Erziehungswissenschaft arbeitete er im praktischen Feld der Sozialpädagogik. Er war mehrere Jahre als Dozent an der Fachhochschule für Sozialwesen in Freiburg i. Br. tätig und betreute als pädagogischer Fachberater das elternintegrierte Kindergartenmodell in Landwasser. Heute ist er Professor für Sozialpädagogik und Allgemeine Pädagogik an der Pädagogischen Hochschule in Freiburg i. Br.

Engelbert Schinzler
Dr. rer. soc., geboren 1942 in Amberg, Opf. Nach dem Studium an der Pädagogischen Hochschule mehrere Jahre Lehrer in der Grund-, Haupt- und Sonderschule. 1966 bis 1971 studierte er in Tübingen u. a. Pädagogik und Psychologie und war anschließend Assistent für Allgemeine Pädagogik an der Pädagogischen Hochschule in Freiburg. Derzeit ist er Professor für Erziehungswissenschaft an der Fachhochschule für Sozialwesen in Freiburg i. Br.